中国近现代稀见史料丛刊【第四辑】

张剑 徐雁平 彭国忠 主编

唐烜日记

唐烜 著

赵阳阳 马梅玉 整理

本辑执行主编 张剑

凤凰出版社

图书在版编目（CIP）数据

唐烜日记 / 唐烜著 ; 赵阳阳, 马梅玉整理. -- 南京 : 凤凰出版社, 2017.6（2024.10重印）
（中国近现代稀见史料丛刊. 第四辑）
ISBN 978-7-5506-2590-7

Ⅰ. ①唐… Ⅱ. ①唐… ②赵… ③马… Ⅲ. ①唐烜（1855-1917）—日记 Ⅳ. ①K825.4

中国版本图书馆CIP数据核字(2017)第099248号

书　　名	唐烜日记
著　　者	唐烜 著　赵阳阳　马梅玉 整理
责任编辑	林日波
责任监制	程明娇
出版发行	凤凰出版社(原江苏古籍出版社) 发行部电话025-83223462
出版社地址	江苏省南京市中央路165号,邮编:210009
照　　排	南京凯建文化发展有限公司
印　　刷	唐山楠萍印务有限公司 河北省唐山市芦台经济开发区场部
开　　本	880毫米×1230毫米　1/32
印　　张	13.125
字　　数	341千字
版　　次	2017年6月第1版
印　　次	2024年10月第2次印刷
标准书号	ISBN 978-7-5506-2590-7
定　　价	89.00元

(本书凡印装错误可向承印厂调换,电话:022-69381996)

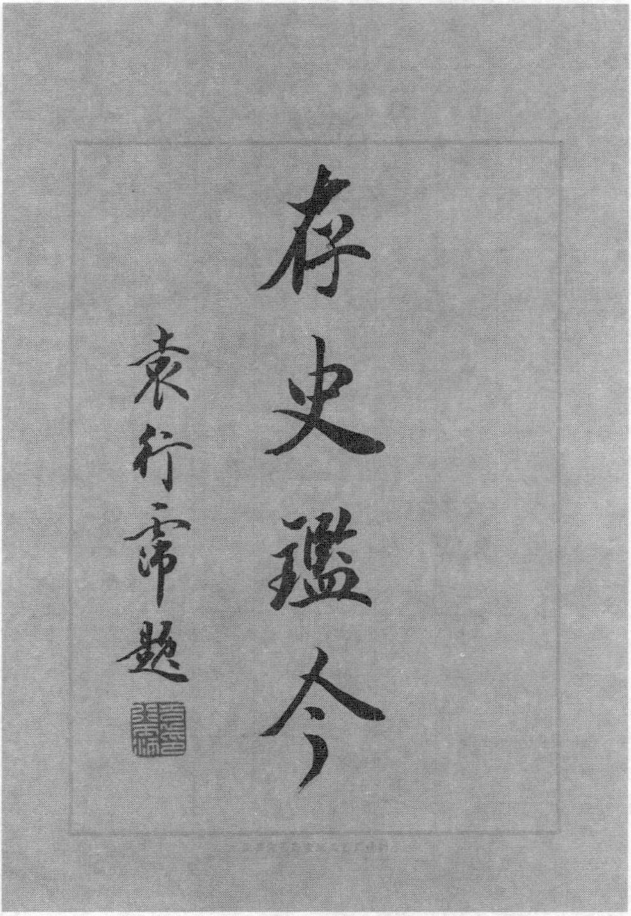

袁行霈先生题辞

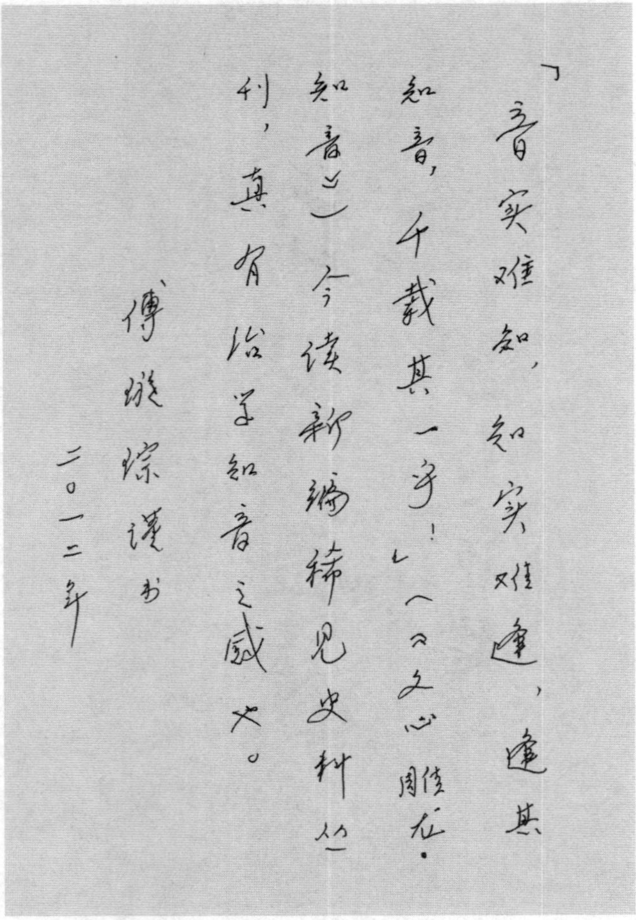
「音实难知，知实难逢，逢其知音，千载其一乎！」（《文心雕龙·知音》）今读新编稀见史料丛刊，真有治学知音之感也。

傅璇琮谨书

二〇一二年

傅璇琮先生题辞

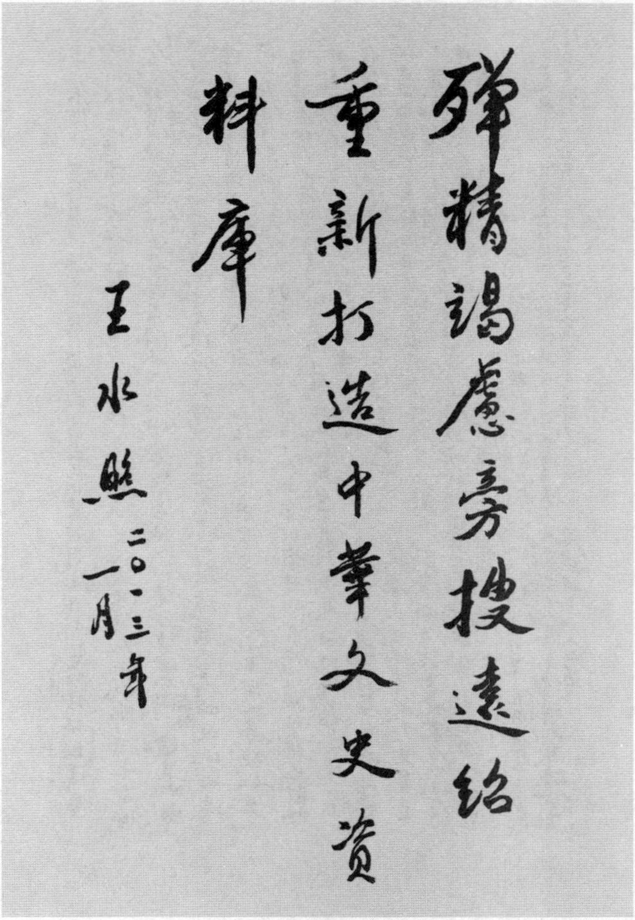
殚精竭虑旁搜远绍
重新打造中华文史资料库
王水照
二〇一三年一月

王水照先生题辞

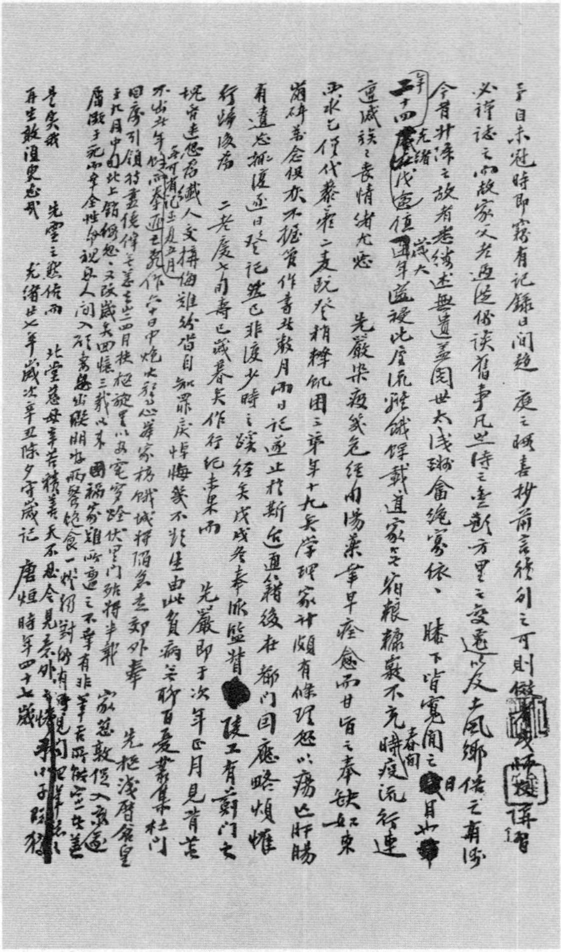

光绪二十七年岁次辛丑除夕守岁记书影

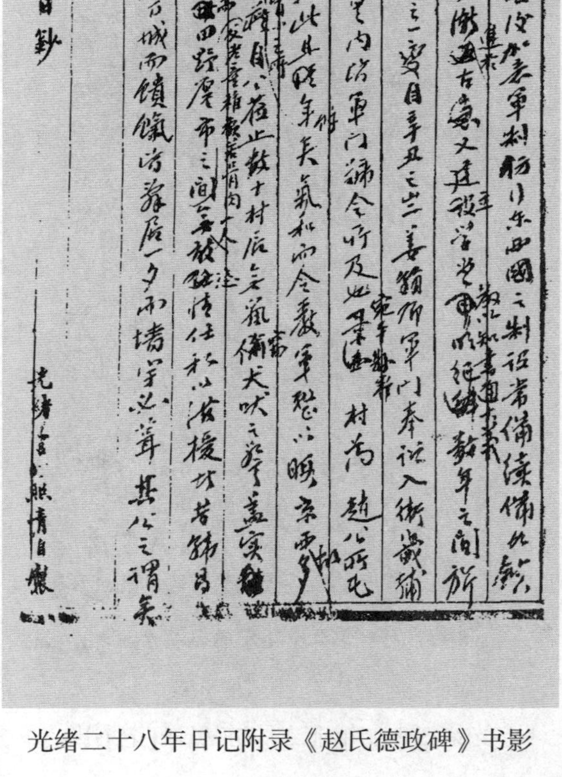

光绪二十八年日记附录《赵氏德政碑》书影

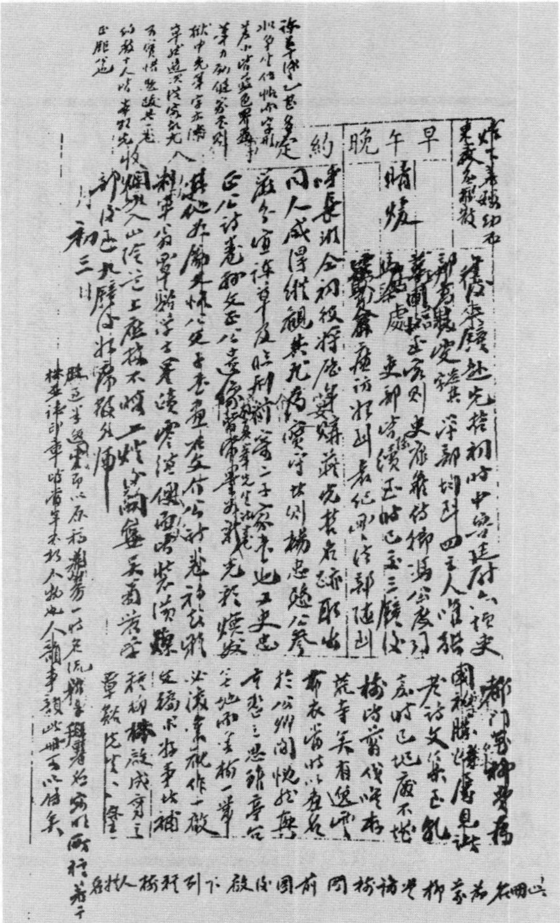

光绪三十二年十二月初三日日记书影

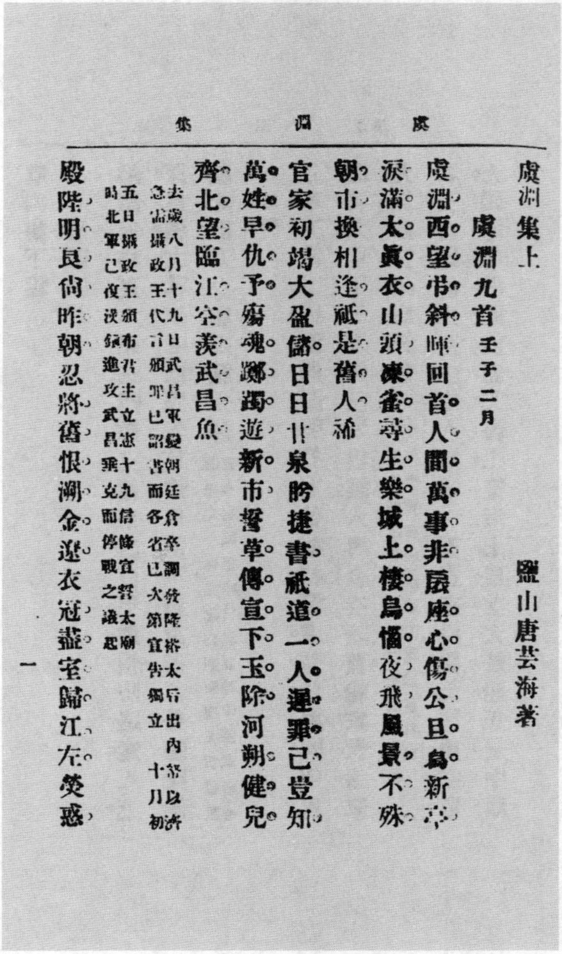

虞淵集上　　鹽山唐芸海著

虞淵九首　壬子二月

虞淵西望弔斜暉回首人間萬事非扆座心傷公旦鳥新亭
淚滿太眞衣山頭凍雀尋生樂城上棲烏惱夜飛風景不殊
朝市換相逢祇是舊人稀
官家初竭大盈儲日日甘泉盼捷書祇道一人遑罪己豈知
萬姓早仇予殤魂躑躅遊新市誓草傳宣下玉除河朔健兒
齊北望臨江空羨武昌魚
去歲八月十九日武昌軍變朝廷倉卒調發隆裕太后出內帑以濟急需攝政王代言頒罪己詔書而各省已次第宣告獨立十月初五日攝政王頒布君主立憲十九信條宣誓太廟時北軍已夜渡漢進攻武昌垂克而停戰之議起
殿陛明良尚昨朝忽將舊恨溯金遼衣冠盡室歸江左熒惑

《虞渊集》上编书影

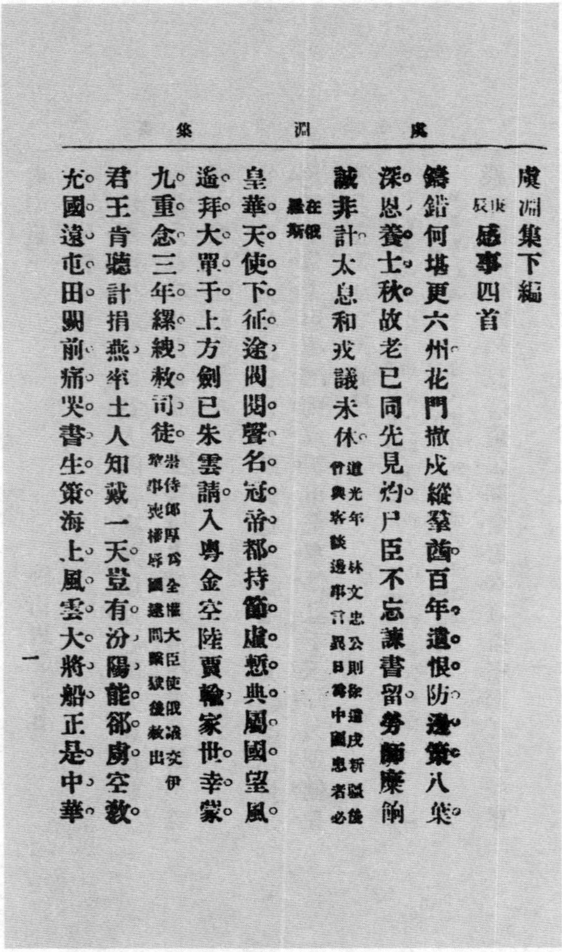

虞淵集下編

感事四首 庚辰

鑄錯何堪更六州花門撤戍縱摯酋百年遺恨防邊策八葉深恩養士秋故老已同先見灼尸臣不忘諫書留勞師縻餉誠非計太息和戎議未休道光年林文忠公則徐遣戍新疆後曾與客談邊事言異日爲中國患者必在俄羅斯

皇華天使下征途閫閱聲名冠帝都持節虛懸典屬國望風遙拜大單于上方劍已朱雲請入粵金空陸賈輸家世幸蒙九重念三年縲絏赦司徒崇侍郎厚爲全權大臣使俄議交伊犁事喪權辱國逮問繫獄後赦出

君王肯聽計捐燕率土人知戴一天豈有汾陽能郤虜空教充國遠屯田剛前痛哭書生策海上風雲大將船正是中華

《虞渊集》下编书影

《中国近现代稀见史料丛刊》总序

在世界所有的文明中，中华文明也许可说是“唯一从古代存留至今的文明”（罗素《中国问题》）。她绵延不绝、永葆生机的秘诀何在？袁行霈先生做过很好的总结：“和平、和谐、包容、开明、革新、开放，就是回顾中华文明史所得到的主要启示。凡是大体上处于这种状况的时候，文明就繁荣发展，而当与之背离的时候，文明就会减慢发展的速度甚至停滞不前。”（《中华文明的历史启示》，《北京大学学报》2007 年第 1 期）

但我们也要清醒看到，数千年的中华文明带给我们的并不全是积极遗产，其长时段积累而成的生活方式与价值观具有强大的稳定性，使她在应对挑战时所做的必要革新与转变，相比他者往往显得迟缓和沉重。即使是面对佛教这种柔性的文化进入，也是历经数百年之久才使之彻底完成中国化，成为中华文明的一部分；更不用说遭逢“数千年来未有之变局”、“数千年未有之强敌”（李鸿章《筹议海防折》），“数千年未有之巨劫奇变”（陈寅恪《王观堂先生挽词序》）的中国近现代。晚清至今虽历一百六十余年，但是，足以应对当今世界全方位挑战的新型中华文明还没能最终形成，变动和融合仍在进行。1998 年 6 月 17 日，美国三位前总统（布什、卡特、福特）和二十四位前国务卿、前财政部长、前国防部长、前国家安全顾问致信国会称：“中国注定要在 21 世纪中成为一个伟大的经济和政治强国。”（徐中约著《中国近代史》上册第六版英文版序，香港中文大学 2002 年版）即便如此，我们也不能盲目乐观，认为中华文明已经转型成功，相反，中华文明今天面对的挑战更为复杂和严峻。新型的中华文明到底会怎样呈现,又怎样具体表现或作用于政治、经济、文化等层面,人们还在不断探索。这个问题,我们这一代恐怕无法给出答案。但我们坚信,在历史上曾经灿烂辉煌的中华文明必将凤凰浴火,涅槃重生。这既是数千年已经存在的中华文明发展史告诉我们的经验事实,也是所有为中国文化所化之人应有的信念和责任。

不过,对于近现代这一涉及当代中国合法性的重要历史阶段,我们了解得还过于粗线条。她所遗存下来的史料范围广阔,内容复杂,且有数量庞大且富有价值的稀见史料未被发掘和利用,这不仅会影响到我们对这段历史的全面了解和规律性认识,也会影响到今天中国新型文明和现代化建设对它的科学借鉴。有一则印度谚语如是说:“骑在树枝上锯树枝的时候,千万不要锯自己骑着的那一根。”那么,就让我们用自己的专业知识与能力,为承载和养育我们的中华文明做一点有益的事情——这是我们编纂这套《中国近现代稀见史料丛刊》的初衷。

书名中的“近现代”,主要指 1840—1949 年这一时段,但上限并非以一标志性的事件一刀切割,可以适当向前延展,然与所指较为宽泛的包含整个清朝的“近代中国”、“晚期中华帝国”又有所区分。将近现代连为一体,并有意淡化起始的界限,是想表达一种历史的整体观。我们观看社会发展变革的波澜,当然要回看波澜如何生,风从何处来;也要看波澜如何扩散,或为涟漪,或为浪涛。个人的生活记录,与大历史相比,更多地显现出生活的连续。变局中的个体,经历的可能是渐变。《丛刊》期望通过整合多种稀见史料,以个体陈述的方式,从生活、文化、风习、人情等多个层面,重现具有连续性的近现代中国社会。

书名中的“稀见”,只是相对而言。因为随着时代与科技的进步,越来越多的珍本秘籍经影印或数字化方式处理后,真身虽仍“稀见”,化身却成为“可见”。但是,高昂的定价、难辨的字迹、未经标点的文本,仍使其处于专业研究的小众阅读状态。况且尚有大量未被影印或数字化的文献，或流传较少，或未被整合，也造成阅读和利用的不便。因此，《丛刊》侧重选择未被纳入电子数据库的文献，尤欢迎整理那些辨识困难、断句费力、裒合不易或是其他具有难度和挑战性的文献，也欢迎整理那些确有价值但被人们习见思维与眼光所遮蔽的文献，在我们看来，这些文献都可属于"稀见"。

书名中的"史料"，不局限于严格意义上的历史学范畴，举凡日记、书信、奏牍、笔记、诗文集、诗话、词话乃至序跋汇编等，只要是某方面能够反映时代政治、经济、文化特色以及人物生平、思想、性情的文献，都在考虑之列。我们的目的，是想以切实的工作，促进处于秘藏、边缘、零散等状态的史料转化为新型的文献，通过一辑、二辑、三辑……这样的累积性整理，自然地呈现出一种规模与气象，与其他已经整理出版的文献相互关联，形成一个丰茂的文献群，从而揭示在宏大的中国近现代叙事背后，还有很多未被打量过的局部、日常与细节；在主流周边或更远处，还有富于变化的细小溪流；甚至在主流中，还有漩涡，在边缘，还有静止之水。近现代中国是大变革、大痛苦的时代，身处变局中的个体接物处事的伸屈、所思所想的起落，借纸墨得以留存，这是一个时代的个人记录。此中有文学、文化、生活；也时有动乱、战争、革命。我们整理史料，是提供一种俯首细看的方式，或者一种贴近近现代社会和文化的文本。当然，对这些个人印记明显的史料，也要客观地看待其价值，需要与其他史料联系和比照阅读，减少因个人视角、立场或叙述体裁带来的偏差。

知识皆有其价值和魅力，知识分子也应具有价值关怀和理想追求。清人舒位诗云"名士十年无赖贼"(《金谷园故址》)，我们警惕袖手空谈，傲慢指点江山；鲁迅先生诗云"我以我血荐轩辕"(《自题小像》)，我们愿意埋头苦干，逐步趋近理想。我们没有奢望这套《丛刊》产生宏大的效果，只是盼望所做的一切，能融合于前贤时彦所做的贡献之中，共同为中华文明的成功转型，适当"缩短和减轻分娩的痛苦"(马克思《资本论》第一卷第一版序言)。

《丛刊》的编纂，得到了诸多前辈、时贤和出版社的大力扶植。袁行霈先生、傅璇琮先生、王水照先生题辞勖勉，周勋初先生来信鼓励，凤凰出版社姜小青总编辑赋予信任，刘跃进先生还慷慨同意将其列入“中华文学史史料学会”重大规划项目，学界其他友好也多有不同形式的帮助……这些，都增添了我们做好这套《丛刊》的信心。必须一提的是，《丛刊》原拟主编四人（张剑、张晖、徐雁平、彭国忠），每位主编负责一辑，周而复始，滚动发展，原计划由张晖负责第四辑，但他尚未正式投入工作即于 2013 年 3 月 15 日赍志而殁，令人抱恨终天，我们将以兢兢业业的工作表达对他的怀念。

《丛刊》的基本整理方式为简体横排和标点（鼓励必要的校释），以期更广泛地传播知识、更好地服务社会。希望我们的工作，得到更多朋友的理解和支持。

2013 年 4 月 15 日

目　录

前　言

唐烜，生于咸丰五年（乙卯，1855）[①]，卒于民国六年（1917）以后。字照青，号留葊，晚号渤海芸叟，直隶盐山人，光绪十五年（1889）己丑科二甲第九十四名进士。据其光绪二十四年（1898）一月初五日日记："予自丑岁分部，于例案本末切实考求，乙未秋间冯月轩升减等后，派充主稿，自知浅学，夙夜恐惧，兢兢自持，然未尝私谒一面、妄干一人，随班逐队，旅进旅退，幸无陨越。"知其光绪十五年（1889）签分刑部任主事，光绪二十一年（1895）派充主稿（山东司）。

唐烜之详细仕宦经历，见载于清代官员履历档案："唐烜，现年五十一岁，系直隶盐山县人，由廪生中式光绪乙酉科顺天乡试举人，己丑科会试中式贡士，以主事用签分刑部，二十二年充山东司正主稿，二十五年正月丁父忧，二十七年九月起复到部，二十八年八月丁母忧，三十年十二月起复到部，三十一年二月派充工巡总局发审处委员，五月补四川司主事，九月接充民政部豫审厅委员，三十二年四月补福建司员外郎，充奉天司总看三股稿件帮正主稿并秋审处兼行，十月十七日经大理院奏调，是月到院，三十三年三月派充刑科第三庭正审官，八月奏补推事，三十四年七月调充刑科第二庭正审官。宣统元年京察一等，四月由吏部带领引见，奉朱笔圈出，十七日覆带引见，奉

---

① 据唐烜光绪二十七年除夕所作日记序中云"光绪戊寅（光绪 4 年，1878），年二十四"及"光绪二十七年岁次辛丑除夕守岁记，唐烜时年四十七岁"，知唐氏生于咸丰五年（乙卯，1855）。其《白头歌》（附光绪二十八年七月日记后）云"我生岁乙卯，凡可尚无庸"，亦其明证也。

旨预备召见。”[①]据此，则唐烜宣统元年被引见时五十一岁，而据唐烜日记中自述生年推算，宣统元年时当为五十五岁，清人自撰履历例减年岁[②]，因此唐烜之年岁当以自述为准。另据履历档案，唐烜于光绪二十二年派充山东司正主稿，而日记中明载光绪二十一年秋间派充主稿，亦当以日记所载为准。尽管如此，履历档案对唐烜一生之仕宦作一总体之勾勒，仍有其史料价值。而宣统年间以后唐烜之行实，因材料所限不得其详，仅在恽毓鼎《澄斋日记》中觅得其踪迹，恽氏日记之“民国六年二月初八日（三月一日）”后附诗《丁巳元日，率宝惠入神武门，恭贺正旦，感赋一律，并简唐昭卿大理同年》，序云：“此本十三日事，牵就元旦，以成吾诗。”[③]诗后并附唐烜和作，可见民国六年唐烜仍在大理院任上。

《唐烜日记》稿本，今藏中国社科院近代史研究所档案馆，原按厚薄略分为八册[④]。日记所用稿纸，部分为定制，版心题“留庵日钞（光绪乙未照青自制）”（光绪二十二年、二十四年、二十八年日记）、“留庵自制”（光绪三十二年十二月三十日以后），部分则为购置（光绪三十二年六月十九日至十二月廿八日）。其中光绪二十二年日记存三月至十二月，光绪二十四年存一月至九月，光绪二十八年存一月至七月

---

① 秦国经主编《中国第一历史档案馆藏清代官员履历档案全编》第八册“宣统朝”，华东师范大学出版社，1997 年，第 417 页。另本册第 310、464 页亦载唐烜履历档案，虽不及此处详尽，然亦稍有补充，如第 464 页：“唐烜，现年五十三岁，系直隶盐山县人，由己丑科进士奉旨以部属用签分刑部，光绪十五年五月到部，十八年四月学习期满奏留。……本年四月二十八日经吏部覆带引见，奉旨预备召见。”唐烜光绪元年四月由吏部带领引见，此既称“本年”，则为宣统元年无疑，唯此称唐烜“现年五十三岁”，与第 417 页所载不同。

② 江庆柏《清代人物生卒年表　前言》，人民文学出版社，2005 年，第 10 页。

③ 史晓风整理《恽毓鼎澄斋日记》，浙江古籍出版社，2004 年，第 777 页。

④ 分册亦有偶误，如第二册经考察为光绪二十二年日记，被误置于光绪二十四年（第一册）之后。今以年月为次，不复分册。

(十二日),光绪三十二年六月(十九日)至光绪三十三年十一月(十五日)则连续留存。

从唐烜残存的数年日记来看,其价值主要有以下几个方面:首先是提供清末维新史、清末官制改革的重要史料。孔祥吉《难得一见的百日维新史料——读唐烜〈留庵日钞〉未刊稿本》与《谭嗣同〈狱中题壁〉诗刑部传抄本之发现及其意义——以唐烜〈留庵日钞〉为线索》[①]两文最早利用到唐氏日记,前文通过日记考察出康有为是变法运动无可予议的领导者,而关于维新派"招外兵,劫大内"、发动戊戌政变的记载,《唐烜日记》为最早;后文认为唐烜日记所载《狱中题壁》诗比目前坊间流传的任何版本都更接近谭嗣同原作。李在全《亲历清末官制改革:一位刑官的观察与因应》[②]一文通过细读唐烜丙午、丁未两年日记,记述唐烜对丙午官制改革前后时局的观察与感受,认为唐烜在面对司法变革时,并未主动适应这场变革,其知识主体依旧是传统律学。而王雁《薛允升降职问题考辨》[③]一文则通过唐烜日记的记载,抉发出晚清刑部尚书薛允升降职的一些细节,补官私记载之不足。其次,唐烜在日记中常将其所撰诗文联语抄存,其中诗歌颇多不见载于《虞渊集》者,此皆可作补遗之用,日记中所存之唐烜文章、书信则可汇集一处,为将来"唐烜集"之整理作参考。此外,唐烜日记中所载之清末北京习俗、文化风尚等皆可为研治城市史、区域文化史者取资。

唐烜为官之馀,吟咏不断,其同年恽毓鼎在《澄斋日记》"民国四年(1915)七月二十二日(九月一号)"下对唐烜有所议论:"唐昭卿同年为余书扇,录近作《都门杂兴》九首。又出示壬子年所作《虞渊九首》,感慨苍凉,格调高迈,不期似杜而自近之。当代东南名士以诗鸣

---

① 均载其《清人日记研究》,广东人民出版社,2008 年。

② 载《近代史研究》,2014 年第 2 期。

③ 载《史林》,2016 年第 2 期。

者实繁有徒，而昭卿学问博雅，闭户吟哦，世鲜知者。余至去岁农会常聚而始知之。甚矣，北士之不善标榜也。”[①]其中对唐烜诗歌的评价，未必是同年间的吹捧，应当是作者的真实看法。民国时徐世昌《晚晴簃诗汇》收唐烜《戊戌纪事八十韵》、《二哀诗》、《乙卯都门杂稿》凡十一首，并撰小传云：“唐烜，字照青，一字仲旭，晚号芸叟，盐山人。光绪己丑进士，授刑部主事，历官大理院五品推事。有《虞渊集》。”《晚晴簃诗汇》“诗话”云：“照青绩学能诗，不自表襮，浮沈郎署，晚遭世变。编集时尽删少作，所存多苍凉激楚之音，其《戊戌纪事》一首，得自亲见，故摹写逼真。”[②]对唐烜晚岁诗歌评价很高。钱仲联《清诗纪事》收唐烜《戊戌纪事八十韵》一篇[③]，所评不出《晚晴簃诗话》范围，并引郭则沄《十朝诗乘》云：“唐照青推事烜，光绪时官刑部，目睹戊戌政变，痛六君子之骈僇，作《纪事诗》云……‘二杨’皆照青同年，裴村（案，刘光第字裴村）同官久，尤契，故其诗有激而发。‘丞相’谓刚子良，‘乔公’谓茂萱提牢也。”[④]对其《戊戌纪事》的诗史价值颇为肯定。赵键《虞渊集注》的出版[⑤]，是《虞渊集》的首次整理面世，对唐烜诗歌的流布有所贡献。

唐烜不仅擅长吟诗属文，其书画亦为时人重视，日记中不时出现他人求字画、索诗文的记载。据李濬之《清画家诗史》载：“唐烜，字昭卿，一字昭青，晚号芸叟……善书，工诗，间作山水。性沈默，深自韬

---

① 史晓风整理《恽毓鼎澄斋日记》，浙江古籍出版社，2004 年，第 741 页。

② 徐世昌《晚晴簃诗汇》卷一百七十七，民国退耕堂刻本。

③ 钱仲联主编《清诗纪事（十九）光宣朝卷》，江苏古籍出版社，1989 年，第 13305 页。

④ 郭则沄纂，卞孝萱、姚松点校《十朝诗乘》卷二二“唐照青弔戊戌六君子”条，福建人民出版社，2000 年，第 939—940 页。《清诗纪事》所引“久”属下，误。

⑤ 赵键《虞渊集注》，中国民盟文化出版社，2009 年。署唐芸海撰，赵键注。

晦，人罕知之。”[1]李濬之(号响泉)为唐烜友人，唐氏有《为宁津李响泉追题先德剑南老人榆园图》，即为李濬之所作，故李濬之所评值得重视。从日记所载来看，唐烜还常至琉璃厂、东荷包巷冷摊等处搜求旧书画册，并时有品鉴优劣、判定真赝之说。这些均是唐烜生活中不可或缺的部分，也可藉以考究晚清北京的文化生活。

本次整理《唐烜日记》，所用工作本为赵键先生(唐烜曾孙，自幼由天津京剧名家赵春亮抚育长大)提供之影印件。赵阳阳负责光绪二十二、二十四、二十八年日记的整理，马梅玉负责光绪三十二、三十三年日记的整理，最后由赵阳阳厘定全稿。数年前承张剑老师不弃，委托我们整理《汪荣宝日记》，列入《中国近现代稀见史料丛刊》第一辑刊行，今又蒙青眼，再嘱整理《唐烜日记》，拾爱之情自当深铭于心。衷心感谢中国社会科学院近代史研究所档案馆馆长马忠文先生的关爱和帮助，马先生对光绪三十二年、三十三年日记的审读，对我们帮助很多；感谢李在全先生将自己摘抄的《唐烜日记》万馀字供我们参考；同时特别感谢近代史所博士后韩策先生代我们悉心核对原稿，匡正不少讹误，高情厚谊，感佩无已。经赵键先生慨允，于日记之末附载其《虞渊集》整理本，以便读者全面了解唐烜之为人与为文。

古籍整理不易，稿本整理尤为不易，限于学力，整理稿中难免讹误，敬祈方家不吝教正为盼。

整理者于 2016 年 6 月

---

① 李濬之《清画家诗史》壬上，中国书店影印民国刊本，1990 年，第 448 页。此书收唐烜题画诗三首：《题王劭农自绘意拓园图》、《为李松轩茂才画便箑系以二绝》、《为宁津李响泉追题先德剑南老人榆园图》，皆不见整理本《虞渊集注》。

凡　例

一、为方便读者，在正文原年月日下附加公元纪年，用圆括号标出。

二、根据丛书要求使用简化字，但涉及具体人名、地名时，则尽量保持原貌。作者偶用古字，点校时多遵从日记原貌。

三、日记中对同辈字号称呼颇不谨严，常记作同音字，可见当时不同写法似可共存，因此点校本中于此类情况不求划一。

四、原稿中空阙待补之字，用"△"表示；残阙处约略可计字数者用"□"表示，不能确计字数者，用"……"表示。

五、原稿确系误字者，用圆括号"(　)"将误字括出，后用方括号"[　]"括出改字。原稿有脱字者，补字亦用"[　]"括出。

六、日记中偶有难解处（如古今字、通假字、专用词），略作注释，为读者提供方便。

七、日记中夹注部分用小五字号单行排印。

八、日记中所有致人信札及自作诗文草稿，以楷体排印，以与正文区别。

唐烜日记

光绪二十七年除夕守岁记(代序)①

予自未冠时，即窃有记录。日间趋庭之暇，喜抄前言往行之可则效者，或师友讲习，必谨志之，而故家父老过从，偶谈旧事，凡岁时之丰歉，方里之变迁，以及土风乡俗之有涉今昔升降之故者，悉缕述无遗。盖阅世太浅，酬答绝寡，依依膝下，皆宽闲之日月也。光绪戊寅，年二十四，值岁大祲，比屋流离，饿殍载道，家无宿粮，糠核不充，春间时疫流行，连遭戚族之丧，情绪尤恶。先严染疫几危，经旬汤药，幸早痊愈，而甘旨之奉缺如，东西求乞，仅代藜藿，二麦既登，稍释饥困。三弟年十九矣，学理家计，颇有条理，忽以殇亡，肝肠崩碎，万念俱灰，不握管作书者数月，而日记遂止于斯。迨通籍后，在都门因应略烦，惧有遗忘，辄复逐日登记，然已非复少时之蹊径矣。戊戌冬奉派监督陵工，有蓟门之行，归后为二老庆七旬寿，已岁暮矣。作行纪未果，而先严即于次年正月见背，坫块昏迷，忽为纤人交构，侮难纷沓，自知罪戾悼悔，几不欲生。由此贫病无聊，百忧丛集，杜门不出者年馀，无可省记。至夏五月，而拳匪之乱作，六十日中炮火惊心，举家槁饿，城将陷，急走郊外，奉先柩浅厝，仓皇回寓，引领待尽，侥幸无恙。去岁四月扶柩旋里，以安窀穸，跧伏里门，殆将半载。家慈敦促入京，遂于九月中旬北上销假，忽忽又改岁矣。回忆三载以来，国祸家难，所遭之不幸，有非笔舌所能宣者，盖屡濒于死而幸全性命，视息人间，入顾妻儿，出联朋好，两餐饱食，一灯独对，偶有见闻，把笔志之。是实我先灵之默佑而北堂慈母辛苦积善，天不忍令见意外之惨。予小子既获再生，敢须臾忘哉！光绪二十七年岁次辛丑除夕守岁记，唐烜时年四十七岁。

---

① 本文原在光绪二十八年日记前，今移至此作“代序”，原处仍保留。

光绪二十二年(丙申,1896)[1]

三 月

初一日(1896 年 4 月 13 日) 晴。入署。晚至董赞兄宅少话。

初二日(4 月 14 日) 微阴。入署。

初三日(4 月 15 日) 阴,午刻少晴。入署。散值后同王兰亭出城,至义成洋货店游览,遇何润甫水部,至永泰昌少坐,刘诞臾约至同兴楼吃饭。

初四日(4 月 16 日) 薄阴,晚雨。入署。是日驾幸藉田,行三推礼,本署堂官薛云阶尚书派从耕大臣。接刘星岑太守信。

初五日(4 月 17 日) 阴,午间少霁。入署。出城访高礼卿不遇,遂至虎坊桥,与李慕丈谈少许,适王卓生焯同年吏部亦到,始知卓生近馆李宅。夜半始归。

初六日(4 月 18 日) 阴。入署。

初七日(4 月 19 日) 阴。入署。

初八日(4 月 20 日) 入署。

初九日(4 月 21 日) 晴。入署。日暮出城,至虎坊桥访王卓生

---

① 据作者光绪二十七年(1901)序中所述"乙未承乏主稿",又本年七月十一日日记载与友人札中有"去冬署中又承乏主稿",及八月初四日日记载:"予自去年八月下旬接充主稿,至今一年之久。"则今年为丙申,即光绪二十二年(1896)。

同年，遇湘岑在座，小谈。湘岑去后，与卓生谈至更馀。过李慕丈宅。

初十日（4月22日） 阴，夜雨。入署。

十一日（4月23日） 阴，早间微雨。入署。是日署中为宗室承公府呈送家人事过宗人府会讯，原定未刻，因彼处人证未到，迟至日暮始往。宗人府派审司员五人，坐定，略谈两造情节，因要证未齐，彼此均未提犯，订于十三日至承公府验伤，拱手各散。归至太升楼吃饭，忽忆姜宝兄当在家，遣人走请，少刻即至，同饮，谈至二更始归。

十二日（4月24日） 晴。入署。散值后出顺治门，至教场胡同拜季士周臬台邦桢。季公曾任长芦运司，丙戌岁公车北上，在津考会文书院，曾蒙取超等第壹名，殊有知己之感。去岁升授闽臬，调补直臬。近入都陛见，因于今早请训，拜客未回，递名帖而退。段玉堂郎中邀饮同兴楼，遂往焉，皆同司诸君也。

十三日（4月25日） 晴。入署。是日德爱石印君赴北新桥承公府验伤，借予车前往。常用宾郎中请客，午后往焉。冯月轩主政赠云南临安烟斗二枚，又赠汉碑拓本一幅。

十四日（4月26日） 晴，午后阴。入署。是日津郡人士公请季士周廉访，因予在福隆堂请客，未到。早起，送严、慈亲南旋，侄家彦、儿东震随侍。饬王升前赴通州雇船。是日同董赞宸员外、史康侯主事公请秋审处提调、坐办满汉诸君，余值本司有事，散值甚晚，比出城已五钟矣。至福隆堂，客到者共十人，已酒阑人散矣。冯月轩后至，同董、史两君及予共座。食毕，予同赞兄入城。

十五日（4月27日） 阴。入署。早间王升同舆夫自通州来，询知昨日三钟时抵通，四钟登舟，舟颇宽敞，严、慈亲均甚喜欢，约今早可开船南下矣。散值后出城，至永泰昌，遇田仁甫，日暮同刘诞甫饮同胜居，方举杯，宝轩亦至，遂同座。食毕入城，送宝轩回寓，因渠未坐车也。抵宝轩宅中，谈许久，晤其令侄，乃宝轩欲立继为嗣者也。

十六日（4月28日） 晴，晚阴，夜半雨数点。入署。是日散值后出城，至福隆堂，高理卿邀饮也。同座为孙景裴户部、董赞臣比部、苏敬甫、宗端甫两舍人、阎鹤泉太史、包谱泉△△。赞臣未终席入城，馀皆夜分始散，理卿邀同敬甫为狭邪游，夜半始归。在某校书处观贺松坡书屏四幅，校书为松坡同年所识，貌不甚佳而颇饶风韵，松坡大昵之，撰文书屏今岁所赠。松坡故善古文词，虽游戏笔墨，亦楚楚有致，盖纪实也。

十七日(4月29日) 晴，早雨午晴。入署。散值后赴东城史家胡同，画奏稿于阿左堂宅内。李慕丈遣人送朝审册一本。王湘岑同谱来札。

十八日(4月30日) 晴。入署。午前沧州李砚堂偕一南皮刘茂才来拜。又盐山窦维生来。散值后访董赞臣兄小谈，并送去年朝审册一本。出城至虎坊桥，拟访王卓生同年，不遇，梅樵孝廉适在座，略谈数语。李少皋昆仲留饭，饭毕回寓。复湘岑信。

十九日(5月1日) 晴。入署。早张玉叔吏部邀饮，因署中有现审事件，辞焉。张岛仙表叔广文来札，拟午后出城造访，适散值甚晚，未能出城。早间内子因杨姓小奚闹气，掌责壹下，致手背筋脉拗曲作疼，晚间始知，嘱购七厘散服之，稍效。

二十日(5月2日) 阴，午间微雨，入署。午前张岛仙表叔广文来，谈二刻。散值后出城，至永泰昌，遇姜宝兄，谈许久，拟到试馆，阻雨，不果，适孙英翁由署散值亦到，聚谈至日暮方归。入城，同宝兄至棋盘街天成带局买带、板各一。

廿一日(5月3日) 晴。入署。午间张生亚珊埙茂才来，送洋酒二瓶，闻其就滁州直牧平恺之康馆，下月当启行，为之怅然。是日同司简筱坪允中主政请客，散值后至同兴楼畅饮，至薄暮始散。

廿二日(5月4日) 晴，午后阴浓至晚。入署。早间盐山刘表侄来，询自十七日由盐启行，途中未遇家严、慈暨家彦侄，匆匆数语，即将入署。又张岛翁来，为其令孙考取供事领照事，催促甚急，遣王升送至永泰昌，寻武瑞亭办理。散值后出城，买夹衣一件。至永泰昌付银。入城访董赞兄小谈，归已近九钟矣。是日王湘岑仁弟来札。

廿三日(5月5日) 晴。入署。散值后出城，拟回拜张岛翁，未果。至永泰昌，遣人邀至同兴楼小饮，薄暮回寓。

廿四日(5月6日) 晴，午后阴雨数点。入署。灯下为邑侯夏漱蘅同年作书。接王湘岑仁弟一札。

廿五日(5月7日) 晴。入署。散值后至兵部洼中街看于宅房，并邀简筱坪主政同往，适大门扃钥未启，悒悒而散。予归至松树胡同，访潘问楼不遇，与其长君楙亭谈，至日暮始归。灯下作家信。

廿六日(5月8日) 阴，晚晴。入署。散值后赴东城羊肉胡同，为齐宅贺喜。齐字印甫，名普松武，现任刑部员外郎、湖广司掌印，系庚辰科进士，并留吃喜酒。归至姜宝兄家，不遇，适姜鲁堂兄自南来，闲话许久，宝轩始归，谈至二更许回寓。

廿七日(5月9日) 阴雨终日。入署。辰刻出城，赴于坦斋大令泰丰楼之约，同座有胡鉴堂都戎，渠亦盐山人，世袭云骑尉，与予亦旧相识也。馀皆贾人，略通姓字，大半遗忘。入座后酒三巡，兴辞。入城进署，是日又有现审事件，至四钟三刻始散。

廿八日(5月10日) 晴。入署。是日为刑部值日，午间入署，少坐遂出城，赴王鹤田水部聚宝堂之约，同座有胡月舫景桂侍御、文星阶海宫赞、闫鹤泉△△太史、史康侯比部、陈雨人泽霖水部，外有二客不相识，已道姓字，即时遂忘之矣。散后又至同丰堂，主人为孙星楼比部，座有德峻峰郎中、武德卿同年员外、钱梦昂锡晋、伍占峰兆鳌、王石逸贻典三主政，石逸为乙酉同年，散后已薄暮矣。入城至姜宝兄宅，渠尚未归，座有两盐山人，一为贾某，一为褚某，适于坦斋亦至，候至上灯宝轩始归，谈至夜分始回寓。

廿九日(5月11日) 晴。入署。散值后出城，到永泰昌少坐，顺路至大栅栏聚美斋扇画铺买折扇一柄，到虎坊桥访王卓生同年，遇少皋，留吃饭，与孙伯平茂才小谈。暝时入城，于坦斋大令来夜话，天已四更许，命酒小酌，饮各微醺而罢，已将曙矣。是日盐山城里李松轩维烈茂才来，未遇。

三十日(5月12日) 晴。入署。进署后,值宗人府有会讯案件,来片请往。予因夜间失寐,邀德爱石、王兰亭两君同往,晚在东江米巷太升楼相候,至上灯时爱石始到,兰亭已疾驱出城矣。食毕,又谈至子初刻始归。

四月

初一日(5月13日) 晴。入署。巳刻出城,至会元堂,主人为前门外广丰号钱店,同座熟人为宝轩、赞宸两兄,予因急归,未及终席。主人并邀观剧,散值后再出城,入庆乐园观《探母》一出。归至永泰昌,遇武瑞亭,略谈数语而散。是日接张鸣凯仁兄庆云之信,渠时在庆邑盐店就馆。

初二日(5月14日) 阴,午后微雨。入署。午间高礼卿郎中来少坐,王湘岑来谈片刻,予将入署,湘岑遂去。灯下于坦斋来,谈许久。

初三日(5月15日) 晴。入署。午前李慕丈侍御来谈二刻许。散值后步行出城,至永泰昌少坐,买鞋一双。薄暮归,由同胜居小酌,念无可邀者,独餐毕,遂入城。灯下董赞兄来谈许久,夜分始去。

初四日(5月16日) 晴。入署。散值后拟出城拜客,冯月轩主政来札邀饮,少憩即往,座唯鲍悔人琪豹同年主政、潘问楼、董赞宸两兄,谈至更馀始别。

初五日(5月17日) 晴。入署。散值出城,买故靴一双,顺路至云益钱店少憩,归至永泰昌,闻太升楼请客,主人未知谁何,遂入城,至该处则宝轩方解衣磅礴,独自偃卧,因呼酒共饮。食毕,予出登厕,忽体觉不适,命车疾归,未辞主人,遣价①往致意。予乘醺睡至夜半始寤,饮浓茶三碗,顿觉清爽。二月间前门外虎坊桥东阡儿胡同有

---

① 价,称派遣传递东西或传达事情的人。

住户李姓贾人，系山东掖县人，前年秋携眷来都寓居此巷，去岁其妻死焉，无子，只一女，年十九矣，幼许字其同邑杨氏子，亦来京学贾有年，今岁择吉成婚，即在其岳父李德茂宅，定于二月十八日。乃前一夕，杨氏子自服洋药身死，九市喧传，皆云因奸谋杀亲夫，几于众口一词，然事无左验，初死即报明北城正指挥相验，确系无伤服洋药毒身死。在京有尸堂兄、尸胞弟某已具结画押矣。比司官详巡城御史传两造录供，则尸亲翻供，坚指李氏父女谋毙，御史不能决，咨送刑部审办。当事之甫起，予即耳有所闻，然相传不一其说，窃以此事为一大疑狱，幸其在城讯结，及送部，又幸本司当不断是狱也。上月十二日予入署，上堂后在司与诸同人闲话及此，语未竟，书吏陈某已持卷宗面禀签分本司矣。传讯两造，尸亲坚执谋杀之说，而逐层情节，皆诿为不知，狡赖异常。李氏父女则又漫词搪塞，干证[①]有吴姓者在保脱逃，严捕无踪，又一杨姓者，亦当日目击其死者也，且与死者系同里人，为无服族兄弟，遂连日拷讯，始尽吐颠末云云。方杨氏子之定议娶亲也，皆其同乡吴某为两家传通消息，而李德茂一身落拓，婚期用度，无从张罗，又不欲草草完姻，意在令其婿出数十金以充观美，其婿则客囊羞涩，只备数金之费。至吉期前一夕，李德茂因婚费不足，向吴某有违言，吴固无如何，遂攘臂诉杨氏子，杨怒与其岳谋，而李德茂乘醉面斥之，有“今日有钱，明日办事；今日无钱，明日决不使得妇”之语，吴又从旁故作隐语以激之，杨氏子且愧且愤，拂袖而去。时夜已深，皆以为聊作蛙怒，不久南归也。夜半后，众尚未憩，待杨归，忽见院内有人偃卧，执烛照之，则唇齿间皆阿芙蓉膏也，灌救已无及矣。

初六日(5月18日) 晴。入署。是日为承公府姑媳互控事会宗人府审讯，姑为伍弥特氏，媳为李佳氏，皆公夫人也，素不睦。姑媳皆孀居，孙德荫已袭职，去岁又殁，现尚未定承袭之人。有承植者，伍弥特氏之夫胞弟也，意图令其子出继伍弥特氏为子袭职，而李佳氏有

---

① 干证，诉讼双方的有关证人。

子三人，长者十五岁矣，皆德荫异母同父弟也，伍弥特氏不得舍其应袭之孙，另立继嗣也。去冬伍弥特氏已呈请宗人府二次，均被斥驳在案。承植计不得逞，则怂恿其嫂向李佳氏寻衅，必令李佳氏呈报其长子残废、馀未及岁云云，李佳氏不肯。二月初六日，承植唆令其嫂将李佳氏捆缚，喝令家人殴打数次，幽禁空房，将其手足锁锢。李佳氏长子德茂呈诉宗人府，并控其家人某某。上月宗人府会同刑部赴承公府验明李佳氏伤痕甚重，毒打属实，传伍弥特氏家人及承植到案质讯，乃一味抗延不交，皆令潜逃出府，承植又恃符狡辩。宗人府奏闻，请旨将伍弥特氏革去公夫人，承植先行解任，听候质讯。今日已传质三次，唯伍弥特氏托痛不到，承植狡辩不承，自五钟跪至九钟，尚无确供，遂斥令退出。承审官各散归，至太升楼吃饭。午前李小慕来，又刘四表兄来。晚间闻于坦斋来，不遇而去。是日刘公受舍人邀饮龙源楼，孙阶平邀饮福隆堂，均不果往，辞谢。

初七日(5月19日) 晴。入署。午间陈福舲偕李松轩来，松轩托为觅馆地。姜宝兄来，嘱为贾玉峰昆山作书。薄暮由署回寓，豹儿自姜宅归家住，已数日矣。灯下为贾玉峰作书，又写家信。

初八日(5月20日) 早晴午风，向晚风愈大，落雨数点，夜雨通宵。是日为浴佛日，不理刑名，向例刑部堂司各官均不入署，终年只此一闲日也。午间于坦斋来，谈至六钟始散，是日松筠莽公请李亦青廉访希莲，山西人，向任天津道，新授贵州臬司，来京陛见，津郡公饯，未果往。薄暮至永泰昌，候宝轩不至，入城访赞臣小谈，约更馀始归。灯下为张岛翁广文、刘仲彦同年作札，因有人赴东安之便也。

初九日(5月21日) 霁，入署。散值后至东江米巷武定试馆，回拜张△△表侄名志复，遇乐陵县王少鹏茂才，遂出城，至花儿市四条胡同兴胜斋匣子铺回拜李松轩茂才，遇同乡韩△△，陈福舲后至，话许久，日暮始归。

初十日(5月22日) 阴，入署。散值出城，信步至前门大街玉器摊游历一遭。回永泰昌少憩，入城。午后侯庄年来，少话即去。

十一日(5月23日)　早阴微雨，午后晴霁。入署。是日改早值，定于每日辰刻进署办公，午刻散值。因松寿泉尚书本日进内廷，退值因便道入署，昨已传谕今早卯刻令各司递现审单。散值已交未初，回寓少憩。出城买玉带版一具，至永泰昌少坐，倦甚，假寐，薄暮步归。

十二日(5月24日)　阴雨，夜雨。入署。李慕丈于是月廿四日六旬初度，拟作寿诗，灯下构思，得七律一首。

十三日(5月25日)　晴霁，北风。连日寒甚。入署。散值出城，至永泰昌遇田仁甫、董赞兄，谈数刻已暝，始入城。

十四日(5月26日)　晴。入署。散值回寓。孙景裴郎中来，谈许久。侯庄年来，薄暮始去。

十五日(5月27日)　晴。入署。散值，访宝轩不遇。出城至李慕丈宅，不遇，适宝轩亦至，同饭毕，归永泰昌，入城已夜半矣。

十六日(5月28日)　晴。入署。连日失眠，倦甚，散值回寓，酣睡至日夕始觉。盐山人韩寿松来，不遇，留字而去，托为其族孙韩树禾荐事。

十七日(5月29日)　晴。入署。散值后至董赞兄宅小谈。武瑞亭偕杨梅樵孝廉邀饮同兴楼，归遇赞臣，拉予夜话，至十二钟始归。灯下改现审题稿一件。

十八日(5月30日)　晴，风。入署。谢秀山郎中到司小谈。

十九日(5月31日)　晴。入署。午间刘诞甥来谈许久，同出城至同兴楼，并约赞臣小饮。

二十日(6月1日)　晴。入署。为李慕丈作寿诗三首。薄暮出城，遇于坦斋，同至同胜居小饮。

廿一日(6月2日)　晴。入署。侯庄年来少坐。张润田来少坐，为租草帽胡同铭宅房事。晚董赞臣来，冯月轩来，谈至夜分始散。

廿二日(6月3日)　晴。入署。灯下姜宝兄来札相邀，命舆前往，谈至丑初始归。为李慕丈作寿诗，前后共得五首。

廿三日(6月4日) 晴。入署。散值后命车接杨梅樵孝廉来寓,倩其代书寿慕丈诗,因同出城,至永泰昌,偕诞甫饮同兴楼。灯下书讫,适宝轩亦至,同步出城。

廿四日(6月5日) 晴,大风晚阴,入署。散值后回寓,为慕丈送寿礼,又撰寿联一对,诗对均未甚惬意。缘入春以来,署中案件丛杂,且多拂意之事,兴致索然,勉强操觚,故难得佳构也。联句为:桑梓千秋重司隶,神仙一品继长源。汉鲍宣官司隶校尉,高城人。唐李泌,字长源。午后赴虎坊桥慕丈宅拜寿,遇荣华卿宫赞、善稚樵比部、王湘岑都阃亦至,宴毕观剧,乃都门近年盛行之女班也。是日侍御宅内宾客甚多,冠盖交错,同人契好相遇每不及畅谈,且弦管填咽,视听炫惑,只匆匆一二语即别。观梅樵孝廉所撰寿序,又仲鲁太史一序,皆佳制也,而梅樵之作尤工,落笔命意,雅与题称,知其得力于先正者深矣。薄暮归寓。

廿五日(6月6日) 晴。入署。散值回寓,窦晋臣、李松轩昆弟来,谈许久。魏汉章送酒一坛。近看草帽胡同之房,拟同张姻伙租,房主系西城太仆寺街铭宅,即现署庆云县正堂、实任盐山县正堂铭仲民彝明府之产也,向与予相识,今其令堂遣仆人来订租价等事。出城至虎坊桥,与孙伯平、李小慕、小帆谈许久。薄暮归永泰昌,遇姜宝兄,邀同兴楼吃饭,夜半入城。

廿六日(6月7日) 晴。入署。连日失眠,倦甚。散值回寓,已过午,酣睡至五钟始觉,出城至永泰昌,遇田仁甫,少谈,买橘数枚。

廿七日(6月8日) 晴,晚大风,骤热。入署。散值回寓,遣人为蒲州馆王宅送挽帐、松树胡同明宅送白分。蒲州王君炳奎,字虎文,丙子进士分部,洊升刑部员外郎,向在山东司主稿,去岁由减等得秋审处坐办,年才五旬,忽尔病殁。殁时眷属皆在原籍,寓所唯一稚子雏妾,其尊人现任四川叙州府知府,年已七十馀。闻其家计甚丰,而昆弟不睦,因其前年眷口回家,一切用度诸弟皆靳不与,妻子赁宅而居,虎文知而伤之,遂得心疾,以致不起,可悼可叹。午后德爱石来,谈许久。是日为承公府一案宗人府片请会商,至夕时同往,暝时始归。董赞兄来,适予将赴宗人府,德爱石已先行矣,匆匆数语而去。

廿八日(6月9日) 晴,热甚。入署。散值后假寐片刻,至五钟家人具食,餐毕命舆出城。至永泰昌与诞甥数语,遂至虎坊桥访卓生,不遇,与少皋谈数刻,适慕丈在家,孙景裴郎中亦在座,谈及近日大农筹国计,全资洋债,借款已逾三万万矣,计终岁息银数至二千馀万,而中华四民,几于无处不事搜刮,无事不议裁减,有岌岌不可终日之势,相对太息久之。景裴去,灯下与慕丈畅谈,又命酒对酌,夜分始归。

廿九日(6月10日) 晴,连日酷热异常。入署。散值回寓,适董赞兄来,畅谈职事,不觉向暮,遂留小酌,呼厨人具餐,草草四簋,饮啖极畅,至上灯后九钟始去。

五　月

初一日(6月11日) 晴,微阴,入署。散值,命车至草帽胡同看新租宅,归寓少憩。姜宝兄来,谈至日暮。又侯庄年来,将暝始散。闻江南又有华洋之案,系新设勇营专练西法操演,请德国教师,月给薪水所费不赀,较从前练勇规制增数倍矣。江督刘岘庄,湖南人,湘军悉隶麾下,素恃恩骄恣。且自咸同之际,扫平粤捻,戡定滇黔,恢复西夏,皆赖湘军之力,初起由江忠节、曾文正诸公倡办团练,捍卫桑梓,其后仰食公家,征调遍于十八行省,合肥李少荃傅相仿其意以立淮军,魁人骁将,同时辈出,天下称劲旅,必湘、淮并称,有事则征召,率皆用其本籍将领,他省阃帅虽材武不能用之,亦不敢用也。近年畿辅自合肥莅节,淮军旌旗遍于河北,湘军声威稍替,且当日宿将健儿强半凋丧,所募皆市井无赖充数,精劲者不过十之一二,统领管带皆湘军新进,未谙战阵,纪律尤远不及前,唯以虚声相恫喝而已。自甲午倭事起,淮军皆隶叶(自)[志]超,数月之间,水陆丧亡殆尽,逃将溃卒，接踵相望，天下遂以淮军为口实，深诟病之。而甲午之冬召江督刘岘庄入卫，麾下湘军悉率以北，又新募数十营，魏光焘、吴大澂为统将。去春吴师挠败，湘人熸焉，比和议成，而甘省回匪滋事，诏魏光焘帅所部西上，刘制军仍回江督之任。方刘之被命入都也，代者为南皮张香涛制军，到江后见南洋海防不足恃，精锐又随刘督出关，单弱已甚，重招新军练习，又惩此次军事所以致败，皆因华人不谙西法，以乌合当强敌，故溃亡相继，非廓清积习、师敌长技，万难再振。去冬奏请南洋练军事宜，延洋人之精于战阵者为之师，优其廪给，厚其俸饷，冀成劲旅，以开中华风气，立志甚壮，画事亦周。朝旨允俞。比事集而刘又回任，香帅仍回湖北。刘故长者，咸丰年间用湘勇平广西、湖南土寇，无奇绩异劳，用曾文正荐，擢至封疆，先莅两江，当大难初平之后，一遵文正旧规，两江称治，退闲后家居十馀年，再召出莅两江，已近衰庸，识者哂为尸居馀气。倭事既棘，朝廷藉其虚名促之出关，责望良殷，而丧师失律，无一奇谋至计，威望大损，事平已决意引疾归田。江南僚属惮香帅之方严，乐刘公之和易，且恐香帅拜真后势必事事认真，无由施其伎俩，遂群相汹惧，夤缘当路，"非刘帅回江不可"。都中言官屡进弹章，朝议不从，比回任而泄沓如故矣。然练兵营制业由香帅奏定，其部下湘军大嫉之，聚众哗嚣，将西洋某教习殴毙。目下洋人大事要挟，照会总理衙门，援去岁四川烧杀洋馆之案，刘仲良秉璋制军革职永不叙用，两江亦如之，并将该营统领正法抵命，闻朝廷已允覆其请矣。噫！如岘帅之昏懵寡识，酿祸贻患，诚不足惜，其如国体何哉？

初二日(6月12日)　晴，早阴。入署。回寓酣眠，酉初始觉，热甚，信步出门纳凉，至棋盘街，遂出城，至永泰昌少坐，南风习习，顿觉清爽，复缓步入城。

初三日(6月13日)　早晴，午后阴，向晚浓阴，夜雨。入署。刑部署堂司各官例有饭银，款项有自户部兑者，有由外省解者，均归本衙门库存，秋审处提调满汉二人掌之。正堂每月八十金，左右堂每月六十金，各司每月二十五金，库官按数每月发放。各司领款终年计之，共二百七十金内外，由本司主稿收存，以为司内终年用度，节省之可不致亏欠，稍事大方即患支绌。然各司不同，间有稿君一人独自乾没，一切公款仍归同人摊办者，虽有后言弗恤也。惟满掌印向不预闻此事，山东司闻五年前曾归满掌印经理其事，吞蚀甚伙，嗣调他司始行交出，款已无馀，接管者为王君虎文，王得减等，交冯君月轩，去秋八月节后，予接冯手，存款只卅金。署中饭银放款，例自八月停止，而出款浩繁，至今年二月卅日始领月款，中间予垫银已七八十金，虽三、四两月接连放银百十馀金，除本年用度尚亏三四十金之数，乃德爱石暗中垂涎，屡示意同司诸君，欲将各项用款旧章大加裁减，将来赢馀可以瓜分，再三哓哓，予雅不欲闻之而无如何，司中同事诸君下至吏役，莫不暗中哂笑焉。午后命车至津南馆，回拜赵楚江毓楠太守，不遇，访孙宛村询，适患痒疾未愈也。晤刘籲門贰尹国宾谈许久，刘为盐山同乡，与予为先后同学，同治八年由实录馆供事保举吏目，选授广西永康州吏目，以劳绩升授县丞，现因丁艰归里。

初四日(6月14日) 大雨通宵，晨霁，午间阴雨，向夕始止。早入署，抵门而返，闻皂役禀称大门以内水深尺许，各司无人，遂回寓。拟出门拜节，雨至而阻。向晚始出城，至绳匠胡同李师相宅、老墙根薛尚书宅。

初五日(6月15日) 阴，午后雨片刻。早起，赴东西北城老师、堂官各宅拜节，四钟始返。邀潘问楼、董赞臣两兄来寓小饮，命庖人备馔数种，畅谈至夜分始散。张润田来，为议同租草帽胡同之宅也。晚间署内书吏来，禀报是日签分京西孟悟村命案。

初六日(6月16日) 晴。入署。是日散值甚晚，已交四钟矣。提讯孟悟村案犯，系谋杀一家夫妇二命，弃尸浑河，情节极为凶惨，分饬营县坊票拘帮凶并打捞尸首等事。遣王升同太仆寺街铭宅管家出城至永泰昌立房折，并兑铺保交租银各讫。侯庄年来。

初七日(6月17日) 晴。入署。散值回寓，料理移居，检点什物。午后李慕丈来,谈许久。又盐山城内东街刘仙源传善自家中来都,接到家彦侄家报。

初八日(6月18日) 晴。入署。昨倩简筱坪同年择定移徙吉时,宜用午刻。早入署,饭毕即归,直入新宅,家人毕至,张润田亦于是日移来。史康侯主政邀饮,三钟后新居布署稍定,命车约同董赞臣兄偕往福隆堂,同座共九人,拇战甚豪。薄暮与赞兄同归新宅,院宇宽敞,堂室亦皆精洁,较蕉寓开豁远甚,又蕉寓正房皆南房北向,终年不见日光,墙壁皆潮湿,家人多苦之。骤得是宅,大有迁乔之乐,相顾仆婢皆欣欣然,而予独窃自念虑,君子居无求安,古人陋巷足乐,兹以少贱之身当京官之苦,忽据广厦华堂之下,凛凛乎有逾分之惧焉。

初九日(6月19日) 晴,向晚阴。未入署,以是日刑部值日,无堂官故也。午间酣睡,闻陈朴庭来,未觉,至日夕始醒,晤谈片刻。侯庄年至,薄暮而去。姜宝兄来观新宅,谈至夜分始归。

初十日(6月20日) 阴,午间雨,入署。拟出城未果,刘诞甹来,留吃饭始去。接江苏需次知县王君祖彤一函,此君素昧平生,前晤潘问兄,曾向予询知其人否,渠处亦有此君一信,予茫然不解,今又寄至予处,开函犅阅,唯应酬贺节,并云"现署六合县正堂",上款称"乡大人",而同郡中向不闻需次州县在江苏者有是人也,异哉!

十一日(6月21日) 阴,午间微雨,入署。

十二日(6月22日) 早阴,午后晴。入署。午后董赞兄来。散值后出城访景裴郎中,已薄暮,谈许久,出家藏画册同观。灯下至虎坊桥,与李小慕幼铁共话,三更始归。

十三日(6月23日) 微阴。入署。昨日本司当月监印官为高礼卿郎中、普咸一主事,有相验事,今日午后前往。散值后邀礼卿过舍小谈,候书皂等均已齐备,送礼卿赴西城。灯下访冯月轩,谈许久。薄暮时潘问楼兄来,少坐。

十四日(6月24日) 晴,连日早晚甚凉。入署。散值后回寓少寐,刘诞甹来,侯庄年来,刘先去,侯至日夕始去。命舆访姜宝兄,不遇，晤赵峿亭茂才，小谈，月出始归。

十五日(6月25日) 晴。入署。散值归寓，姜宝兄遣人来约出城，少憩，适李慕丈来观新宅，少坐即去，遂出城至永泰昌，董赞兄、姜宝兄均在焉，景裴适至，匆匆而去，侯庄年亦到，武瑞亭为刘诞甥饯行，以明日归里也。共五六人，偕至同兴楼，尚未入座，张月楼忽到，渠于前年五月回家，春间忽讹传其死，同人颇悼惜之，乃猝然相遇，咸大惊疑，俄而相视大笑。席散已月出，夜半同宝轩入城。

十六日(6月26日) 晴。入署。回寓，张黎臣明经在舍相候，少顷李慕丈来，携洪右臣给谏出都告归留别诗八首，索予代作和章。去后于坦斋来，代人取捐序班印结一张，坦斋去，侯庄年又来，黎臣去，刘仙源来。薄暮陈朴庭又来，先后各散。洪右臣先生良品，湖北人，戊辰翰林，官至户科给事中，居台谏十馀年，屡陈谠言，有謇谔之风，时人比之朝阳鸣凤，渊雅工诗，著作甚富。去冬其令嗣某为争西山煤窖事，与宗室某涉讼，大为所窘，右臣先生深病之，遂引疾告归。时事多艰，而作风士习，瘾痒极重。如洪先生者，清白亮直，为第一流人物，乃为权贵所嫉，不容于时，良可悼矣。

十七日(6月27日) 晴。入署。午前段雨峰立瀛茂才来函索诗，前岁曾嘱予题其祖像，久未成也。是日正班，署中人极寥寥，高礼卿郎中请同司诸君在福隆堂吃饭，予因倦回寓午睡数刻，始出城，比到时已酒阑人散矣。

十八日(6月28日) 阴雨，午后大雨。入署。早起，张月楼来，留饭。予进署，至十二钟后散值，渠昼眠未醒。予命舆出城，至福兴居，赴冯月轩员外之约。月轩前数日与予商为消夏之会，今日渠作主人，为第一集，同人皆西曹同官也。琦瑞卿璋郎中、俞鹿笙炳辉员外、白少植郎中、鲍悔人琪豹同年、史康侯履晋、钱孟昂锡晋主政，共八人。方入座，有不速之客三人来，一为四川人，一为安徽人，一为厢白满，皆同寅，与月轩、悔人素识，痛饮至薄暮始散。灯下同张月楼畅谈，经夕不寐。

十九日(6月29日) 晴,晚阴。入署。散值归寓,天已过申初矣。倦甚,伏枕酣睡,将暝始觉。昨本司签分韩姓送二子忤逆一案,其长子为刑部郎中,在安徽司行走,其三子亦捐某官。长名景琛,三名景珍,其先籍隶江苏,为理藩院经承,家资甚丰,而游荡无行检,喜狎优伶。兄弟三人皆善歌,景珍尤梨园之最知名者,每公会演剧,或都中绅富有喜庆事,必招之粉墨登场,淫冶无度,出[1]终则峨冠博带,居然士大夫矣。以故京朝各衙门堂司官之据权要者无不相识,且多交好。而其父韩英,先为市井无赖,曾因案为五城严拿,然亦莫能谁何也。近患瘫症,二子漠然视之,无过问者,其次子景琮,曾捐纳某官,出嗣其族婶朱氏,素耽嫖赌,尤多不法,时向其父索资给,兄弟皆厌恶之不齿。其父无计可施,景琮遂怂恿其父呈送忤逆,景琛、景珍又往向朱氏挑播,令其另送景琮,即为二人剖析,匿不到案,其父催二次,经提督衙门送部,昨已票传其两家抱告家人。今早景佩珂主政来署,向予及掌印关说,求免根究,予漫应之。

二十日(6月30日) 晴,薄阴。入署。早值,票传韩姓两造,家丁、抱告人均到,各携呈一纸,呈词恳求免究,标首之语即云"为事已和息,恳恩免究事",予意本欲将原呈掷还,适文济苍在座,云俟明日回堂再议,遂暂行收下。以父呈送其子,而云霸占家产,已属可笑,乃居然以"和息罢讼"四字了之,尤奇矣。然微闻此事两正堂宅内均有人关说,业已面允人情,任其自家托亲友调处,何若是之易易耶?且闻此中为之调息者甚不乏人,大抵皆朝士之素知名者。噫,慎哉!向夕出城,至云益号烟钱铺少坐,欲少事游览,天已薄暮,疾驱入城。接景佩珂主政一札,仍为韩姓一案也。

廿一日(7月1日) 晴。入署。是日薛正堂到署,同印君将韩氏恳求罢讼免究两呈回堂。薛云:"韩某呈送其二子,今呈求免究,本可了结,但此韩朱氏胡为者,朱氏呈送其嗣子某,为其二侄辨白,明系

---

① 出,指戏曲中一个独立的段落或剧目。

事不干己，凭空插讼。君等且回司办稿，看如何出语。”予唯唯而退。回寓少憩，出城买零星物事，用银四两馀。又散步街上，遇有卖破书故纸者，抢得《六书通》一部、《新齐谐》正续十本，用九千买回。

廿二日(7月2日) 阴，午晴，薄暮又阴雨数点。入署。是日适安徽、江苏两司会大法，为观音寺械斗暨庆和园太监拒捕杀人案也。两正堂、两左堂均到。予同印君持韩姓所递求罢讼呈二纸回满正堂松公，意亦首肯矣。又回薛堂，坚执办稿之说，盖此案若一办稿，则必不可了矣，诺诺而退。遂回满左堂，并以此案原可片结，若办稿则韩氏子必不得不科以罪名，阿公瞿然起立，向满正堂商之，松连声应和，因同向薛公力求片结，薛冷笑数声云：“看二信人情，不究可也，然韩朱氏前送其嗣子之呈，明系韩英二子捏写，与其阿翁构难，岂非衣冠败类？褫革不足惜也，今宽之亦太便宜矣。”语未毕，两法司堂官将到，司官各退出。闻是狱也，韩氏兄弟已与松、阿两宅关说允协。阿堂向不常入署，月不过五六至，近兼别差使，足音愈稀，今日特为此事来托人情。白云亭上四公各有心事，且各具一副面孔。盖薛堂已稔知松、阿两公之做人情也，故先设辞以难司官，实令渠两人闻之，知拿不稳、坐不住，不得不昌言之，以出丑于众目昭彰之下也。阿援救甚力，松故为骑墙语，薛借题奚落，李苾园侍郎在旁微笑不言，即此一事，时事可知矣。是日长梅屿主政同谱娶亲，备礼往贺，盖梅屿年四十三岁矣，至此始谐花烛也。八旗婚礼当日不拜堂，花轿入门，新人即登床不动，一切男家人等皆不得入，唯上灯后新郎入洞房交欢耳。次日方拜天地，见翁姑，间有与汉礼相同者，然八旗之旧族与宗室则无不如此，殊不解所谓也。薄暮始归。灯下陈朴亭来，夜话许久，至三钟始眠。

廿三日(7月3日) 阴，早雨，午晴，晚又阴。入署。

廿四日(7月4日) 阴。入署。午后陈朴庭来，薄暮始去。

廿五日(7月5日) 晴。入署。薄暮访董赞兄小谈。灯下李生献廷来，渠甫自家回都，并同其戚张耀廷来。

廿六日(7月6日) 晴。入署。廿四日江苏、安徽两司办立决差使奏上，而安徽司械斗一案首犯立决，旨下如议行矣。江苏司审办太监聚众拒杀捕人一案，首犯暨下手之犯均拟立决，奏留中未发，少刻军机大臣奉旨交刑部另行妥拟具奏。连日街市谣传，言太监李莲英泣求皇太后，云刑部定罪太重，力请缓频，故有此命。是日史康侯为消夏会主人，在万福居，俞鹿笙因感冒未至。晚张子平来夜谈。

廿七日(7月7日) 晴，早大风甚凉，有秋气。入署。是日同司魏汉章请客，在会元堂。向夕始散，入城至赞兄宅少坐归寓。长菊岩来信，求为代卖鸦片烟管。乙酉同年方长孺孝杰主政由癸酉选拔签分刑部，现在总理衙门章京，夏间忽告病假，潜行赴津，被言官参奏革职，究不知其因何致此也。

廿八日(7月8日) 晴。入署。

廿九日(7月9日) 晴。入署。刘四表兄由盐山旋都，午前来寓，带来家报一函，父亲手谕也。闻津南一带二麦均一半收成，微旱。

三十日(7月10日) 晴。入署。是日刑部加班，进内在西苑听旨，遇胡海帆员外，董赞兄亦到。比纶音发下已五钟后矣，由内西华门出西长安门入署。是日散值较早，午间少憩，往西城回拜桂悦庭观察，渠于上月由刑部京察一等放山东粮道，顺路回拜瑞筱泉主政同年，返至林清宫访刘公受舍人，谈许久，薄暮始归。

六　月

初一日(7月11日) 晴。入署。张黄楼彬司马来辞行，渠将赴楚中其叔湘涛任所。

初二日(7月12日) 早晴，午后阴。入署。散值出城，拟访赵楚江一谈，到试馆不遇，遂至孙宛村画室，遇沧州菊肇元武孝廉，谈许久，渠长子书年云荇曾受业于余三年。薄暮归，至永泰昌，少坐入城。

初三日(7月13日) 雨，午间大雨一刻许，向夕又雨。入署。

是日正班，同司诸君皆未入署，予独坐少时，董赞兄到司小谈。饭毕回寓少憩，出城至松筠蒋，赴李子和绍钧主政之招也。渠请桂悦庭观察，邀同司五人陪客，席间听雨谏草堂。是日阅邸抄，有谕旨直隶藩台王洁廷廉革职，制军王公交部察议。王先任湘臬数年，有浙人佐刑名幕名任骥者，在湖南按察衙门最称老手，湘中宾幕非其亲友不得预也。又招摇权利，众咸指目久矣，陈右铭中丞到湘后首先弹劾，奉旨驱逐回籍，并籍其寓所赀财，已办将结矣。王洁廷方伯以与任某有旧，代为缓颊，恐函托不及，用印电达至湘中，右铭中丞即据以入告，奉旨将王廉交部议处，渠又呈求夔石制军代之奏辩，遂遭严谴削籍。都中士大夫议论不一，有谓右铭中丞办事太刻，有心见好者；有谓洁庭臬司素与任某为主宾，必有私事牵染，不得已而为此举者。并有恨陈之阴毒交口詈骂者、笑王之庸妄指为痛快者，究不知其原委何如、曲直孰是也。

初四日(7月14日) 早霁，午阴，夕晴，晚又阴。入署。午后董赞兄偕田仁甫来谈许久。

初五日(7月15日) 大雨，至夕始止。入署。冒雨入署，各司人数寥寥，独坐二刻回寓，午后四钟冒雨出城，至龙源楼，是日为消夏会之第三局也，主人为吴叔平，孟昂、孟渠未到。

初六日(7月16日) 初伏。晴霁，早阴雨数点，入夜大雷雨。入署。午后出城，赴田仁甫同兴楼之约，座有刘荫轩培同年舍人、杨伯衡、仲谦两茂才，并姜宝兄、董赞兄、张月楼均在。

初七日(7月17日) 晴。入署。是日冯月轩、谢秀山、孙星楼三比部邀福隆堂吃饭，因事未往。午后李广桥、贵生集珊来候，刘公受舍人至，同往东城贡院，在大方家胡同考寓晤张子平，灯下始归。

初八日(7月18日) 晴。入署。午后在客厅理发毕，少睡，侯庄年来，又花儿市全盛店窦掌柜来。

初九日(7月19日) 晴。入署。是日拟赴东城，未果。晚间赵楚江太守邀饮福隆堂，席散已上灯矣。访高礼卿郎中，不遇，归至永泰昌,遇张玉卿巡检,少话。

初十日(7月20日) 阴,早晴。入署。散值后少憩,出城至南半截胡同徐侍郎宅投名刺,徐为新署右堂,尚未到任。

十一日(7月21日) 晴,暮阴,夜大雨,雷电彻夜。入署。向晚五钟后命车赴东城,至贵集珊考寓谈许久,饭后偕公受舍人归,途中风大起,雷电交作,比到棋盘街雨至,过刑部街则倾盆如注,衣履尽湿,抵寓雨益甚,与公受谈竟夕。

十二日(7月22日) 早阴,午间稍霁。入署。早送公受回宅,入署,早归。午后姜宝兄来,少坐即去,予于是日在同兴楼请客,消夏会之第四局也,同人毕至,无托故者。

十三日(7月23日) 阴,早晴,午后微雨。入署。散值后李仙舫文源来,李生献珍之父也,小坐即去。少顷孙景裴郎中来,谈许久,留吃点心。

十四日(7月24日) 晴,晚阴。入署。散值后少憩,拟赴干石桥王宅吊丧,因坐车将腰作疼,不能磬折,尤惧颠播,不果往。王云舫先生文锦为辛未翰林,直南书房,洊升侍郎,上意颇眷注,期大用,乃年甫六旬,以微疾为庸医所误,遂尔不起。生平服官清正,屏奢靡,杜苞苴,尤善天文之学。比卒也,朝士识与不识,咸悼惜之。日夕时长梅屿主政来,谈许久,渠有出洋之志,拟请随出使大臣为参赞官,就予相商,予力赞之。姜宝兄来札,为延师事。

十五日(7月25日) 晴,微阴。入署。散值回寓,又拟出城,腰痛特甚,不果行。

十六日(7月26日) 雨,黎明时雨,辰刻大雨如注,午刻始止,稍霁,夜又大雨。入署。是日署中会大法,六堂皆到,希有之事也。散值后回寓,高礼卿遣人来,赠葛纱袍料一件、金华腿一具,复札申谢。薄暮独坐厅事听雨,看《元遗山诗集》数卷。山东安邱县有放火烧毙六命一案,系因讹诈不遂,纠众放火,致死四命,并烧熏致伤救火人二命身死。正犯在逃,缉获为从二犯,外援挟仇放火,并非有心杀人,致死一二命者,为从拟绞例,减等拟流。以该犯供称,在场并未下手燃火,拟减后监候待质,司驳回堂交馆,以情节凶残,供招诸多不实,罪名出入攸关,不得不详切推求也。

十七日(7月27日) 早雨,午时始霁,薄暮浓阴,风雷交至,雨片刻,夜霁。署内大水,司堂水深四寸许,各司官均未入署。

十八日(7月28日) 晴。入署。系早山东司茶房始将司堂蓄水淘干,然湿气蒸腾,颇不可耐。散值后闻姜宝兄在永泰昌,适有事相商,疾呼舆出城访之,则已去矣。随至前门大街珠宝市、大栅栏等处散步一游,遇一旧书摊,停足翻阅,有数种旧板书,惜皆不全,无完册,为之怅然。归永泰昌,遇董赞兄先在,少谈,一同入城。

十九日(7月29日) 晴,午后阴,夜雨数阵,酷热异常。入署。散值回寓,酣睡四刻,醒后盥沐,将出城,盐山高达轩彤璋茂才世讲来,少坐,讯其近状。渠为杏村第甲农部之子,杏村去岁六月间殁于京师,年未六旬,自丁丑分部至其卒,尚未补缺也。人极朴诚,尤坚忍耐苦,唯性情太吝啬,人每以此少之。其世兄因家中近日有讼事,藉探亲之便,来都向诸同人诉其近况,因予城居距渠家较近,且有世好,故言之尤详。大概为乡曲土豪无赖所欺凌,不能支持门户也,言下凄然,予不禁太息久之。是日琦瑞卿邀饮福隆堂,消夏会之第五局也。到时天已六钟,席将阑矣。钱孟昂、史康侯两主政唤歌伶二名重整杯盘,拇战不休,主人告醉而客始散。

二十日(7月30日) 晴,微阴。入署。是日姜宝兄请客,在同福楼,客为赵楚江太守、傅叶唐经历、李慕翁侍御、孙景裴农部、高礼卿比部、姜师曾县丞,席罢已上灯,快谈数刻。慕翁谈及新放庆阳府知府徐庆璋,浙江人,入直隶籍,前年任辽阳州知州。时倭寇猖獗,过鸭绿江后,奉天州县相率奔溃,无能守者,唯辽阳州牧徐公练民为勇,坚守数月,倭人数次攻围,皆受创去,相戒不攻,威望大著。经前后将军及各大帅保奏,升授知府,因甘肃回匪不靖,故特旨简放,现已入都,谒当路诸公,语多戆直,大拂执政意,然莫能间之也。唯闻此君历任居官，皆有政绩，爱民如子，而性抗直，每不悦于长官，将来仍恐以不合时宜、龃龉牵掣，不得展其用也。闻徐君官奉天时，奉省吏治最称窳敝，上下以贿成风，守令皆剥民以奉上官，赃私狼藉，恬不为怪，遇有词讼案件，以两造纳货之轻重为曲直，地方习为固然，一官莅任，先以金币市之，如进常例陋规。徐初任某县，有富家涉讼，纳金数百，介邑绅关说，徐大骇，某绅云："此处向例如此，无一却者，非公贪也。"徐曰："噫，国家设令长治一邑百姓，即有父母斯民之责，官视民如子弟，则民视官如父兄，官待民如寇仇，则民视官如盗贼。今吾新莅任，未能有所设施，然心常耿耿，不敢以寇仇待民，亦不肯以盗贼自待也。乃以此相尝试，是百姓不以父兄视我，而以盗贼视我也，请从此辞。"某绅大沮，出告邑人，人心大服。先是崇文山先生绮为奉天将军，时有谮徐者，撤省[①]将劾之，数县绅民聚且万人，赴省辕代为诉冤，崇公疑有贿，嘱隔别研讯，众无疑词，且曰："凡贿嘱保留者，皆赃吏预买劣绅，一邑不过数人而止，今以数县之众，父老子弟不期而会者万馀，岂迫于不得已者哉！"崇公意释，令复任，且召之见。徐入谒时，语颇侵崇公，公亦无以难也。其惮直类如此。甲午、乙未之交，倭人纵横海上，王师水陆无一完军，将帅士卒谈及此役，无不惊心骇目，以为是诚劲敌不可与争，而徐君乃以一州之众从容布置，屡次创贼，使倭人束手不敢正视，若人人如此，何至丧失失地，至于不可收拾哉！然徐君亦因在奉莅官既久，恩优素洽，故辽阳之人莫不感激忠义，愿为效死，踊跃赴敌，所谓得当以报我贤父母，贤哉！

廿一日(7月31日) 晴。入署。是日姜师曾请客万福居，散值后出城，座中有董赞兄、姜宝兄、孙石樵司马、李慕丈诸同人，有司官冯秀亭文锦同座小谈。席散后同宝轩到庆乐园看戏，傅叶唐之约也。薄暮始入城，傅叶唐拉往同福楼小饮，有高礼卿、孙宛村两君，闫鹤泉太史同年亦至，席散后鹤泉、礼卿、叶唐邀至玉春妓馆，流连数刻。同

---

① 撤省，犹言裁撤。省，除去。

宝轩缓步入城，已三更矣。回寓闻刘四表兄来，赠以水藕数斤，并官窑磁碟三个。

廿二日(8月1日) 阴，早雷声殷殷，微雨数点。入署。连日疲于应酬，又失寐数夜，今日散值回寓，偷暇酣眠，自申正至戌初始醒。

廿三日(8月2日) 夜丑正雨，至辰正始止，午霁。入署。连日酷暑异常，雨后暑退有爽意。

廿四日(8月3日) 晴。入署。夕时命舆至东单牌楼二条胡同回拜韩宗献比部，顺路至王府井回拜吴树屏、长安街崧伯藩两比部，二君皆消夏会友也。早李幼铁同高达轩来，浼予为夏漱兰明府作书。张兰江以坊来，邀于廿六日广和楼观剧、泰丰楼吃饭。

廿五日(8月4日) 阴，午后微雨。入署。奉上谕推班三日，堂官不进署。是日房东铭仲民彝大令续弦迎妆，仲民为盐山县知县，于癸巳年选到省后，调署庆云，今夏藩署挂牌，饬赴本任，告假回京娶亲。予自巳年渠选官后识面，近又租住其宅，因备礼为贺，拟于明日再行亲往。署中签分偷窃园廷灯具贼犯八名奏案。云益钱铺邀同兴楼吃饭，有宝轩同座，外有公盛果行掌柜赵东甫，饭罢观剧广和楼，晚至永泰昌，同宝轩缓步入城。门外迤北有小花厂二所，因偕往观荷花，并问种竹价费。归邀宝兄到太升楼吃饭，比回寓已十钟矣。夜将半，忽忆高达轩世讲求作札事，构信稿数百言，窗户已辨色矣。

廿六日(8月5日) 雨，早阴，午后雨连绵至暝。入署。散值回寓，傅叶唐来少坐，约同往铭宅贺喜，冒雨而行，到门雨愈大，先晤铭仁甫笔政仲民胞弟，行六，少刻仲民出谈许久，并云下月初旬出都，定于廿日接印，闻渠之前任夏漱蘅同年与李慕丈为税地契似有芥蒂云云。雨少住，同叶唐辞出，予遂出顺治门，到福隆堂崧伯藩之局也，为销夏会第六次矣，钱孟昂不至。薄暮始散，又至泰丰楼，系西河沿恒和银号邀饮，并观剧。予因泥泞，未暇看戏，渠原定酉刻吃饭，比至天已六钟，主人尚在广和楼未来，候至七钟后始到。此日渠所约之客无一至者，唯宝轩同看戏，散已入城矣。延客者为沧州张兰江茂才，大有惭色。予亦急欲归，渠极力强留，婉言辞谢，始放行，比车至正阳门已半掩矣。灯下取昨夜致夏漱蘅邑侯信稿，覆阅之，意转不决，盖因高达轩家钱铺与曾家庄张氏为债务涉讼，在张氏近于挟嫌赖债、无理取闹，而高氏不免有重利盘剥之处，甚非所宜，故帐目已清，又生枝节。噫！杏村没未久，其子已不能支持门户，家难、外侮逐渐而来，思之良可悼叹。加以慕丈切嘱，故作此一篇无题文章，然稿中序杏村生前长短几如一篇事略，而人情之反覆、世态之炎凉，说得委曲详尽，极有情致。唯思此信一达，高、张讼事胜负可决，予与张氏原系世好，且有戚谊，张蔚庵月三父子相继而殁，亦不数年而其子将为窭人，予庚寅岁由籍来京，月三表侄赠路费廿金，此恩究不可忘也。袒高左张，揆之寸心，究有未安，踌躇再四，俟晤慕丈时另商行止可也。

廿七日(8月6日) 晴，早霁，天宇澄豁，一碧如洗。入署。散值回寓，携王升出城至龙源楼，是日予作主人，为赵楚江饯行，并邀高礼卿郎中、闫鹤泉太史、刘公受舍人、姜式曾巡厅、傅叶唐经历、张玉叔、姜宝轩两主政同座，唯鹤泉不至。畅饮甚欢，日暮楚江太守拉予同高、姜、张、傅六人偕游筱云、月秋两校书处，流连至夜半，与宝、玉两君归。

廿八日(8月7日) 立秋。晴。入署。散值归，适长梅屿三兄老太太来，与内子闲话。予见面请安，问答数语，出至厅事吸烟，因大赞予致夏叔蘅明府书，许为娴于词令，有东里之才。询及高达轩，则已于本日起程，与慕丈述及前事，为之惘然，然已无及矣。李献廷复返小坐，遂出城。灯下姜宝兄来，谈至夜半始去。

廿九日(8月8日) 早晴，午后雷声殷殷，雨片刻而止。入署。散值出城，至龙源楼赴张玉叔之约也。时主人未到，趁屋宇清凉，盹睡片刻。张玉庆、武瑞亭忽至搅醒，少话即去。刘公受舍人到，主人始来，宝轩、楚江后至。席散命车送公受入城先归，予与宝兄同车至前门，已下钥矣，到永泰昌候至十二钟始入城。是日接张鸣凯同谱都阃信，铭仲民大令由庆带交者也。

七 月

初一日(8月9日) 日蚀。雨,自十钟后雨,午间大雨,至三钟后止。入署。是日在陶然亭公请铭仲民明府,并邀赵楚江太守、高礼卿郎中、傅叶唐经历。予与礼卿由署散值先到,一路微雨,幸未沾濡,慕丈尚未到也。雨愈大,凭栏四望,烟树迷离,甚惬心怀。少顷叶唐到,慕丈亦到,景裴来方迟,宝轩不至。闻景兄云,宝已出城,在粉房琉璃街南口三圣庵之侧,车陷于淖,触石而覆,袍靴尽湿,扫兴遄返,为之怅然。楚江亦至共谈,至雨止铭侯始到。入席酒三巡,刘仲鲁太史继至,唯孙英丈因患疡症不能出门,潘问楼兄为雨所阻,均未往。酒散后,雨止天霁,夕阳在树,共登文昌阁看西山叠翠,归云杳霭,凝眺久之。诸客辞去,与仲鲁一同入城。灯下嘱贵集珊书折扇一柄。

初二日(8月10日) 晴霁。入署。早起,刘公受舍人来信相招,散值后命舆疾往,比到门,闻渠于前一日接家报丁父忧。公受出见,颜色凄怆,流涕不胜,向予商行止并送讣、开吊一切事宜。天已过午,由刘宅赴北城,到张子平书房,以贵生集三邀看荷花也。其尊甫瞻岩在庆云楼相候,同子平步行,缘河游眺,时夕阳在山,霁色清豁,水中莲叶接天,荷花向日,芦苇、菱芡中游鱼泼刺,野禽上下,饶有江村风味。登庆云楼,凭栏四望,尘心垢念为之一涤。座有张幹卿茂才,亦在英宅教读者也。席散已更许,由庆云楼回寓。姜宝兄同陈朴亭自薄暮来相候,已十一钟矣。又谈许久,至三钟始散。闻王卓生同年见访不遇,嘱于明早相候。

初三日(8月11日) 晴,晚阴,夜雨。入署。早迟,王卓生不至,遂入署,薛堂已散值矣。宝轩、朴亭在太升楼相候,由署前往,谈少刻遂归。灯下于坦斋来,谈至夜深,闻风雨声,遂留信宿。王卓生来札,嘱为代查山东博平县典史管狱议叙咨文已到部否,何日行文咨吏部。

初四日(8月12日)　阴。入署。散值回寓,少憩,到福隆堂,赴俞鹿笙、鲍悔人、史康侯公饯桂悦亭观察、汤伯温似暄太守之约也。比到时悦亭已散去,惟伯温在,座有崇立夫、董赞臣两员外。席散已暮,疾驱入城。

初五日(8月13日)　阴,辰刻微雨。入署。散值回寓,少憩出城,至松筠庵,铭仲民大令邀同邑在京诸人公宴,予到独后,比席散已薄暮矣。同问楼、仲鲁入城,灯下盛隆钱店来。

初六日(8月14日)　晴,午后四钟许雷声殷殷,雨数点,旋霁。入署。散值后回寓,长菊岩来,为其庶母移居事,即梅屿之生母也。前数年与予家同院,相交甚洽,自去岁七月移居,近因其新宅不甚相宜,急欲搬出,苦无合式之宅,稔知予现寓之宅尚有东院北房一间,颇雅洁,遂命菊岩来向予商讯,予意不以为可,然旧谊难却,不得已而许之。宝轩兄遣人来,告今早接家报丁内艰,为之惊骇久之。是日李慕丈在陶然亭招饮,遂不果往,急驱至宝轩寓,握手痛哭,示予家信,始知其令弟鹤轩亦病瘵症甚危,何渠家运近日之厄耶!坐许久,商办开吊送讣一切事宜,赵午亭、姜师曾亦在座,共为劝慰久之。予出城到津南馆访孙宛村,不遇,归遇张月楼,同吃饭,夜半始入城。

初七日(8月15日)　晴,向夕阴。入署。午后刘仙源来,少坐。予出城到龙源楼,鲍悔人同年招饮,消夏会之第七局也,是日琦瑞卿不至。薄暮归寓,闻长宅老太太已迁居东院,梅屿侍其母来视,安置毕始去。灯下作家书,拟托铭仲民明府带至盐城。

初八日(8月16日)　晴,向晚微阴。入署。是日请桂悦庭春观察在福隆堂,午间同司诸君偕往,客至入席,酒三巡辞去,潘问楼兄后至,流连至日暮始散。归至姜宝兄宅少坐,回寓闻陈朴亭、李献廷来,不遇。

初九日(8月17日)　晴。入署。自昨早腹泄数次,今早仍泄。王卓声同年来,谈许久。兰生泉符兴溥茂才来。由署散值归,拟赴刘公受宅,并为铭仲民明府送行,随出城探孙英丈疾,奈腹泄不止,形神委顿，伏枕倦甚，竟不果行。向夕孙英丈讣至，已于昨日申刻作古矣。刘仙源来。晚遣人到太仆寺街送家信一封。灯下书折扇一柄。

初十日(8月18日) 晴，辰刻微云遮日，雨点密洒顷刻。入署。散值归，少憩，覆公受舍人信。长梅屿来少坐，命舆出城，赴教场四巷孙宅吊丧，并送接三。日暮归，与董赞兄同车，到门邀赞兄入内啜茗，谈许久。孙英园先生承烈，甲子科举人，戊辰科进士，官吏部员外郎，通籍至今，廿有八年矣。性疏慢，不乐干谒，公暇好学，书声恒彻户外，白首为郎，官阶不达，可悲也夫！英翁无子，以兄子嗣，方病危时，其子刲臂肉进，已绝食饮矣，因持闻祝天，竟以无效。昔人谓古今来忠臣孝子，其有济于事而能传于世者，亦有天焉，盖信然与？

十一日(8月19日) 晴，早凉，有秋意。入署。散值归，李莹如绍芬主政来拜，谈许久始去。为刘翊文同年作书，时寓武昌张香涛制军署内。出城到津南馆访傅叶唐、孙宛村两人，皆不遇，遂往虎坊桥，慕丈亦他出赴饮，与李幼铁谈少时，天已暝，疾驱入城。闻幼铁云，慕翁为王少农振声水部招饮，盖商议印结局事也。结局自前岁慕翁年满，继之者为孙寿堂驾部、孙英园铨部，缘瞿竺西铨部在都争之力，三人相持不决，遂公议仍请慕翁代办二年，先寿堂后英园，寿堂去岁七月间传御史出局，遂交英翁。盖慕翁经纪其事，而戳记则二孙相继，至于入款，两人各举成数，定每人得二千五百金，捐项盈绌不预也。寿堂未终岁出局，而所索必取盈焉。英翁恰已周岁，尤须照数分给。慕翁代管之局，本意在两人所分正款之外，可得赢馀，今英已故，戳记必须改用，继之者为王少农，少农意在独掌科权，万不令慕翁再行代办，唯寿堂长支六月之款已经垫出，亏空者将孰任之，恐不能不大费一番唇舌也。又闻刘耀庵光炘比部有与少农构难之耗，耀庵为癸酉选拔朝考小京官，结局向章原系按科分递推，而拔贡出身者皆得管局，故定为甲科、拔科相间迭为之。近年管局皆甲科，因辛酉已无人，而癸酉尚未至也。耀庵适当其会，其争也固在意中。少农，通州人，生长都会，与直省外府同乡素未款接，众心恐不洽，将来波折必多，旁观者未免齿冷也。

致刘翊文札

久不得南中消息，驰系无似。夏间晤张玉卿少尉，询悉足下今春由沪渎西溯江汉，侨寓武昌节署，是郗生已为入幕之宾，恐王粲不少登楼之感。故人亦何惜一纸书，而使京华旧雨引领南望，耿耿而不能自释于中耶！△[1]马狗鸡栖，依然历碌，幸寓所大小平安，足慰锦注。去冬署中又承乏主稿，力小任重，时虞陨越，为知己羞，日向阶下囚絮语不休，如盲人叫化。归对妻孥，尚抱一卷爰书[2]，颠倒几榻间，朋游燕衎，十约九虚，盖无日不在恐惧中也。素既拙于谋生，比来昕夕趋公，不暇预闻他事，而应酬用度，逐渐加增，况味乃日觉其苦矣。足下壮游南服，江山阅历、登临览观之下，必有奇情胜概，可以展拓心胸、荡涤尘垢者，便中幸无吝笔楮，俾长安羁宦，藉以发舒志气，略解愁颜，虽千里犹觌面也。足下其许我否？吾乡朝士，近多厄运，宝轩农部、公受舍人均丁艰，英园先生又于月初归道山矣。退食之暇，唁吊必亲，且有帮同料理之件，几于足无停趾。骤闻玉卿兄南下，匆匆草此，不及细述也。

十二日(8月20日)　晴。入署。午后到太仆寺街为铭仲民送行，未晤，闻渠于明日起程。遂至公受舍人宅商议事宜，薄暮始返，顺路至銮仪街夹道访王景西比部同年，不遇，归遇陈朴亭在寓相候。潘问兄来，为议结局事，少刻董赞兄到，共谈至二更许始散。朴亭信宿。早起，杨墨樵同年孝廉来，少坐，为姜宝兄回家办丧，代恳父亲点主事，嘱予先寄家报。

十三日(8月21日)　晴。入署。散值出城，至龙源楼赴俞鹿笙消夏之招，为第九局。鲍荟人已先在，是日唯琦瑞卿、嵩伯藩不至。

① 唐烜信中以△自代，以下书信中涉自称者皆同。

② 爰书，古代记录囚犯供辞的文书。

暮归，到姜宝兄宅小谈，回寓。问楼来字。

十四日(8月22日) 晴。入署。散值回寓，少憩，傅叶唐来，谈许久去。薄暮张□□同兰泉符来。谈至更许，渠两人步月而归。

十五日(8月23日) 晴。入署。散值回寓，少憩，命车到松树胡同问楼宅小坐，顺路至化石桥张玉叔宅，回拜张裕卿，不遇，晤玉叔小谈。出城访慕丈，不晤，高礼卿邀至大同居小饮，夜归。

十六日(8月24日) 晴，晚阴甚浓。入署。散值归，常裕卿广文来拜，现任盐山训导。李慕丈来，共话许久。常广文去，慕丈稍留，邀灯下福隆堂会商结局事。李松轩、刘仙源来，托予为觅馆地，留饭。夕时董赞兄来，谈次王湘岑襄臣都戎来，谈许久。天已将暝，刘、李先散去，赞、襄两君继去，予始命车出城，至福隆堂，主人为刘耀庵，座中常用宾郎中、王少农、王鹤田两水部，慕丈亦在焉，为结局事。现属少农接管，耀庵欲继其后而问楼颇有违意，盖耀庵系癸酉选拔小京官，问楼系丙子科进士，论科则选拔归甲戌朝考，当与甲戌进士参列，论资则丙子近接甲戌，榜下到部，而甲戌小京官此时尚未升主事，究不算入局也。局内向章亦先后不一，大约强者先而懦者后，故无成案可援，因之潘、刘均欲争先，相持不决，少农、耀庵浼予向问楼说合，予应之。局事自十馀年来纷置不已，近始稍安静，可按科分顺推，三五年中当保无事，若潘、刘二君再作波折，争端又起，必为各省所笑，实关系直省同乡局面，故不得不力为转圜。口舌之功，予故不得辞也。席散归，城尚未开，至永泰昌坐待，至十二钟一刻方入城。

十七日(8月25日) 雨，黎明雨至，午后始止，晚霁。是日署中加班，德爱石入内听旨，予未入署。天将夕，王少农遣人来邀出城，予命车先访问楼，晤谈。闻问楼已于今早到虎坊桥慕丈宅与耀庵、鹤田相见，耀庵面求问楼相让云云。予观问楼意似活动，将来当不至有大波折，略谈数语。出城，仍至福隆堂，昨晚诸君咸在，予以问楼意告之，大约少农接管，年满后潘、刘二君孰先孰后，当可通融商议也。散后时已交十钟，正阳门未开，遂乘月访高礼卿一谈，礼卿近移寓香炉营二巷，叩门人，渠已寝矣，篝灯披衣起，谈至一钟后始归。

十八日(8月26日) 晴。入署。是日象来街李生毓麒邀饮，准午刻。散值回寓，少憩，出城，天已四钟，至同福楼，闻主客皆在庆和园观剧，遂往焉。同座为杨叔沈孝廉、于坦斋大令、张月楼茂才。观孙菊仙扮正生，演《一捧雪》，甚有侠义气概，不愧名优。戏散，张月楼邀至同兴楼吃饭，归至永泰昌夜话，夜半始归。闻李慕丈来，不遇。潘问兄邀予到宅，亦不值。予作字叙结局近日公议大概，并嘱渠次早到虎坊桥。

十九日(8月27日) 晴，早大雾。入署。早间潘问楼兄又遣人来，请予议事，遂往，适陈朴亭来，匆匆数语即去。问兄仍为结局递呈事，云："大家既同保少农，出名开衔者居首一人即为下年接管之人，向章如此，我与刘耀庵当孰先孰后耶？若列衔以耀庵居先，则我仍自己具呈耳。总之，与耀庵将来尽可甘让道者人情，而官面决不能让癸酉压丙子、拔贡压甲科也。否则专论衙门，以六部次序书之，或专论品级，以郎中、员外、主事次之，皆可无异议也。"予唯唯。遽出，进署，在署写一札致慕丈，遣人急往送信。散值后在寓为姜太恭人作挽联一副。慕翁薄暮时来，云刘与王尚未定局，又起波折，刘致王一札甚有激切之语，已自己具呈吏部矣，问楼事竟暂且搁起。匆匆出城，灯下盛隆号店掌来。挽姜伯母联语云：十载记登堂宝轩丙戌进士，是年冬间开贺，予往焉，始谒太恭人，寿母令仪，花诰当风辉翟茀。一年悲陟屺太恭人自辛卯岁就养来都，至去岁秋间旋里，郎官孝子，麻衣如雪换莱斑。

二十日(8月28日) 晴，午后阴。入署。总理各国事务衙门咨取各衙门司员考章京，刑部是日考送，与考共廿三人，取送十六人，题为《纳粟赎罪论》，予未与考。散值归，出城赴天寿堂，姜宅在该处开吊，与张润田同行，时已三钟后矣。遇冯秀亭副指挥小谈，李梅坡比部清芬亦在座，谈许久，天将暝始归。晚间刘四表兄来夜话。孙英翁之丧已定于廿五日在渠宅内开吊。

廿一日(8月29日) 早晴，午后雷雨，晚霁。入署。有朝鲜国人欲行叩阍呈递封奏被获，送部收禁提讯，供称系高丽内务制造库主事，今年正月初八日由国城航海来都，名全中基。其折内称“去年日本构难，王妃愤郁而卒，其国王现寓俄使公馆，不能回宫，俄人名为保护，实怀叵测，恳请天朝救援”等语，词意极为恳挚，人亦彬雅可观。高丽已为自主之国，所请之事，中朝不得过问，唯该员应得罪名，不便以中国律例相科，且系职官，更无可发落，回堂后备文送礼部，酌量安置。行礼部片覆称“该员曾在礼部呈递数次，均经驳斥掷还，现高丽国归自主，馆舍已经撤遣，无从安置”云云，仍送回本衙门。予因其言语不通，书字晓谕，听其自便。午后雪霁，赴龙源楼，张孟渠消夏之局，为第九会。是日俞鹿笙、鲍荟人因事不至，白少植因感冒亦未来。予出城时过东荷包巷，有卖旧瓷器、零星物件小摊，见有旧书画册数件，带往龙源楼共阅，率皆赝物也，悉还之，留洋烟一瓶。席未散，予兴辞，到聚宝堂，刘耀庵之约也。主人尚未来，小坐，常用宾、闫鹤泉继至，主人始到。谈数刻，候李慕丈不至，天已将暝，予辞入城，至姜宝兄宅，话至夜将半回寓。

廿二日(8月30日) 早晴，午后阴。入署。

廿三日(8月31日) 薄阴。入署。散值后，王卓声同年来，话许久，同至松树胡同潘问兄处，始悉近日印结局事大变，刘耀庵已首先列衔保王少农矣，忽中变胪列多人具呈，公保渠为查结官，意在压少农而上之，而潘问兄丙子科分，将无从置喙矣。十八日与少农同日具呈吏部，次日耀庵又自己单衔，专攻少农，谓少农之呈凡列名具保者，皆系擅造，其意在操券而获。乃廿二日，问楼亦具一呈，具云：“同乡查结官现应轮到甲戌科进士王某，均无异议，刘某为甲戌朝考小京官，其升主事尚在丁丑之后，万不能越甲戌、丙子、丁丑三科，且伊既保王某查结有成说矣，突起反噬，殊出情理之外。”吏部选司将四呈回堂，堂官(常)[长]侍郎萃大怒，昌言“结局有碍捐输、勒索公费，裁之便幸”，吴侍郎廷芬从旁缓颊，始息怒，谕选司掌印拟批，谓“直隶结局屡起争端，此次四呈出名开衔之人，互有轻重，未免两歧，须仍着同乡大家公议，共有若干名，全具列衔，方可定为某人，否则廿八日捐生验看，凡所用刘某之印结，概行扣除，不准验看”云云。予闻之骇甚，以此事将大坏处，急出城访常用宾、王鹤田晤谈，渠二人亦无计可施。时已薄暮，疾入城，至姜宝兄宅，备告其详，因宝兄前数年为局事与予关说多次，且近事镠轕，皆由慕丈而起，同乡纷纷訾议，恐有不测，嘱宝兄急劝慕丈速将局交清，诸人争执可一言而息也。宝甚以为然，约次日为慕丈作字，请其进城，予又再三向宝叮嘱而归。

廿四日(9月1日) 晴。入署。是日刘公受舍人在天寿堂开吊，予于十一钟自署散值往焉。时戈景韩、李梅坡、高礼卿三比部、张玉叔铨部均在该处陪客，慕老亦在，约予散后至福隆堂商议结局事。日将暝，天寿堂事讫，予命车往，用宾、鹤田、少农、辅堂均在座，谈至夜半，议终不决，各散。

廿五日(9月2日) 早晴，午阴，向夕雨数阵。入署。是日孙英翁宅开吊，散值后回寓，疲甚，憩数刻始出城，已五钟矣。天暝时回至福隆堂，仍昨日诸人，唯添请聂献廷礼部。闻刘耀庵亦在福隆堂请客，约十数人，皆刘党也，多新进少年，意气浮动，尤不晓事，唯怂恿刘耀庵出头，冀幸以得，可分肥也。势汹汹甚，欲与潘为难，王、常诸君皆有惧色，予微哂不言。至将散时，议尚未定，予倡言：“此事非廿七日具呈不可，无论刘、潘作何举动，先保少农管理，吏部必准，若俟至同人公议为潘、刘调停后再行具呈，则旷日持久，所有捐生悉不得验看，众怒良可畏也。事亟矣，诸君幸勿再事踌躇。”聂君大以为是，约次日定局而散。

廿六日(9月3日) 晴。入署。是日聚宝堂钱梦昂主政请客，消夏会之第十局也。午后将出城，李慕丈自姜宅来，谈许久，亦以昨晚予言为然，唯潘处尚须关说允协方好。慕丈去后，予至问楼宅，闻已他出，与其长君榊亭谈，并嘱榊亭向其尊甫说明此事不过暂顾目前大局，无论具呈所保一人二人二人则刘附王之后，唯无再具呈攻讦者即可了矣。正谈次，问楼偕赞臣同归，予又以此事告之，问楼意不惬，时天将薄暮，予急欲出城，且问处非数语所可了也，遂辞出。时聚宝堂局已散，径至福隆堂，众方彷徨无计，因午后王少农与问楼相遇，问具向其告知"与刘万不能相下之势，若众人具保，以刘附王之后，渠必攻之，且恐于少农有碍"云云。至是昨日递呈之议仍不决，予复力陈利害，向慕翁云："此事若坏，与他人无伤，不过失些须微利耳，而在先生则有大不便者，验看既扣，捐生必向吏部呈控，吏部若据实奏参，先生何以处之？且以侍御而查结，本系创举，现已通国皆知，道路以目，验看若扣，经费必须缴还，本月公费既停，在局者百数十家，必有攘臂顿足而诟于门者矣。先生既为怨府，又为祸首，半世身名，于是乎在？轻重缓急之间，望熟计之。"慕翁首肯之，而常、王二君又有"刘与王共列一呈，须两人合管，不分先后"之说，少农意怫然。献廷向予曰："若如此，王、刘并列。向分先后，问楼尚不肯相让，若如此愈难办矣，事将败。"予嘱慕翁命车接刘耀庵到宅内，与之商先后之议，若刘执定合管之说，则可径与少农决计，于今夜将呈写讫，单保一人，明辰早递，任刘自便可也。众默然。少顷耀庵来，入门似有赧色，常、王两君与之耳语久之，渠亦不甚争执，遂创稿署衔，定于明早呈递，时夜过半矣。予与献廷不辞而散，临行时向诸人云："若明日不能具呈，则众讼更无已时矣，予誓不为各家之邮骑也。"

廿七日(9月4日) 晴。入署。散值后回寓，连日失寐，奔驰夜半，疲倦已极，大睡至薄暮始觉。灯下潘问楼兄遣人问今日具递否，答以不知消息。

廿八日(9月5日) 晴。入署。是日本司会大法，为殴死职官一案，犯名阿克敦保。回寓，仍酣睡终日。薄暮李慕丈来，始知昨日已具呈矣。今早各捐生验看讫。问楼今日又具呈，大约为攻刘也。灯下刘公受舍人来谢客，告予将有奉天之行，新放盛京工侍钟秀芝灵，系公受会试房师，公受已就其教读馆，随往奉省，约在九月启行。

廿九日(9月6日) 晴。入署。连日奔驰，夜间受凉，咳嗽不止，早间肚作疼，似泻似痢，四肢酸软。进署，早归，假寐片刻，呼剃头匠理发。拟出城,赴白少植聚宝堂之约,因消夏局之殿军,当勉为一行也。适张月楼来,谈次体甚觉不适,遂命人持名片往辞焉。薄暮欲出外散步,约张润田、张月楼同行,至城畔闲眺。访赞臣不遇,遂入太升楼小饮,仍邀赞兄,至已上灯矣。饭毕赞兄回寓,予三人同至姜宝兄宅,话至夜半。宝兄丁艰后,近又接其长女肃宁之信,患病甚危,其夫人已于前数日启程往视,肃宁离都四百馀里,其亲家杨子辅为县广文,宝兄最钟爱此女,前年九月出嫁,素多病,倘不救则宝兄又多一番感伤也。渠又移居象来街,定于初三日搬家,现住之宅庭除花木皆有凄怆憔悴之色,景由心造,其信然与?

八　月

初一日(9月7日)　晴。入署。早为王少农水部作札。散值回寓,拟出城不果。午后王君来,谈数刻,商议结局请客事,恐致参差,以有刘耀庵出名,众心不服也。

初二日(9月8日)　晴,暮阴,夜半后二钟雷雨。入署。连日咳嗽,夜间愈甚,早起,勉强入署,嗽不止,上堂事毕,遂回寓。薄暮无聊,出门散步,访董赞兄一谈,上灯后潘问兄到,渠先到予寓所,候久不归,始寻至董宅,闻结局事自廿七日递呈保王少农,而以刘耀庵附之,预占明年地步,予曾屡阻不听,递后至廿八日问楼具呈,专攻耀庵,讦其不顾公议,巧附少农,预占地步。昨日奉部批"以少农应行查结,既无异议,自可照常管理,刘某接管一节,仍须同乡大家公议,如再行具保,须列衔之人各出具印结一张,不得含糊列保"云云。耀庵此举原为非理,所纠党众皆少年佻达、新进喜事者数人,徒恃蛮横,毫无顾忌。至是为问楼所讦,部批将其接管一节直截开除,利权所在,亦脸面有关,恐死灰不能复然矣。予于半月前曾劝阻再四,伊以为予左袒潘君也,今竟何如哉!九钟时同问楼步归。

初三日(9月9日)　阴雨终日。入署。早大雨,各堂均未进署,本司唯予一人，阅稿三件，枯坐片刻，方呼舆将归。广东司董赞兄遣茶房来约予小谈，遂冒雨往。论近日结局事及潘、刘胜负，为齿冷久之。雨少驻，予辞出城。是日院邻张润田因续弦定亲，涓吉奠雁，请两冰人往女家送聘，并告吉期，邀予陪客。至取灯胡同同兴堂，时二媒尚未到，座有润田令兄紫垣及其甥孟芳九茂才，候少顷客至，一为陈子芳寺丞，一为包静侯△△，先均不识面，通姓字毕，又一陪客到，为徐晓云，与润田为连襟。主人让坐入席。陈君约为拇战，予辞以嗽疾不可，连输数巨觥，幸未沾醉。饭毕雨止，天稍开朗，两冰人登车，抬夫运礼物随行，予同徐君吸烟，徐吃鸦片，其瘾甚大，日约吸烟膏二两许，予在旁观之，吐纳可谓豪矣。五钟后二媒自女家归，礼物收、璧各半，兼有靴帽回敬。众客向主人道贺，彼此各礼毕，遂入席。席散，天已六钟，二客兴辞，予亦匆匆命车入城，因天色浓阴，路途泥泞，不及他处流连也。灯下方憩，儿辈各酣睡，忽五儿睡梦中惊啼，醒后愈大啼不止，予之水不饮亦不食乳，在怀抱中乱滚，莫测其所苦，周视其身，无痛痒处，头面手足均如常，且此儿素不爱啼，上灯时欢呼跳跃，毫无痛楚，不解其故。杨姓女仆云恐系祟症，急命人买黄钱数张，向儿头上诵咒数语，至大门外焚之，儿竟得安眠，亦奇矣。予又询此仆妇，何以知为鬼祟，据云昨夜二更后，伊等在西厢房即张润田之住房也为叶子戏，忽闻张五爷家大寿哥骤啼二声遂止，众亦不以为意，比局散后掌灯入里间，见大寿哥身在户限外矣，竟不知其何时由炕坠下，当时何以只哭一两声遽止也。又润田所用刘姓妈在厢房睡歇，昨晚上灯时伊坐在一炕桌上，桌在地下立着，方共同伴说话间，忽和身并桌倒地，似有人自后推之者，王姓老妈云此人亦润田所用，最年久："我随五爷最年久，去岁五奶奶病危时，喃喃口语：'言我死后，五爷若续弦，我必不容，当来搅他。'岁除之夕，距其死已数月，其二寿哥见供桌果子要吃，我随给他一个，哄他出外，少时我同二寿哥睡歇，忽见五奶奶来，要打我嗔我，如何将上供果品偷给孩子吃？我惊醒，恍惚如在目前。"以此数事证之，昨夜刘妈之栽倒，大寿之卧地，均非无因，盖连日润田正忙下聘定期等事，并安排喜事一切衣饰费用，其鬼若灵，必不免因妒成恨，暗中作狡狯举动，如《续齐谐》中所载男女鬼各数，则亦灵魂惯有之常情也。唯不该波及于无干之院邻、无知之孩提耳。昨夜大寿之啼，予亦闻之，当时即疑之，缘此儿最善哭，多则数十百声，声不甚大，无数声辄止者，乃忽啼两声而止，甚觉诧异，比闻其坠于地下，则更可怪，何哭数声即止，且尚酣眠不觉也。

初四日（9月10日）　早晴，午后雷大作，雨数点，晚阴。入署。提讯周来仔、李六结伙持械抢夺一案，二犯均供认持械威吓、在场动手各情不讳，此案周来仔系执持洋枪之犯，结伙三人以上、在场即不动手亦应拟斩决，李六未经持枪，先供各案均系接赃，并未在场动手。罪止拟遣。今日周来仔供称李六在场动手搜赃，并将事主推至沟内，用刀背攎了一下，是兼有拒捕情形，李六遂无生路矣。且屡经隔别研讯，并未用刑，幸而供出一辙，当不至有拷逼成招之憾。予自去年八月下旬接充主稿，至今一年之久，尚未办一死罪人犯，此案关系立决二命，慎之又慎，然自到案至成招，唯李六掌责六十，周来仔掌责十五，而逐渐讯究，水落石出，未始非承审者之幸也。是日未出门。

初五日（9月11日）　早晴，午后阴雨数点，薄暮廉织未已。入署。散值回寓，邀董赞兄、潘问兄来共话，日夕小酌，谈至上灯后问兄先行，赞兄留至十钟后始散。是日并约润田同坐。

初六日（9月12日）　晴，连日秋风萧飒，天气甚凉。入署。

初七日（9月13日）　晴。入署。改晚衙，午刻入值，申刻散值。早李慕丈遣人邀吃饭，散值后出城，至福隆堂，客席已散，正客唯宝兰村山明府，曾任盐山知县者也。予向未晤面，故急欲见之，比至则此君已去矣。座有张玉叔吏部、闫鹤泉太史，缪捷之少尉亦在焉。结局已定议，王君少农订于初十日请客福隆堂，并议为潘、刘两君解和。

初八日（9月14日）　早晴，申刻天忽浓阴，雷鸣，大风，雨移时。入署。薄暮张润田自象来街姜宅来小话，宝兄新移之居也。闻宝兄夫人于本日至自河间府肃宁县，其长女聘于县广文杨子辅同乡淑震之次子，近患病，亟往视之，则已于前一日殁矣。

初九日(9月15日) 晴，四钟后忽浓阴，至夕而霁。入署。高礼卿郎中请同司诸君吃洋饭馆，已于前二日约定矣。因署内有事，散值较晚，遂不得出城，改定同兴楼，向夕始散。

初十日(9月16日) 晴。入署。是日为松寿泉尚书生辰，备桃酒往祝，到门递名柬，遇潘问楼、冯月轩两君，遂便道至林清宫刘宅，时公受舍人已奔丧旋里，临行嘱予照料其家，故往见其夫人，议及回里出都等事，并将寓所家具售卖，询其世兄不在，遂辞出城，由前门至福隆堂赴王少农之约也。座客数十人，已散去大半矣，同座只四人，天暝始归。

十一日(9月17日) 晴。入署。散值后德爱石尌来，絮语多时，薄暮始去。冯月轩邀予过谈，未饭而往，更馀始归。是夜不寐，候入内听旨。

十二日(9月18日) 晴。入署。闻汪频之昭昂来拜，并持其尊甫信函，不遇。三钟时进内，在茶房遇琦瑞卿璋、英菊圃启两员外，小谈。约五钟旨下，各司奏事均依议，各堂官尚未到，同至养心殿暂候，薛堂始到，递听旨单而散。归，假寐至午后始寤，进署少坐，遂出城访秋审处提调党君仰山蒙，未遇，至虎坊桥慕翁宅内，遇王鹤田水部、孙景裴农部，暝时始入城。张月楼来相候，灯下同张润田谈至四更许。

十三日(9月19日) 晴。入署。散值后出城，至晋隆店回拜汪频之昭昂县丞，未遇，遂至大诚店同张兰江茂才小谈，向夕重访晋隆店内，知频之已回，晤谈许久，天已暝，渠留饮。询知自夏间由浙回饶阳任所，至是始赴浙东，渠师赠予廿金，又饶阳署中教读先生王莲芳恩贡托办训导注册事。由晋隆店至香炉营二巷，访高礼卿夜话，至二钟始归。

十四日(9月20日) 阴，午后微雨，至夜始止。入署。散值回寓，陈朴亭来少坐，予理发毕，命舆出城拜节，向夕至虎坊桥，为河间王君注册取结事。同慕丈谈许久，冒雨归永泰昌，杨梅樵孝廉同月楼亦在，话至夜过半始入城，天已霁矣。

十五日(9月21日)

十六日(9月22日)

十七日(9月23日)①

十八日(9月24日) 阴，入署。是日朝审之期，卯刻进署，观点囚犯人名毕，遂入西长安门，至天安门外金水桥南，时各堂尚未到也。候至八钟许始上班，共卅二起，囚犯共卅九名。事毕出城，至龙源楼公宴同司诸君，到者七人，至二钟时席始散，德爱石同高礼卿、金晓邨先去，予同王兰亭、魏汉章继行，顺路至永泰昌少坐。

十九日(9月25日) 晴。入署。遇陈朴亭，略谈数语。早间高礼卿来一札，遂复之。散值后出城拜客，至南横街官药园上街香山会馆回拜李莹如，顺路至永光寺上街访金晓邨，不遇。入城至象来街姜宝兄新迁之宅，时已暝矣。宝轩尚未归，于坦斋亦到，候至上灯，宝兄偕张月楼同回，闻已定于廿一日南归奔丧，话至夜半始归寓。是日在宝轩宅闻其令五弟鹤轩于前月病殁，家中来信尚未令宝轩知也。又闻董赞兄家忽有不祥之事，其长女十九矣，于前数日骤得疯疾，不饮不食，口作痁语，似中邪祟，医巫均无效，命已危矣。赞兄署中告假五日。何同人中所遭之多不幸也。

二十日(9月26日) 阴，入署。午前王湘岑同谱来，适予尚未起，家人唤醒告予，遂亟披衣出来，及晤，腹中作疼，如厕泄泻许久，觉头晕，归上房换衣，饮粥一盂，出至客厅，而湘岑已去矣，怅恨无似。散值后高礼卿来少坐，刘四表兄来。向晚访问楼，谈许久，比归已月上矣。内子自月初患疮症，节前始平复，继患泄痢，久不愈，拟延医服药，因予连日匆迫未暇。购《达生篇》一册，查得胎前泄泻一方，服一帖而瘳，亦幸矣。

廿一日(9月27日) 阴，暮雨至夜半。入署。是日金晓村从新

---

① 本月十五、十六、十七三日日记原缺。

主政请同司诸位散值后同诣同兴楼，天暝始散。金君自同治初年捐纳到署，至十年告假南旋，至今岁夏间始到京，重来到司，无一旧相识矣。闻其令嗣某保举知县，分发直隶候补，此次之来为就养计也，年已六十馀矣。归寓闻刘诞蓴来，不遇。

廿二日（9月28日） 阴，午前微雨，暮又雨。入署。散值后出城，至顺治门大街韩城馆访党养山郎中蒙，谈至日暮。党，陕西人，丙子进士，向予在奉天司，渠为主稿，现为秋审处提调。由顺治门大街顺路至高礼卿郎中宅内小谈，遂归，时重城下钥，至西月墙永泰昌号吃饭，与刘诞蓴话至夜半入城。

廿三日（9月29日） 阴，晚雨数点。入署。散值后回寓，假寐。暮时李小慕来，少坐而去。灯下与张润田夜话，其甥孟玉双锡珏孝廉来，共谈至夜半。阅荣仲华协揆禄查办天津袁慰庭世凯、傅云龙两观察被参覆奏折片，袁为天津新建陆军总统，傅为机器局总办，被御史熙麟参奏，上派荣副相查办，覆奏唯傅道[1]交部议处，袁则参款均无其事，着无庸议。其折乃随员兵部主事、总理衙门章京陈夔龙所拟也，词意猥杂生沓，殊堪齿冷。不知钦差相公何以一无删润，竟尔入告也。

廿四日（9月30日） 阴，入署。入署，闻董赞兄丁内艰之信，不胜骇诧。散值后趋往唁吊，相持大痛，盖赞兄自夏间即多拂意之事，宅中眷属疾病交缠，近因长女猝得疯疾，终日谵语不休，已及旬馀，医巫均不效；其令郎亦患疟疾，正忧疑间，于昨晚又接家报，呼天抢地，悲苦万分，予强为宽慰之，并商及出讣、开吊等事。至日暮回寓，少刻又出城，访高礼卿不遇，遂往唁苏静甫舍人，静甫于七月间丁外艰，回籍奔丧，前数日始来都寓，遇侯庄年在坐，静甫留饭，方共食，苏月坡适到。近日予有事浼月坡代办，乃礼卿转求者，因座中不便攀谈，乃少顷即去，怅然久之。十钟后同侯庄年入城，至前门尚未启钥，随叩

① 道即道员，清代尊称为“观察”。

永泰昌之门，入座少憩，遇武瑞亭，话至一钟始归。

廿五日(10月1日) 阴，向晚少霁。入署。赞臣遣人请予到宅，散值后趋往，议定帖稿并开吊日期。孙振轩郎中宗麟、连贻孙主事培型均往唁。二人均赞臣同司友，贻孙与予为己丑同年，今日堂派广东司主稿。灯下写札寄高礼卿，定明日申刻邀苏月坡在福隆堂酒叙。

廿六日(10月2日) 薄阴。入署。散值后出城，至福隆堂，邀礼卿、月坡吃饭，饭毕礼卿约同访某校书，遇包勉三比部，夜半入城。

廿七日(10月3日) 阴。入署。散值访冯月轩员外小谈。

廿八日(10月4日) 阴，午后霁。晚间冯月轩遣人来，约予夜话，适予未入城。是日夜三钟时进内听旨，遇史康侯、王石逸、徐子光诸同寅聚谈。堂官汉三位均到，满堂唯阿允亭侍郎在坐。旨下已交卯正，回各堂毕，已黎明矣。回寓。同司金晓亭主政邀同司诸君会饮大同居，予到甚迟，比席散已上灯矣。未入城，适舆夫因烹鱼被油伤手，不能执鞭，予步行出城。予归至观音寺，雇一破车回西月墙永泰昌，比下车匆匆付车价，忘记烟管尚遗车上，比入内谈许久始觅未得，为之惘然。夜半回寓。

廿九日(10月5日) 阴。入署。散值回寓，少憩，出城谒前门关圣庙，求得一签，上吉。出城在肆上买零星物数件，过永泰昌，遇张月楼，同入城，饮于太升楼。更许回寓，同张润田、月楼谈至夜半后始眠。是日拟访冯月轩，不果。

三十日(10月6日) 阴。入署。早间王相臣来，盐邑同乡。是日高礼卿邀予陪客，散值至福隆堂，苏月坡亦在座，客为薛汝舟大令，云阶尚书之胞侄也，人极朴悫可亲。席散后礼卿约访某校书，不遇，遂游至联春堂，订爱云校书之约。

九 月

初一日(10月7日) 阴。入署。散值回寓,少憩,出城至聚美斋扇店,取裱成山水横幅一轴,到万德店回拜王香辰,不遇,过致美斋独酌。天将暝,入城,访月轩夜话,十二钟始归。

初二日(10月8日) 早晴,午后阴雨,晚霁,至夜又雨,大风。入署。在署买新事《朝审》、《秋审》各一部。

初三日(10月9日) 晴。入署。散值出城,至永泰昌,与刘诞甹小话,假寐,至暮始入城。

初四日(10月10日) 晴,晚阴。入署。散值出城,至永泰昌,候张兰江茂才小谈,同刘诞甫至龙源楼小饮,散后赴虎坊桥,李慕丈未归,同少皋谈许久,至二更许慕翁始回,谈至一钟后始入城。冯月轩嘱作贺联,薛云阶尚书之孙完姻,拟作一联:燕翼承休龙文表瑞,爽鸠种德鸣凤知声。

初五日(10月11日) 晴。入署。散值后至董赞兄宅内,谈至天暝始归。午前同乡王襄臣来,邀次日元兴堂聚饮。

初六日(10月12日) 晴,午前忽阴雨数点,日夕晴霁。入署。

初七日(10月13日) 晴。入署。散值后至董赞兄斋小谈,其令郎、令嫒病均痊愈,为之一快。出城至永泰昌,访杨叔沈孝廉,匆匆数语,予至虎坊桥访李筱慕,不遇,与少皋谈片刻,遂至大同居独酌,食毕回永泰昌,与叔沈、月楼夜话,一钟后入城。

初八日(10月14日) 晴。入署。散值回寓,李筱慕来,至暝始去。灯下冯月轩员外来夜话,十二钟始散。

初九日(10月15日) 晴。入署。散值回寓,至薄暮出城,到洪发估衣店买缎帐一幅,遂赴虎坊桥,与慕丈话许久,适慕翁有事出门,幼铁陪话片刻。辞出,到大同居吃饭毕,回永泰昌,遇张月楼、子平两茂才,共话至夜半始归。

初十日(10 月 16 日) 晴。入署。晓孙宛村来,因予未起,遂去,闻其将旋里。午间入署,递现审单毕,遂出城,至天寿堂,是日董赞兄在彼处开吊。薄暮始入城,盛隆号崔新吾来,少坐。去后,予访徐子光谦主政,谈许久。盐邑向有香鱼书院,中废将百年,为咸丰年间邑令李公景沅字早斋所重建,一时课生率多取科第,次者亦为绩学之士,至今邑之士人犹称道李侯之功,然书院故无多公款,仅有乡前辈所捐义田,合计之不过千馀亩,盐邑田又下下,每岁租息不过四五百千,除完粮暨考试公费外,每不足供课生膏火之需,历任大令其以振兴文教为事者,必捐廉为奖赏,间有富人涉讼理曲者,则罚锾使入书院,随入随出,终无馀积。同治庚午,甘泉曹公壬泰字仲山莅任,首以书院课士为先务,因公款支绌,多方筹画不得,适有邑人因田宅兴讼,曹公恶其为富不仁也,罚钱一千贯,发商生息,数年之中,考课生童无虚月,颇称得士。予时为秀才,亦甚蒙邑侯赏拔者也。曹公既去,继者多俗吏,廿馀年未闻鼓舞一人,渐至一年不过三两课,课不过三四十人,稍知好学者耻为之,其废弛盖可想见。然其弊不独在官而在绅,向时费无所出,一切经理皆官持之,礼房①书吏记出入帐簿而已,嗣款项稍充且有发商生息之现钱,邑人恐其事归官,官之贪廉不一,视同传舍,倘囊括以去,无如之何,不然则礼房吏胥亦将吞肥无厌,遂议归于绅士经理,择邑城文士殷实之家素称公正者充其选,然往往数年一易主,以殷实公正之人不肯为之,以劳怨均不得辞也。自光绪初年即有城中某文生,同一无赖子经理三数年,租价息钱皆饱私囊无过问,后无赖子死,某文生亦避讼远去,遂有李氏子亦群中之虎而冠者,窥其馀利,乘机邀三五秀才具禀大令,公举伊为首事,批准后乃大作威福,藉以出入县署,横行市井间,而所饱又不知凡几矣。适有山东李令,初莅任,因事与之抵牾,将其革退,伊控词府道,无直之者,且邑中生童多怨之者,是以李令去后,伊又百计营求,卒不得染

---

① 礼房,知县衙门办理祭祀、考试等事务的下属机关。

指。然继之者又一武生刘某，亦城厢人也，一概文事皆所不解，又值连年大令不以书院为意，进款存者颇多，伊又借以贩运谋利，竟死道路，亏空之数，莫得而知，无从究诘，遂有王赞轩、李子辅两孝廉出而任之，凡经手银钱又委之高绍元从九，高故城中富室，故人咸不疑其干没，事稍就诸而赞轩远设教于津门，子辅选广平学博之任，高绍元竟中年早死矣。子辅之将赴任也，入谒邑侯，荐其堂弟鹏翱字云皋，人朴实可任，邑侯素重子辅，又喜此后之有替人也，允之。云皋亦武生，家号小康，为人勇敢喜事，虽未尝学问，李氏故盐山著姓，尚不失故家矩矱，当时合邑均无异辞。任事以来，颇能认真，诸事井然有条，适天津运宪筹款为各属书院义学等费，每岁可得三百金，因公议延山长主讲，凡生童月必有课，奖赏较前为丰，以是年来颇称为能，然其人好酒使气，恶人出己上，居常自以为功，稠人广坐，词色凌轹侪辈，嫉之者众，兼之山长为山东张孝廉，人龌龊，唯逢迎首事，首事喜其柔逊，可颐指气使，不知其品学之不足餍众心也，由是众咸归咎首事。前任夏漱蘅同年署盐事二年，与首事号称融洽，云皋居乡，乡人往往倚其威力，欺诈村农，间有词讼亦为关说，而跋扈飞扬之气乃愈不可收拾。七月间铭仲民彝大令到任，携眷属往，欲借书院暂居数日，商之首事而云皋固拒之，铭衔之深，一时啧有烦言，欲将其首事黜退，尚隐忍未发也。贾佩卿孝廉遣专足来都，赍信呈李慕丈，倩京中同乡诸人公致函于铭，为此事转圜，佩卿来信具陈利害，洒洒数百言，言极痛切。今日晤李慕丈于天寿堂，出函相示，因予城居，此事知之较详，商可否于予，并嘱予缮稿致铭，予与云皋亦旧相识，爱憎之念故无丝毫于其间也。会当就佩卿原信润色一稿，再致同人以为何如。

十一日(10月17日)　阴，午后浓阴，雨数点。未入署。是日薛云阶尚书为其嗣孙完姻，早起往贺，遇党仰山郎中、武仙航主政、张玉叔吏部，小坐即归。同院张润田内甥续弦，浼予为其迎亲。晚间复冯月轩信，京城西偏多乐户，有玉香班者，为扬州妓爱卿所设，去岁腊月间曾为人设圈诈控，爱卿系狱，数月事旋白，小除日立出之，近日闻又涉讼，在安徽司，事牵染多人，有万升班者亦被控连，然皆出于差役辈教唆原告，令其多为株连，以便其讹索之计耳，非必尽系不法也。都中词讼凡涉倡优之案，往往如此。昨在天寿堂遇月轩于座，向予耳语，言万升班之事确属无干被控，浼予向徐子光主政一言为缓颊，子光为津郡同乡，现安徽司主稿君也。予归后访子光晤谈，渠已首肯，故先为月轩回复也。

十二日(10月18日) 晴。入署。连日少寐，日间不得休息，解衣酣眠，至十一钟始觉，急盥沐，食毕入署，堂官已散矣。散值回寓，接沧州刘生祉庭信函，云有赵姓者来京，为争旗地事涉讼，求为照应。出城至永泰昌，遇盐山人张△△，至珠宝市小摊买零星物事数件。

十三日(10月19日) 晴。入署。是日为南城妓寮群殴宗室溥福一案赴宗人府会讯，溥系被伤人，已月馀矣，竟未到案，与理事官阿中泉寥寥数语而散。午后沧州城西戴家园赵寿湘毓楠偕望海寺镇孙竹轩来拜，诉及其族人为争旗地事，意欲兴讼，并求为之关说，予力劝其不必呈控，宜先向地主府中述其情节，或再增租价，当无不可了者。因予方有事出门，渠诺诺而退。

十四日(10月20日) 晴。入署。散值后拟往虎坊桥，不果。至董赞见宅谈许久，孙振轩宗麟适至，又谈至日暝，始同出城。到永泰昌，偕刘诞甥饮于同源楼，灯下微醺，酣眠至十钟始觉，欲他往，则已迟矣。候至十二钟入城。阅邸抄，南皮相国奏请开缺，予告致仕，赏食全俸，圣朝耆硕，优礼始终，可谓盛矣。

十五日(10月21日) 晴。入署。是日司中前月派审命盗二案，稿已呈堂，今午会小法，承审六位均到司，同都察院、大理寺会讯。散值出城，至津南馆访孙宛郇，闻其将回里，灯下谈许久。至虎坊桥，闻慕丈偶患不适，因天晚方服药，未请见，与筱慕谈，并留同饭。饭毕往西院筱帆书房观其课艺数首，文思大进，为之欣喜久之。少皋、幼铁并出见，幼铁浼予写对联一副，夜半始归。

十六日(10月22日) 晴，午后阴。入署。是日周来子、陈小山二案会大法。散值后赴东城史家胡同阿堂宅内画奏稿,归已四钟。出城觉腹饥甚,过永泰昌买点心数枚,食毕往香炉营头条白少植曾焯主事宅,贺其令嗣完姻之喜。天已薄暮,急驱入城,将奏稿二件遣人送至文济苍员外宅,嘱其明日赴园画文堂。张润田邀夜饮,同座为孟范九锡寿茂才、玉双锡珏孝廉昆仲、张寿曾孔目,拇战甚酣,予几醉。话至二更后始散。阅昨日午前徐筱云用仪侍郎在户部街路过,遇一人向轿放火枪,将轿窗玻璃打碎,侍郎头面受伤,幸未装子,故伤不重,随将其人拿获,状似疯癫,语无伦次,已锁送提督衙门审讯,想日间必行具奏也,然事已奇矣。

十七日(10月23日) 晴。入署。散值后到董赞兄宅,闻其十九日旋里,晤后始议改于廿三日启行。灯下为邑令铭仲民写信稿,系为书院首事李云皋事,同邑公信也。

十八日(10月24日) 阴,夜大雾迷漫,至晓方散。入署。夜间不寐,为周来仔盗案、陈小山命案,二犯于本日处决,入内听旨。寅初入东华门,到刑部茶房,本日为勾决之期,秋审处各提、坐均在。卯初旨下,余出午门,至西长安门外候车不至,遂步入署。监掷高、魏二君,高先到,魏后至,绑讫;监斩为简、李二君。事毕约赴义胜居吃饭。余回寓略睡,至午始往,诸人已食毕,余同王兰亭更酌至四钟许始散。是日余夜间冒风感寒,又在隆宗门外步至署中,觉劳甚,归寓后体作寒噤,蒙被卧睡,至十钟后始觉。

十九日(10月25日) 晴。入署。早起,体仍不适,咳嗽大作。本日署内有宗人会讯一案,未能往,嘱德爱石独往。予散值至永泰昌,倩王柱臣开一药方。遇李慕丈,谈许久。接田耀亭茂才信,并课文数篇。薄暮回寓服药。

二十日(10月26日) 晴。入署。夜间服药未汗,早间又寐,始有汗意,仍未脱然,咳嗽仍不止。散值回寓,方静卧少憩,刘诞贾偕吕生静山孝廉来名梦祥,沧州人,吕向从予受业,性佻达,举止无度,因夤缘冒旗籍入学,竟中孝廉,予最不喜之,然不能不见也。谈次,又有沧州赵寿湘、孙竹轩二人又至。吕先去，赵、孙灯下话许久始行。接盐山高恪三孝廉信一函。

廿一日(10月27日) 晴。入署。散值到董赞兄宅内，闻其定于廿三日旋里，借予车搬移什物。正坐谈间，孙振轩亦到，王云门主事之令郎亦至，话至薄暮始归。家彦侄自里中来，偕刘月坡传发同行，询严、慈均康健，大小各平安，为之忻慰。灯下共月坡谈里门事甚悉。昨晚方作家书，拟求董赞兄代捎，今家彦侄来，则暂可不必矣。接杨雨郇孝廉一信，又夏漱蘅邑侯同年信。

廿二日(10月28日) 晴。入署。散值又至董宅，闻已出城。遂至永泰昌，遇赞兄，略话数语。赴虎坊桥，遇李松轩茂才，渠已在李宅教读，少皋邀予至大同居吃饭，同座有山东人数，皆不相识，后孙伯平、郑亦康两茂才亦到，饭毕回宅。晤慕丈，谈及盐山近日高、张二姓近日为帐目涉讼事，高恪三作宾孝廉寄信来都，求慕丈及予为之关说此事。在夏间高达轩来，曾求同邑公函致夏邑侯，信稿为予所拟，由慕丈处转交达轩，比信已去，予意甚悔之，因两家皆系亲好，不便为分曲直日[1]。高宅向日刻薄成家，既为帐目涉讼，必有违例取利等情，过听一面之词，恐不免肤受之诉，心殊怏怏，然亦无及矣。今家彦侄同月坡来，予细询此事原委，果然系高家无理，以京钱予十馀千，四年之内行息钱四千，且流利叠算，不仁已极，经夏侯判还本利四千贯，可谓持平，而高仍倔强，嗣铭大令到任，当堂令两家和解，高又不肯，故又寄信至京，嘱予同慕丈为之设法，实属不知进退。予因详告慕丈，慕丈亦为之恨恨不已。

廿三日(10月29日) 晴。入署。

廿四日(10月30日) 晴，自夜间大风，薄暮始息。未入署。连日咳嗽不瘥，委顿倦甚。午间刘诞夷来小话，一同出城，予至龙源楼，金晓村主政之约也。

---

① “日”字，疑衍。

廿五日(10月31日) 晴。入署。午间陈朴亭来,予入署归后,话许久始去。予在厅房假寐片时,灯下月坡同家彦侄始归。

廿六日(11月1日) 晴。入署。散值出城,至顺治门皮库营悦生堂义塾访苏月坡,谈片刻,月坡邀至大同居吃饭。饭毕,予到虎坊桥与慕丈少话,偕小慕同游,夜半归。

廿七日(11月2日) 晴。入署。散值后回拜盛杏荪观察。回寓,陈朴亭来邀至太升楼吃饭,饭毕朴亭归,与刘月坡夜话,刘仙源亦至,话至四更后始眠。

廿八日(11月3日) 晴,大风。入署。散值后邀刘月坡、仙源昆弟到龙源楼吃饭,兼邀吕静山、张兰江、刘诞孠同来,事毕,天已暝矣。同至永泰昌,候夜半开城始归。

廿九日(11月4日) 晴,风。入署。散值出城,访张兰江小话。

十月

初一日(11月5日) 晴。未入署。是日为薛堂生日,前往贺寿,并封祝敬十六金。至悦生堂访苏月坡小话,顺路回拜张筱帆廉访,归至虎坊桥,晤慕丈小谈,留夜饭。与少皋、松轩略谈,晤牛文起明经,畅叙数刻,夜半入城。

初二日(11月6日) 晴。入署。孙伯屏茂才家翰邀饮万兴居,同座为王卓生吏部,边子雅农部、张菊坪大令、梅韵生△△、张幼和州牧、宋心言经历,二更后始散。

初三日(11月7日) 晴。入署。向晚出城,到虎坊桥访慕丈不遇,与少皋、小帆谈至夜分始散。闻少皋云,慕丈嘱予作柬请张筱帆廉访,订在松筠菴。

初四日(11月8日) 晴,晚薄阴。入署。散值后到后门碾儿胡同陈朴亭书房小谈,薄暮始归。至太升楼独酌,回寓,刘四表兄在焉。

初五日(11月9日) 晴,午前薄阴。入署。散值回寓,李生献廷来，刘仙源来，谈片刻。予倦甚，假寐少时，两人已去矣。

初六日(11 月 10 日) 晴。入署。午前缪捷之世揆来小话。沧州孙竹轩、赵寿湘来，未及谈，入署，归则两人已去。李献廷邀月坡与家彦侄吃饭。向晚张月楼来，同饭。

初七日(11 月 11 日) 晴。入署。是日散值后邀赵寿湘、孙竹轩暨月坡并家彦侄至太升楼吃晚饭，并遣试馆长班送公请张筱帆廉访。

初八日(11 月 12 日) 阴，入署。筱帆廉访遣人来辞公请之局。予入署，路遇李少皋乘骑而来，下马匆匆数语即别，晚间赵寿湘邀予同月坡、竹轩暨家彦侄到福隆堂吃饭，饭毕至王广福街某校书处少坐，遂归。至永泰昌候城启，始回寓。

初九日(11 月 13 日) 晴。未入署。是日同司主政简筱坪为其三世兄娶妇，往贺，并吃喜一顿，座遇宋子山舍人承朴，诗人也，为出其近作《赏菊》并《某列女行》同观，筱坪亦出其近作《娶儿妇志喜》诗二律，惜天色太晚，予匆匆入城。晚刘四表兄来。

初十日(11 月 14 日) 晴。入署。入署晤高礼卿，渠新由青县归。是日为皇太后万寿，初九、十、十一三日推班，不理刑名，在署少坐即归寓。又出城访礼卿小话，薄暮始归。灯下为沧州刘祉廷作札。

十一日(11 月 15 日) 晴，晚薄阴。未入署。午间张黄楼司马来拜，渠新由武昌督署还都。高礼卿来小谈，张黎臣来，谈至薄暮始去。晚李献廷来，孙竹轩来，夜分共榻。

十二日(11 月 16 日) 晴。入署。早起，刘月坡同家彦侄旋里，子夜天忽阴晦，细雨如散丝，恐不果行。比暝则晴霁和暖，为之欣然。族孙唐介轩来。薄暮赵寿湘来，邀太升楼吃晚饭，同舆往，并约孙竹轩、赵仙舟同座，比归时已十二钟矣。

十三日(11 月 17 日) 晴。入署。晚间刘四表兄来，留饮。孙、赵二君亦至，话至三更许，二客始去。予体觉微寒，同刘表兄暖酒痛饮，比归上房少憩，天将曙矣。

十四日(11 月 18 日) 晴。入署。散值出城，至永泰昌请张兰江，小谈，杨叔沈孝廉、缪捷之少尉亦到，话少时天已薄暮，遂入城。是日接刘翊文同年武昌信一函，并渠家信一封，托为代致东安。翊文去秋出都南下，至金陵投张香涛制军，比至则适值香帅丧其爱子，心绪颇恶，未得时谒，嗣荐往上海关道处，月致干脩卅金，而香帅又回湖广督任。翊文居沪无聊，掉舟至武昌，香帅荐一盐务干馆，月仅十金，而申江之馆仍如故也。在节署亦无公事可办，唯日与诸幕客清谈相对。九月三日为香帅揽揆之辰，渠献寿诗百韵，闻颇蒙激赏者，亦词人之佳话，而旅客之胜遇也。惜上海关道黄公丁艰卸任，新放为刘麒祥，其人与香帅颇龃龉，恐此馆未能持久，奈何奈何！

十五日(11月19日)　晴。入署。散值回寓，适赵君又来相候，谈次贾子槐广文来，渠自去岁在都谋馆，淹留数月，嗣李慕丈荐往德州一运粮千总之馆，相随南下，近辞馆告归，来此一晤，薄暮辞去出城。灯下孙君同刘表兄先后至，留吃饭，饭后二客去，刘留宿焉。夜将半，为沧州刘祉庭作书，叙赵君事原委，嘱其为赵画策决计，省予许多酬应口舌之苦，词极肫切，并倩其为予代寄家信一函。盛隆崔掌[柜]灯下来，求予为其同乡王某关说讼事被诬一节，因系安徽司之案，司稿君为同乡徐子光谦主政，予漫应之。

十六日(11月20日)　阴，晚微雨。入署。早为孙景裴作字，询为同乡某完酒课事。散值后孙、赵两君又来，所事仍无端绪，每至则期期艾艾，愁容可掬，无一痛快斩截之语，殊令人气闷也，薄暮始去。家锡海侄来。为徐子光主政作一札。

十七日(11月21日)　阴，早微雨，日夕稍霁，薄暮又雨，夜霁月出。入署。四钟时贾子槐广文来，留饭，夜话至丑正始憩。接赵楚江毓楠太守武昌信。夜半时方与子槐谈次，闻雨声萧萧，启户视之，则月明如昼，声自树间，叶落满地。

十八日(11月22日)　晴。入署。掌印德爱石连日因家事烦乱，来迟去早，今日进署，谈及其长女病瘵甚剧，又为长子完姻，定于下月初十日，期已迫矣，而女病殆不起，其夫人亦患肝风，愁急殊甚，拟请假十日，假满再续十日。定例印君请假至十日，则必派署，五日则不派矣。予劝其暂缓请假，若有事万不能来，请假五日，连请皆可，此亦同寅应酬之小人情也。散值赴东城阿允亭侍郎宅画稿，阿堂他出，稿留宅内。德爱石将印钥交予代收。自阿宅顺路访灯市口张静斋，不遇，回寓已上灯矣。

十九日（11月23日） 晴。入署。散值回寓，贾子槐来，天已暮，留饭夜话，予入内听旨。

二十日（11月24日） 阴，午间开霁，日夕又阴。未入署。子夜与贾子槐闲话，寅初命车入内，拟由西长安门进天安门，步行至西苑门，因圣驾方驻南海，听旨皆在［西］苑门外六项公所，奈抵长安门外，尚未启钥，询之门者，云须至黎明方开，遂回车入东华门，绕后门迤西，迂远五六里，至公所已四钟三刻。同署唯浙江、四川二司，浙江陆确斋主政、四川武仙航主政，堂官唯阿允亭、李苾园两侍郎，松、薛二尚书均不到。与仙航同年畅谈许久，天黎明始见折班笔政数人捧旨出，四川现审折片留中，浙江、山东批"知道了"，回寓已八钟馀矣。盥漱毕，彻夜不寐，午后蒙被而卧，觉来已上灯矣。

廿一日（11月25日） 晴，夕阴雨数点，夜半风起。入署。散值回寓假寐，薄暮李生献廷来，留夜话。访徐子光，不遇。

廿二日（11月26日） 阴，午后霁，夜间出风，至暮始息。入署。天气兼旬和暖，今早始有寒意，司中诸友均未来，唯高礼卿与予两人，案牍无事，闲话许久而散。回寓拟出城，孙竹轩来，话至暮始去，灯下为刘仲彦同年作札。

廿三日（11月27日） 晴。入署。午前兰肇垣武孝廉来拜，新放河南运千总。散值回寓，体觉不适，拥被眠，至七钟始觉，用饭毕，又睡至夜半，吸鸦片许久，神气疲倦，欲睡，大吐，用开水服砂药十五丸，饮姜茶二瓯，蒙被卧，黎明大汗，体始觉爽。

廿四日（11月28日） 晴。入署。是日为德爱石掌印请假五日。散值出城，至永泰昌少坐，已十数日未到渠处矣。同刘诞甹至同胜居少饮，回寓，刘四表兄来，崔掌柜来。

寄刘仲彦同年札

夏间曾泐一函，谅邀青盼，鳞鸿间隔，倏已初冬，念旧雨而不来，唯停云之是赋。只维起居纳祜，潭第增绥，定如臆祝。弟西曹供职，故态依然，自去秋承乏主稿一差，逐日趋公，无间寒暑，案前累牍，阶下判囚，寝馈不遑，形神交敝，正不知费几斛心血，造几重孽案。加以酬应日烦，追呼益急，御穷无暇，交谤时闻，苦海茫茫，何时是了。回忆昔年措大，终岁依人，笔耕自给，酸寒景象，视此犹为仙凡之别也。我兄闻之，得毋责我为不情，而骂我为诳语否？比来心事多违，拮据殊甚，少陵句云"朝回日日典春衣"，弟则易"春"字为"冬"字，至是则窘状乃更可想矣。夙荷挚爱，敢作将伯之呼，效发棠之请，亦稔我兄非丰于财者，然义气深重，既济弟之急于前，必不视弟之厄于后。且近来人情世味，渐已饱尝，能慷慨作事者，独吾辈寒士中二三知交可与言此耳！彼坐拥厚赀者，偶谈及此，非吞声引去，则睫毛长高矣，安得讲有无相通哉！弟非轻诺寡信者流，容稍宽转，便行奉赵，知我如兄，当能鉴谅。倘蒙慨诺，祈代筹百金以了燃眉，严寒将届，唯忍寒以待黄绵之暖也。肃此布恳，敬请著安，伏维珍重不宣。

仲彦同年向为总角交，廿馀年来，文字夙称知己。己丑春闱，渠丁艰，适因事入都，值予幸捷南宫，榜发后用款蝟集，囊无一钱，仲彦不待予开口，亲赍朱提五十金送予，以解一时之急，至今深感。辰年渠因捐教官，嘱予代借百五十金，竟为匪人骗去，良可悼叹。嗣渠又还五十金，予借还前款代垫五十金，尚有五十金未能清结。此次之信，非因前事，实因至好可通有无，故不惜为此求乞耳。

廿五日(11月29日) 晴，午后大风，薄暮寒甚。入署。李莹如学芬主政邀饮，在米市胡同保安寺街广连升馆，馆系广东人所设，一切食品皆按广东制法，自近年始行开设，同人多未曾尝味，莹如故广东香山县人，特邀同司会饮。散值往焉，同座有渠同乡新选直隶省赵州守备李君，馀皆同司，共六人，肴馔甚精美，各饱饕而散。入城，同魏汉章主政同车，寒甚，归寓闻汪勋西昭晟少府来拜，不遇，留字而去，约明日晤谈。盛杏荪宣怀太常送别敬拾贰金。盛，江苏人，向为津海关道，近为王夔石、张香涛两制军公保督办芦汉铁路，奉上谕"盛某为铁路公司总办，八月来京陛见"，月上旬出京，津郡同乡曾有公局请宴，去后各留别敬。闻直隶京官侍御卅金，翰林廿金，部员拾贰金。近来此等应酬犹势利如此，他事可知矣。盛先为广东候补道，因事为彭刚直公玉麟参奏，革职永不叙用，不知何以夤缘至此。又闻系合肥李傅相义子，傅相在津时，盛大蒙宠待，后因事龃龉，有恨之者目为反覆小人，今忽膺重任，竟畀以京堂之贵，亦异矣哉！灯下为刘仲彦同年寄信加封，拟明日遣人赴东安。

廿六日(11月30日)　晴。入署。早起作字，约汪勋西午后晤谈，渠已于黎明出城去矣，为之怅然。德爱石丧其长女，昨晚始闻信，遣人送官吊一分。散值后出城，到永泰昌坐至天暝始归。灯下访徐子光主政，谈许久。

廿七日(12月1日)　晴，午夜风起，逾时即止。入署。散值拟出城，闻李献廷来，回寓，渠携得一广东人，带来求售翻板胡刻《文选》、洋灰鼠长褂并黑土烟膏各数件，托为觅主，薄暮始去。又孙竹轩来，上灯后始去。竹轩为其戚赵寿湘争租旗地事同来都，托人为其关说。事已成矣，竹轩忽与其戚有违言，意颇欲败乃事，亦异哉！

廿八日(12月2日)　晴。入署。散值出城，访高礼卿不遇，又至沙土园苏敬甫宅，亦不遇。顺路过琉璃厂，至益文堂小憩，过龙云斋刻字铺访其铺掌王玉坡，亦不遇，怅然而归。到永泰昌偃息少时，天暝入城。

廿九日(12月3日)　晴。入署。为德爱石续假五日。简筱坪主政示予菊花吟社诗刻稿。

三十日(12月4日)　晴。入署。灯下和简筱坪主政《五旬初度》诗元韵七律。

十一月

初一日(12月5日)　晴。入署。散值出城，至永泰昌，遇张月楼，少坐。薄暮归，刘四表兄来，夜进内听旨。

初二日(12月6日)　晴。是日为山东省[1]勾到之期。三钟后命车入外东华门，绕道至后门，抵西苑门外六项公所，同往为文济苍员外，渠已先至，时秋审处满汉提调、坐办各位均到，堂官唯徐寿蘅侍郎请假，五更时公所预备堂司夜餐，黎明旨下，予同济苍候接勾决榜示，至九钟许始由内阁出，予回署，简筱坪先到，李苾园侍郎至署候接勾本，日将午，各道御史捧本至署，李堂跪接，各司官在大堂西东向立，堂官起立，与三御史各一揖，候升车，堂官回白云亭，各司官随秋审诸君同往，启封，捧本回司，命书吏开读，读讫行文，用马上飞递，遣一笔帖式送兵部。讫事，予回寓，换便衣。筱坪同魏汉章主政先到义胜居，予午后始往，王兰亭、高礼卿、鲍朗倘继至，候文济苍不至，共饮至日暮始散。

初三日(12月7日)　晴暖。入署。日夕孙竹轩来，刘四表兄来，孙去。灯下予至兵部街剃头铺理发。

初四日(12月8日)　晴。入署。散值后出城至洪发估衣店看皮衣一件，归至永泰昌少坐，接刘仲彦同年东安回书。灯下为王少农水部作札。

初五日(12月9日)　晴。日夕时刘诞甹来，同出城，至龙源楼小酌，归至永泰昌，候十一钟入城，过刑部街，见署大门尚闭，门外灯火满街，皆看热闹者也。刘四表兄来。

初六日(12月10日)　阴，早雾霾。是日为朝审勾到之期，本司无事，自先一日，例不进署。午后出城，见勾到单，只预勾者九人，官

---

① 眉批："同日为直隶、山东、山西、热河。"

犯五起均免勾。鲍朗僑主政渋邀同司饮，在保安寺街广连升馆，文济苍未到。予至绳匠胡同李高阳师相宅贺喜，投名版。归至永泰昌，夜半入城。

初七日(12月11日) 阴，夜微雨。入署。早为王少农水部致札，接回信。散值后李献廷来，薄暮去。灯下到盛隆号钱铺少坐，刘表兄来。

初八日(12月12日) 阴，早微雪。入署。散值后回寓，孙竹轩来，长梅屿来，灯下小谈。早为李慕丈作书，为结局事也。自七八月间，局事纷纭，潘问楼、刘耀庵相持不下，予再三向慕丈陈说，定议公保王少农水部，事始稍定，而潘、刘之仇未解也。八月间潘又具呈吏部，定明年以后之次第，先潘次孔孔，天津人，丁丑进士，名辅唐，次刘耀庵，部中置不理。而耀庵党盛，怨潘益深，思有以扰乱之，恐其说之得行也，遂勾结刘心贫比部刘，大兴人，辛未进士，向不预结局事，连年尘门。刘不与闻，缘结局章程向不准大、宛人查结，以大、宛多寄籍者，土著甚少，恐其人查结，则冒籍愈众，莫能稽察，故定章甚严。廿年前亦曾有人出而与争，久之不胜，格于公议，故凡著籍在京城者，十馀年来，绝无觊觎此事者。近则潘、刘结怨，刘理屈不胜，无可泄忿，其党怂恿刘君嗾使具呈吏部，连名多人公保伊为查结官，将来刘固未必胜潘，而从中一搅则必另换局面，潘断不能如愿以偿。若辈设心甚狡而用计甚拙，倘有参差，局事更不可问矣。援异族而攻同类，何谬如之。予于局事无所沾染，近日之事，固不直于曜莽，亦未尝袒于问楼，然鹬蚌相持，蛮触相角，所求不过财利，所争不过早晚，都下喧传，令人齿冷。为同乡大局起见，不忍坐视，因致书慕丈，请其设法调停，勿执私见，勿滋他族，公议能伸，藩篱不溃，大、宛虽众，岂能与直省诸君角哉！且局事胶葛，已历数年，乱极思治，正当其会。书中力陈利害，末并言及吾辈忝列朝绅，似此不过一乡一人之事，犹且发言盈廷、各持己见，无一公道之人，若为国家决大疑、定大计，又何以堪之。语颇愤激，然实有慨乎其言之也。

初九日(12 月 13 日) 晴。入署。昨长梅屿来,为其去岁旧居停托情,因司中现有赵才迭窃一案,赵偷驴四次,均有买主,在提督衙门传到三家,内有王姓,不知其名,云在东直门外住家。到司后又传各买主,票上写明系东直门外王姓,坊役藉票讹索,有东直门外之王姓,家素封,唯孤寡度日,伊等稔其可欺,遂扰搅不休,已得钱无算矣。其家因与梅屿有旧,向其泣恳,来为剖辨,予慨诺之。本日入署,坊役来回话,大加申饬,以后不许伊等藉票骚扰,坊役叩头服罪,诺诺连声而退。晚间作札复梅屿。是日为宗室联姓开设烟馆事赴宗人府会讯,宗室吸烟律法极重,然向无认真办者,唯含糊了事而已。

初十日(12 月 14 日) 晴。入署。散值赴西城为德爱石贺喜,渠是日娶妇也。归至绒线胡同,为王景西出吊,渠有伯母之丧。座遇牛文起明经,李慕丈之西席也,亦诸城人,小谈而归。宗室吉书莽绅主政来谈许久,孙竹轩来,灯下始去。阅邸抄,江西抚奏临江府知府额某在署中自缢而死。据云忽发痰疾,家人环守,因倦少寐,伊在床栏悬带自经,比觉已不救矣。又秋间邸抄,广西抚奏报某县令溺水而死。据云向患痰迷已愈矣,办公理事亦无讹误,其署后有菜圃临水,时常公暇独自散步其间,一日又往,着短衣,手持烟管,无随从者,久久不归,遍寻不得,有人见水滨有鞋一双、烟管一枝,始疑为落水,急抢救,已无及矣。二事甚奇,且闻二人均无故至此,岂小说中所载溺鬼冤鬼讨替身者耶?随园《续齐谐》中所记此类最多,有一则记溺鬼讨替身,其人已入水,被救得生,有人责鬼,语未毕,闻空中鬼呼曰:"我读书人也,《论语》曰:'夫仁者,己欲立而立人,己欲达而达人。'若鬼辈,乃'己欲溺而溺人,己欲缢而缢人'也,大笑而去。"此二者,得毋类是?然以五马之尊、百里之宰,竟为鬼所播弄,殆有夙冤积孽与?不然,何能遽夺其魄也。

十一日(12 月 15 日) 晴,夜间大雾。入署。散值后出城,至义成洋货店买笔数枝。顺路过洪发估衣店,遂到福隆堂,是日李慕丈邀饮,座中皆生客,唯景裴郎中在焉。归至永泰昌,遇杨叔沈孝廉,谈许久,渠已辞馆,住国子监南学。叔沈近年肆力于古文辞,守桐城派甚严,将来所造,必有可观也。

十二日(12月16日) 晴,夜雾弥漫,不辨东西,交丑初后狂风大作,至暮始息。入署。是日德爱石销假,午前张黎臣来。散值后赵寿湘、孙竹轩偕沧州赵仙舟来,赵新自沧州来,携得刘祉庭信一函。又刘玉庭托为兵部领云骑尉袭职敕书事。

十三日(12月17日) 晴。入署。德爱石谈及其亡女事甚悲,予为慰藉之良久。散值后出城,到万顺荷包铺少坐,至泰丰楼,赵寿湘之约也。主人尚未到,予下车到大栅栏街上游览一过,归已上灯,主人始到。饭毕,赵仙舟邀至其相识某校书处,候至夜半始呼舆入城,抵车厂询知舆夫已驾,不知何往,不得已缓步月下回寓,入门询悉车甫抵家,将舆夫训斥数语。是日遣人送知单请客。

十四日(12月18日) 阴,早雪,至午后始止,暮又微雪。入署。是日刑部正班,本司当月。午后进署,唯高礼卿到,满当月为耆寿卿年主事,帮当月为王兰亭主事,均迟至四钟后始至。予与礼卿小谈,候至渠二人到,遂呼舆出城,回拜四合店赵仙舟,不遇,归往东城根圆照寺孙竹轩、赵寿湘寓所,天已上灯,匆匆数语回寓。

十五日(12月19日) 阴,薄暮风起,夜愈大。入署。散值回寓,孙竹轩来,匆匆即去,少顷赵寿湘来,渠二人有违言。今日竹轩与赵仙舟语言不合,意各愤愤,寿湘人又昏庸,将来恐有参差也。日暮出城,至孙景裴郎中宅,托其代完酒课,此项课程归户部贵州专办,向来盐邑来交课者皆托户部同乡官代纳,可省费少许。与景裴谈许久,归至永泰昌,偕诞甥到龙源楼吃饭,回厂遇解云辉孝廉,任顺天怀柔县广文。

十六日(12月20日) 晴,大风终日,更许始息,夜半风又起,寒甚。入署。散值回寓,少憩出城,至福隆堂请客,苏月坡先到,高礼卿、冯月轩、张玉叔继到,薛汝舟先辞谢,又遣人催请一次始至。更馀入座,比散已九钟三刻,予与月轩又谈至十二钟入城。刘四表兄来,张润田同夜话，三钟后始憩。闻日间贾子槐广文来，渠将有德州之行，托予为办其明春起服事，留话而去。

十七日(12月21日) 晴，风仍不息，寒洌殊甚。入署。散值回寓，闻赵仙舟邀饮泰丰楼，辞之。自早至晚，忽腹泻三次。遣人为孙景裴送酒课银五十两。午前有盐邑六间房村王君来，少坐。

十八日(12月22日) 晴，天稍和暖。入署。散值回寓，赵寿湘邀饮泰丰楼，比出城天已暝矣，同至赵仙舟相识某校书处，予托故去。至东海居独酌，夜将半入城。刘表兄来。

十九日(12月23日) 晴。入署。散值出城，灯下邀解云辉广文饮龙源楼，赵仙舟、寿湘、孙竹轩、刘诞莮皆与焉。饮毕，同至永泰昌少坐，城门已开，孙、赵两人入城，予同云辉少谈，归寓。是日薄暮，赴南半截胡同徐寿蘅侍郎宅画议奏稿件。

二十日(12月24日) 晴。入署。闻同司文济苍云，十七日夜间天坛扈从有冻至堕指者，苦寒可想。散值归寓，德爱石来谢步[①]。出城至虎坊桥，访慕丈，适他出未归，同韩文起明经谈许久。慕丈归，谈至夜半始入城。

廿一日(12月25日) 晴，四更后风大作。入署。散值出城，至大栅栏，信步游览一过，到鼎和居独酌数杯，回永泰昌，同解云辉广文小话即归。灯下检案上乱书并友人信札等件。

廿二日(12月26日) 午前微阴，夕晴，夜四钟狂风大作，薄暮始息。本日署内正班，未入署。午后刘表兄同盐山王某来，少话，王出城，予同刘表兄至东华门内看渠新宅，遇徐太监，小谈。上灯后予至后门内碾儿胡同陈朴亭书馆，谈许久，比归寓已夜将半矣。冯月轩来札，嘱明日为代邀张玉叔吃饭。

廿三日(12月27日) 晴。入署。早起，刘四表兄同崔、徐二内监来，为沧州赵寿湘租地事也。寿湘偕仙舟、竹轩两人继至，共议具

---

① 亲友前来拜访或庆吊，事后赴其家回拜表示感谢，称“谢步”。

禀王邸，予遂入署。散值已三钟，渠等尚未去，因留饭，饭毕二内监去，赵、孙继行。时已黄昏，匆促出城，至永泰昌候车，与解云轩小话，遂赴福隆堂冯月轩之局，高礼卿先到，薛汝舟、张玉叔先后至，唯苏月坡未到。席散，高先去，予同月轩、玉叔拟候城启回寓，忽礼卿来字相邀往某校书处，三人同行，并遇月坡，入门则花团锦簇，履舄交错，盘桓数刻，兴已阑矣。玉叔、礼卿、月坡先别，予与月轩遇旧同司山西董子安崇仁郎中，又留连许久，比入城已交丑正矣。近有台谏官条奏停捐事宜，并有某宫赞、编修相继奏请，前数日闻户部已议定照准，凡府道州县通同一概停止，唯由正途出身者尚可上兑①，都下传闻，举相额庆。今日又闻事将中变，恐难骤革，又不禁有杞人之忧矣。

廿四日(12月28日) 晴，夜半风起。未入署。早九点钟，赵仙舟邀赴西华门外万福楼吃饭，日夕始散。李献廷茂才遣人送《文选》八部来，亦托售者也。贺松坡涛同年主政来拜，又东直门内大街王姓来拜，均未遇。薄暮徐子光主政来就闲话，亦不遇。晚刘表兄来，携得童课文数篇，系一徐太监之弟所作，经塾师批改者，托予为评优劣。早间闻盐山来一族弟某，云由津到此，蓝褛不堪，有似乞人，想是讨回家路费也。盐邑人情多不喜动，尤惮出门，行数百里即为远游，故虽终年槁饿，无肯远出求告戚友者，若此等则素不安分，又无一长可取者也，殊令人见之气闷。灯下阅题稿二件。

廿五日(12月29日) 晴，大风薄暮始止。入署。早刘四表兄来，共饭，后入署。午后三钟时家人报予家慈到京，予急命车回寓，时老母甫下车，文侄同震儿随侍以来，请安毕，窥老人身健如常，言动较去冬益清爽，欣喜不胜，随问父亲安好，闻旧仆人杨升到盐，留其伺候。老人诏予云，前本无意今冬来都，且时届严寒，尤恐路途风雪，月内尚未动念，中旬后因文侄有事拟到京，老人闻之，遂触起思子之念，夜不成寐，始决意一行，言次为泣下，几不成声。予终鲜兄弟，家有七

---

① 上兑，指向政府交纳捐官银两。

旬二老，乃为薄宦所羁，不得依依膝下，每一念及，汗出如渖，泣下如绠。又孰知门闾之望，至于徬徨终夜，无时或释。可见古人“陟岵陟屺”，以想象念己之言，所谓“予子予季”者，真从心坎中流出也。唯幸双亲康健，可任舟车，南北程途，五日即达，游必有方，盖为此也。将解衣睡，闻犬吠甚急，起呼仆妪持烛遍照，老母已寝矣，惊醒不寐，予侍坐于旁，围炉独酌，话家事许久。比归卧，已黎明矣。是晚为冯月轩送《文选》二部，渠托代购者也。

廿六日(12月30日)　晴。入署。是日为予初度，唯仆人王升知之，今岁伊记忆不清，有向其打听者，伊告以廿四日，以故前二日有张润田、余晓峰二家送礼来，予适他出未回，归后道谢而已。都门风气最重生辰，极贫之家过一生日，亦必竭力张罗，甚至孩提童赤、臧获奴隶，皆有为之称祝者。予最不喜此事，以故甚畏人知，今早李广桥、贵生集珊来送席票壹纸，柬写祝敬，不审渠何从得之也。留早饭，令文侄作陪，予仍进署。散值后赴西单楼磨盘院松寿泉尚书宅贺喜，为其胞侄灵乐峰昆员外续弦也。座客皆同署各司，均吃喜筵，尚书出堂向各座客一一酬应，并相与拇战，劝爵无算。归已薄暮。灯下沧州孙、赵二君来，谈许久。午间在署晤月轩，谈及近日四川司有诈传诏旨一案。四川某县有曾某者，自言为今圣后裔，不纳丁粮，县令屡催辄抗，坐是与令大为龃龉，某积不平，来京贿言官参奏，苦无门径，有李某系△△人，曾任顺天知县罢职者，夤缘结纳，托为关说，并云非钟侍御不可，讲明谢银千五百两。李与钟故不相识，因捏写一奏片稿底，并伪造一交川督查办之廷寄交曾某，曾云须一见钟公，方可如数交银，李又假冒一人引之入见，然冒名者乃一少年无须者，曾故稔知钟侍御之鬑鬑也，愈疑之，不肯认帐，且言非候至某令撤任不可，李无奈，遂强曾亲书借券为质。曾回籍，扬言邑令已入弹章，奉有查办之旨，不日当离任。令闻之大恨，嗣又探其事之子虚也，捕曾某，置之狱，又恐其家人别生事端，并捕曾某子，其子逃至都中，访李某不得，而案悬莫结，无计可施。前月曾氏子在宣武门外菜市口一带突遇李某，将其捉住，扭告到坊，详城送部[1]，连日讯供，又牵涉一方姓，乃秋间因擅离职守被参革职之刑部主事方孝杰也。方为癸酉科选拔，乙酉科举人，由七品小京官考取总理衙门章京，素有才名，而行止不检，人多薄之，削籍后无惜之者，此案又经连染，闻系李向曾索借券时，曾某即在方寓所书讫交李手，其间踪迹方必预闻，现已传究方君，尚未到案，将来必有许多蹊跷也。

廿七日(12月31日) 晴。入署。晚间孙、赵二君来，灯下小话即去。为高礼卿代购《文选》三部。

廿八日(1月1日) 晴。入署。是日署内考满笔政，随递现审单，堂官进署均早。予九钟入值，一钟后即散。出城至福隆堂，主人为东直门王子光继祖，座客寿介眉、连洁廷、铭梦韩、长梅屿，梅屿后至。席散即五钟，命车入城，在观音寺舆马拥挤，不能行，比至前门，已下钥矣。遂到永泰昌，约更许杨叔沈孝廉偕其南学肄业友人匡绥甫解元至，谈至十一钟，呼舆入城。归闻张月楼来。

廿九日(1月2日) 阴，夜霁。入署。早九钟时王湘臣都戎来，谈至午刻始别。散值回寓，倦甚，假寐。上灯后始觉。张黎臣广文来函，嘱为借银事。

十二月[2]

初一日(1月3日) 晴。入署。午前襄臣来谈，至一钟后始散。徐太监来少话，留字而去。赵仙舟偕寿湘来，坐片刻即行。予入署，少坐出城，到永泰昌，天暝入城。

初二日(1月4日) 晴。入署。散值回寓，盐山酆家村酆翼堂来，向不识面，意在纳赀捐官，其人年四十许，貌龌龊，语无伦次，似有

① 详城送部，谓再具详文送“城守”而后再转刑部。

② 原文为“十一月”，误。

心疾者，聊谈数语，天已薄暮，予同伊出城，至试馆访刘虞门别驾，不遇，伊辞归寓所，予到阳平馆拜刘松云司马廷栋，不遇，闻渠已回山右矣。遂至半壁街皮局看皮袄数件，均不合意。灯下到虎坊桥，李慕丈已出门，同少皋、小慕、松轩夜话，适景裴农部至，谈许久而去。慕丈归后，谈至十一钟，辞归，顺路到东海居酒馆小饮，微醺，天阴晦，六出溟濛，冒雪入城。刘四表兄在寓相候，谈数语，倦甚，开户雪愈甚，时已交寅正矣。

初三日(1月5日) 雪，午后始止。未入署。天将夕，有青县陈仲符钟麟来，系陈子泉明府子也。其尊甫向官山右，已殁数年，为沧州袁星斋大令之甥，因与其村邻杨某为决沟淹米事涉讼，在邑不得直，拟控府[1]，来京求礼卿为之设策，闻渠已谒李慕丈，浼为郡太守沈公作函嘱托。谈许久，薄暮辞去。前一日闻要犯陈小秃子由津拿解进京，陈某系著名棍徒，稔恶已久，近又因火器杀人逃逸，奉旨严拿，由中城练勇局悬赏购线，至天津遇之市中，伊持枪拒捕，勇丁受伤者数人，始行擒获。入城时，道旁男妇聚观，街衢填咽，某在车上意扬扬自得，高唱不休，想不日当送部也。

初四日(1月6日) 早霁，午后阴。入署。午前张月楼、刘诞甹来，又徐太监来，均少坐而去。予入署，散值后至杨梅竹斜街洪升店回拜陈仲符，遇高礼卿于座，谈毕，归至永泰昌小话，天已暝矣，遂入城。孙竹轩来，不遇，与张润田灯下谈许久。

初五日(1月7日) 薄晴。入署。散值回寓，李献廷来，陈仲符来，小谈，献廷留信宿。灯下为韩云卿作札，托其代领俸米事，并为张玉叔吏部转致俸票一纸。闻捐项已停，户部议定画堂矣，此近日言官连章奏请者也。折件不一其说，有请专停州县者，有请一概停止者，闻部议但停道府州县通同等项，不准由俊秀监生报捐，若正途人员仍

---

① 控府，不服州县判决者，可往知府、道台等递级上告。《清史稿·刑法志》："凡审级，直省以州县正印官为初审。不服，控府、控道、控司、控院，越诉者笞。"

准捐纳，如举贡、荫袭皆可。虽未能一律清厘，亦觉差强人意，此军务平后第一善政也。近年仕途之滥，流品之杂，可谓极矣。闻四川省有部选知县唐某，系唐仁廉军门之侄，即湖南哥老会匪头目，久已著名，到川后又各处结拜弟兄，散给飘布，为上宪所觉，搜出伪印、图记并册簿、信札等件。现已革职拿问寄监，将来定由川督奏请正法也。予尝谓近日捐纳之弊，人人知之，人人得而言之，捐纳既停，皆谓仕途可渐次疏通，流品可渐次清肃矣。然保举之弊有甚于捐纳者，人不尽知之，即知之而亦不能言之、不敢言之也，何也？自捐例一开，市井之伧、膏粱之子皆得挟重赀走京师，以白丁而居然腰金衣紫，拥传呵驺，且大而守道为千里长，小而牧令为百里侯，一经绾符握篆，其殃民蠹国，比比皆是矣，然此亦偶然者也。凡捐纳得官，其入赀之轻者，往往到省后终身不得一缺，大吏轻之，同僚薄之，随班逐队，情状亦复可怜。即有入赀之重者，加足十成花样，选期可速，然往往领凭到省，朝禀见而夕扣留矣。其能者必贿买都下大僚八行[①]，捆载而往，暮夜以求，然亦不过数人耳。苟有廉正上司临之，此辈固无所置足其间也。近日之保举，则殃民蠹国之徒大半出其中矣。何也？凡今之能得保举者，皆巧宦也，皆奸吏也，皆无耻小人之尤也。欲为知县，先捐一巡检、县丞为之伥，欲为知府，先捐一通判、同知为之伥，私书满箧，铜臭薰天，结纳劣幕，贿托私人，在地大物博之省分，局差既多，弊混更易，不数年而佐、杂过班牧、令矣，通、同过班守、道矣。长袖善舞，搔首弄姿，一朝补署，必搜括诛求，以进奉上官、馈遗朝贵，趾高气扬，莫敢谁何。剥丧元气，败坏吏治，皆此辈为之也，岂弊尽在捐例哉！夫捐纳虽非善政，亦朝廷不得已之事也，因取财之中，藉广用才之路，其中正不乏豪杰有志之士，得当以报国者，至今日之保举，则下欺以空言，而上受其实祸，此所以十馀年中捐例屡更、捐款屡减，而终无踊跃输将之一日也。

---

① 八行，指请托的信件。

初六日(1月8日) 晴。入署。散值回寓，少憩出城，至李慕丈宅门，遇李遹声茂才，同邑月农桂林侍御之少子也。与少皋、小慕夜话，至十一钟慕翁始归，谈至一钟入城。张月楼在寓相候，晤谈已交寅正，又为陈仲符起信稿一件，时天已黎明矣。买狐貂皮袄一件。

初七日(1月9日) 晴，夜间寒甚。入署。自上月中旬署中无事，两次递现审单，均全完记功。今日签分宗室殴伤旗人一案，原文供系火器伤，果尔则保辜五十日之限，又须拖延多日矣，为之闷闷。散值回寓，陈仲符来，予同之出城，约至福隆堂吃饭，并邀高礼卿同座，散后已十钟，比到前门已启钥矣。闻盗犯康小八获案，康为京北人，有膂力，便捷善走，抢劫巨案无数，事主被其拒杀者约数十人，来往都下，莫敢谁何。今秋提督衙门奉有廷寄，严密缉拿，营坊均悬重赏购之。康闻风逃至关东，行文通缉，重赂线引，凡数月之久，始得就获，闻于某月被擒，旋逃，此次弁勇竟能昼夜踧访，设计诱擒，三辅一带除此大患。现尚在通州，都下欢声雷动，将来定案后，当膺不次之赏也。

初八日(1月10日) 浓阴。入署。散值回寓，赵寿湘、孙竹轩来，天暝遂去。刘四表兄来。成衣匠来。接饶阳县正堂汪东渠师信，并寄张、陈二函，嘱为转致。

初九日(1月11日) 雪，自辰刻雪，午后止，薄暮又雪，至夜半。入署。午间刘诞甥来，三钟后同出城，到永泰昌遇孙、赵二君，邀至东兴居小饮，辞焉。天暝，冒雪入城，灯下家彦侄乞予为某字营哨官吴普田书条幅二张、楹联一联，吴时在盐城防次。

初十日(1月12日) 雪，竟日至终夜。入署。是日署中京察过堂，堂官辰刻进署点名，先满员，次汉员，先实缺，次候补，约共七百人，点毕在堂吃饭，各司上堂回事讫，封门数刻，各堂公议满汉应送一等人员，予分部后已逢两次，并此次为三矣。凡送一等满十员、汉八员，皆秋审处提调、坐办得郎中、员外实缺者也。外有备一上二各五员，笔帖式四员，候补人员例不预焉。八钟后入署，同司咸到，至白云亭二门外候点，点毕回司，设酒食，入座者十二人，饭毕各散。归寓少憩，偕家彦侄出城，到永泰昌，遇杨叔沈孝廉。薄暮赵仙舟约予至龙源楼吃饭，饭后回永泰昌，雪愈甚，步行泥淖中。候至十二钟入城，进门闻婴啼声，家人报予，内子产一女，时甫落蓐也，幸无灾难，召稳婆未至而诞矣。时家母未寝，督女仆等煎药煮米汤，看视照料许久，始安眠。

十一日(1月13日) 阴，雪止。入署。进署闻李苾园侍郎已到，拆封毕矣，潘问楼次在一等之六。德爱石先散去，予同文济苍、王兰亭至三钟后始散。予出城至德胜店拜客，不遇，到永泰昌晤问楼，匆匆谈数语，暝时入城。灯下同张润田谈至夜半，闻户部孙景裴郎中、翰林院刘仲鲁太史均保送一等矣，盐山官京师者五人，而得京察者居然三人，亦盛事也。

十二日(1月14日) 阴，入署。散值已交四钟，是日康小八经提督衙门奏交刑部，该犯解到，先由司务厅挂号，署大门内外观者如堵，车马拥挤不得行。予到厅略一谛视，其人貌不甚凶恶，长身白面，裘服鲜华。原解官为杨某，亦回民也。先京营有把总衔，因拿获巨盗康某，奏保守备侭先补用，先换四品顶戴花翎；其弟某亦同行出力，保以千总侭先补用，均奉旨允准。薄暮出城，赴虎坊桥李慕丈宅。是日为慕夫人初度，往祝，遇王鹤田水部，小谈，至更许回永泰昌。

十三日(1月15日) 晴。入署。早起，张月楼来，孙竹轩、赵寿湘来。散值后至东华门外福寿堂，为郭宅贺喜。归已薄暮，出城，拟往虎坊桥，因寒甚不果行，遂大睡至十二钟始入城。内子受感冒，夜间体不适。

十四日(1月16日) 雪，午后二钟时止。入署。散值出城，至福兴居，冯月轩员外之约也。座中大半同司诸君，首座为英鹤龄寿侍御，山东司前掌印郎中也。日暮月轩匆匆入城，嘱予为开帐[①]，同礼

---

① 开帐，支付帐款。

卿谈许久。散后往谒李慕丈，未遇，同方玉轩茂才夜话。内子服药二帖，稍见痊可。

十五日(1月17日) 晴。入署。散值出城，至崇文门外香串胡同访梁西珊小谈，归过德盛店少坐，未及入城，到永泰昌，遇张月楼夜话。高礼卿赠银鱼、铁雀、紫蟹等件。

十六日(1月18日) 晴。入署。散值出城，至徐寿蘅侍郎宅画稿。早赵仙舟来，张黎臣来。晚刘四兄来。

十七日(1月19日) 晴，未入署。韩云卿遣车送俸米来。薄暮迟清泉来。接梁慕皋信。遣人至四合店，向赵仙舟索请封典、诰轴[①]费廿金。

十八日(1月20日) 晴，夜间大风，寒甚。入署。家彦侄是日旋里。拟访冯月轩夜谈，不果。

十九日(1月21日) 晴。入署。

二十日(1月22日) 晴。入署。散值出城，至李慕翁宅，不遇，遂回寓。灯下张兰江来，小谈即去。冯月轩来，谈至一钟后始去，借《渔洋菁华录》一部。内子病愈。

廿一日(1月23日) 晴。午刻入署封印。巳刻入署，同司到者八人，封印祭科神，礼毕，上堂贺喜并各司道喜，事讫出城，在福隆堂公宴，外请潘问楼、谢秀山两君均到。是日署中加班奏事，康小八正法，凌迟枭示。灯下福隆堂客散后至李慕翁宅，谈许久，夜半回寓。

廿二日(1月24日) 晴。入署。

廿三日(1月25日) 晴。入署。是日陈小秃子正法绞决。早间族侄孙介轩来，付煤价八金，适严范孙修编修贵州学政寄炭敬八金，随用还债。散值回寓，少憩，出城至虎坊桥，访慕丈不遇，留字而去。

---

① 封典，皇帝给予官员及其妻室、父母和祖先以爵位名号的荣典。诰轴，书写皇帝命令的卷轴。

廿四日(1月26日) 晴。入署。散值出城,至永泰昌少坐,入城访张玉叔,夜话许久。灯下阅题稿七件、咨稿十件。

廿五日(1月27日) 晴暖。入署。散值出城,先至顺治门内象来街姜宅,闻宝轩寄家信来,云年前不能抵都,其寓中惟夫人与一女相伴,内外男女仆各一,情景萧索,入内与其夫人谈近事许久,夫人因新丧女,言次为之凄然。出顺治门,至谢秀山文翘员外宅贺喜,遂顺路至党仰山蒙郎中、俞鹿笙炳辉员外宅贺喜,皆本署新送京察一等者也。又贺户部孙景裴郎中一等之喜。抵虎坊桥,慕丈他出,与少皋小谈,遇梁星秋孝廉适为慕丈写奏折,阅折稿,乃弹劾永定河防局总办、候补道员窦延馨之笔也,并两片,一参大名府属盗案,一参大名镇吴殿元,闻即是夜入奏。同牛秀臣明经、方玉轩茂才共饭,饭毕回永泰昌。一钟后入城,为云益钱铺代写春联二副。

廿六日(1月28日) 晴。入署。散值出城,至永泰昌小饮。昨晚浼刘诞甹代借银款了年事,闻事有端绪,当可八九成,为之欣然。天暝回寓,为冯月轩作字。

廿七日(1月29日) 阴。入署。散值出城,至永泰昌,昨日烦刘诞甹代借银项,已有成说,今日趋往探信,又复中变,殊失所望,暮归。灯下到徐子光主政宅小谈。冯月轩来函,赠五律二首。写春联。暮李献廷来。

廿八日(1月30日) 晴。入署。薄暮出城,至虎坊桥与慕丈谈数语。闻慕丈夜间入内奏事,系条奏江南科场积弊,须今岁奉旨,明年为正科乡试,不得于本年言之也。载科场条例,凡关涉科场事宜,皆须前一二年条陈,至本年则不准奏请矣。灯下同少皋、筱帆谈。

廿九日(1月31日) 阴,有雪意。午后出城,到各堂官(薛、徐)宅拜节,并至高阳李师相宅叩节。归到慕丈宅小谈,慕丈闻予节下用款拮据,借朱提百两,系直隶公款,暝时入城。

三十日(2月1日) 子夜风起,向晓大作,天始开霁,寒甚。午后至东城阿允亭侍郎宅叩节,归已暝矣。索负者盈门,无以应之,皆失望而去，然略作开销，已五六十金矣。今岁寓中用度本不甚多，缘署中连年饭银、公项不足，经费须由主稿筹垫，约在数十金，又为友人托代请封典、垫借轴费数十金，而自十月间接刘仲彦同年信，约以腊月必寄百金到都，以清向年借款。壬辰年渠托予向李宅借款百五十两未还，现此款已由予陆续垫清矣。又武昌张香涛制军处有友人来信，道及今岁为予筹炭敬甚丰。向予作书向香帅求助，仿韩文公《上于襄阳书》而变为骈体，约千馀言，闻香帅甚称赏，已筹寄百金相赠，竟为其族子某干没，近香帅已微闻之，故有补寄之说，予上书亦壬辰年秋间事。[①] 予思此二款总不必如数，然决无不来之理，乃候至残年，竟杳无消息，诸事不及布置，亦复无从张罗，遂至窘迫乃尔，言之令人气塞。交子夜后，人声始静，安排祀神焚香，化纸钱、放爆竹，朝服拜母于榻前，侍食毕，絮话良久，天已交卯初矣。母命稍憩，回房假寐。枕上和冯月宣见赠五律元韵二首：

身世故角违，公馀但闭扉。萧然独隐几，何以破愁围。

有客来双屐，相将论七微。更闻谈古调，坐待踏冰归。

行路难如此，炎凉感不胜。鸿飞泽防弋，虫语夏疑冰。

薄宦交原寡，当官学未能。感君情款款，汲引许同升。

致友人札

别已经年，思服积日，每登南望，企跂为劳。夏间张玉庆少尉过都，晤谈，闻渠有楚北之行，□泐数行，奉候起居，至□月上旬张黄楼抵都，始接惠书，开□细读，欣慰无已。而鄙人之札乃竟付诸洪乔之渚乎？祇维台履增绥，文祺日茂，具副明教。弟浮沉曹署，故我依然，辱承关注，以轻慰贤劳为念。[②]

---

① 此信稿写于光绪二十八年七月十二日日记后，即《上南皮宫保书》。

② 此下有《致刘翊文札》一页，为光绪二十二年七月十一日后所附《致刘翊文札》之草稿，文辞略异，兹不具录。另有信札一页，为所拟公文，漫漶不清，不录。

光绪二十四年(戊戌,1898)[①]

一　月

初一日(1898年1月22日)　晴。

初二日(1月23日)　晴。巳刻入署,满汉两正堂暨汉左右堂均进署,各司堂参毕,日已向午,回寓少憩。王湘岑游戎来,阍人辞以方寝,湘岑下舆入门,大呼必欲一见,家人始告予知。睡眼朦胧,曳履而出,畅谈至薄暮。刘仲鲁太史亦至,共话至将暝始别。灯下旧仆刘祥来。

初三日(1月24日)　晴。午间族孙介轩来拜节,话片刻,予出门至仲鲁宅,不遇,遂至象来街姜宝轩兄宅,亦不遇。出顺治门至永泰昌,与刘诞男话数语,入城到博济萛,晤杨云衢,访侯庄年、唐海珊,均不遇。晤宫子卿,时天已上灯,遂回寓。魏汉章主政倬遣人送《秋审例式》二册,闻渠已回籍矣。

初四日(1月25日)　晴。午间窦荩臣来,武瑞亭来。予出门至宣武坊南各处拜节。薄暮到李慕丈宅内,不遇,同夫人少话数语,晤筱帆。归已上灯,李献廷来。

初五日(1月26日)　晴。二更风起,午夜大作。是日刘诞男借车拜节,予未出门。午后杨云衢来,匆匆而去,未及晤谈。贵生集三来叩节,谈数刻,献廷尚留,予嘱其代觅抄书人,为写借阅魏汉章主政

---

① 原题:"光绪贰拾肆年戊戌(1898),月建寅,内外大小平安,公私顺利。"

《秋审例略》，此书系看秋审册格式事宜及标首、案身、查笔、除笔各案程样分类编辑，颇称详赅。向来叙雪堂提调、坐办诸君奉为秘本，不肯轻以告人。此册乃汉章借自其同乡张翰卿西园郎中者，予向曾见别本，皆不及此册之明括。闻张君人极端正，品学素为同乡所推服，性情恬退，翛然尘壒之外，以甲戌通籍，至今始补郎中，前岁始派江西主稿，而赵展如侍郎则其会榜同年也。荣枯相悬，已至如此。昨出门拜节，出顺治门，先至老墙根薛云阶尚书宅内投刺，以旧时堂属曾接謦欬，不敢以炎凉易态也。尚书在刑部数十年，精详谙练，前后无出其右。近年办事有议其骄纵者，大概请托苞苴[1]时亦不免，署中派委差使往往不公，秋审处提、坐、减等，以至提牢各乌步[2]，大半由夤缘而得，如杜云帆庆元以提牢差满后而得减等，并未主稿遂洊升提、坐；饶次山昌、谢秀山均以减等超升提调；刘叙南瞻汉以庚寅进士，资格未及五年而得提牢补缺；武德卿玉润以己丑庶常、庚寅散馆，到署不五年，由提牢补缺提升员外，前年京察居然列诸备送一等之二，如此者甚伙。而老成端谨之士，早暮趋公、半生辛苦者，皆以不善钻营，为新进少年所排轧，以故近来外间有刑部风气大坏之说，其实部务无甚丛脞也，盖尚书自以为刑名老手，大小事件无不亲自裁决，司官绝不能高下其手，虽有陋劣者滥厕其间，亦不至有害于政，故乐得藉此送人情耳。然得意者白昼骄人，失意者逢人诉苦，一唱百和，传闻失实，几成大狱，非无因也。予自丑岁分部，于例案本末切实考求，乙未秋间冯月轩升减等后，派充主稿，自知浅学，夙夜恐惧，兢兢自持，然未尝私谒一面、妄干一人，随班逐队，旅进旅退，幸无陨越。而同事德爱石者，以市井妄人营求于前尚书松寿泉之门，遂得掌印，趾高气扬，满口粪土，诸事思居人先，予极力推让，而现审事件有关罪名轻重出入者，则不敢稍为迁就。伊因不得遂其所欲，日极思有以中伤我，每揑

---

① 苞苴，馈赠的礼物，此处指贿赂。

② 乌步，满语，意谓差事。

造蜚语，辗转以达上听，而予不觉也。会有公事，往往为尚书所驳诘，词气亦复严厉。嗣有友人向予微谈及之，俾予思所以防之，且浼人向尚书私宅关说，以解释浸润。予甚感友朋待我之厚，而他事则任运委心，听其自然而已。继更年馀，尚书似觉其险诈，于予亦似释然。去岁尚书被张次山侍御奏参，而同乡蒋艺圃侍御继之，方蒋疏之未上也，同乡李慕丈骤来访予，讯部中近来公私各件，意欲捃拾排陷，盖慕丈向官刑部，时在奉天司主稿，为尚书撤去差使，衔恨甚深且久。张、蒋之疏，皆慕丈一人之所怂恿也。慕丈素知予颇不可尚书意，必怨尚书，故累日倩予探听署中消息，并近年由钻营而得差使者数人，连类为一网打尽之计。予始则一笑置之，以为人微言轻，不敢妄预外事，慕丈之言亦漫应之，并不敢告人也。嗣催促再三，予知事已亟，且不能置身局外也。日夜思所以挽之而苦无策，不得已商之高礼卿郎中，浼其邀同乡数人与蒋侍御相善者置酒邀蒋，嘱无再举，且为薛颂冤，蒋慨然允诺，微露慕丈意。予回寓彻夜不寐，作书千馀言上之慕丈，遂旬馀无耗，予窃以为事已寝矣。乃迟之月馀，前奏奉旨查办者将覆奏矣，而蒋疏忽上，自此牵连罗织，事遂不可解。又继以宋芝洞伯鲁侍御奏参王公和之命案，连及张次山，而察院言官相继交讧，至十月间事始平定，而尚书休矣。秋审处提、坐诸君有得处分者，幸无大损，然阖署无不知为李慕丈所为者，并有蜚语道蒋之疏稿出自予手者，予默然不置一词。噫！此等事不必辨，亦不能辨也。新岁又至尚书宅，回忆去岁事，不觉有感。挑灯偶坐，因志其崖末，非鸣不平也，以证吾心之所安焉。长安尚书宅中新岁大门对联亦有感而发者，记录之："一官如系尚书部议降三级调，冬间授为宗人府府丞，有诗书以寓目；大隐在朝语内极含无限牢骚，无案牍之劳形。"翁叔平师相每岁门联皆集唐句手书，一年一换。去岁联：南服卷云水，北极捧星辰。新岁联：经济惭长策，风云入壮怀。

初六日(1月27日) 晴。大风竟日。入署。入署，有一觉罗犯窃，年前行文宗人府会讯。凡宗室案件皆由刑部赴府会讯，由宗人府定期。觉罗案件则宗人府来刑部会讯，由部定期，此定例也。本日宗人[府]派二员来会，提犯画供毕而去，司中除掌印外，帮印成如泉允、帮稿王兰亭均到。予四钟散值，至邻近各巷拜节。

初七日(1月28日) 晴。连日天气和暖，似二月光景。未入署。武瑞亭来，不遇。京南刘姓儿来，刘祥两儿来叩节。清早张润田借车并衣服拜节，比归已午后二钟矣。旋命车出城拜节，约过数十家，无下舆者，至粮食店，渴甚，入万德店访王相臣，不遇，其令兄王兰田在焉，入内匆匆话数语，饮茶二瓯而归，已日暮矣。拟遣杨荣回家，灯下写家书一封，略叙去岁山东教案和议事，后数语云："近来德国事尚未大定，而英、法二国咸索地甚急，中朝直是应接不暇，总之纪纲不振，强敌生心。狃故见者犹复一味主战，而战则徒损国威，致生灵受其荼毒；不得已而和，既和之后，上下内外泄泄沓沓，遂有燕雀处堂之乐，而疆宇之蹙、菁华之耗，举相忘耳。昔六国事秦，说者比之以肉投饿虎，然彼时仅一虎耳，今则群虎环伺四旁，以肉投一虎，而虎不与虎斗，仍取偿于割肉者之身，投者且不悔给而肉行尽矣。处此时会更无良策，唯有苟且目前，以求人民不至糜烂、干戈不至侵寻，便为太平世界矣。"

初八日(1月29日) 晴。未入署。午后出城拜节，至顺治门东一带，约数十家，薄暮始归。阅邸抄，初七日军机处、总理衙门奉谕旨，为开设经济特科事，经贵州学政严范孙修太史奏请设立专科，经总理衙门会同礼部议覆拟定，一为岁举，一为特科，先行特科，次行岁举。特科约以六事：一曰内政，凡考求方舆险要、郡国利病、民情风俗者隶之；二曰外交，凡考求各国政事、条约、公法、律例、章程者隶之；三曰理财，凡考求税则、矿产、农功、商务者隶之；四曰经武，凡考求行军、布阵、管驾、测量者隶之；五曰格物，凡考求中西算学、声光化电者隶之；六曰考工，凡考求各物象数、制造工程者隶之。由三品以上京官及各省督抚、学政保荐，无论已未出仕，均咨送总署，会同礼部奏请殿试，试以策论，检派阅卷大臣去取，拟等第后覆试引见，听用擢用。

此为经济特科，或十年，或廿年一举，候旨举行，不为常例。岁举则每届乡试年分，由各省学政调取书院素习算学、艺学肄业之高等生监录送乡试，初场试专门，二场试时务题，三场试四书文。中式者名曰经济科举人，与文闱同场覆试，会试亦然，殿试、朝考均同，谕旨"照所请行矣"。又谕云："自降旨之后，该大臣等如有平日深知者，出具切实考语，陆续咨送，不得瞻徇情面、徒采虚声，俟咨送人数汇齐至百人以上，即可奏请定期举行特科，以资观感等因①。"前数日传闻此奏系废制艺科，专取时务，都下士大夫咸为惊骇，此旨下始知为二者并行不悖。噫！制艺滥觞于宋，兴于前明，而盛于本朝，盖有物极则反之机乎？然由此行之，不及十年，制艺不废自废矣。又高理臣燮曾给谏请设武备特科，荣仲华协揆大司马亦有参酌中外兵制、请设特科之疏，现谕令军机大臣会同兵部议奏矣。

初九日(1月30日) 晴。入署。是日入值颇早，时正十一钟，而赵展如侍郎已散去矣。闻司役云侍郎到时不过巳初，少坐至十钟而去，盖封印期内各堂分班入署，本日为侍郎入署之期，而来时太早，各司均无人，是以匆匆而去也。闻冯月轩云，简筱坪主政于初六日丧其三世兄，系前年冬间完姻者，读书极聪颖，年甫逾冠，玉树忽凋，良可悯悼，不审筱坪将何以为情耶？三钟后散值，出城至前门迤东拜节，抵花儿市而返。

初十日(1月31日) 晴。入署。散值后赴西城，至东铁匠胡同赵展如侍郎宅画稿，并面回魏李氏一案，将先后原被各情节叙明，侍郎意始寤，属办稿而退。沿路拜节，共十数家。回寓已上灯矣。

十一日(2月1日) 晴。未入署。是日内子到虎坊桥李宅，午后三钟予缓步出城，至永泰昌少坐，遂至福隆堂，以刘曜莽、孔辅堂二君之约也。至则主人尚未到，因信步至琉璃厂东口火神庙游览各古董书画摊，遇常用宾、王鹤田于途，时天已薄暮，遂回。至福隆堂，同

① 等因，旧时公文用语，常用于叙述上级官署的令文结束时。

人咸在，常、王外有聂献廷礼部、王少农水部及姜宝兄，慕丈侍御最后至。席散后仍议印结局事毕，至十一钟各散，余同宝轩入城，抵寓适瑞亭在焉，夜话。

十二日(2月2日) 晴。入署。是日刚堂进署上堂，为魏李氏一案，又详述原委。因去年刚堂即有心速了结，既正犯在逃，徐犯不必苛求，亦罪疑为轻之义，而德爱石龂龂强辩不休，为刚堂斥退。次日含愤赴赵堂宅面回，信口乱说，赵几为其所惑，比前日予又谒赵细诉，始寤其非，嘱令照议办稿。今日刚堂来，予引伸前说，德仍执己见，当面为刚堂责备数语，并嘱伊"不可固执，即照唐君议办稿为妥"。退后伊愈愤无所之，决意重复上堂，求调别司审讯。予视伊怒不可解，且笑且恶之，然因此调司另讯，则全案人证重复差传，拖累多人，是又造一重孽案也。遂唤书吏至前，饬令为尹某叙供，即照和诱为从办法定谳，伊始无辞。如此等之人，竟俨然官长也，与之共事，亦予数年小劫也。

十三日(2月3日) 阴。入署。午间刘诞旉来，赠野鸡二只，予嘱其在内书房少候，遂呼舆进署。是日司中王兰亭亦到，饬提魏李氏案内监犯尹长海、白菽王二名画供讫，即回寓，同诞旉谈数刻，天已薄暮，同出门，渠出城，予至博济粪访杨云衢小谈，宫子卿吏目亦在座，话至八钟后归。

十四日(2月4日) 晴。未入署。终日未出门，晚阅昨日邸抄，有谕旨将御史王廷相交部议处，因本日条奏时事七条，皆不切事情，并有"浙江学政徐致祥，差满调任安徽，外似优隆，内实屏绝"云云，以其臆见窥测，故有是旨。王，直隶承德人，丙戌科进士，改庶吉士，散馆授职编修，曾任山西学政，考御史，去岁传到后，奏参福建主考谢佩贤，以谢曾放陕西主考，因路过山西，纵容家丁骚扰州县，王时为山西学政，闻之最详，故有此劾，谢遂停其试差，派山西巡抚查办，后谢降调国子监学正。一时舆论谓谢诚不谨，而王君亦未免已甚，其何不劾之于考差之前，而直待至放差以后始行举发也。王故端谨士，素工帖括，然迂拘殊甚，近日之奏大约皆空腐之论，致为当路所忌，故获咎也。

十五日(2月5日) 晴。午后家人出城游长淀，在寓静坐。日夕咸归，出门散步，观数小儿放风筝。至博济莽访杨云衢，不遇。出城至永泰昌少憩，时已月上，拟到大栅栏看灯，不果，遂入城。灯下为贵生集珊改课艺一首。薄暮杨岱清来，不遇而去。城外见邸抄上谕一道，为黄慎之思永中允奏请借华息债一事，交部议允行矣。其详细款目未悉如何，大概以部发银票一百万张，令各省商民有愿放利债者，交其收执，以五厘息为率，二十年还清，地方各该管官不得有勒抑情事。我朝定天下以来，治法远迈汉唐宋明，薄敛省徭，一切皆藏富于民，故近代捐输凡军务、河工、海防诸大事咸取给焉，数年来已成弩末，几有民穷财尽之虞。然国债之说，除东周赧王之后无闻焉，唯西洋各国行之，今中国亦效为之，不知将来果能有效否？噫！财力日殚，大农仰屋，不得已而出此下策，又用夷变夏之一端也。年来中朝建言者条陈事件，凡有关国用者大半允行，然所言皆主开源而不闻以节流进，亦未免舍其所当急矣，然犹幸无以加赋之说进者，盖怵于我朝祖训之严而不敢发其端也，观于此而知圣祖仁皇帝之贻谋宏远、遗泽孔长也，岂三代以下之令主所能彷佛万一哉！

十六日(2月6日) 晴。入署。是日拟不进署，早间忽闻皂役来告云，掌印德君定于今午提讯盗犯，将用压杠之刑。正当令节，为之骇然。早饭毕亟往，则已见犯人上炼矣。内有杨姓一犯，年尚少，呼为小杨子，予至后始由监提出，唤上堂，伊仰首见予在座，慨然应口招案，遂画草供。盖此人自去冬德爱石告假时，予曾研讯招服者也。比德销假而供遂翻异，熬审、跪炼已及月馀去冬自腊初至廿七日，新岁自初六日至今日，并无一语，其茹刑不吐之状，可为悍忍，今日竟逐细具招，亦可怪也。然得情勿喜，安得如欧阳公之求其生也，为之三叹。散值后入东华门拜客，薄暮始归。灯下杨岱清来，持奏稿数件，乃津门候补人员拟招商集股创办内河小轮船事也。拟先由总署、军务处呈递，嘱予为之润色修饰。予略一涉览，尚未悉此中利弊，遂将原稿留阅，再为斟度，岱清匆匆辞去。

十七日(2月7日) 晴。未入署。在福隆堂，十一钟时同散。予偕宝轩同车入城，宝轩乘月回寓。午后陈亮伯浏同年比部来，亮伯乙酉选拔生，江苏人，由七品小京官到署，考取总理各国事务衙门章京，现刑部浙江司主稿。薄暮出城，至福隆堂，结局同人之公局也，局议既定，拟于廿日同乡递呈公保刘曜莽、孔辅堂接管此局，乃商酌具呈列衔人数。闻慕丈云，现德国和议尚未定局，胶州虽已归伊租界，所索诸款业允诺矣，而索望仍奢，大约除去岁议章之外，尚须大为变动。现英日两国颇有纳交中华之意，所索者不过口岸，所注视者亦只在商务，而中朝怵于俄之强而近也，且冀幸于俄之能保护中国也，不敢公然昌言以交英日，将来不知如何为难也。王梅岑侍御以建言获咎，闻部议已定，尚未画稿，是降一级调用处分。慕丈云其折甚长，内有参总署堂官张樵埜荫桓一条，列其交通外洋、奉使辱命并招权纳贿等劣迹，拟请早置典刑；又徐季和廷尉为近日大员中之忠直者，宜召还擢用，乃先放浙江学政，差满又调安徽，外示优隆，内实屏绝，恐其在京多所陈奏云云。二条一则措词过当，一则臆见窥测，故立降严旨。盖张樵埜侍郎正当声势显赫之际，政府诸巨公皆倚之如左右手，以其谙习洋务，藉以联络各国，故向用亦殷，其实外似有才，内实庸鄙。且起家佐杂，以逢迎上宪为能，屡蒙超擢，洊升道员，又营谋保荐，出使外洋，遂得京堂，晋秩卿贰。甲午之秋，中日构难，派伊偕邵筱村中丞友濂赴日议和，日人轻之，不与交言，斥之还，始派合肥相国往矣，可知其人原无捭阖纵横之才，不过稍习外洋风俗，略解各国语言文字耳，然一时称巧宦者咸推之。闻伊原籍广东，少时孤贫无依，有其族舅氏某，故山东观察，因航海投之，阍人不为通，窘甚，无计，因作一乞怜之书，央阍人代递，观察某阅之，喜其文义通顺，楷字整洁，遂唤之入，派为帐房，学习不一年，甚得观察欢，署内外多为延誉，观察出赀，为之报捐佐杂官，在山东候补，夤缘营干，洊保知县、知府，经合肥相国奏调来直，时正过班道员，相国密保其练习中外、堪膺出使之选，由此遂蒙简在矣。自前数年派往日本议和，加尚书衔，现官户部左堂，汉人由捐纳为卿贰者，自伊始也。近来大员中如此者甚多，皆学之，盖伊等交结外洋人士，每不惜费、不爱名，而可挟以为重，居要路、纳重贿，一旦中国有事，即载重赀美妾，逃之异国，仍不失为富家翁也。王侍御谓当正典刑，似不为过，是言也，列祖神宗在天之灵当共闻而共鉴之矣。至所言徐季和廷尉一节，似未免于迂阔，盖廷尉在都时号为正直，昔官侍郎以阻修铁路降级调用，又参南皮张香涛制军、阿小山中丞诸疏，颇为人所传诵，然亦非有深识远略者。拾遗补阙，是其所长，鳞节盘根，是其所短。连年学政，历主文衡，朝廷用之，诚属不违其才，必欲召还，置之部院衙门，亦恐诸多龃龉也。

十八日(2 月 8 日) 阴，午风暮晴。入署。午前盐山刘聘三表侄来，去腊渠旋里，曾托其带家报一函，新岁渠由籍回都，又捎家信，即父亲手谕也。家中各平安，母亲康健，阖族无事，唯言城里东街李子香世丈作古，为之惘然。李丈亦盐邑旧族，虽未卒业，诗书胸襟正复不俗，记诵颇博雅，老年习岐黄术，与父亲时相过从，在城老友唯李丈一人而已。予在籍时，屡试秋闱不第，家又苦贫，亲友中之富宝者往往背地嘲讥，唯李丈独以为唐某非久居人下者，俗眼自不识耳。予深愧其言，然窃窃感之。常以父执晤谈，时持晚辈礼唯谨，必竟日流连，以经史疑义相问难。不见已七八年矣，闻乡人云，前年拟来都视予道间阔，既而不果。有二子，充户房经承，兄弟不睦，时阋于墙，李丈无如之何，闭门浩叹而已。去岁闻其精神渐颓唐，心绪多烦苦，虑其不久于世，今果然矣。刘诞舅来小谈，予进署，本司是日当月，晤王兰亭。本日叙雪堂团拜即秋审处诸君也，公请各堂，在湖广馆演剧，前数日提调二君折柬相招，予辞焉。盖此局乃秋审处诸位之定例，凡不兼秋审乌步者，皆不得与，然曾经描黄者则柬邀之，居客位。描黄者即每年呈进各省秋审黄册，归秋审处承办，所有纸笔书写等事用款颇不赀，率于夏间知会各司，有愿描黄者注明出费拾六金，约在十二人之数，亦或十人八人，全视本年秋审册多寡为断，交费之后，将来堂派秋审处兼行乌步，即可开列名单，未经描黄者不得与，已描黄者每年团拜时必致一柬，然去者无多也。予初拟一往，至早起中变，且本日尚有二局，恐主人久候也。由署同兰亭出城，至同丰堂董子安郎中之约也，见其客尚未到，遂赴虎坊桥慕丈宅内吃年酒，少坐仍回同丰堂，客只四人，冯月轩、张循初及兰亭与予，而酒筵特丰洁。席散已上灯，后子安邀同月轩访某校书，流连至十一钟入城。回寓闻刘伯鲁仲鲁太史之兄也同王相臣来久待，闲话至五更始去。

十九日(2月9日) 晴。入署。是日开印。十钟进署，午刻开印。上堂回司即出城，定座在福隆堂，同司共十馀人，所请之客则英鹤龄侍御寿、琦瑞卿郎中璋、谢秀山、潘问楼两郎中。英先到，谢、潘至日夕始到，琦辞焉。设东西席，东席先坐，食毕，潘、谢两君到，始坐西席，后文济苍员外亦至，薄暮始散。高礼卿由籍来京，昨午始到，今午开印入署。灯下姜宝兄遣人来送信，有天津大沽口统领史光普名济源一函，并送炭敬十六金。予与此公素昧生平，去岁秋试其令子史子濬名昭鉴曾取考国子监录科，并正场印结二张，遽有此赠，用情可为挚而厚矣。

二十日(2月10日) 晴。入署。日夕散值，至东城访张静斋，谈至天暝始归。

廿一日(2月11日) 晴。入署。昨杨岱清来谈许久，杨云衢来，话至夜半，围炉小酌，三钟后归去。

廿二日(2月12日) 晴。入署。是日李献廷上馆，儿辈入学。散值回寓，灯下张亚珊来，窦云笙来，亚珊至一钟后回西城寓所。

廿三日(2月13日) 晴。入署。散值回寓，灯下杨岱清来，小谈即去。张月楼由盐回都，本日始到。张亚珊同之来，夜半亚珊回寓，甫出门遇张仁甫来，又回少坐始去。月楼、仁甫信宿而去。

廿四日(2月14日) 晴。入署。薄暮贾佩卿孝廉由籍来寓，谈许久。散值回寓，少憩，饭后为杨岱清所嘱拟奏稿一件，脱稿已千言，具陈内河行驶小火轮船之利有三,并有二不可缓,洋洋洒洒,颇觉切中事情,于时务大有裨益,唯恐承办之人位卑言轻,不足动王公之听耳。缮毕,天已黎明,和衣而卧。

廿五日(2月15日) 晴,晚微阴。入署。散值回寓。甫上灯杨岱清来,谈许久,持予所拟奏稿去,并代拟举办章程六条。家人唤瞽者弹词,予自到京后第一次也。

廿六日(2月16日) 阴。午前微雨集霰。入署。散值,出城回拜高礼卿,并为王兰亭道移居之喜,皆不遇,怅怅入城。灯下写知单,定于后日在寓所请客。

廿七日(2月17日) 晴,薄阴。入署。到署,提盗犯数人对质,缘现已有六犯供认不讳,尚有四人狡供不承也。问楼到司小坐,散值出城,到虎坊桥回拜贾佩卿孝廉,渠已去矣,回寓。

廿八日(2月18日) 晴。入署。到署少坐,散值到博济葊,遇张月楼,出城至永泰昌,访诞㚷不遇,遂入城,即约月楼过舍,杨云衢下乡为人相阳宅未归,不能赴约,姜宝兄同刘伯鲁先到,武瑞亭、田仁甫后至,问楼因本日有团拜之局不来,遣人邀其世兄林亭孝廉来,并邀同寓张润田陪客,献廷不肯首座,让月楼、仁甫、宝轩、伯鲁坐定,馀皆依次而坐,时天已薄暮,比上菜已具灯烛矣。散席后伯鲁先去,呼舆送仁甫归,瑞庭、林亭去,二更后宝轩偕月楼同回,挽留不住。盐山刘荫轩茂才有事来都,黄昏时入城相访,予适陪客,未得晤谈,客散后始向予详叙来此缘由,乃其本家某向在兴隆街开设面筋铺,嗣铺东死后租与张姓,生意颇盛,张姓遂谋倒买,潜至业主之家,以数十金赂之,业主唯一老寡妇,懵然竟立买契,而刘姓人在京贸易者数人,皆业主近支族人,均不知也。去冬闻有一刘姓人欲行回赎,张姓不允,嗣又托张子平茂才说合,令张姓给刘姓一分买卖,张仍不允,新岁刘某回盐,拉荫轩至此,意在构讼。予力劝其归,渠似首肯,然张姓亦太不晓事,恐难调停也。闻张某之族人有李慕丈之门生,去冬张某屡求慕丈为之先托人情,预备兴讼,而刘某又与景裴户部为表亲,刘某亦向景裴饶舌，两家竟有各张旗鼓之势，殊可笑也。潘椒亭携来册页二纸，系崇文山公尚书所求寿言，问兄为文山先生会试门生，嘱予代撰寿诗。

廿九日(2月19日) 晴。入署。早饭后刘荫轩辞去，张子平遣人送一信来。是日散值甚早，出城至聚宝堂，以钟辅侯弼、博建侯启通阿二君之约也。席散已暝，疾驱入城，已重门将下钥矣。

三十日(2月20日) 阴。向夕雪作至夜。入署。是日杨岱清在同福楼请客，予入值上堂，事毕遂散值，出城时二钟矣。席散又邀观剧，冒雪而往，终一出即暮矣。早间王相臣约予至虎坊桥夜话，呼舆往，晤筱帆，在方玉轩书房坐歇，相臣、仲鲁太史相继到。闻慕丈连日患感冒，今日服药始愈，遂入内问候，与仲鲁、相臣谈，四刻许始出，又同仲鲁、筱帆话至夜半，始入城。抵寓，闻张子平来相候已半日，出到书房晤谈，乃因兴隆街张、刘两姓事也。此事慕丈亦言之。

二 月

初一日(2月21日) 霁。入署。早起，雪始止。予同张子平话许久，比睡则已黎明矣。进署，适年前所讯盗案内逸犯贾宗复者，于上月经提督衙门缉获，昨日咨送到部，归案办理，先获十犯业供认者六人，尚有四人尚游移无确词，因于本日将已供认之四犯提讯逐细情节，以备将来与续获之犯质对。比散值已薄暮矣。回寓吃饭后，潘问楼兄来谈，至十钟后始去。今早为徐子光比部作札，为结局半费事也，惺斋亦同。

初二日(2月22日) 晴。微风颇寒。入署。散值已薄暮，内子往东华门内南湾子刘四表兄宅贺其女生子弥月之喜，亦黄昏始归。灯下潘问兄来谈许久，嘱予向慕丈处索查结官公费，言次论及时事，于昭信股票一节再四揆度，中华官绅商民万难积此巨款，徒滋扰累而贻外洋讥讪耳。相对太息。

初三日(2月23日) 晴。夜半大风,起寒甚。入署。散值出城,至福隆堂,高礼卿郎中之约也。座中皆六邑同乡,盐山唯李慕丈因病新愈未到,静海则王兰坡舍人,南皮则张玉叔、黄楼昆仲。问楼同玉叔入城,席散予同景裴少谈,景去遂同宝轩回至慕丈宅夜话。慕丈于昨日又因受风不适,偕宝轩就内室一谈,慕丈出近日王少农水部信一件,嘱予二人阅之。函中乃因印结局交卸事,颇有违言,谓同乡预商此事者数人,均于新正开印前仓猝具呈,逼抑强令交出,可谓截然无情。去冬慕丈有二月交替之说,现时必欲慕丈将正月之款仍归伊手,哓哓数百言。少农向与同乡往来甚稀,识面者不过十之一二,自近年结局多事,始通闻问,以故同乡多不甚款接,且渠为人外托和易,中藉城府,声音笑貌皆流于伪而不自知,又颇贪吝,自前年与刘曜荞争,局同人力为扶持,始得具呈接管,而经手之后,遂尔庞然自大,终年无酒食过从礼节,而分润之说置之不理,见人睫毛长一寸,若不相识,众咸怨之。去秋八月,期已满矣,适值潘、刘二君相持,议未决,故又得安享数月之久,其实自去年十一月间,潘、刘事已大定,而迟迟不肯具呈者,皆由慕丈意存延宕,不忍遽勒其交卸,遂致耽迟至新正始行开办。众议均以划至去腊为界,虽慕丈曾有二月再算之说,众未允也,而伊忽藉为口实,并怨同乡诸君之寡情,而自以为推让,亦可为无理取闹,可耻孰甚焉。予与宝轩阅过,意皆不平,宝轩怒形于色,慕丈踞榻默然,时已交十二钟,遂辞出。至西院书房与筱帆兄弟话少刻,呼舆入城,登车时天晴无风,行至正阳门外,风大作。入城后邀宝轩来寓,渠辞,赴博济荞就信宿焉。

初四日(2月24日) 晴。入署。汪勋西县尉来都,过访二次,均不遇,今早遣人为之致函。散值出城,至同兴楼,田仁甫之约也。渠请客甚伙,予至时则胡鉴堂游戎、姜师曾少尉在焉。仲鲁、景裴、云衢均到,席散已上灯,慕丈宅内遣车来迓云衢往视疾,予昨晚所荐也。因嘱张月楼同往,予归至永泰昌候云衢,月楼自虎坊桥归,始一同入城。在同兴楼又晤宝轩,据云昨夜至博济荞叩门,门者不启,再四声唤，乃大为所诟厉，时天黑风大，窘甚，婉词许以钱，始起开门，而云衢、瑞亭皆不在寓，尤为寂寞失望。至今早莽僧知此事，始向宝轩服礼而散。当其叩门时，予在车中闻门内已应声数次，以为必将启关矣，孰知竟有如许参差哉！然渠下车，予再三挽其同归寓宅，而渠不肯，卒受小人之轻薄，亦足见凡事无论大小，皆有前定，即一言一动，无不如此也，可笑可戒。

初五日(2 月 25 日) 晴。入署。散值回寓，日夕盐邑北台庄刘氏表弟名金照来，语至天暝，留饭信宿。渠云数年来在津教馆，今岁辞馆，拟就他事，浼予为觅荐地，予力劝其归焉。系云辉茂才堂弟，封田舅氏之胞侄也。

初六日(2 月 26 日) 晴。天气稍和暖。入署，散值回寓。去秋汪勋西来，携其家谱一函，谓现议续修，将重付欹劂，述其尊甫东渠师之命，嘱予作序。至冬间拟一稿，寄至饶阳县署，乃竟为洪乔之浮沉，近勋西来索此稿，又值予连日署中有事，匆迫不得缮写，且前稿无底本，强半遗忘，深为焦燥，昨夜枕上思索另作一篇，今日灯下起草毕，阅之尚不甚浮泛。

初七日(2 月 27 日) 晴。入署。散值回寓。

初八日(2 月 28 日) 阴。早间风大作，午后始霁。入署。是日司中阎四共殴张二身死一案会大法。董子安郎中来寓见访，予尚未归，留字而去，约在会元堂相候，并见赠广洋药三斤，瓷瓶二个。日夕予始出城，至会元堂，子安同其同乡万胜车铺吴君在焉。饭毕已上灯矣，回永泰昌，夜半入城。魏汉章主政由籍旋都，遣人送予土物数件。

初九日(3 月 1 日) 阴。晚晴，寒甚。入署。连日因盗案与掌印意见不合，盖此案原办盗犯共十二人，在外营病故二名，送部十名，又续获一名，现供认者已有七名，馀四名尚未承招，掌印意欲就此了案，将此四名全行开脱，而不知案之万难轻纵也。且四人已经伙犯供出，历历如绘，并无妄抓妄拿各情。即其中情节参差，于可死之中求其生，亦不过贷其一命而已，安得随便径行宽释哉？掌印凡事皆好武断，而此等案情重大者，亦复出入自由，殊为不晓大体。提讯盗犯二名，拷问不承，至薄暮始回寓。李筱慕来，索去印结一张，为崔兰西孝廉注销拣选知县也，天暝始去。

初十日(3月2日) 晴。午后薄阴。入署。散值出城，赴聚宝堂。是日为谢秀山文翘、瑞心如澂两郎中邀请同署各司印、稿，共卅馀人。天暝席始散，入城。李仙舫携其侄某来访，渠新由沧州回京，又盐邑刘荫轩茂才来夜话，均信宿始去。阅邸抄昨日上谕，始知廖仲山尚书座师派入军机处学习行走。

十一日(3月3日) 阴，入署。是日赴廖师宅内，投名刺贺喜。午前李筱慕来，为崔兰西大挑报名事，取结壹张。予匆匆入署，魏汉章到署，予先散值，出城至聚宝堂，张玉叔之约也。座中李敬斋坦吏部、刘小山侍读、阎鹤泉太史、孙景裴户部、史康侯履晋、高礼卿、李玉坡荫銮三刑部、王鹤田水部、籍陆侪忠寅舍人，唯李玉坡后至。近日直省同乡方会议京都立大学堂，蒋艺圃侍御式芬、王筱航照礼部暨玉叔倡议，已发公函，向张湘涛制军商办筹款，而都中诸先达如梁芗南仲衡侍郎、刘博泉恩溥奉常、华竹轩金寿中允、高熙亭赓恩赞善，皆不以为然，然亦无以阻之，唯作局外闲观而已。时诸君意气方盛，争谈时务，凡异己者虽前辈至好，背后亦狺狺肆骂，不少假借，恐将来不免党祸，如朝鲜之开化由旧，互相交讧，遂致亡国也。席散已八钟，予至虎坊桥访慕丈，时慕翁微疾已愈，唯尚未出门，谈许久。辞出，至客厅同杨文甫孝廉夜话，文甫本日午间来拜，未及叙话即去。晚盐邑阎镜如、赵怀笙皆新由籍来京者也。归寓已交五更矣。

十二日(3月4日) 阴，入署。散值出城，至会元堂，徐子光员外之约也。座有华祝萱中允、朱△△舍人，刘益斋学谦侍御、李闰生圭泽孝廉，馀客皆不识面，席散天将暝。诸客去后，予同子光入城，闻张子平来，不遇。族侄某来省视。

十三日(3月5日) 晴。入署。午间花儿市兴盛匣子铺陈福舲来，为刘荫轩与兴隆街张姓面筋铺争讼事商予，欲给伊等说合，谈片刻，予进署，散值回寓。王晓楼述善、张飏生驹两新孝廉来拜，谈许久，取印结三张，内有为庆云县耿寿泉代取者。杨荣由盐山城来问讯，家严、慈均康健有族孙某随之来。

十四日(3月6日) 阴。午后浓阴，有雪意，严寒。入署。午前张景阳荫葵孝廉来，取印结十一张，因匆匆进署，未及晤谈，散值回寓。灯下拟代问楼作崇文山尚书寿诗，构思未就。

十五日(3月7日) 阴，入署。午间族侄、族孙某某均出城回南。进署，是日掌印德爱石不至，予同魏汉章上堂，堂官唯刚、赵二公，予就便向刚公陈说："司中盗案共十一人，现供认者已有七人，其馀四人尚未供认，而印君意在开脱释放，予力争不能得，现敬请堂示。"刚公谕以"情节既真，只好熬审，不得以案犯名数既多，遂有意宽纵也"。赵公深以为然，并嘱"仍行严讯，勿得松劲"。予唯唯而退。散值回寓，体觉不适，因连日严寒，添换衣服感冒也。灯下王湘岑游戎来，渠于上月廿八日引见，升授左营游击，今日入城拜客，天晚未得出城，遂来此信宿。呼府人备晚餐，共食甚饱，畅谈至夜分始倦，予回上房。

十六日(3月8日) 晴。入署。散值回寓，灯下为潘问兄代作寿诗七律四首。

十七日(3月9日) 晴。入署。是日己丑科团拜在虎坊桥湖广馆，予散值后出城，顺路至大街云益烟钱铺少坐，时已薄暮，比到已上灯矣。本拟回城，因儿辈往观剧，遂留看灯戏，班为玉成部，演《珠衫记》全本，散时已交丑正。回寓闻盐山白鹤亭茂才来，不遇。

十八日(3月10日) 阴。夜间微雪。入署。是日刑部正班，魏汉章主政听旨。

十九日(3月11日) 阴。早夜大风。入署。是日刑部加班，予入内听旨，徐子光引见，补员外郎。黎明寒甚，回寓已日出矣。散值后出城，至福隆堂，刘曜莽、孔辅唐之约也。席间有孙仙石、王卓生两铨部、聂献廷礼部、徐子光比部，姜宝兄亦在焉。十钟时散归，予与宝轩同车，至前门尚未启钥，到永泰昌，剥啄许久始启门延入，铺伙已睡矣。候数刻闻城启，宝轩留，予独自入城。

二十日(3月12日) 阴，午间微雪。入署。散值已薄暮，回寓倦甚，晚间遣人为潘宅送诗信。

廿一日(3月13日) 晴。入署。自月初天气沍寒[1]，较去冬为甚。中旬后尤觉栗烈中人，今日晴霁，居然和暖，有初春景象矣。散值较早，出城拟赴津南馆，不果。至永泰昌少坐，入城，至杨云衢寓所小谈。灯下刘荫轩茂才来信宿。为贵生批课艺二首。

廿二日(3月14日) 晴。入署。午间张子平茂才来，匆匆数语，嘱其携回贵生课艺二篇。薄暮始散值，回寓。灯下张月楼来，少刻姜宝兄来，谈许久，在小东院北屋对榻，时交子初，宝轩呼月楼同归。为英鹤龄侍御作札，遣车夫明早送去。客去又为贵生阅文一篇。

廿三日(3月15日) 阴。午夜风起。入署。散值出城，到福隆堂，高礼卿郎中之约也。席散已上灯，呼舆至西珠市口津南试馆，回拜盐邑新孝廉诸君，时张飏生、王晓楼、张景阳均同寓馆之后院，庆云耿耆卿寿泉亦同寓，谈至十一钟后始归。于坦斋永泰大令由奉天寄信一函。潘问楼兄来访，不遇。

廿四日(3月16日) 午前薄阴，日夕时霁。入署。午间姜师曾来小话，匆匆即去。予进署，至天暝始散。灯下为张静莽太翁作八十寿序，姜宝兄之嘱也。

廿五日(3月17日) 晴。入署。早起欲进署，饭毕杨待清来，匆匆数语即去。杨雨村孝廉由盐邑来都会试，昨日始到，故人久别，未得一叙，渠更访问楼去矣。入署，提盗犯王二，此犯系去岁到案时供认不讳者，业画草供矣，近日忽又翻异，连次提出熬审，今午始照原供认明，情节小有参差，而同伙上盗则的确无疑义矣。四钟时回寓，张黄楼来拜，渠已捐知府，分发浙江，日前引见矣。黄楼去，沧州文仲

---

[1] 沍寒，谓寒冷。

三元孝廉来，又潘卓斋玉琠、黄仙槎祺海两孝廉亦至，潘、黄两君取印结二张，为大挑报名事。

廿六日(3月18日) 晴。早阴，午霁。入署。是日魏汉章邀同司数人在福兴居吃饭，并谢秀山文翘、潘问楼两郎中。予在署同礼卿、筱坪、兰亭三人偕往，席散已上灯。问楼同德爱石入城，秀山、筱坪继去。至二更许始归，时前门未启，因顺路至西河沿晋隆店回拜文仲三，方下车问讯，遇宁津王步垣大令同年，亦在该店同寓，相将入室，谈许久，遂过仲三寓室，已闭户解衣寝矣。唤起启门，晤德惟馨孝廉，亦沧州驻防，同会试者也。话数刻，始入城。

廿七日(3月19日) 晴。入署。薄暮始散值回寓。灯下代李慕丈为崇文山尚书作祝寿诗，拟用五言排律，成三十韵。天将黎明，甫及叙次之半，搁笔假寐。

廿八日(3月20日) 晴。风。入署。早九钟时，同邑公车何冶园子镕、周绍言△△两孝廉来，液园见赠橙蔗茗荈数只，留早餐，谈至午后始入署。三钟后散值，回寓更衣。郑锦川蜀江、马镜潭湘、米文轩佩兰三孝廉来，不遇。刘培生树森、赵蔚臣玉琪两孝廉来，坐片刻即去。予出城至湖广馆，为乙酉乡榜团拜观灯剧，夜半入城。前日姜宝兄来函，催索张翁寿序，因未写清稿，故迟至今日午后始遣人送去。李献廷回琉璃厂寓所。

廿九日(3月21日) 晴。入署。本日署中递现审单，堂官唯赵展如侍郎来署，两正堂均随驾赴园，本司盗案回堂，商定应行决放人数，忽闻侍郎云："汝司魏老爷为江西司拉去，已点派矣。"众愕然莫知所以，退后询之王兰亭，渠亦不解。盖江西司主稿张君西园、帮稿杨君履晋皆山右人，与魏同乡，久有邀其跳司之议，魏因本司同人情意均无隔阂，故犹豫久之，且王兰亭亦渠同乡也。近忽有此举，实出意料之外，予与兰亭商之，重复上堂回明本司稿件繁难，较江西为伙，魏司官宜仍留山东，赵公诺之，并云"吾转告江西印、稿可也"。退后呼书吏为魏写知会，送往宅内，请其明日进署，将堂谕"仍留山东"之语录之，不知渠见之作何裁酌也。异哉！散值出城，至晋隆店回拜季漱侯方△孝廉，谈许久，遂至津南试馆回拜六邑公车诸君，并访刘仲良庶常汝骥，不遇，同潘倬斋、黄仙槎小谈，晤马镜潭、郑锦川两君，天暝始归。灯下武瑞亭来，话许久。

三 月

初一日(3月22日) 阴。夕时降雪，天暝雪愈大，夜半不止。入署。午前介轩族孙来。四钟后散值出城，访谢秀珊郎中不遇，拟访李慕丈，过大街武仙航瀛同年比部宅，扣门入，谈许久，已薄暮，六出飞舞，遂回寓。盐山城东北台庄李△△表弟自邑中来，小话，留止信宿。武瑞亭来夜谈，渠先年考取詹事府供事，当差十馀岁矣，现已由方略馆保候补县丞，在本署系帮办承发，因工楷书，颇为詹事府堂官所赏识，近日有乌侍御者，参奏去年冬间詹事府考供事有贿卖红卷之说，每名卅馀金，并参及主簿周某、供事三人，瑞亭亦在其内，奉上谕"着詹事府堂官明白回奏"，现覆奏已上："所云贿卖红卷，查无其事，唯主簿某玩愒[①]公事，应交部议处，供事张、武、潘三人举止轻浮，致招物议，应由本衙门分别斥革。"此事向来开考一次未有不办红卷者，皆由满正、少詹事主持，每名需十馀金不等。榜发之后，由承办供事将取录各生款项凑齐，交割堂官，正、少詹事二人平分秋色，承发不过略有乾没，唯盼将来各生领照送馆规费[②]耳。相沿已久，无过问者。闻去年有供事郭某与少詹文星阶海有素识，遂藉事招摇，经汉正詹李公查出，向文星阶究问原委，文不能庇也。径将郭某斥革出署，郭衔恨已久，夤缘贿买乌侍御参奏，为一网打尽之计，回覆奏折内两人并不自请失察处分，唯将主簿、供事填入，以为卸过之地，贪囊既满，灭

---

① 玩愒，荒废。

② 规费，按陈规所纳的费用贿赂。

理昧良，殊为可哂。闻数人者将有辨冤之说，具呈察院，予向瑞亭劝阻，大约不致再起风波。然此数人者，亦冤枉也哉！夕时魏汉章来札，因今日早间予遣人送信一函，具云“山东司同人仍复挽留，邀其照常进署”云云，渠回信则云“已成骑虎之势，不好再事反覆”，信中极力遮饰而措语不甚圆到，盖为魏计，固难为子卿返汉之举，而覆水难收，终不免于负义也，慎哉！

初二日(3月23日) 阴。未入署。午前王湘岑游戎来谈许久，去时已三钟矣。是日天津阖郡京官团拜，并请公车诸君，予到甚迟，略坐一时许，即辞归，到湿井胡同郭宅访边子雅农部，为王湘岑事也。谈片刻，遂至延旺庙街，访闫鹤泉太史，为詹事府供事三人求情事，因鹤泉同文星阶少詹至好，故浼及之，谈至更许归。至永泰昌，遇杨叔沈孝廉、赵寿卿、杨子山夜话，十二钟时入城。沧州张维轩孝廉其文来寓相访，不晤，信宿，尚未寝，少话数语。

初三日(3月24日) 晴。入署。灯下潘问兄来，杨云衢偕武瑞亭来，两君先去，予同问楼谈至夜半始去。为闫鹤泉太史作札。接姜宝轩札。收山东冒籍王方选孝廉结银十两。

初四日(3月25日) 阴。入署。午前刘仲彦来，未遇，灯下遣人来，据云本日纳卷不收，倩予为孔辅唐礼卿作札。散值回寓，少憩，崔兰西孝廉来访，留饮，夜话，谈至鸡鸣始寝。兰西近日留心西学，谈之津津不倦，然大半捃拾新说糟粕，非真有心得者也。

初五日(3月26日) 晴。午后大风。入署。是日接汪勋西天津信一函。散值出城，至津南馆回拜仲彦同年，并询及投卷事，据云本日已赴礼部办妥矣。随至郑锦川、张飏生、王晓楼诸孝廉住屋，时天已暝，遂回寓。

初六日(3月27日) 晴。入署。早起阅邸抄，是日钦派簾差，刑部共与分校者三人，可谓极盛矣。散值回寓，复往东城，至长利炭厂拜闫镜如茂才，以潘卓斋荐来课儿辈，已定局矣。同镜如谈少刻，倬斋偕仙槎亦到，又坐片时，遂访杨雨村孝廉，渠寓长和炭厂，同住者有叔沈、兰西两君，谈至夜半始归。

初七日(3月28日) 晴。入署。盗案中杨二、田五两名同日报救治，恐其监毙也，遂亲到牢中取供画讫。予在刑曹九年，从未一进牢狱，每遇监提，皆提犯人至提牢厅，或司狱厅门外而已。凡散放囚衣、相验监毙等差，未曾与也。今日始一临其地，囚系累累，凄惨之状，不可胜言。若随时方便，唯有少牵连、少颂系，寻常词讼，一判可了者，即行结案，勿令囹圄中冤气堆塞，即造福不浅矣。灯下杨云衢来，借车送其令兄明日进场。同张润田夜话，阅户部议定《昭信股票章程》二十条。

初八日(3月29日) 晴。入署。是日邀同司满汉诸位于福隆堂。在署，二钟时散值，同兰亭、筱坪出城，时礼卿、莹如已到，各位陆续均至，先设一席，食讫，凡城外寓居者皆未与，日夕时谢秀山郎中到，共九人一席，席散已上灯，诸君皆去。予同礼卿、兰亭谈至更馀始散。予至虎坊桥访李慕丈夜话，论及近日直隶乡贤祠，同人倡议以南皮张文达公、高阳李文正公入祀，已启知诸同乡矣。有与张文达有隙者，议驳南皮之祀，专入高阳。而文达旧日门生皆抱不平，遂有出面调停其间者，议仍以二公均入祀，而增入文达之远祖名淮者、曾任前明臬使，文正之祖谥文肃者、曾任闽抚，然文达则不入名臣而列诸孝友，于是向之不平者愈愤激，招邀数十人，思另树一帜，欲径奉文达牌位别祀一室，而知启所订初三日之期，凡文达之党咸商定不往，势甚汹汹，众口喧传不一，其事竟寝。盖由恩怨之见存于中，而不顾事理之当否，以如此巨典作如斯举动，乃欲定论千秋，难矣。人心世变，一启不可收拾，识者哂之，吾党痛之。夜半入城。

初九日(3月30日) 晴。子夜大风，浓阴。入署。散值回寓，武瑞亭、李仙舫来，薄暮出城，至惠丰堂，徐莲泉以恩刺史之约也。同座杨岱清、谢庶臣、冯虎宾、王朴斋。席散已更馀，莲泉邀访某校书，偕岱清、朴斋往焉。至夜半入城。是日早间有盐城孙姓人来，并偕一山东秀才某，托为荐馆，遂住此，予尚未觌面也。

初十日(3月31日) 晴。早阴,午后始霁。入署。早为瑞亭事又为闫鹤泉太史作札,接回信一函。在署闻帮印成汝贤主事云,会试头场题目:首艺,子曰放于利而行多怨二章;次艺,不诚无物;三艺,所以动心忍性,增益其所不能。诗题则渠已忘记矣。四钟时散值,李步武来内室闲谈许久。家彦侄由籍来,并偕有沧州长沙庄王姓、旧州镇庞姓,均住此。

十一日(4月1日) 晴。入署。散值出城,至琉璃厂李献廷寓所少坐,往香炉营王兰亭寓所,不遇,又至永光寺街何承祐宅,亦不遇,遂入城访潘问兄,谈许久,至暝方归。灯下与长沙庄王秀亭话移时,夜间改定盗案奏稿。是日在署闻昨日赵展如侍郎因近日署中为各司当月相验事,议定变通章程,由档房拟改八条,皆刚子良尚书授意,内重在当月司收到人命案件应由刑部相验者,向章皆于次日分签后当月满汉司员二人前往相验,今拟改为收案后当日即会同司务厅、清档房分签,归分案本司印、稿相验,至寻常案件及命案之不由刑部相验者,仍于次日呈堂后分签。又添帮当月一员,须素日当差勤慎、例案娴熟者专司收案,酌定人犯之应收禁、应取保者,次日呈堂开列案由,并将因何收禁、因何取保情节注明云云。此二条乃其中之最大者,馀六条则大概如各衙门投文暨现审案件,由各城各旗送来候讯人犯,皆径赴本司,不得稽延等事,意为厘除吏胥积弊而设,然轻改旧章,未免近于琐碎,且有窒碍难行之处,已定议传知各司遵行矣。连日浙江、江西、江苏等司稿君颇有向侍郎哓哓者,侍郎意亦动,本日向定镇平成郎中面商可否,盖知此八条者大半出定君手笔,故向其斟酌行止,而定君大为怫然,语甚不平,及出门则大声聒耳,侍郎亦怒甚,几欲发作,幸刚子良尚书在座,力为解释始罢。然因此又谕令各司印、稿各抒所见,以期不厌求详、博采群言之意。噫,观近日西曹堂属如斯举动,令人不能不思长安尚书无已也。

十二日(4月2日) 晴。风。入署。散值甚晚,已薄暮矣。以本日盗犯各画供也。入署时遣家彦侄命车至崇文门长利炭厂请闫镜如到馆，予归时儿辈已行入学礼矣。

十三日(4月3日) 晴。夕阴，大风。入署。是日在龙源楼请闫镜如，并邀李仙舫、李筱慕暨李步武表弟、王秀亭、刘诞甥，遣家彦侄作陪。昨日盗案各犯画供，尚有贾宗复一名未提，本日画供，该犯又复狡辩不承，先以开导，继以刑吓，始俯首画讫。盖伊见田五、尹六二犯皆经开脱，遂萌侥幸之心，希冀漏网。向者予因田、尹两犯与掌印不合，相持十馀日，嗣乃曲意从之，已逆料各犯闻知此信，必有不肯甘心者，盖同是盗犯同伙一案，而生死悬殊，不能不为之惊心动目也。散值后到东城歧凤楼长兴炭厂，回拜赵蔚臣、刘培生、贡三昆仲、田鲁山煜燔四孝廉，时甫出二场，问楼先到，遇刘荫清孝廉，就视田仁甫疾，时已愈矣，潘茂亭亦寓彼处。薄暮始出场，话移时，遂往苏州胡同长和厂内，杨雨村、崔兰西、杨叔沈三孝廉均出场，时已天暝，留饮，索兰西闱作不得，强之再四，始出原稿一观。吃饭毕已更许，回寓。

十四日(4月4日) 晴。入署。本日盗案奏稿缮毕呈堂，满汉两正堂均阅过。散值回寓，前日李莹如主政赠蜜渍生荔支、菠罗果二瓶，今日持荔支一瓶剖开，分儿辈，食数枚，入口甘美异常。薄暮花儿市兴盛斋陈福舲偕京南刘乡亲来，为刘荫轩与兴隆街面筋铺讼事，意欲居间理处，令两造罢讼。予力怂恿之，话至夜半，渠两人始出城，送客去后，同李步武在书房同闫镜如谈许久。接姜宝兄一信，为全盛店铺伙张某之弟妻被人抢走一案，现分江西司。

十五日(4月5日) 晴。入署。家彦侄回里。昨呈堂奏稿交下，候赵堂酌定。本日进署，则侍郎已先散值矣。一钟后刚堂到，因初九日签分夔卢氏控张春泉将伊殴打一案，已传讯两造，则张姓呈控该氏伙同惠广将伊童养儿媳带走，供词各执。本日则夔卢氏之夫夔珍呈控惠广将伊妻拐走，而惠广又被其兄惠明呈送，经提督衙门送部签分山西。是日掌印未到，予回堂拟将夔卢氏控张姓一案归惠广之案并办，归山西司审讯。刚堂云："论轻重则惠广之案较重，论先后则张姓之案在先，应以后就先，似仍当归山东承办。"予唯唯而退。散值回寓，少憩，遂携盗案奏稿全供赴赵堂宅内呈阅，阍人传语云“俟明日进署带交，暂留览”，予辞出，到象来街姜宝兄宅，渠于前夕忽患心疼雀乱，现服药数帖，已觉痊可矣。谈至月上，同杨云衢回宅。少顷，武瑞亭、窦云笙来谈移时，云衢偕瑞亭回寓，云笙留宿，话至过夜半始寝。昨宝轩所嘱张某之案，闻江西司已办缉获另结矣，晤宝兄时已覆知矣。

十六日(4月6日) 晴。入署。午刻入值，赵堂已先到，将昨日所呈奏稿交下，散值回寓。灯下同镜如谈，至三更后始寝。

十七日(4月7日) 晴。入署。散值回寓。少憩，杨雨郇偕崔兰西来，天已薄暮，留宿夜话，彻夕不寐。兰西近日服膺西学，谈之津津，罔知忌讳，而雨郇则牢愁满腹，谈及时事，几有声随泪下之况，盖有慨乎其言之也。

十八日(4月8日) 晴。午后风起，薄暮益大。入署。午刻进署，是日盗案会小法，凡六名，其五名皆俯首画供，唯贾宗复乃提督衙门续获者，到案时尽情倾吐，并质他犯，皆历历如绘。今日五犯画讫，该犯听供词毕，忽又翻异，竟未画供。都察院、大理寺两会讯之员既去，又提该犯刑讯，乃只认二案，其馀四案尚未成招。至天暝散值。

十九日(4月9日) 晴。入署。入值。德爱石已先到，提贾宗复复讯，跪炼压膝已数次，尚茹刑不吐实，予同王兰亭向该犯开导许久，似首肯，然未肯遽招也。迟至日夕，该犯耐刑不过，情愿照原供再画，不许央及，再四自认糊涂：“为监中各犯诮其不能挺刑，且见同伙之犯如王得元、尹六、田五、刘三、李二皆系同抢一次，均得活命，故仅认二次，侥幸万一，故翻异不承，经老爷明白晓示，自已省悟，从此知罪大恶极，王法所在，并非老爷们有意死我也。”予听其情词恳切，商之爱石，令其跪地重新将前四案逐一细认，使之画讫，下堂收监。盖此犯初到案时，一一招承，未加刑吓，伊若不翻供，则少两日苦楚，居然肌肤无恙也，亦大讨便宜矣。监犯田五是日报病毙，此犯自到案后，熬审两月，茹刑不吐，狡忍异常，爱石必欲将其开脱，予力争不得，乃竟填尸牢户，可见天网之难逃也。散值回寓。灯下在书房同镜如夜话，武瑞亭来信宿。本日有广西已革道员谢光绮送来名刺，并缄书一封，拆阅之，乃罢官后诗数首，外有《辨冤录》一纸，盖去岁蒋艺圃式芬侍御参奏广西抚军史念祖，并及该省道府州县数人，交湘抚陈公查办，陈公覆奏，上自抚军以下被议者五六员，中外称快。方部文之到粤西也，史中丞与其私人相商，以为都下弹章、湘抚查覆，皆由该省官僚暗地唆使，衔恨刺骨，遂将藩臬游、蔡两公、首道孙公并候补道府州县数员，甄别密参，以奉旨后则折不得上，遂倒填月日，由海轮发折，比奏入，旨交部议，例予斥革。方部议之未上也，李慕丈闻其事于王卓生吏部，大为不平，都下亦大哗，谓史已革职，如何又得密折甄别属员，且游、蔡、孙三公久有循吏名，必不如史之所奏，咸知史志在报复，为此一网打尽之计。慕丈亟上封事劾西抚，微为诸人辨白，折与部议同日上，留中，史计遂不行。三大宪均无恙，馀均照部议革职，谢光绮与焉。谢，江苏人，寄籍顺天，革职后北旋入都，刻《辨冤录》一纸，遍造南北各同乡朝士，内历述在广西被巡抚私人盐法道向万鑅排陷状，向亦被蒋所参者。湘抚查办后，向亦革职，故与史合谋为此，语似不谬，然谢之为人居官，贤否优劣亦不能知也。闻渠将具呈察院诉冤，将来必有一番是非也，姑存之以俟异日公论。

二十日(4月10日) 晴。风。入署。散值回寓，遣仆人往东城送请客知单，皆盐邑同乡公车诸君也，定于明日龙源楼申谢。夕时刘聘三来。入署时携昨日谢君《辨冤录》，示高礼卿阅之，礼卿向随其尊甫紫峰先生巡抚任所，其时谢君已官广西，颇不满于众口，近日之事想亦一面之词，未足信也。

廿一日(4月11日) 晴。入署。是日盗犯贾宗复重会小法，都、大两衙门来会讯者，仍前日二君也。四钟后出城到龙源楼，杨雨郕兄已先至矣。座客皆同邑人，周绍言、李松泉两君未来，潘楙亭最后至。席未散，孙景裴户部到，乃不速之客也。雨村先入城，渠定于明日同李松泉旋里，予挽留不住，为之惘然。灯下同景裴谈许久，更馀始散，偕何冶园、张飏生至永泰昌夜话，十一钟时命舆送飏生归津南馆，予偕冶园回寓，时已夜过半，又谈至黎明始歇。

廿二日(4月12日) 晴。未入署。午间刘荫轩茂才同陈福舲来，为兴隆街生意与张姓讼事，福舲并邀同乡诸人为之调处，荫轩意不愿，故说合人请予中间剖解，至则又遣人请孙景裴兄来力劝之，荫轩始诺，天已薄暮，留诸位便饭。灯下刘四表兄来，家彦侄于十五日偕李步武表弟出城，步武将有东安之行。同上轮车，比至头站，步武乃邀家彦侄同赴东安，两人在东邑住数日，而步武竟由东安旋里，彦侄因无路费又回都寓，殊为可哂。

廿三日(4月13日) 晴。午刻大风起，暮始止。入署。散值步行回寓，以车夫昨日同介轩族孙赴芦沟桥，为和顺煤铺伙计与税局争票规事，今日六钟后始回。吕静山孝廉来，留饭。灯下呼彦侄至内室，斥其作事糊涂荒谬，定于明日立遣之回里，内侄李丽占在此闲住，将及一载，亦定于明早同彦侄回籍。

廿四日(4月14日) 晴。早阴，午晴。李丽占内侄同家彦侄拟旋里，今早出城，土轮车至津，不果行。入值，因盗案定于廿九日具奏，本日下票传五城坊官预备囚车及青衣，并城内提督衙门遣营兵伺候。散值回寓，自昨日体觉不适，腹内时作疼，欲泄，欲少憩而京南刘姓乡亲来，仍为刘荫轩控张姓一事，已理处矣，张姓忽中变，不肯就和，只好听之而已。宏发估衣店司掌柜来，薄暮始去。

廿五日(4月15日) 晴。入署。早起，有杨村镇雷姓来，雷系回民，在杨村镇开设客店，店当通衢，来往过客咸主之。乙酉之冬，李慕丈旋里，寓其店中，次早遂行，遗失皮匣一件，内有文书银信等物，比到津始忆及，亟遣人回索，竟原封不动，一无所失。次年春，予初会试，同慕丈由津启行，宿此店，向予称道店主人之贤不置，抵京后赠以"重义轻财"匾额，列款皆同邑京官。庚寅夏四月，予由籍北上赴都供职，至津忽患腹疼之症，初不以为意，力疾行五十里，至杨村镇打尖住该店，下舆入室，寒热交作，腹作搅痛愈甚。天方午，展转土炕，呻吟不已。仆人大恐，告店主人，主人亟来问视，遣店伙代为延医，并请一素善针灸者先至，下数针痛似稍减，继医来胗视毕，主方回药，服二帖，次日即霍然若失，主人父子不时省问，具汤饵甚精洁，意殷勤殊甚，予留四日遂行，感主人不置。三年前来京，为修该镇教寺，嘱予少布施，适值窘乏，只出贰金，心常歉然，近闻其店业萧条，皆因铁路成后，该镇失业者众而商旅多不由舟车旧路，故自去岁改移铁路马头，生意渐可观。适铁路公所有洋人主修造事者，所用华人伙计乃盐城马姓字子翰者，系予廿年前家居课童时之蒙徒也，甚为洋人信任，与雷有一面之识，道及盐人，马生毕诉昔年从予受读事，雷稔之既悉，遂抵京浼予为马寄信，托其代为吹嘘，以便垄断之计，予诺之，雷始辞去。饭后将入署，花儿市陈福舲来，匆匆数语而去。散值出城，至龙源楼请客，同邑唯刘仲彦同年，外则刘仲良太史、张维轩、马镜潭、方素侯三孝廉，唯贾佩卿不至。席散已上灯，客去予回至永泰昌少憩，入城。薄暮崔兰西孝廉来，刘荫轩继至，夜话至三钟始寝。刘四表兄来，信宿始去，出近作诗文稿，请兰西评定可否。将寝，又为雷姓代为马子翰书信一函。

廿六日(4月16日) 晴。入署。早起，遣人至姜宝兄宅借夹袍褂，为兰西入挑场用也。散值出城，至虎坊桥访筱慕，不遇，与筱帆小谈，遇临清县新选拔生张右臣，归已薄暮。兰西孝廉先至相候，刘荫轩来夜话，刘四表兄来信宿而去。

廿七日(4月17日) 晴。入署。散值回寓，少憩，复出城谒李慕丈，不遇遂归。灯下同兰西、镜如话至夜半始寝。

廿八日(4月18日) 阴，午间微雨，薄暮又雨，至半夜始止。入署。是日奏案会大法，共五人，因杨二已于前二日监毙也。王瘖疤又欲有言，前开口即为皂役两人夹持之出，盖众犯中唯此人尤为凶狡，屡次翻供，今日幸未至决裂耳。会讫，点兵役刽子手名数，天已四钟，冒雨出城。张香圃农部瑞芳邀饮同兴楼，未果往，缘同乡贾佩卿孝廉亦在惠丰堂请客，先来催请一次，且渠所邀客甚少，故辞同兴楼之局而赴惠丰堂。时仲鲁同年已先到,王湘岑游击亦至,以天晚湘岑未入座,匆匆片刻而去。闻同乡大挑入场者,潘卓斋玉琠、黄仙槎祺海均挑一等,崔兰西丙炎、周绍言、何冶园均列二等。潘、黄两君颇为同人意计不到,而冶园则咸为其必列一等,乃竟颠倒如此,异哉!天暝入城,时兰西已早归半日,啜茗相候,潘问楼兄在座,兰西意甚不平,盖渠志在民社[1],广文[2]冷官,非所宜也。

廿九日(4月19日) 阴,午后晴。入署。予彻夜同兰西听雨不寐,早入署。掌印德爱石、帮印成汝贤听旨,七钟时始回署。段玉堂、博建侯、钟辅侯、耆寿卿四人监掷,并邀建侯同董子安赴安定门外监视戮尸小张子、刘来子均系在营病故,钟、耆、段三君同李莹如赴菜市口市曹监视斩决,行刑并杨二戮尸事讫,已九钟后,同到同兴楼吃饭。饭毕已日夕,各散,予至永泰昌少憩。是日太平街韩云卿昆仲续弦吉期,未果往贺,遣人送礼。薄暮始回宅。

三十日(4月20日) 晴。风。入署。散值回寓。天尚早,拟出城,适兰西来,又作竟夕谈。兰西雅慕西法,津津称道不置,镜如与之争辩良久,兰西虽有口给,竟无以难也。

闰三月

初一日(4月21日) 晴。入署。散值回寓。又出城至津南馆回拜王六垣阔城孝廉,遇杨丹崖庆桂孝廉,话移时。为潘卓斋、黄仙槎两君贺喜,二人同寓试馆后院之东厢,适张飏生孝廉至致美斋小酌,遣人邀李筱慕,不至,回试馆与卓斋、仙槎畅谈至夜半始归。

初二日(4月22日) 晴。薄暮大风,入署。散值回寓,闻杨云衢之令兄孝廉某病殁于博济莽,悼叹良久。盐山王问庄张表弟偕其

① 民社,指州县等地方,亦指地方长官。
② 广文,清苦闲散的儒学教官。

戚王姓叔侄二人来，话移时始去，遂至博济莽唁云衢，桐棺三寸，荧荧一灯，不觉为之凄然。遇杨姓人。云衢令兄由籍来京，途次即病，抵都门同其弟云衢寓莽中，已委顿不能动履矣，同人咸劝其勿入场，乃渠竟力疾毕三场，场后愈不支。偕来者有其同乡门生某，沿路伺候，至此又逐日侍汤药，无倦容，可谓年少笃谨者矣。

初三日(4月23日)　晴。微阴，风寒甚。入署。换戴凉帽。午前沧州选拔生兰泉符来，少话。予入署，散值甚晚，薄暮有杨村雷姓遣其铺伙张树田送黄花鱼十数斤。王问庄张表弟来，刘荫轩来，同饭。在署，闻政府诸老有改试策论而停八股制艺之说，欲以下科为始，现尚未议定也。

初四日(4月24日)　晴。风。入署。散值回寓，将出城拜客，有盐邑城里高绍堂之垚来，赠金华火腿一只、春笋数斤，晤谈许久。绍堂之尊甫为高梯青鸿摩广文，先生系先祖受业门生，学问渊雅，品诣亦和粹无疵。予幼时尝蒙赏识，见辄勉以读书为人之道，秋试每不利，戊午科其弟鸿洲字瀛楼举京兆，先生以额满见遗，同人深为惋叹，遂援例捐训导，官祁州，考满后回籍省墓，卒于家，人咸惜之。盖吾乡卅卌年以前，邑人多绩学好古之士，亲师取友，资益良多，即同人过从，皆以文行相切劘，无敢于书斋客座为游词谰语者，盖世风士习之厚，予少时犹及见之。自同治戊辰兵燹之后，故家世族大半凋零，先正典型日就湮佚，庠序士人佻达成风，谑浪无忌，而且比匪丑正、爱少侮老，至于一邑之中，无以百千延课读师者，甫得一衿，辄尔趾高气扬、傲慢同辈者，不知凡几。其有志向上者皆饥驱数百里外，而轻去其乡，盖观摩之益无闻，而鄙薄之风愈竞，一乡如此，他乡可知，一邑如此，邻邑犹是，江河日下，不能不为之深恐窃惧，而太息于乡先生之不复见也。

初五日(4月25日)　晴。入署。散值甚早，时甫三钟，出城到永泰昌，少憩，赴虎坊桥，适高培堂同闫镜如均在座。予同慕丈谈许久，道及刘仲鲁同年不悦于徐荫轩相国事，深为抑闷。盖相国素负清正之望，近年中外亟言变法，士大夫一意趋骛西学，相国深恶此辈人，以虽正揆席，未入政府，事权不属，居恒太息感愤。仲鲁自为孝廉时，即以敦品励行见知于相国，入词苑后，尤所属意，都下官学、义学，凡相国所经理者，皆延仲鲁为之教督。今春忽有进蜚语于相国者，相国颇为所动，及蒋艺圃侍御、张玉叔铨部、王筱航礼部创建八旗奉直洋学堂，仲鲁稍稍与议，比公启同乡后，相国知其事之经始，有仲鲁在内，遂大恚，斥为离经叛道，前后异趣，逢人必痛斥其非，大有鸣鼓示小子之意。仲鲁向有清秘堂差事，去岁已送京察一等，闻相国近日从不至清秘堂，以掌院到日，凡编检之与差者，皆逐一进谒，相国不愿目中再见斯人，故竟不往，而又屡向人道及之。仲鲁意在自行辞差，尚未知果否也。慕丈嘱予为王鹤田寄一札，因冒籍覆试孝廉出结画押诸人以及结局用戳者咸捐公费之说，现以孔辅堂礼部提调会闱，拟俟其出闱后再商一切也。薄暮予随小慕同高培堂、闫镜如到龙源楼吃饭，饭毕谈许久，比散时前门已启矣。同镜如回寓。

初六日(4月26日) 晴。午后阴。入署。日夕时张表弟来，杨村镇雷振方遣其铺伙送鲜黄花鱼十数斤，留晚饭信宿。灯下刘荫轩来借衣帽。夜为英鹤龄侍御作札。

初七日(4月27日) 晴。入署。散值出城，至惠丰堂史康侯履晋主政之约也。客共三座，皆署中满汉寅僚，天暝时散去已大半，唯予座在后席，尚未散，主人拇战益豪，更馀主人约访某校书，至该处少坐，予同鲍荟人同年辞出，步街心遇李小慕、高培堂，偕少年数人亦作狭邪游者，数语而别，回寓闻刘锡川、潘卓斋、黄仙槎来，不遇。

初八日(4月28日) 晴。入署。散值回寓，盹睡至薄暮始觉，盐邑城内李某来求见，浼予为觅馆地事。灯下同镜如谈许久，午前贵生集三来。

初九日(4月29日) 晴。入署。散值出城，至东升楼，段玉堂郎中之约也。客皆同司满汉诸君，外客唯魏汉章主政。坐定，酒数巡，掌印德爱石挟魏汉章过江西司之嫌，藉词讥诮，予知其意，恐汉章之不怿也，屡以游词乱之，并纠简筱坪拇战，而德意颇自得，反覆刺谑，间以嬉骂。席将散，魏遂拂袖而起，斥德妄语，德大怒，跳荡不已，势将用武，魏故欲与之并，幸王兰亭、高理卿两君劝阻之，呼舆而去，德尚指天画地，喧呶不休，所言皆市井人不屑道者，众咸默默相引去，伊亦蹒跚而去，真孟子所谓妄人也。予同兰亭辞去，予至永泰昌，登车入城，时已薄暮，意绪作恶，顺便访潘问楼兄谈，观楙亭孝廉闱作，闲话至二更始回寓。闻阍人云沧州杨庆桂丹崖来相候，不遇。

初十日(4月30日) 晴。入署。散值出城，至永泰昌，遇姜宝轩兄，谈移时，遂至泰丰楼赵栋臣金魁之约也。座有于守备，更馀始散。回永泰昌少坐，入城。

十一日(5月1日) 晴。入署。连日王兰亭、高理卿均不至署，盖以掌印前日同魏汉章互闹之后，诸人皆有怒意，故不来也。司中历年当差人数原少，正途唯王、魏两君。魏去后，王亦不安，而德某又不自悔悟，愈肆猖獗，予二年中极力调停，弥缝其缺，犹不免于龃龉。至于司中公事，无一相合，只得委曲容忍，以求无大过，然心益苦而力益竭，事益棘手，同人有劝以将逐细情形回明堂官，为先发制人之计者，予犹豫不忍，至此实万不得已，始回刚子良尚书，刚颔之，嘱予向赵展如侍郎言之，赵亦颔之。然予所言不过云司内人本太少，魏又改派江西，王、高两人逐日进署看稿，近因掌印德司官在公宴之所，与魏相口角，一时忿怒，有失检点，致同司诸君皆为不乐，遂至相为引避，将来公事如何办法。且德司官素日性情躁急，语言轻率，人多避之，从来司内不能邀同人当差者，职是之由，请各位大人商酌办理。至其诸般劣迹，荒谬任意、忌克谗谮之处，未一出口，自为无倾轧之嫌矣。予进署时，天已过午，同掌印上堂回司，满右堂忽到，又同掌印上堂画一咨稿，回司后少刻，德爱石往汉档房，司堂只予一人，踌躇良久，始独自上堂，适各司无回事者，赵、文两公正吃烟闲话，予乃进白刚、赵，退下，比到司，则德爱石自档房甫回，各堂均散值矣。日前发给各司饭银，爱石又哓哓不休，向来司中饭银，入不敷出，每岁皆予垫借数十金，连年银价太贱，而开销皆用钱票，故愈形拮据，然应用之款，凡旧日之帐目所开列者，绝无勒欠，帐簿即存司堂，同人共见，向无异说，予亦从不向同人表襮，德爱石固明知之，每当亏累，伊绝口不一提，及至开放时则必极力核算，乃无可发泄，则又向茶房皂役辈絮聒，若辈咸匿笑之。予佯为弗闻，盖伊意在应领饭银，一切皆入私囊，裁去应用之费，以为分肥之计。自上年向予微露其意，予好言劝之，继又怂恿诸同人向予言，而同人无应者，伊计窘，藉词牵掣，予力持之，伊心衔之，而无如何。近日又屡见词色，兹又向茶房喧呶不已，忽清档房皂役来，向伊禀称："常老爷寄语老爷，今日堂谕老爷调广西司掌印，英老爷调山东矣。"伊立时神色沮丧，匆匆整冠裾，赴清档房，予亦散值回寓。闻明日发榜，今日传报录，五钟时呼舆往东城何冶园、周绍言两君寓所探信，至则冶园甫出门，闻绍言云："贡院西门报录已出二百馀人矣，天津中四名；沧州一名，王六垣名阔城；南皮一名，张君立名权张香涛制军之长公子也；直隶尚有六名未见。"候冶园至上灯不归，遂回寓。姜宝兄来，话至夜半始去。闻张润田之甥孟锡珏中四十二名。

十二日(5月2日) 晴。晚阴。入署。散值回寓。徐莲泉以恩州牧来，不遇，柬约出城至惠丰堂吃饭。予至津南试馆为王六垣阔城贺喜，六垣昨骤患感冒，甚重，今日始小愈。与杨丹崖小谈，又至张飏生寓屋，遇刘玉门国宾州佐，适姜宝兄亦至，匆促数语遂行，至惠丰堂，座唯谢庶臣相陪，饭毕为曲巷游，四更始归。

十三日(5月3日) 晴。入署。散值出城，是日印结有公事相商，在福隆堂会宴，同人约廿馀人。因直省新贡士有傅家瑞者，系只身冒籍，同人咸告明不准与之覆试印结，令其改归原籍。席间并议及近日各省公车同京官联名具呈察院，为山东即墨县孔庙圣像被毁祈转奏，闻前数日已将知单署名讫，又拟中止，以东省士人已具呈转奏，批"该衙门知道"，即各省联名再行具奏，亦不过仅遵前旨，似可无庸蛇足矣。闻知单系王筱航礼部所具，今日渠未到局，同人拟写公函致筱航，嘱其不必轻动。薄暮回寓，与镜如、润田夜话。

十四日(5月4日) 晴。散值回寓，有盐邑旧门人马学翰成林，现在铁路公司为洋官司事，来信一函问候，并送海蟹、糖果数品。杨岱清由宣化独石厅来，邀至惠丰堂吃饭，天晚始出城，座有王朴斋、谢树臣、王子真、徐莲泉诸人，外有张贻勤太守。张向官宛平县，久耳其名，曾挂弹章，近忽易名，捐升知府，盖贪猾吏也。席散诸人均去，予同岱清话口外近事许久，天将夜半，树臣拉予访某校书，辞不得，往焉，流连至二钟后始入城。

十五日(5月5日) 晴。入署。灯下窦云笙来，信宿始去。潘问兄到山东司小谈，散值出城。至永泰昌少坐，遂赴试馆，路过云益钱店少歇，馆内已散去大半，至仲彦同年寓屋，遇李慕丈。仲彦牢骚殊甚，出酒饮予，因浮数大白。薄暮始归，予劝其捐国子监学正，渠颇首肯，并嘱予为办理一切。又访飏生，索朱卷三本，遂入城。拟至刷子市回拜沧州王钟正、南皮张午峰两君，天晚未果。王君今日午间来，赠北魏《王僧墓志》旧拓本。

十六日(5月6日) 晴。午后阴，晚雨数点。入署。散值出城，至永泰昌下车，到大街西河沿游览一过，有雨意，遂呼舆入城。灯下陈朴亭来，与润田、镜如谈至四更始歇。

十七日(5月7日) 晴。向夕阴，大风作。入署。薄暮新进士王阔城六垣来拜。司中新印君英菊圃勋到任，同上堂画汇存稿，汇存者乃外省咨题之件，到司后办稿呈堂行文凡若干件总汇数目，每月来文若干、应办若干、何日行文均另有簿目可查，自光绪年间各司停办此稿，以咨题稿件皆随时赶办，无多稽压，各堂官不甚措意，自刚子良尚书莅任，首以此事为言，谕各司均按月将咨题稿件已办过行文者办一汇存数目稿呈堂查阅。德爱石掌印时逐日哓哓向书吏饬催，自鸣得意，然所言漫无要领，故延搁者仍复不免。自去岁十月至今岁三月，所有稿件皆扫数行文讫，比画汇存稿，而刚堂犹以为迟，其意盖以尚未行文也。予为述之，色亦赧然，满堂不学无术之态，殊可哂也。

散值出城，至永泰昌，适杨荣负五儿在彼玩戏，予至珠宝市估衣铺买蓝洋绉大衫一件，遂携儿辈入城。

十八日(5月8日) 阴，早微雨数点。入署。散值回寓，韩晋三树亭来，盐邑韩家集镇人，韩兰台千总次子，韩谷生树禾之弟也。托为荐事，予辞焉。族孙介轩来。

十九日(5月9日) 晴。午后阴，晚风寒甚。入署。早起张子平偕贵生集珊来，留早餐。散值出城，至中和园观剧，高礼卿之约也。晚饮福隆堂，更许偕礼卿、闫鹤泉检讨、王合芝进士、何承祐同年比部访翠芬堂校书某，流连至夜半始散。

二十日(5月10日) 晴。午后风大作。入署。散值回寓，接崔兰西津门信一函，浼为领吏部大挑二等照事。新印君英菊圃人极和平，虽公事不甚娴习，较之德爱石有贤愚之别。

廿一日(5月11日) 晴。大风，夜寒甚。入署。散值回寓。少憩出城，至泰丰楼，赵栋臣之约也。座客有恩东廷太守、于济川守备、刘季川大令，姜宝兄亦在座。席散亦更馀，同宝兄游览移时，已交三鼓，又步行偕至永泰昌，诞舅尚未寝相候，宝兄遂住宿，予独自入城。

廿二日(5月12日) 晴。午后阴，大风。入署。散值回寓，在署遇博建侯启通阿主政，谈许久。渠曩在海军衙门当差，自廿年海军已撤，所有员弁皆归轮船、电灯两公所值班，博君现由轮船所笔政保升主事，仍值颐和园班，自廿日皇太后、皇上在外火器营地方阅武，至本日始止，博君于前二日适值班，亲见军容之盛，谈次及之，犹觉色飞眉舞。

廿三日(5月13日) 晴。风。入署。德国亲王于本日午后四钟抵京，入正阳门，至东交民巷使臣公馆。是日正班，本司改奏三件听旨，即请博建侯主政往焉。午后二钟始归署，饬厨役备饭，共食毕，各散值回寓。薄暮盐山李步武表弟偕王诚甫来，诚甫与步武为姑表兄弟，闻其来京报捐从九品，步武于前日到此，系为其族人某讼事央予关说，其族伯某现已寄籍东安县，因事赴盐，求步武携之入都，代为托情，予听其言词闪烁，已辞绝之矣。而步武屡恳不已，予许为转求他人，然能否可办，亦未定也。乃步武竟向其族伯某包揽一切，并亲到东安勒索银两、衣服等物，共计前后约京钱百数千，扬言事经办妥，径自回里，而其族伯呆候月馀，终无消息，且愤且愧，独自来京，拟向予叩求，必得请而后已。至前门外茶馆，适步武同王诚甫亦在彼处吃饭，见面后一同入城，可谓相遇之巧矣。而王诚甫者，因上次步武来京曾嘱其代捐功名，然未甚靠准，伊回家晤诚甫，遽云业已捐妥，该银若干立即索还，诚甫心疑之，而伊乃刻不容缓，将有动蛮之势，诚甫无奈，告以将有入都之行，伊始意沮，且恐其来此一见，则伊前事尽当败露也，与之同来，以为尚可设法弥缝也。又遇其族伯某，前日种种荒唐，至斯和盘托出矣。可哂可恨！灯下刘荫轩来，谈少刻，二更后予至客厅见王、李三人，面斥步武作事谬妄，伊俯首无以对，盖步武之令祖即予之表外祖巩甫先生也，予十五岁时受业一载，当日饮食教诲深蒙奖进，至今心常耿耿不忘，不意后嗣如此不肖，将来书香世泽恐自此而斩矣。可慨哉！今日有卖车者，车夫潘某力劝予定价，予试乘之到署，仍遣其御回，乃马惊车覆，异哉！

廿四日(5月14日)　晴。入署。午前潘卓斋孝廉来。散值回寓。日夕时杨待清来，谈移时而别。闻是日德国亲王某次日赴颐和园觐见。

廿五日(5月15日)　阴。入署。散值回寓。灯下潘问兄来，话许久，至十二钟始去。刘荫轩来。同王诚甫话许久，具云步武平日居乡劣迹甚多。

廿六日(5月16日)　晴。薄阴。入署。散值回寓。王鉴堂来，王在杨待清家内就馆，来此亦待清嘱其浼予删改禀稿，即徐莲泉直牧奏请内河试办轮船事，谈许久始去。闻是日德国亲王出游，并谒天坛，正阳门内外均派弁兵伺候清道，仪仗甚肃。薄暮王水臣来。日前所试之车骡，原系两家之物，车夫匿其事不告予知，谓其骡颇驯良，车内外围垫俱全，价不甚昂，劝予购买，乃试乘，不半里予觉有异，抵署后饬其将原车御回，价值俟他日再议，乃甫至巷口，骡惊逸数十步，将车拉翻，碰毁物件甚多，最可怕者，每日巷内行人甚多，且小儿三五成群，在门外嬉戏，倘不及防，何堪设想？幸当日寂无一人，而予又未乘坐在内，是不幸中之大幸也。闻车主甚难说话，损坏物件已赔修完全，而又另外需索多金，潘顺央人调处不允，连日尚未了结也。潘卓斋来，为闫镜如茂才从予受业事，予辞不获已，竟受北面礼。

廿七日(5月17日) 晴。入署。散值回寓。灯下为刘仲彦同年作书。

廿八日(5月18日) 阴，向夕雨数点。入署。散值回寓。潘卓斋、黄仙槎两孝廉来拜，均于廿五日掣签，仙槎分发山东，卓斋分发湖北，谈许久始别。张黄楼太守来辞行，话移时。姜宝兄来札，为胡鉴堂代一宛平人取印结承袭云骑尉事。刘诞甹来，小话。

廿九日(5月19日) 晴。入署。散值回寓。刘诞甹来。

四　月

初一日(5月20日) 晴。午后风作。入署。是日改早衙，辰刻入署，午刻散值，回寓。薄暮出城，至永泰昌少坐，遂至津南馆访卓斋、仙槎，谈移时，遇孙宛村小话，灯下到虎坊桥吃饭，饭毕慕丈寐始觉，谈至三更后始归。是日闻直隶老馆长班王正被人刃伤几死，其起衅系因会馆之旁有破屋十数间，原为馆中公产，出租多年，近值年蒋艺圃侍御同高西亭宫赞商令租户腾房，租户三家均系小贸易营生，央长班为之缓颊，而值年决意嘱王正将伊等撵逐，伊等遂心疑王正从中架唆，以为索贿之地，且无处迁移，情急相商，夜间在馆门等候，王正出门即上前用刀乱斫，现闻凶手经查夜官拿获一名，馀人逃逸，受伤人尚未定生死。此皆值年诸君见事不明，激成此变也。

初二日(5月21日) 晴。入署。散值回寓。潘问兄邀往一谈，灯下至潘宅话移时，更许始归。

初三日(5 月 22 日)　晴。午后大风。入署。散值回寓,午后往松树胡同王铸言主政△△宅贺其娶儿妇之喜,遂出城,至韩城馆党仰山蒙寓所,贺其嫁女之喜,顺路拜客数处。薄暮入元兴堂吃饭,王相臣之约也。座有姜宝兄,有侍御王某,河南人。

初四日(5 月 23 日)　晴。入署。

初五日(5 月 24 日)　晴。入署。

初六日(5 月 25 日)　晴。入署。散值回寓,王相臣来,话移时,赠烟壶一个。薄暮黄仙槎孝廉来,留饮,畅谈彻夕。午后为李慕丈作札,代潘问兄索印结费百金。

初七日(5 月 26 日)　晴。晚忽雷声大作,雨数点,旋晴。入署。散值回寓,日夕时刘聘三来,话片刻,予至东城阿允亭侍郎宅画稿,归顺路至煤炸胡同回拜英菊圃,不遇,天暝始回寓,族孙介轩来。

初八日(5 月 27 日)　晴。例不入署。终日偃卧,足不出门,亦无客至,一年内唯此一日之暇耳。向夕见邸抄,翁常熟师相奉严旨罢下,谕令以原品回籍,悚息久之。

初九日(5 月 28 日)　晴。入署。散值回寓,少憩,因明早有奏稿,只画两左堂,须今日画齐。午后命车先赴东华门外纱帽胡同廖仲三夫子宅,比到门则见先生已乘肩舆出门矣,怅恨无似,遂入东华门,绕至后门板桥文贡三侍郎斋,画讫出西华门,到学院胡同刚子良尚书宅,呈画,其阍人不谙体制,将衔名片留下,又不便向之分说,竟自回寓重写一名片,复回廖师宅,天已上灯矣。画毕亟归,疲乏殊甚,盖二时之顷已奔驰几三十里矣。

初十日(5 月 29 日)　晴。午刻忽阴云四合,雨数点,风起而霁。入署。散值回寓,刘诞甥来,话至日夕始去,假寐片刻。

十一日(5 月 30 日)　晴。入署。散值回寓,少假寐,忽阍人携鲜鲙鱼十数斤,云盐邑人马姓者来,比出见则东门里马十锡臣也,其子即马成林号子翰,在铁路随洋人查票,并查铁路工作。锡臣自盐来,父子相见,遂托人由津购海鲜赠予,见后知其于又三月中旬由盐起身，家中天气亢旱，幸境内尚安谧如常。薄暮予有事出城，至永泰昌少坐，在街闲步，买玉带钩一具，遇沧州孙姓摆玉器摊者，买旧石图(书)[章]三方。回永泰昌，遇杨叔沈孝廉，少话，遂入城，灯下同镜如就马锡臣夜话许久。在城外闻昨日戌刻恭亲王薨于位。

十二日(5月31日) 晴。风。入署，散值回寓。

十三日(6月1日) 晴。入署。散值回寓。宏发号司辅臣来。

十四日(6月2日) 早晴，午后大风，雷声殷殷，自六钟时雨至，初更时止。入署。是日掌印英菊圃进署，渠自初八日上妙峰山进香，将印钥交予暂收，未告堂假，昨日始旋。散值回寓。夕时刘诞甥来，送实收二纸，系盐山王诚甫兄弟托捐从九事也。张润田之妹婿王玉山系兵部经承，近因欠债为陈姓所控，介润田来央予设法缓颊，予无以应也。灯下同马锡臣、镜如在客厅夜话。今岁畿辅大旱，自去冬至今年夏令无雨雪，二麦已槁[①]矣。乡间各处禾谷均未布种，前日上虔祷甘霖，本日午后风雷交作，意必大沛膏雨，乃滴沥移时，甫闻檐溜之声即止矣。夜半依然月出，为之怅惘久之。

十五日(6月3日) 晴。早阴，少选即霁，风。入署。王兰亭赠果丹皮一张。散值回寓。马锡臣起程出都，渠自丰台铁路栈来时，其子患时疫新愈，今日又遣人为渠送信，据云疾复作，请速回省视，匆匆遂去。高礼卿来信云，接家报其胞叔某君病殁，因数日未能进署，嘱予弥缝一切，并商议应请假否，予作札复之。薄暮为北城泰瞻岩、张子平两君作书，仍为润田之戚王君事，辞不获已，以中城满侍御系瞻岩之姻亲也。

十六日(6月4日) 晴。风，入署。是日入署，缪和卿、简筱坪先到，和卿为癸未进士，分部即在山东司行走，其时山东司云南人甚多，予由奉天司自壬辰年因董赞宸员外邀往，遂改归山东司行走，彼时主稿者为冯月轩云南人，赞宸为帮正主稿，和卿为帮主稿，位次居

---

① 通“槁”，枯槁。

第三，予尚为散走，至甲午冬赞臣调广东正主稿，和卿始为帮正主稿。乙未之夏，和卿闻讣丁忧，月轩始邀予相帮，自五月节至中秋节，月轩遂升减等处总办，司中正途者除予外唯王兰亭，而月轩与兰亭意不甚惬洽，且兰亭虽系庚辰科进士，科目居前，而连遭大故，回籍后主讲各处书院十馀年，绝迹京华，迨甲午冬始销假入署，资格甚浅，且尚未奏留，以故堂派主稿时，遂点予而以兰亭为帮。兰亭人亦真率，唯性情褊急，又深于嗜好，懒散称最，三年中予极力周旋，幸无大龃龉，亦因掌印德爱石太不晓事，众人咸仇视之，而乐就予，然其间小不可意者多矣。春间闻云南公车客云，和卿已由籍起程，予翘企甚切，比上月销假，则闻小坪道及和卿意在改外官，不愿当差，予颇失望。前数日又闻渠有管结局之信，大约仍在京当差，改外之说不甚可靠。今日渠来署，又值筱坪亦至，二人同邑，予亟向小坪询其近事，并托筱坪代为致意，恳其进署相帮。小坪意颇为然，将来坐位则兰亭之能让与否，亦无大关系，而和卿之性情、心术较兰亭则远过之，公事亦明白，非兰亭所及也。散值回寓，午后张静莽来，偕兰生泉符。静莽春初回宁津原籍，其太翁暨其令堂今岁为八旬正庆，且五世同堂，同乡为文以祝之，嘱予作序，而李梅坡比部书屏幅赠之，前数日静莽到京，遍处道谢，予适在家，欢然出迎，殷殷话别后事许久。泉符，选拔生，寓居东华门内马哈喇庙内，正习折卷功夫，盖相距朝考之期尚两月馀，意在关通诸朝贵，以为将来阅卷之张本。乙酉科其令叔选拔后，朝考时皆由此进，故渠仍效其所为，屡次向予露意，乞予先为之地。然误矣，穷通由命，非人所为，无中生有，弄巧成拙，伊谁之力，伊谁之咎哉！且予正无能为役也。话至日夕，两人遂去，少顷沧州王墨村来谈移时。早遣杨荣请杨云衢兄为马子翰胗视，薄暮始归。

十七日(6月5日) 晴。晚阴，风。入署。早间小女患病，请云衢来看视，予在署未回，留一方而去。晚间未服药而愈。散值回寓，杨待清邀饮富兴楼，薄暮时往焉，在座有王普斋、孙筱岩、李晓慕三人。闻月前徐莲泉办内河兴办小轮船事，已央待清代为关托臣总署大臣，并将予所拟禀稿先呈庆邸，阅过称善，嘱其作速具禀，允为批准，咨行北洋及关道矣。而徐某为其同乡谢应臣所挑拨，径赴天津贿通北洋大臣王夔石之子某，郡城呼为王三公子者也。并有津城诸无赖子弟，群集挟持之，使不得回都，而在京同待清所计议者，一切变卦，几于反眼不相识，人之荒谬糊涂，一至于此，而待清中间为难甚矣。盖待清素日颇于庆邸所赏识，此事业经面求首肯，且极合意，忽尔中变，庆邸必为待清说话荒唐、办事不实，以后大有不利，故待清招予往晤谈，为之画计，并作何回覆。予初闻之，颇讶为不类，继道其详，始信为真，然徐某决不能担此大任，不过一时受小人蛊惑，所谓奴辈利吾财也。恐者番[1]变动，终成画饼，仍来央吾辈挽回收拾耳，候三数日再议可也。十二钟入城，灯下为姜宝兄作札。

十八日(6月6日) 晴。晚阴。入署。散值回寓。刘诞甹来，话移时始去。薄暮马锡臣父子来此借屋养疴，因前日请杨云衢诊脉，服药二帖，渐觉轻可，遂入城就医，晚云衢来，话至夜半始归。

十九日(6月7日) 晴。连日大热，今午尤甚。入署。散值回寓，至六钟时往东城德兴堂，赴杨待清之约也。同座为王普斋、恩秀峰、隋静波、李筱慕，主人仍商前议，至灯下筱慕先去，诸人终以巨款不易筹为言，是此事尚无端绪也。夜十一钟予回寓，姜宝兄早来相候，谈至黎明始寝。李筱慕为予言其尊甫催询予代作崇公寿诗。

二十日(6月8日) 晴。热甚，午后阴，风大作，暮止。入署。早起，姜宝兄匆匆归寓。散值回寓，连日未得酣寝，倦甚，午后盹睡移时，至六钟始觉。闻李静轩来，不遇而去，夕时刘诞甹同洪顺炉厂张姓铺掌来拜，话片刻而去。

廿一日(6月9日) 早阴复晴，午刻浓阴，微雨旋霁。入署。早马锡臣托人由津带来鲙鱼十数尾，并橙子、枇杷、果品，予取二尾送至署内大厨房，饬其烹调佐馔。散值出城，至永泰昌，适杨云衢、张月楼

---

① 者番，这番，这次。

亦到，谈移时，雨霁，同至西河沿闲步，渠两人去，予归少憩，天已六钟。赴惠丰堂王湘岑游戎之约，至则众宾已散，唯蒋艺圃侍御、朱崧臣驾部，少顷，朱去，蒋亦甫到，候李慕丈不至，三人共闲话。湘岑忽问予云："都下现在有阔人一，我素昧生平，深以为憾，二哥能为我一作曹邱乎？"予亟询其人为谁。答曰："后门内太平街之韩霭轩也。久耳其大名，且同辈中颇有以识面为幸，以缔交为荣者，似不可无一面也。"予唯唯，随答云："与韩霭轩亦无一面，唯与其弟相识往来耳。"遂一笑而罢，间以他词。时蒋艺圃侍御方谈笑间，并询主人琐事，又指挥跑堂摆座，语甚欢，闻湘岑此言，忽默然，旋唤其看座人来，饬其速具面食。主人力阻之，曰："李慕丈尚未到，我辈未入座饮酒，如何先具食耶？"侍御仍再三分付，且曰："我已在义胜居痛饮大醉，不能复饮矣。"观其容似不怿，且不似饮醉颜色，且顷刻间不应匆遽如此，主人无奈，命酒让坐，连催进菜，侍御果举杯不饮，索汤饼二器，即用瓜蒜麻酱拌食，草草毕，即呼舆行矣。侍御既去，湘岑爽然自悔失言，予亦大悟。盖韩霭轩者，向充仓花户，京中号为仓匪者也，家赀数十万，已冒安徽籍，捐纳知县，仍暗中把持仓务，京通十七仓经伊管理者，几居其半，馀亦通融为之，所谓身后办事者也。其人广有势力，宗室王公多与结纳，内而近侍太监，凡有权力者无不以贿通之，尤多与察院衙门中来往，汉侍御则执贽称门生，满侍御则平等称呼，或换柬拜把兄弟，以察院均可派查仓御史也。历来仓场衙门二侍郎到任后，先以巨金通之，名为送礼，中间关说过付皆满汉侍郎戚好，无不当意者。查仓御史则各按仓廒之肥瘠以为规费之多寡，先为交纳而查仓者遂缄默不言，听其出入而已。又仓监督率六部九卿各衙门司员保送皆听命于花户唯谨，年终图得规费，无敢与角论者。盖历来积弊，不可挽回，而花户之势焰愈张。其尤著者，则韩氏昆弟为三冠。霭轩之弟号云卿者，捐翰林院待诏职衔，曾投艺圃侍御门外称弟子，方艺圃官翰林时，有同乡曹耑枚侍御参奏韩霭轩一折，奉旨查办，嗣浼人关说，贿曹侍御二千金，事竟无恙。艺圃与耑枚为至好，故韩氏慑之，亟纳重贽，拜于门外。然艺圃故深讳之，闻湘岑之言，不能不踢蹐于中，而疑湘岑之故作讥诮也。甚矣，言之不可妄发也。

廿二日(6月10日) 晴。入署，在署闻本日上谕，以刚毅为协办大学士、兵部尚书，刑部尚书著崇礼补授。散值回寓，睡片时，拟出城至津南馆，已命舆矣，适杨待清来，话许久，薄暮始去。灯下同马锡臣、杨云衢共话。

廿三日(6月11日) 晴。午前后薄阴。入署，杨村雷掌柜来，不遇，送茯苓粮一匣。散值出城，至永泰昌下车，独步珠宝市，在沧州孙姓玉器摊上购青玉坠一件，形似璧而小，又遍历各摊，欲购一带钩，未得合意者，遂回炭厂少憩，不觉假寐移时，交六钟始呼舆到津南馆访刘仲良、王六垣，均不遇，回拜王墨村，同张午峰小谈，又回拜李静轩选拔，少话，天已薄暮，匆匆入城。

廿四日(6月12日) 晴。大风竟日不息。入署。散值回寓，是日为李慕丈初度，早间闫镜如往焉。镜如为慕丈表侄，予遣人送祝仪四色，下午后始命舆往，到则祝客满堂，并唤城内曲班一部，筝琶喧阗，箫鼓填咽。予亦少寓目，座有孙景裴农部、蒋艺圃侍御。薄暮入席，饭毕已上灯，同筵诸人半不相识，唯首坐为宗室裕嘉甫镇国公，年甚少，仅弱冠许，询系溥龄公之子也。晚间同查际云谈许久，并卧吸烟，筱慕屡催予听曲，比至则庭院几无著足处，有曲妓某，唱《相思》一阕，音极靡靡，座客咸倾耳忘倦，时将三鼓，曲部散去，又命酒畅饮，同杨待清小谈，遂与仲鲁太史入城，镜如亦回书房。

廿五日(6月13日) 晴。薄暮大风，入署。散值赴东城四牌楼崇受之礼尚书宅，递名片，归过广丰木厂，访董子安比部，不遇，遂回拜张静莽，盘桓竟日，薄暮归，至东交民巷武定试馆，回拜刘书铭子丹选拔，谈移时。书铭，海丰菜园庄人，久有声庠序间，廿年前曾有书寄予，并系以诗，推许甚至，因此颇为乡里学究辈所讪议，目为狂妄，予独心喜之，然终以未识面为恨。在籍时与其弟书船晤谈一次，诗札往来，论文道艺，吾两人盖不顾旁人之非笑也。自予通籍后，七八年来，音问久疏，盖书铭连年客济南，在家日少，且彼此均不知寓所，故契阔至今，去岁丁酉书铭以老名士膺拔萃科入都朝考，寓武定试馆，半月前来访一次，值予数夜不眠，下值后酣睡，呼唤不醒，渠留柬而去，觉后怅然，又值连日有事，未得出门，今日始造访一见，握手快睹，欢逾生平，唯天色太晚，狂风骤起，不得已呼舆而归。盐山城内刘果臣来，果臣为慕庭广文先生少子，广文没后家计冷落，其兄庠生某以瘵疾早卒，其次兄亦弱冠而亡，闻是子近亦闲散，不复以读书为意，慕庭先生之箕裘隳矣，为之凄然。

廿六日(6月14日) 晴。午后薄阴，暮风起，夜半密雨侵晓。入署。是日崇受之尚书到任，各司上堂毕，已二钟矣。散值回寓，甫易衣，阍人报刘书铭来，拥衣出见，谈至日夕始去，留诗稿数册。

廿七日(6月15日) 阴，早雨至午始止，夕稍霁，旋阴。入署。进署，堂官崇、赵均到，司中唯王兰亭到，饭后散值回寓，日前由静莽处携归《吴中平寇记》二册，就灯下阅一过。是日早阅邸抄，读昨日上谕，始知常熟翁协揆师已开缺矣。朱笔严厉，读之令人悚栗无已。常熟师近日屡被内外弹奏，皆留中矣，忽有此不测之威，实朝野天下所意料不及者，为之一叹。

廿八日(6月16日) 晴。入署。散值回寓，杨待清遣人送来菜品数事。

廿九日(6月17日) 晴。入署。

三十日(6月18日) 晴。入署。散值回寓，少憩，出城拜连升店黄仲良茂才，不遇，遂至福隆堂，同邑公局也，为乡中现奉邑侯示，为领昭信股票事。

五　月

初一日(6月19日) 晴。入署。散值回寓，董子安遣人来送东洋烟卷一匣，约赴太升楼酒叙，上灯后始归。张月楼偕杨云衢来，兰泉甫来，彻夜谈，云衢回寓。

初二日(6月20日) 晴。入署。散值回寓。

初三日(6月21日) 晴。风，入署。散值后赴东城堂子胡同，访杨待清不遇，同其蒙师王励堂谈许久，三钟后待清回宅，又话移时，天已夕矣。入东华门访李梅坡主政，询及总署近事，天暝始归。

初四日(6月22日) 晴。暮阴，雨数点。入署。散值回寓，杨待清来，谈至薄暮始去。是日闻有停八股时文、改试策论之说。

初五日(6月23日) 晴。未入署。是日约云衢、泉甫、静轩来寓共酌，静轩先到，泉甫、云衢薄暮始至。午后李慕丈来话许久，天暝始入座，席散已更次，云衢先去，予同泉甫、静轩、镜如夜话，比解衣睡已黎明矣。云衢、泉甫皆由城外来。已见本日邸抄上谕，停止八股，改试策论矣，为之惘然。

初六日(6月24日) 晴。入署。散值回寓，刘阁臣来，携其家藏手卷三本乞观，一为明益府石拓《兰亭》，一为李伯时白描人物，一为怀素《自叙》墨迹，然皆赝物也，而刘索价甚昂，意望良奢，恐难觅售主也。

初七日(6月25日) 晴。入署。昨日签分提督衙门咨送欲行叩阍一案犯，系浙江青田县人，为其本钱粮事呈送县户书、里书、催役等十数名，先于光绪十四年控府道各宪，将其文生斥革，嗣又控藩抚，均未提讯，批交府县，其父因气身亡，伊直至去岁始来京呈控，先在都察院、提督衙门递呈两次未收，遂于上月下旬携带呈词在城西窝桥地方候圣驾经过，欲行呈递，被提督官兵拿获，搜出呈纸，送交到都。余昨日提讯时，因其为读书人，未有呵斥，温语开导，今日叙供，令伊画讫，即可交坊解回原籍，乃伊竟执意不画供，哓哓不已。劝说万端，卒不悟晓，察其词色，确系地方讼棍一流，所告均非干己事情，无怪本省各大宪皆置之不理也。且其父亦系廪生，为考试争先经斥革，则父子之素不安分，更可概见。英菊圃、王兰亭亦力为劝说，而无如何，只好仍斥出收监，俟明日再为处置。散值回寓，盐城李菊村来，留午饭。

初八日(6月26日) 晴。入署。散值出城，至永泰昌，假寐片刻，天已过午，炎熇殆不可遏，独步至西河沿浴堂洗澡理发，少觉清爽，信步到大街古董摊上寓目移时，回至永泰昌，遇解云辉广文，谈许久，天已暝矣，遂入城。是日在署又提韩尚绸画供，伊狡辩不肯下笔，且劝且呵之，始画讫。

初九日(6月27日) 晴。大风，夕阴。入署。散值回寓，相臣来话移时，至三钟后始去，少憩，遂出城至津南馆为刘仲良太史贺留馆之喜，兼访王六垣进士、方嘉傧明府，不遇，回拜兰芳春千总，少坐，辞出，至虎坊桥访小慕，不遇，适李静轩选拔新移寓其宅之西厢，李菊村亦在焉，同在厅院乘凉，谈至薄暮始归。

初十日(6月28日) 早晴，午阴，申刻大雨移时，夕始止。入署，是日送俸米来。散值回寓，拟出城，因大风不果行，午后大雨倾盆，假寐至日夕始觉内外院积水如大溪，饬仆辈疏通阴阳沟水，并戽淘许久始消。

十一日(6月29日) 晴。入署。散值回寓，张静莽来话尽日，至薄暮始别，马生紫翰病已全愈，拟于明早回铁路坎台工次，灯下谒予致谢，并辞行。

十二日(6月30日) 晴。入署，散值回寓，自端节前后，天气酷热异常，前日大雨后清爽可人，昨晚乘凉许久，并食荸荠十数枚，早间觉不适，大泄二次，散值后又泄二次，体觉委顿。午后刘仲彦同年来，则乏倦莫能兴，遂遣阍人辞焉，自觉无理而无如何也。向夕稍清爽，起绕院中散步。刘诞甫来，兰刚峰淮毅茂才来，薄暮刘去，留刚峰信宿。刚峰由籍来都，赠红枣五斤，鲫鱼四尾，泉甫选拔之尊甫也。

十三日(7月1日) 晴。入署，薄暮武瑞亭来。散值回寓，张子平偕贵集珊来，午后留子平小饮，适陈福舲偕刘个臣来，刘个臣求售三手卷，尚存予书房，重展怀素墨迹一观，见卷后跋语有宋宰相杜衍绝句数行，诗字俱劣甚，又苏颍滨跋亦不成书法，且与正册纸色墨色如一，图章印色均不足寓目，真不值一哂也。闻子平云，此卷在三十年前曾以五十千质之城西满西庄刘宅，渠亦见之，可见乡村学究鉴别者少，唯睹其款识即讶为宝物，而后世子孙遂为奇货可居也。

十四日(7月2日) 晴。暮阴，入署。散值出城，至津南馆为王六垣贺喜，同方漱侯大令谈许久，访陈紫阁不遇，遂至裕升店回拜刘仲彦孝廉，闻渠已归矣，至万福居赴同司鲍亮笙之约，薄暮始散，到虎坊桥晤张右臣、李静轩两选拔，同李筱帆小谈，灯下王卓声亦至，慕丈甫归宅，畅谈至夜半始归。

十五日(7月3日) 晴。午阴，夕晴。入署。接饶阳汪东渠师信一函。散值回寓，适兰刚峰在客厅相候，谈许久始去，灯下武瑞亭来，话至寅正，时月将西坠，甫蚀三数分。

十六日(7月4日) 晴。月蚀，九分，寅初食，卯正复圆。晴，午后风起，薄暮阴。入署，夕时兰泉甫来，不遇，为泰瞻岩员外作札。散值回寓，少憩出城，至万全估衣店购纱衫一件，与其铺伙李寿山话许久，至街西玉器摊散步，买玛脑带扣一具。月前即闻传说，正阳门大街石路两旁镶修车路，以碎石砌之，行洋人小车，饬地面官弁驱逐石路两旁贸易各摊，前数日已出示晓谕矣，而市肆尚如故。本日街道厅又饬正阳讯守备暨司坊各官传谕于廿日一律搬移、不许延抗云云。若辈安土重迁，且无他处可以另设，咸迟疑观望，又稔知此事系洋人起意，商令总理各国衙门奏闻举办，故众心尤为不平，将来恐不能安谧如常，必用刑杖驱逐，严惩一二，方可就绪也。回永泰昌，热甚，在院内纳凉许久，有吕姓某供事方寓永泰昌，写国史馆工课，见所钞系大臣列传经协修、纂修各官改削者，笔墨率冗散，阅《满汉大臣列传五》甫毕，浓阴四合，呼舆入城，灯下同马锡臣话至黎明，渠定于明日回家也。

十七日(7月5日) 阴，向夕雨数点，入署。散值回寓，酣睡至日夕始觉，兰刚峰来，又盐山赵墨庄茂才来，留共饭餐，夜话至三更始寝。方予在客厅同兰、赵两君闲话，镜如亦在座，忽闻院内大声作，如摧坏壁，共诧为异事，出户视之，则西院内尘土大起，乃街门内塌去半边，该处墙垣向无劈裂痕迹，完好如故，亦无连阴骤雨，不知何以致此。然每日昼间仆妪辈多在壁下乘凉，终日群小儿聚处戏耍，叠铺二席，若在白日必有覆压之虞，将不堪设想矣，幸哉！幸哉！为之悚惕者久之。为泉甫代作札，约许稚筠吃饭，遣孙禄于明早送往。稚筠即许大宗伯筠庵先生之少子也。

十八日(7月6日) 晴。午后阴，五点钟后风雷交作，雨移时。入署。散值出城，至永泰昌少憩，伏枕盹睡，至申刻始觉。刘诞甹邀往同兴楼吃饭，并约李小慕、孙宛村，皆为雨阻不至。饭后天已暝，回永泰昌。惠丰堂遣人来请，杨待清、李小慕、王普斋均在，二更后乘月同小慕三人闲游数处，至校书某，貌颇庄静，留连至二钟后始入城，到家天已辨色。孙禄呈出许宅回字一纸。是日午后家严自辛庄到京，携四儿，家中均平安。老人体亦和适，侍坐移时始就寝，已日高矣。

十九日(7月7日) 晴。入署。散值回寓，北城泰瞻岩来信一函，胡鉴堂游戎送西瓜十枚，兰刚峰来，李献廷来，留饭。

二十日(7月8日) 晴。入署。散值回寓，兰泉甫来，同出城，顺路至化石桥为张君立权进士贺喜，不遇，遂至米市胡同广连升雅座，孙景裴先到，催请许稚筠兵部，上灯时始到，是局乃泉甫作主人，邀予代为应酬，席散已更许，杨待清亦于是日约予饮内市全聚德饭馆，命舆前往，则众咸食毕矣，予欲归，李小慕强嬲同往某校书处，时待清同王普斋随往，醉后喧呶不休，予心厌之而无如何。至鸡鸣时予潜踪易服，不告众人，引避出巷，呼舆而归。

廿一日(7月9日) 阴，午后大雨彻夜。入署。散值回寓，阅邸抄，见军机处、总署覆奏京师大学堂规制。河间府宁津县荣斌如续焜副榜来谒，话移时始去。

廿二日(7月10日) 阴。未入署。署内外水深数尺，山东司堂水浸半尺许。午后兰刚峰来，信宿始去，借《续刻经世文编》二函。闻正阳门大街两旁摊市，近日驱逐净尽，多号泣者，又永定门之旁新扒开缺口，以为火车运料物修石路之地。

廿三日(7月11日) 晴。早霁,入署。散值回寓,午睡至五钟始觉,王普斋来少坐即去,闻孙景裴农部本日简放江西九江府知府。灯下杨云衢来,话至夜半始去。

廿四日(7月12日) 晴。入署。散值回寓,接李梅坡同年复札,是日进署上堂,适赵展如同各司谈及一切现审事件,不可务为严厉,须少存忠厚,期无失乎哀矜勿喜之义,盖有所指也。

廿五日(7月13日) 晴。午后阴,雷声大作,雨数点,至夕稍霁,风起,热渐退。入署。散值回寓,杨待清、王普斋邀饮龙源楼,薄暮始归,李静轩拔贡来,同镜如夜话。静轩借《经世文编》初集一函。

廿六日(7月14日) 晴。连日炎热,是日凉爽宜人。入署。散值回寓,欲出城未果,晚姜宝轩兄偕张月楼来话,通夕不寐,谈及近日时事,日新月异,力反故常,不觉相向太息。

廿七日(7月15日) 晴。入署。散值回寓,倦甚,大睡至薄暮始觉,接盐山县铭邑侯信一函。

廿八日(7月16日) 阴,午前大雨。入署。早起八钟冒雨入署,同人无一到者,闻赵堂已先散值矣。盖是日正班,赵堂由内值听旨后入署,各司均寂其无人,故略坐即去,时尚未七钟也。九钟时廖堂进署,予独自上堂画题咨稿三件,散值回寓。夕时王六垣阆城吏部来拜,未晤而去。灯下为李静轩改选拔场四书文二篇。

廿九日(7月17日) 晴。半阴,夜雨。入署。散值回寓,值李慕丈来,同家严话移时,始去。四钟时至书房闲坐,适镜如他出,见其案上有《瀛寰志略》二册,翻阅移时,镜如归,谈数刻。侍家严阅邸抄。夕时荣斌如副贡来,话许久,薄暮始去。夜半后家严寝觉,侍坐谈家事,比归寝则窗已辨色矣。

三十日(1898年7月18日) 阴,早雨,午前大雨,至夕又雨终夜。散值回寓,酣睡终日,至六钟始觉。近日中朝政教,一切改用西法,力革旧制,月内恭读邸抄上谕,几于三令五申,涣汗之颁,纶綍之出,几于无日无之。其大者,尤在于立京师大学堂一事,继废时文试帖之诏，相距不过旬馀。盖自今岁春间，谏垣枢部相继条奏，请嗣后武科改试枪炮，部议章程允行。又饬各省督抚，各陈所见，议论参差，最后为陕甘陶子方模制军之奏，详明痛快，遂有暂废武科之议。因而裁冗兵改用洋操，废时文改试时务之旨，而大学堂之议上，得旨允行。其间更张者不一而足，而发难之端，则由于月初宋芝洞伯鲁、杨殷存深秀两侍御，奏参许筠庵大宗伯，以守旧迂谬阻挠新政为词，谕令许应骙明白回奏。许回奏则力辨并无阻挠之说，而于新进之康有为则排击甚力，请旨罢斥，疏上，谕为调停。康有为者，广东南海县人，乙未科进士，签分工部主事。此人才气极大，好议论，尤喜谈西学。在籍为孝廉时，即自命为孔子而后一人，粤省官绅士庶，拜门求教者甚伙。所著书说，专崇西学，以为合乎唐虞三代，中国劫运将至，若不亟思变法，则四万万之众必至靡有孑遗，种类绝矣。又遍谒大僚，饵以富强之策，咸以为宣尼复出。其弟子辈，亦多以四配十哲自命者，若汉唐宋明诸大儒，视之蔑如也。原名康祖诒，字长素，即祖述尧舜之义，“长素”云者，孔子为素王，而伊之神圣则又过之。通籍后，易名有为，去冬遍干当路及台谏之知名者，又纠合同党，立为保国会。大意谓欲保全中国数千年来之道统，与四百兆人之性命，非专攻西法不可，而于朝廷无涉也。何也？盖自古无不亡之国，中国时势已不可为，将来易号改朔，有伊等一辈人，自能立致太平云云。都下士大夫识与不识，或目为奇士，或斥为妖人，气焰尚未大盛。自四月间，徐子静致靖学士专折保荐人才，请召对录用，奉旨允之。召见后，命在总理各国事务衙门章京上行走，康所望甚奢，私意破格超擢，比旨下，颇失望。又以同乡许大宗伯素薄其无行，且因其在广东会馆立会一事，饬馆役驱逐之，衔次骨。而许方为总署大臣，必不得任所欲为。遂暗嗾宋、杨两御史，联衔参许，意在将许罢斥，或撤出总署。及计不行，遂扬言于众曰“章京不过奔走之差，我决不为也”，竟不到任。而自上次召见，自陈著作，面谕以进呈所著书籍，以故迭次谕旨，及新法各条详细章程，皆伊所进书中语也。有满洲侍御文仲弓悌者，前以户部司员，京察记名，简放河南知府，在任三载，丁艰回旗。起服后仍在原衙门行走，保送御史，去冬传补。此人向在户部有声，阎文介深重之，学问亦淹雅绝伦，上月中旬，专折纠参康有为暨宋伯鲁、杨深秀多人，折中备言："康某为人，有才无行，语多不法，曾托人向文侍御先容①，往来数次，具见底里，而宋、杨以风宪官，受其指使，可为无耻。"洋洋数千言，语极痛切。奏上，上谕斥其迹近朋党，难保无受人指使情事，不胜御史之任，著仍回原衙门行走。近日折已发抄，都中人士盛传诵，以为朝阳鸣凤，虽不见听，亦足作中流之砥柱矣。

六 月

初一日(7月19日) 阴，早雨，午始止，夕霁。入署。散值回寓，夕时出城为孙景裴太守贺喜，未遇，同其族兄熙梦谈移时，顺路至高理卿郎中宅，话至天暝入城。

初二日(7月20日) 晴。午后阴，薄暮雨数阵。入署。散值回寓，刘诞舅来话许久，至四钟始去，盹睡移时，武瑞亭来，留信宿。观昨日邸抄，上谕为科举事，张之洞、陈宝箴条陈章程，拟乡会试第一场试中国史事、国朝掌故论五首，第二场试五洲政事及专门之学策问五道，第三场试四书义、经义各一首，每场后随时发榜，头场按中额加十倍录取，二场按中额三倍录取，头场不取者不得入二场，二场不取者不得入三场，三场后榜发始中如额，至诗赋楷法一概不用，若有诰敕进奉文字，随时定期另试，现已以经济岁举学堂合为一事矣。噫！天下之大，不患无才，将来俊杰咸登，备国家之任使，较之七百年来时文之滥，固远过之矣。唯恐求备一人，有曲折繁重之虑，则知难而退者多耳。黔首之愚将自此始，康有为之保国会谓保中国之四万万人不遭劫数，可留遗种，由此观之，读书种子已先绝矣，哀哉！

---

① 先容，谓事先为人介绍、推荐或关说。

初三日(7月21日) 阴,入署。灯下兰刚峰来,索印结三张。散值回寓,是日选拔生入场,予拟午后赴贡院,为同人辈送场,遇王湘岑游戎至,不果行。湘岑乘骑而来,路途泥泞,溅污衫裤,解衣盘礴,谈至四钟后,共吃点心,又话移时始别去。湘岑连年颇究心西学,谈及近日朝廷变法事,与予见不甚相合,然治法、治人之说,则湘岑亦无以易也。犹忆甲午之秋,朝鲜乱起,中东构难,兵端甫开,即有叶志超牙山被困、丁汝昌高升轰沉之信,嗣有讹传济师获胜、倭人退兵之说。时予与湘岑已数十日未见,偶出永定门访之,晤谈数语,即道此事。湘岑不以为喜,而以为惧,愀然向予曰:"果尔,则祸滋深矣。"予讶之。湘岑云:"若我师不甚得手,朝中诸老或有转圜,罢战行成[1],不至大吃亏也,若狃于小胜,则枢府必高兴,中外主战者幸己说之偶验,以骄惰不经战之将士,而当处心积虑、坚忍猛鸷之强敌,势不至丧师失地、大辱国不止,可惧哉!"又云:"今岁正届我皇太后万寿六旬,普天同庆,正当修好邻邦,保全大局,且日本初入朝鲜之时,与中国本无深怨,不过小有波折,所需索者,于我无甚伤损。倘专任合肥相国,事已了矣,何至决裂如此。今情见势绌,恐辽东一带无安枕之日也。"是时,东兵尚未至平壤也,左冠亭宝贵尚未阵亡也。予疑信参半,唯以湘岑论和局为是,其后所言乃一一验矣。达人先见之明、知几之哲,审势料敌,了如指掌,良深愧服。

初四日(7月22日) 晴。未入署。早间睡觉已巳正矣,念署中无事,遂偷闲一日。旬日以来,溽暑炎蒸,殊不可耐,今日晴霁开朗,凉爽宜人,拟出城一游,适孙景裴太守来拜,谈许久始别。张子平来札,覆之。出城至永泰昌,遇杨叔沈孝廉,同至龙源楼,并遣价请津南馆张午峰、王墨泉、孙宛村同来一叙,叔沈并邀张兰江共话,乃均他出不至,两人谈至天暝,始呼酒小饮,饭毕仍回永泰昌,晤武瑞亭,至十二钟入城。

---

① 成,谓议和。

初五日(7月23日) 晴。入署。散值回寓,午后胡芰孙庶常濬同年来拜,谈许久,五钟后出城,至龙源楼,英鹤龄侍御之约也。席散赴香炉营访孙景裴太守,时拜客未归,遇高理卿在座,小谈,景裴回宅,话至九钟后辞出,往虎坊桥李宅,适张月楼同阎镜如均在,镜如为张润田之妹丈王遇珊因欠债被控事,拟求慕丈托情缓颊,并浼予为之怂恿,予难之而无如何,遂向慕丈告以大概情形,慕丈亦难之,而悯王某之困也,许以借银贰百两为偿宿逋,予闻之喜过望,盖慕丈平日能济人之急如此。话至一钟后,同镜如进城,在慕丈处阅报馆所刊《谕折汇存》,见张湘涛制军所拟科举事宜折。

初六日(7月24日) 晴。入署。散值回寓,呼仆人等晒书,灯下同镜如、润田话王遇珊事。

初七日(7月25日) 晴。入署。散值回寓,歇觉片刻,尹子衡仲侯,在都就馆孝廉同年来谈,至日暮始别。予出城至同福楼,杨待清、王普斋之约也。座有李小慕在焉,饭毕同游至夜半。

初八日(7月26日) 晴。入署。是日泄痢大作,又值请客,勉强力疾应酬,回寓已交丑正,颇觉委顿。散值出城,至惠丰堂请客,英鹤龄、文济苍、缪和卿、史康侯、汪星甫、魏汉章、简筱坪、高礼卿均到,唯谢秀山、冯月轩不至,席散已薄暮,客去,唯理卿、汉章偕往某校书所。予呼舆往李慕丈宅内小谈,筱帆出见,携其近作《四书史论》阅之,夜半始归。

初九日(7月27日) 薄阴,连日天气凉爽殊过。入署。署中无事,略坐觉疲顿殊甚,遂归,早饭毕,大睡竟日,夕时刘诞甹来话移时始去。早间张紫垣、润田昆弟携王遇珊所书借券示阅。昨晤英鹤龄,谈及文仲弓侍御抗疏事,并言侍御近况,清苦殊甚,家中几于不能自给。又见鹤龄所持折扇,皆侍御书画,书为近作七律二首,闲中雅兴句也。末首结句云:"明日荒厨无宿米,料应梦不到黄粱。"窘乏之状毕露,而句恰风趣。侍御因论新进事,改官户部,撰《纪恩》七律四首,都下一时传诵,其词肫挚,蕴蓄怨而不怒,无嚣张叫呶之习,可谓今之古人哉！

初十日(7月28日) 晴。午后薄阴，入署。散值回寓，午后在东廊下乘凉，同镜如小谈。武瑞亭来，少坐即去。侍家严夜话。薄暮荣斌如来，少刻便去，接姜宝兄一札。

十一日(7月29日) 晴。入署。是日散值甚晚，回寓已二钟矣。安徽馆乙酉科同年成进士者，历科先后有七十馀人，每逢会试之岁，新进士各到衙门后，值年主人办团拜一次，予于上科乙未因事未往，今年拟定准到，又以天色太晚，不得预此会，为之怅然。薄暮姜宝兄来，信宿始去。连日凉爽，早晚有秋意，同宝轩话至夜半，闻院中高树作落叶声，西风阵阵，绝无伏暑炎热，讶其不宜，亦节序之变也。阅《校邠庐抗议》，共宝轩评商许久。午后兰泉甫遣人送《经世文编》二函。今早王湘岑游戎遣专足来，询及《校邠庐抗议》各衙门分给者尚有馀书否，拟倩予代借一观，盖湘岑固未见此书也。来札云急思一阅，斟酌论断，将来留刊文集中，以博身后名云云。言极沉痛，予覆札谓署中更无馀书，唯冯公此议，已载《续经世文编》，散见各门，可于坊肆购一部观之，即得其全豹矣。

十二日(7月30日) 晴。入署。早起孙宛村、兰刚峰来，前数日沧州王墨泉来，两次未遇，曾托予为代售《王僧志》石拓八本，价尚未付，今日浼宛村为之带交银票十两，二客去后入署，闻张孝达制军进呈《劝学篇》，蒙优诏褒许，惟此书尚未流传，不知书中所论议若何？拟访诸同人，觅借一观。下午四钟出城，至福兴居，魏汉章主政之约也。李慕丈在福隆堂遣人来约往一谈，比到已薄暮，慕丈去，留筱帆在彼酬应，座中均慕丈门生新选拔朝考者：关仲元家骐、张右臣乃清、陈紫阁恩宝、李敬轩维熙。更馀席散，同至虎坊桥宅内，谈至夜半始归。

十三日(7月31日) 晴。午后阴，入署。早起为张玉叔吏部作札，借观《劝学篇》，入署后仆人持书来，略加翻阅，分内外篇，内篇主中国说，外篇指西洋说，持论平允，一洗近日横议辩言之弊，宜乎上呈乙览，优加褒许也。散值出城，至永泰昌候姜宝兄，至三钟后始到，谈许久始别。明日为廖仲山夫子六旬正寿，山东司公送寿帐一悬，予自备祝仪四色，遣人送往，薄暮回寓。

十四日(8月1日) 阴，早间雨数点，薄暮密雨。入署。早入署少坐，有王树芳控周牛儿拐卖车骡一案，看原告画供毕。散值赴廖仲山夫子宅拜寿，少坐辞归，顺路至中御河桥孟宅，为孟玉双庶常锡珏贺喜，不遇。又到武定试馆访刘书铭选拔，谈许久，始回寓。阎镜如报捐鸿胪寺序班，今日到寺谒堂，午后始回，为之揖贺，话移时，天暝回内室假寐片刻，饭后侍父亲话近日时事，并询及西人制造各学。

十五日(8月2日) 晴。入署。武瑞亭日夕时来，匆匆数语而去。散值回寓，假寐移时，日夕出城，先到永泰昌，有沧州孙姓客向在前门大街牌楼摆古玩玉器摊，近因被街道御史一概驱逐，尚未觅得借栖之所，遂卷包回里，因月前予见伊摊上摆列图章印首三方：一系乾黄，刻山水纽，一系黄寿山，天然纽，一系天黄质甚润泽，唯逊于冻耳。索价五金，予置之而去。今日渠至永泰昌告归，并将三石售于予，坐价三金，随即付之，值不甚昂也。到大栅栏聚美斋，画绡扇、折扇各一。至虎坊桥李宅夜饭，同幼铁、小帆、右臣、镜轩话移时，慕丈出，至前厅谈许久，议及《校邠庐抗议》加签一事，众议佥云不可行者居大半，盖甚矣论事之难，而经济之学之未可轻视也。慕丈约予后日入内，为拔贡覆试诸君接场，予诺之，辞归已一钟后矣。

十六日(8月3日) 晴。午后微阴。入署。早起送闫镜如出城，渠因袭云骑尉职事赴保定府省垣投详文，散值回寓，姜宝轩兄夫人来，邀内子同往东华门内李宅，为梅坡夫人贺喜，予步出城，至永泰昌候宝轩，至夕不至，怅然而归。

十七日(8月4日) 阴，早晴，午后大雨移时，晚霁。入署。散值回寓，三钟后李慕丈遣人来请赴东华门内九和兴饭馆晤聚，盖本日为拔贡生覆试保和殿，慕丈在九和兴定座，为诸门生接场，嘱予代东，缘天色已晚，慕翁必须出城也。同座有：沧州武直庭，莲坡孝廉之孙也；青县姚桂舫茂才，蓉舫明经同年之弟也。席散已九钟，诸人各回寓，李敬轩偕武、姚二君同至予宅，谈至三钟始歇。向来凡朝考等试阅卷大臣皆于次早派出，考生有与诸大僚有素者，出场后先将场中诗句缮出二韵，下载人名，用封套装好，送往其宅内，交阍人代呈，次日如得阅卷，即携此条入内，□□或该生之卷不在所分手下，则可辗转浼托，必得当而后已。拔贡朝考此风尤盛，予从前习闻之而不知办法如何，今日在九和兴始得其曲折，盖皆在前数日默计大员中应列单在简派之内者，觅人为先容，具贽造门请谒，束脩之数自十馀金至数百金不等，只此一面，出场后凡拜过之家必送诗条，然本生必于场前邀朋好数人届期在一处专候，出场即赶将诗稿取出分写，少或数分，多或数十分，至数十分者则阅卷大臣中大约无遗漏者矣。近日以论策易诗文，见诸人所送之条，唯论之首段两行。李敬轩唯三数条，若陈、刘、张、关诸人则皆廿馀条矣。由是观之，无怪向来入选者之不尽为绩学之士，而能文善书者又往往被抑也，可慨也。

十八日(8月5日) 晴。早阴，午晴，旋阴，晚霁。入署。抵署，见杨姓莫吉戈持宫门抄，取阅之，则昨日张、李诸人谒拜之老师皆蒙简派，亦诸人之幸也。散值回寓，又患腹泻，终日未出门。

十九日(8月6日) 晴。入署。闻李静轩取列二等一名，陈紫阁一等四名，山东关仲元一等三名，刘仁甫二等四名，唯张右臣落三等。终日患泻，武瑞亭来，送红灵丹一瓶，夜半服之，稍觉痊可。

二十日(8月7日) 晴。晚阴，夜雨。入署。散值回寓，刘诞甹来话，至日夕始去，予呼舆出顺治门，拜梁芗南仲衡侍郎，投刺而归。

廿一日(8月8日) 阴，黎明雨止，午间大雨，夕又雨，夜大雨。入署。是日李梅坡同年主政为娶儿妇请客，因雨阻未往。是日梁芗南侍郎卯刻到任，予五钟时进署谒见毕，同英菊圃各散值，饭后假寐移时，醒后雨声初歇，闲步门外，遇卖花人卸担巷口，呼来前谛视，唯玉簪花十数本，拣六本，栽讫，馀数本为儿辈买来，栽老槐之下，青葱颇可观。薄暮时刚峰、泉甫来，匆匆话数语而别，将旋里辞行也。

廿二日(8月9日) 晴。入署,散值回寓。

廿三日(8月10日) 晴。入署。散值出城,至永泰昌,刘诞甥他出,在其榻上假寐片时,热甚,候至夕时至正阳门桥东义成洋货铺,买零星物数件,遇杨待清,立谈数语,遂同至汇源楼,为阎子卿起贵之约也。阎,安徽人,其父曾任总兵,有汉军旗人尚廷华者,在总理衙门具呈请办津运河小火轮船,阎亦与焉,与予素不相识,因闻春间曾为徐以恩代拟禀稿,遂浼王普斋代邀予一见,并倩李小慕为予致柬,不得已往焉,晤谈后始知渠等前在总署具呈,业经批准试办,仍咨北洋大臣查核覆夺,渠等到津谒海关道,拒不见,恐事有中变,故来都设法先向关道为通说一切事宜,并请验赀本云云。然予观其人年少,言语粗率,尚未能得其底蕴也,姑漫应之。席散后同小慕、待清回虎坊桥就慕丈商行止,议定嘱待清先赴津,探听此事原委,兼致书周孟侯孝廉,周为关道署内书启,必得其详,或不至为伧父所误也。先予为徐以恩拟禀稿,系杨待清所代求者,闻徐某迟回数月之久,京津两处大肆招摇,藉集商股逢人撞骗,比尚、阎诸人具呈后,伊自知已落后著,遂为铤而走险之计,径向北洋大臣荣仲华相国呈请开办,朦称前任王制军业准试行,并来都具呈总署,总署咨行北洋,将伊咨革提讯。闻现发天津府讯明,交县管押,尚未开释。荒谬糊涂,一至于此。而杨待清竟受其愚弄,为之各处关说,极意揄扬。予为拟稿时,尚不识其面,嗣夏间渠约予吃饭,始接数语,即料其无成,向待清直告,而待清终不悟,至今始追悔无及,可哂也。同陈紫阁、李镜轩、张右臣晤谈,右臣失意不平,为慰藉者久之。慕丈嘱予为周孟侯孝廉作书,缮毕,天已黎明,始入城。

廿四日(8月11日) 晴。未入署。由虎坊桥回寓,疲乏殊甚,时已日上三竿,略食点心,即就枕睡至二钟后始觉,闻刘书铭明经来,留赠汉碑数拓,黄杨图章二方,对联一副,横幅一张,系索予书者,因予方沉睡,书字而去。四钟时乐陵郑石坪茂才偕其弟△△明经来拜,谈许久,石坪昆季乃苓泉给谏师之子也。闻乐陵汪柳岩尔舱参军于甲午年身故，柳岩为石坪之姑丈，予在苓泉师宅就馆时同柳岩最相契洽，唱酬无虚日，壬午之岁渠由孝廉方正制科荐举赴京朝考二等，以府经历用，分发江苏，十馀年来未通音问，乃于壬午秋试一面，竟成永诀也。伤哉！

廿五日(8月12日) 晴。入署。散值回寓，午后陈紫阁、李镜轩来拜，匆匆即去。薄暮出城至福隆堂，李慕丈之约也。座间共十二人，皆同乡也，席散至十钟后，同徐子光入城。

廿六日(8月13日) 阴，早微雨，旋霁，复阴。入署。刘诞專取结一张，系举人考南学者。散值回寓，接宝轩信一函，为托袭世职取印结事，原立官名王成章，因阵亡荫云骑尉世职，承袭者系其胞弟名俊峰者，缘其子名云龙者已故也。

廿七日(8月14日) 阴，早雨，午霁，少时旋阴。入署。散值出城，至永泰昌假寐一时许，闲坐至五钟，赴汇源楼，云益钱店之约也。座有姜宝兄、项耀棠、赵东甫三数人，至灯后十钟始散，回永泰昌入城。

廿八日(8月15日) 晴。入署。早间泻二次，体觉不适，力疾进署。散值后顺路访杨云衢，乞为胗脉，开一方。归食少许，令人取药，午后煎药，至晚稍痊可。

廿九日(8月16日) 晴。夜丑初，雷电大作，不雨。入署。早起，又服药一帖，散值甚晚，回寓已二钟矣。五钟后假寐片时，醒后闲步东院，见玉簪花已大放，清香袭人，欣然相对久之。薄暮武瑞亭来，信宿始去。灯下翻阅刘书铭明经诗稿，颇近放翁，唯率意处太多，以故通首完璧甚鲜。夜半家严苦热不寐，侍坐闲话，至丑正始归寝。是日腹泄始愈。

七 月

初一日(8月17日) 晴。入署。夜十一钟入城，家严尚未寝，侍坐话移时始退。散值回寓，四钟时拟出城拜客，忽杨待清遣人来，邀至汇源楼一聚，呼舆出门，先至李铁拐斜街升官店回拜河南解饷官茹虎臣恩霖大令，则已出都矣，遂回至汇源楼，待清同王普斋、阎子卿、盛子将诸人已先在，座有满洲内阁中书延寿朋舍人，仍议试办轮船事。待清云渠于廿四日赴津谒周孟侯孝廉，据云事已将成，盖总署已据该商等原奏咨行北洋大臣，并由北洋札行海关道矣。此时唯须该商向道台衙门具呈请验赀本，再请出示开办，当无阻滞，惜阎、尚诸人市井气太重，专在外面招摇架子，而实无条理也，如肯虚心听从他人为之画策，细加酌定，或有裨乎？

初二日(8月18日) 晴。入署。散值回寓，五钟后至顺治门外铁门回拜宋涵百△△主政。宋，云南人，本科进士，分刑部学习，简筱坪邀来山东司者也。同时到司者又有云南赵君，名傅忍字涵百；山西梁君，名造舟，字渭桥；王君名△△，字△△。遂至保安寺回拜郑石坪昆季，谈移时辞出，至延旺庙街访阎鹤泉太史，为詹事府已革供事张、武两人事。时天已暝，解衣缓带，畅谈时事，灯下沧州张化臣以南茂才到，又话直省近日书院事。

初三日(8月19日) 阴。将辨色时，忽雷雨大作，霹雳数声，屋瓦为振。散值出城，至永泰昌假寐移时，五钟至惠丰堂赴汪星甫忠杰之约，席中多能饮者，拇战甚豪。予因泻痢新愈，未敢尽兴，同主人入夜城。

初四日(8月20日) 晴。入署。早起，盐山高培堂之垚来，略话数语，遂入署。回寓后，盐山李升甫杜堂茂才、王瑞亭子麒供事来，谈至日夕。渠二人因前月有士民许呈递书疏，由都察院代奏之旨，各具奏赴院，因无同乡官印结，例不准收受，遂来乞予为出结。予阅其禀词，王作皆摭拾浮泛，专言兵事而无实际，李作则自以奇门遁甲为长，尤属迂诞不经，且二人皆素不能文者，词句往往不通，不过无违碍字句，然难于发言阻之，又不愿为出结，迟回半日，不得已填二结付之。李慕丈邀至福隆堂，同张玉叔、阎鹤泉商办立同乡西学堂事宜。

初五日(8月21日) 晴。入署。散值回寓,向晚贾子槐来,以《职贡图》白折手卷相赠,此图系子槐任盐山训导时买自南皮张宅者,画外国人物蛮夷羌狄咸备,盖仿《王会图》之意,无款识,相传为李龙眠笔,然赝作无疑也。每画一页,下有赵仲穆题识,后有明邵二泉名宝诗跋,均非真迹,唯装潢尚整,再却而后受之。薄暮同子槐出城,到永泰昌吃饭,后诣虎坊桥,访筱慕一谈,晤李静轩明经,始知本日已奉上谕,同青县陈紫阁名恩宝均以七品小京官用矣,为之一喜。

初六日(8月22日) 晴。午后薄阴,夜雨数点。入署。散值出城,至永泰昌,诞甹、子槐均他出,独坐假寐片时,武瑞亭到,诞甹、子槐先后至,谈至薄暮,入城。抵寓闻李升甫午后来,家父与之话半日,留饭。李于是日同王瑞亭赴都察院呈递论事奏书,都宪接阅后,将王禀留览,而李禀掷还,盖王禀虽浮泛不切,尚无甚荒谬处,李禀则狂诞不经矣。如云素习《周易》占河洛数及奇门遁甲破军法,皆市坊骗钱哄人之类,乃欲上达九重,甚矣其无知也。灯下侍家严话一时许。

初七日(8月23日) 雨,巳午间大雨如注,至三钟后始止。入署。由署散值,冒雨而归,五钟后出城,至同兴堂阎子卿、延寿峰之约也。杨待清、王普斋、李筱慕均到,商订创办轮船行驶内河事宜,诸人公议书写合同,共承办者六人,予名亦厕其间,再辞不获。予意总恐其事之不易举也,盖六人者,皆非殷实绅商,唯延寿峰出银壹千两,作为事前零用使费,馀则妙手空空,专资息借洋债,闻有十万两之说,业经定议,然仍须由津海关道委员验赀后,方能准办,其中不无阻滞延搁事,久恐生变,而镜花水月之局为画饼望梅之计,是非有极大好运气者,不能享此无本之利也。十一钟后同杨、王二人入城。前日邸抄上谕,派端方时为霸昌道总办直隶农工商局。汉员候补道二人,一徐建寅,一吴懋鼎,皆赏给三品卿衔,随时专折奏事,可为不次之擢用矣。夜半时父亲眠初醒,侍闲话许久,训以《周易》阴阳应用之理。

初八日(8月24日) 晴。入署。散值出城,至永泰昌,遇姜宝兄、张月楼、于坦斋新自奉天回、贾子槐,闲话许久,予适于是日在龙源楼请客，邀诸位同往，辞焉。宝轩偕其族弟某并张、于、贾三君赴同兴楼，予仍至龙源，王湘岑游戎先在焉，渠盖到予寓而见访不遇，询知予在该处，遂就往一谈，因畅论时事，意见不甚水乳。盖湘岑近年专主西学，有推崇过当之处，而于中土之士大夫，则鄙夷太甚，故辞气不免偏激，话至日夕，渠欲归，挽留不住而去。众客先后至，唯郑石坪昆季因其祖母之丧，先一日辞谢，刘书铭明经、杨待清司马新由总署保举同知、陈紫阁、李敬轩两小京官、王六垣吏部、王普斋、李小慕、高培堂，共八人，待清最后至，拇战甚豪，席散已更馀矣。夜将半，正阳门已启，众客始散，予回永泰昌，姜宝兄同于坦斋相候，遂偕归，至寓话至鸡鸣始就寝。

初九日(8月25日) 晴。未入署。早起，腹作痛，大泄不止，体殊委顿，因未能进署，为掌印英菊圃作一字嘱之。终日疲乏，大睡至暮始觉，闻高培堂来，不遇而去，晚稍痊可。

初十日(8月26日) 晴。入署。早起，天甚凉，着单衣，力疾进署，以递现审单之日也。赵、阿两堂到，廖师到甚迟，天近午矣。司中公餐毕，外传差使始到，有男子一名，妇人二口，系前门大街西偏洋枪击伤张某之案内事主尸亲也，衅起土娼下处，内妒奸情，近械斗，到案之李张氏被人抢去衣饰数事，被杀张某之妻张贾氏均卖奸开下处，乃坚不吐实，反覆开导，仍供如前，嗣将李张氏之伙计杨某唤上堂研讯，初亦狡执，加以掌责，又重杖之，始供称张氏、贾氏皆非安静住户，然词仍闪烁，遂将杨某收监，俟明日再提讯详究，时已交申初矣。回寓适李升甫来，贾子槐又至，留晚餐始去。

十一日(8月27日) 晴。入署。未正始散值，高培堂在寓候许久矣，渠本因谋事来京，初拟随孙景裴太守任，浼其甥高彤璋杏村农部之子为景裴作荐函，事既不成，遂邀予设法安置，屡来寓相求，又李升甫亦以求荐事为言，而贾子槐广文自德州来，尚在赋闲，均再三年致嘱，连日应接不暇，絮聒无已时也。李筱慕来，少坐即去，倦甚，假寐数刻，薄暮时出城，到汇源楼赴白青田之约白为庆隆酒店铺商，与杨待清晤谈，乞其胗脉，并开一方，因脾泄尚未愈也。夜十一钟入城。

十二日(8月28日) 晴。入署。散值回寓。薄暮请杨云衢来胗脉，写方，灯下谈许久，夜服药。

十三日(8月29日) 晴。入署。散值回寓，夕时宝轩在太升楼相邀一谈，呼舆往，唯云衢在座，谈许久，饭毕，宝轩同云衢回博济莽，予回寓，夜间阅通州月课卷。

十四日(8月30日) 阴，夜雨至，早大雨，暮雨。入署。早入署，少坐，出城，至会元堂，王卓生同年之约也。座有孙景裴太守、庆伯儒员外、张玉叔吏部。景裴、伯儒先散，予同玉叔畅谈至日夕始归。杨待清约予惠丰堂，辞焉。至永泰昌少坐。阅邸抄，上谕裁冗员，京内詹事府、通政司、光禄寺、鸿胪寺、大理寺均裁撤，归并礼、兵、刑各部，外官则裁去广东、湖北、云南三巡抚、河道总督及折漕[①]省分之粮道，无盐场省分之盐道、粮马盐茶同知等官。广西省自夏间有土匪滋事，聚众抢掠，连陷五六州县，至今尚未平定，该省文武会试在京者皆为忧惧，两广制军谭文帅奏报胜仗数次，地方渐就肃清，而不知贼之蔓延如故也。本日奉上谕严饬广西巡抚黄槐森，摘去顶戴，勒限一月将首要各犯拿获，并将被陷城池光复，词甚严厉。晤卓生同年，始知为广西绅士在都察院具呈恳请代奏，沥陈该省官弁退缩观望等情，呈词约千馀言，故有此旨也。

十五日(8月31日) 霁，早阴雨。未入署。

十六日(9月1日) 晴。入署。本日又分一案，系西四牌楼唱曲妓寮，经官役前往办案，伊等纠众拒捕，洋枪轰伤官人一名，收禁二名，俱在场拒捕之犯，提讯不承，杖责数次，始略有端倪。散值已申初矣。回寓李升甫来相候已久，话至日夕始去。山东拔贡生关仲源来拜，晤谈片刻即去。关君，李慕丈之门生也。

十七日(9月2日) 晴，夕阴，夜雨。入署。散值已三钟，出城

---

① 折漕，漕粮折成钱币或其他实物。

至永泰昌，同贾子槐小谈，李升甫到，话移时，命王升煮鸦片膏。薄暮入城。昨日邸抄，上谕严斥礼部诸堂官，并交部议处，缘礼部司员王小航照者，条陈事件，呈堂阅看，许大宗伯筠庵以折中多有违碍，且有力请銮舆恭奉皇太后巡历外洋及中国士民当改从泰西衣冠以一耳目、定心志之论，不愿代为陈奏。王乞请再三，堂意颇不怿，乃当面抵牾，语多胁制，许筠翁大怒，随于奏折中参劾，乃谕旨竟将礼臣责斥，而王疏留览，举朝大骇，然以此事观之，上意可知矣。灯下姜宝兄遣人来询及严亲定在何日旋里，意在送其族弟某同行也，札中并及王仪部事，大为不平。筱航为湘岑之弟、卓生之兄，弱冠后曾得有疯疾，数年始愈，遂掇科第，与其兄弟皆不睦，于卓生尤参商，为人乖愎自用，虽才气极大，而同人中多落落难合。近来专主西学，闻其在城外自立学堂一所，用直省公款，而凡事不谋与众，措置任意，人多怨之。与广东康有为交最密，凡所议论，皆康所著录者也。予独怪王氏同胞三人，为宁河王刚节公曾孙，刚节名锡朋，道光年暎夷掳江浙、陷定海，三总兵同日殉难者也，刚节战尤力，以无救败，死事尤烈，故褒恤有加。其孙曾当与夷人为不共戴天之仇，即以今日时局为西学当兴，不应推崇夷俗若是，乃渠昆季虽志趣不同，而左袒西人、西法，直是和身倒入。湘岑与余交最久且厚，每晤谈，辄极口称泰西不置，至以中国人当如西人之尊奉耶酥，不如是不足以为治，予一笑置之，不与辩也。王小航乃竟以改衣冠、易民主为言，其情理殊不可解。

十八日(9月3日) 雾，晚阴。入署。散值回寓，薄暮姜宝轩之世兄来，订于明日遣其令弟同家严南旋。出城至粮食店、万德店访闫子卿，谈所办轮船事，十一钟入城。

十九日(9月4日) 晴。入署。早起，送父亲旋里，由铁路抵津，雇车南下。八钟登舆启行后进署，散值已三钟，回寓少憩，出城至龙源楼，约杨待清、延寿峰、闫子卿、陈善堂、吉子江诸人吃饭，散后已十钟，回永泰昌，少坐入城。

二十日(9月5日) 晴。入署。散值回寓，命舆邀姜宝兄来，为议办小轮船事，偕往东江米巷洋饭馆，聚晤闫子卿、杨待清、延寿峰诸人，李小慕亦往焉。又同至华俄银行晤其领事铺掌李鹤田、乔荩臣，询及借款事，先由陈善堂为闫子卿说合，尚无甚荒唐，唯须有关道公文，方能兑拨。随得乔荩臣同至办馆聚食，洋饭馆名紫筑办馆，内外房院皆整洁，几榻精致，均按洋式，唯食品与华性甚不相宜，每坐只设刀插，无著无汤，菜内皆干腊，少适口者。座唯乔君大嚼，馀人多草草一尝，予则一嗅辄去者数簋，终席不能饱也。十钟时各散，予偕宝轩同车回寓，宝轩信宿始去。

廿一日(9月6日) 晴。入署。散值回寓，李升甫来，少时，刘书铭来。书铭条陈时务四事，拟明日赴都察院呈递，升甫亦拟同往，索印结一张，询其所言，则仍持前说也，为之一笑。书铭谈至日夕始别。灯下同闫镜如谈许久，镜如于月前赴省办承袭世职事，十九日始回书房。

廿二日(9月7日) 晴。夕阴。入署。散值回寓，刘诞甹偕黄辅辰来相候，予适倦极，谈次就枕辄寐，两人去矣，尚未觉也。因大睡至日夕始醒，呼舆出城，先至万德店，姜宝兄已先至，遂同王普斋、杨待清到惠丰堂吃饭，饭毕同宝轩、待清到虎坊桥晤慕丈，话至三钟始同待清入城。

廿三日(9月8日) 阴，雨终日。入署。散值出城，至永泰昌，假寐片刻，同贾子槐、武瑞亭话移时，冒雨入城。

廿四日(9月9日) 阴，午后霁，暮阴。入署。是日署中加班，本司有山东速议一件，系图财谋杀外祖命一案。奏上听旨，夜四钟呼舆启行，入东华门，至朝房时各堂官尚未到，闻銮驾卯刻由颐和园启銮，各衙门奏事暨引见官员均在景运门内外拱候，至巳初始入神武门，比旨下已十一钟矣。各司有现审立决差使，同听旨者共十数人，茶房迫隘，又有折班笔政诸人，壅挤无坐处，各倦极，立阶墀下合眼思睡，出东华门已十二钟。雨后街衢泥潦，车马顿播，觉乏甚，遂不入署而归寓。盐山王诚甫来。是日津南同乡公请孙景裴太守、陈雨人泽霖直牧新选陕西葭州及新分部之陈紫阁、李静轩两主政，四钟后抵松筠莽，甫下车，闻馆长班报云李慕丈本日简放四川雅州府知府，入门揖贺。同座张君立、玉叔昆季，谈康有为事甚悉。又闻近日广西军务甚亟，有窜出至湖南辰、永之信，客散已薄暮矣。回寓灯下同王诚甫、润田、镜如小谈。

廿五日(9月10日) 阴，微雨，入署。散值已三钟，回寓闻刘诞甥来，不遇，黄辅臣来，取印结一张，为袭云骑尉事。昌平州人名刘福贵，又盐山城内毕姓街邻来，表兄长随，托为谋事。

廿六日(9月11日) 阴，入署。司内诸君皆不至，独自上堂后提讯夏姓犯人，连日狡辩，今日始有端绪。散值已二钟，出城至永泰昌，遇张月楼、杨云衢，渠两人他往，黄辅臣到，小谈，遂偕诞甥至珠宝市合香楼，辅臣为引晤杨溪泉名殿元，为兴办铁路事。现芦汉之干路业已开工，又拟举办西北、西南两路，一由芦沟桥至张家口，一由汉口至四川成都府。唯华人集股筹款不易，须借洋债，然仍由华人承办，作为商借商还，与国家无涉，大约先自华官呈请，总署奏准，招募殷实商户，其实皆洋人暗中主持，剥取利益，然果能处处开通，则商旅辐凑，晋越一堂，亦亘古未有之奇观，而自今以往之大利也。记十年前，朝廷已创此议，合肥李傅相、刘省三宫保、张香涛制军皆力主之，而卒不果，当时华人有集股请办者，率经驳斥，且以招摇生事罪之。有山东武举李福明者，方甲午岁，因集股购洋人机器，在齐化门外开设磨房，被拿交刑部治罪，褫革后又于上年因芦汉铁路奏准举办，派盛杏荪为总办大臣，李禀请招集商股，为盛密参，经北城巡勇捕获送部发遣。闻其人颇有豪气，虽多大言而果敢任事，迥非龌龊者流，假令祛其躁气，得人以驾驭之，亦奇士也，乃甘为祸首，遂再蹶而不复振，惜哉！薄暮入城，买梨枣各斤馀，归与儿辈食，灯下同润田、镜如小话，润田赠予烟灯罩一事，玻璃莹彻，又蒿烟管一本。

廿七日(9月12日) 阴，晚霁。入署。是日秋审堂议。二钟后散值回寓，刘诞甥偕吕梦春字星甫来拜师，具贽敬十二金。吕生辞去，贾子槐来话许久。同诞甥出城，予拜客出顺治门，至教场四巷新放贵州镇远府知府谢秀山文翘宅贺喜，未遇，遂至福隆堂，高礼卿之约也。席散已十钟，往虎坊桥李慕丈宅内道贺，晤小慕、幼铁，话至三更许始归。

廿八日(9月13日) 晴。入署，散值出城，至永泰昌少憩，往同兴楼，谢秀珊文翘之约也。秀珊云南人，丁丑进士，官刑部，以京察记名，新放贵州镇远府。席散已薄暮，回永泰昌，入城。

廿九日(9月14日) 晴。入署。散值后至松树胡同问楼宅内小谈，杨云衢在焉。五儿早间呕吐，患头痛，延来彤视出方，遂去。郑石坪来，话至将暮始去，接家彦侄家信。

三十日(9月15日) 阴，辰刻微雨，午后少霁。入署。是日署内堂官到四位，闻系会议裁并事宜，散值出城，陈紫阁之约也。同礼卿至福隆堂，座孙景裴太守、张石桥润水部，日夕始散，至永泰昌，入城。

八月

初一日(9月16日) 晴。入署。散值回寓。

初二日(9月17日) 阴，竟日雨，夜又雨。入署。九钟时雨甚。司中唯予同理卿在焉。缪和卿继至，为改官知县，呈请离署事。散值回寓，酣睡至暮。晚饭后至客厅同镜如、诚甫夜话，呼仆人磨墨升馀，书对联十数幅，久荒之馀，率尔操觚，自视尚不十分恶劣。

初三日(9月18日) 阴，晨起微雨，午间始霁。入署。散值回寓，仆人孙禄为琐屑事与之呕闲气，面斥久之，继而自觉无谓。晚间出城，赴虎坊桥，晤杨待清，同幼铁、敬轩、幼臣谈至夜分始散。

初四日(9月19日) 早霁，午后阴。入署。入署晤简筱坪主政，谈及广西土匪自夏至秋，贼势未衰，柳州府新太守倪澹园恩龄有全家在途中遇害之耗，而湖南永州府亦相传失守，山东又有乡团起事，与德国为难，戕杀洋人多名，都中讹言甚众，究未知四方消息何如也。散值已三钟，刘诞莮在寓相候，话许久，武瑞亭来少坐即去。

初五日(9月20日)　薄阴，入署。散值已三钟，回寓，张晓峰来少坐去。李筱慕来札相邀，暝时始出城，到虎坊桥，杨待清已先在，同慕丈小谈，晤周孟侯孝廉，谈至二钟后始归。

初六日(9月21日)　晴。阴，入署。散值出城，至永泰昌与贾子槐广文小谈，假寐片刻，姜宝兄自津旋都，询及闫子卿等所办小轮船事，已画饼矣。薄暮同宝轩至龙源楼，与待清、筱慕同饭。是日在署，忽喧传步军统领衙门奉皇太后懿旨，查抄张荫桓，并捕拿康有为等辈。出城后街市纷纷相告诉，及探听数四，始知系奉口诏严拿康某。及番役到城内掩捕，则康某已脱身赴津，遂将其弟康广仁搜获，并抄出信件无数，按名点查，大半京外大员居多。因伊素与张荫桓交甚秘密，疑在该处藏匿，派兵围其宅，二次穷搜，弗得。又至一曾姓户部家，及王小航照京卿寓所、徐子静致靖侍郎宅，皆不获。立即遣干员乘轮车赴津追捕，未知能漏网否也。薄暮始阅邸抄，上谕恭请皇太后听政，以今日为始，至初八日率王大臣在勤政殿举行典礼。宋芝洞伯鲁侍御以荐康某兄弟，降旨革职，永不叙用。

初七日(9月22日)　阴，入署。散值回寓，贾子槐广文来，谈许久，薄暮出城，至惠丰堂，同宝轩、待清、筱慕共饭，邀周孟侯孝廉，不至。十二钟后入城，偕宝兄来寓，谈至鸡鸣始寝。

初八日(9月23日)　晴。入署。散值回寓，少憩，出城至松筠菴，关仲源吏部、刘仁甫大令、李敬轩户部公请徐花农琪太史、孙景裴太守、恒洁卿郎中、英菊圃员外，李慕丈亦至，席散已薄暮，归至观音寺、惠丰堂，又姜宝兄之约也。周孟侯孝廉在座，饭毕已十钟矣。是日闻康有为已在天津获住，将解到矣。经旬天气阴晦，连日更黯惨无色，自今日始晴霁开朗，天无纤云，盖由吉日良辰，皇太后重御万几，皇上孝思维则，故能感召天和，太阳一照，阴翳胥消，固宗社之灵，实天下臣民之福也。乱臣贼子，乌容漏网乎？

初九日(9月24日) 晴。入署。是日散值,为孙景裴太守设饯,并邀关仲源、刘纫芙、李镜轩、张玉叔、高礼卿、刘仲鲁同座,予恐署内有事,诸客先到,托姜宝轩兄代为照料,唯王卓生吏部不至。席散已更馀,客去后偕宝兄回永泰昌。在署闻步军统领衙门奉旨,查拿康有为之党,指名搜索六人:御史杨深秀,四品卿衔军机章京杨锐、谭嗣同、刘光第、林(煦)[旭]及户部侍郎张荫桓,均交刑部治罪。张自四月间,都下讹言,奉旨拿问,不知因何而起,至是果然。

初十日(9月25日) 晴。入署。是日闻昨日查拿诸人,均送刑部收监,杨侍御先为刑部员外郎,去冬始转御史,夏间为文仲弓侍御奏参,同宋伯鲁党附康有为,往来甚秘云云。近闻其上封事廿馀首,力主变法。杨为己丑同年,且同出浙江张肖庵先生之门,洵为山右才子,素讲汉学,著述颇多,唯性情迂执,与朋友多落落寡合,不知何以阑入康党,殊所不解。刘为癸未科进士,分刑部广西司,性尤孤僻,每入署辄不上堂,谈及公事,亦颇谙悉。印、稿拉之同往终不肯,自以随行逐队谒上司为耻。自议新法后,湖南巡抚陈右铭宝箴,列保通晓时务贤才,刘与杨锐均与焉。刘、杨皆四川人,素交好,杨与湖南巡抚有旧,常为刘游扬其才品,故并登荐剡。

十一日(9月26日) 阴,入署,散值回寓。

十二日(9月27日) 阴,入署,散值回寓。为李慕丈代阅通州书院课卷。

十三日(9月28日) 晴。入署,到司堂后,闻书吏云有军机处司员来刑部,亲送交片,未稔何事,咸以为会讯官犯事。比上堂画行文簿,见赵展如侍郎意似惊讶,向满左堂阿公、汉右堂梁公探询消息,盖亦闻有军机处司员到也。适阿堂招印君英菊圃致询山东司近日职官自缢之案,现如何办法,并嘱以“尸亲贫苦,既无别项情节,即可速了”云云。正絮话间,忽秋审处满汉提调上堂,举止惊惶,嘱各司回公事者咸退,并厉声唤堂书吏速出。予回司向同人讥笑,秋谳诸君有何事而致作如是举措。方谈次,闻大门呵导声,司役报刚中堂到,则愈知为会商讯犯，别无他异也。然署门外人声喧噪，大门皂役拦阻闲杂人等，不许阑入，并向门外观者大声云“汝等候差事出来再看可也”，予始疑讶，忽鲍荟人同年到司具言，谕旨已到，除张、徐两人另候谕旨，刘、杨、谭、林四章京及杨、康六人，均即行处斩，始知所谓军机交片者，乃军机司员亲赍此旨来也。刚中堂派为监斩大臣，故先到。时步军统领崇公，已调京旗各营健卒，在署外巡缴，前门、顺治门一带，皆派兵防护不测。而刑部亦传齐五城司坊官，预备囚车、刽手、青衣等差各到。满汉提调分班赴南、北所监视缚犯出。南所三人，为谭及二杨，北所则刘、林、康广仁也。北监犯先绑讫，候南监三犯出，至提牢厅，跪听宣读上谕毕，即饬青衣带赴法场矣。

十四日(9月29日)　阴雨，入署。散值回寓，薄暮李筱慕冒雨来，少坐即去，携通州课卷归。房师张肖莽先生来拜，先生前岁回籍，未知何日抵都也。

十五日(9月30日)　晴，风。赴城内外各处拜节，旋至薛家湾鄞县馆谒肖庵先生，不遇。至虎坊桥。薄暮邀杨云衢来，有南海子内王姓者，系山东黄县在此种地者，予自今岁典得南海子内地廿亩，为养骡马草料计，即托此人代为照料耕种，然素不识面，唯有一族侄孙为之佣工，遂借其力，心尝德之，今日适渠入城，仆人杨荣知之，拉与同来，人尚朴实，因留夜话。昨日邸抄上谕，张荫桓革职发往新疆，徐致靖永远监禁。本日赵展如侍郎入署，点解将张荫桓送交兵部发配，同日谕旨宣示正法诸臣罪状，有谋为不轨，图围颐和园，劫持两宫之语，洵为大逆不道，罪不容诛矣。先事发觉，天下之幸矣。

十六日(10月1日)　晴。入署。散值回寓。在署晤简筱坪，有中秋口占绝句一首见示，纪近日事也。

十七日(10月2日)　晴。朝审。早起，辰初入西长安门，伺候朝审。上班事讫，已巳正矣。遂入城，偕同司诸君至福隆堂公宴，邀李莹如到，渠为广东香山县人，稔康有为及保国会事甚悉。据云伊等党羽甚众，约四百馀人，皆与康逆为死友，中外二三品大员中，有具贽拜为门下者，倡为保中国不保大清之说，互相煽诱，终日若狂。而林(煦)[旭]小儿与谭嗣同逆子，持之尤力。林已自剪辫发，家居即为洋人衣冠，唯出门酬应，不得已始服袍褂、冠顶，盖蓄志变夏亦已久矣。日夕始散。回永泰昌，少坐入城。

十八日(10月3日) 晴。入署。散值回寓，闻贾子槐来，不遇。中秋日京城各行手艺人皆停工闲游，正阳门大街之南为天桥，地属通衢，游人肩摩毂击，是日有洋人自津来者，既下火车，觅车轿入城，突有匪徒聚集无数，向之抛掷砖石，并泥垢灰土洒其头面，洋人男女各数名，皆受伤鼠窜，而所乘车轿则已砸毁矣，乃从来未有之事。当时喧传以为近日变法，人情汹惧，加之剪发易衣之令已定于节前宣示，并闻先用重典，都下益恐。自正法诸人谕旨屡下，凡新法不便者，立即改革，众心始安。然愚贱无知，遂妄意从此驱逐夷人出境，故为此等无赖举动，予闻之似近理，终不为然。盖向来华人之畏洋人，如鼠遇虎，往往衢市间因语触忌讳，或车马争道，辄为洋奴所鞭扑，无敢盛气相向者，积威之渐久矣，骤作蛙怒，果何为者，疑必有人暗中主使。今日闻梁星初主政云，确系康逆党类，扇动浮言，构不情无理之语，遍处喧播，令其腹心买嘱街头无赖，先行哄闹，而恶少丐匪等相随下手，必将洋人窘辱无地，始起衅端，可召兵戎以泄私忿，其设计亦可为险而狡矣。同日闻北城北新桥亦有殴辱洋人之事，不约而同，非阴为主使而何？现闻洋馆公使已照会总理衙门，转饬地面官查拿数名，枷号正阳门外示众矣。

十九日(10月4日) 晴。入署，散值出城，至永泰昌候看邸抄，未得。薄暮入城，灯下同镜如、润田谈许久。入署，晤王兰亭，渠谈及康逆事甚详。据云：伊等死党，已定议召外兵，劫大内。林逆意在召董星五军门，而谭逆则欲合袁慰廷廉访。时袁方来都陛见后，谭逆突于夜半叩袁寓门求见。袁延之入，匆匆寒暄毕，卒然问袁曰："君欲得侍郎否？"袁大惊异。谭乃告以所谋，并云已得旨矣。袁唯唯。谭去次日，即请训召见，时上令其带新练军三千人入京。袁退下，始信谭语非妄。当日诏袁开臬司缺，以侍郎候补。先是，都下有知其逆谋者，喧传已旬馀矣，众咸弗信。唯夏间文侍御悌参杨深秀折内，有“杨深秀到臣宅内二次，向臣亟称康有为之贤，且有臣所不敢出口之言”，隐约其词，当即指此，故士大夫中亦间有虑及者。自袁召对后，事益急，谋益泄，袁侍郎急驱出都，由轮车抵津，谒长白相公，具陈逆状。适江苏杨星伯崇伊侍御亦赴津告变，长白相国微服旋都，直至颐和园求入见。皇太后立召入，碰头泣诉。太后具悉伊等奸状，立传内侍启銮，还西苑，时初四日也。既驻跸，太后尚迟回未发，佯语上以初六日卯刻还颐和园。至是日，上御中和殿看版毕，至西苑送皇太后还颐和园毕，回宫办事，召见军机。及上至，太后已御便殿，召见军机大臣，拟旨示上。上始知为康有为等所惑，力请皇太后训政，密诏拿康有为。初八日，上率王大臣朝贺礼成，即诏拿问张荫桓等六人，锁交刑部治罪。时长白相国二次入都，密奏宜速行正法，恐逆党众多，事有中变，贻祸不测，于是有十三日之事。连日密旨严拿王照不获，伊已畏罪潜逃，仍著提督顺天府五城，一体严拿，并著顺天府尹饬宁河县查抄家产。李苾园大宗伯自行检举，并请治罪，上谕革职发往新疆。

二十日(10月5日) 晴。入署。闻赵展如侍郎升尚书，上堂揖贺。散值回寓。侍郎陕西长安县人，与前任薛云阶尚书为同乡戚谊，少孤贫力学，中甲戌科进士，分刑部主事，授职后即究心律例，受知于潘文勤公，派充提牢厅司员，差满补缺后由秋审处提调京察一等，简放安徽知府，洊升江苏巡抚，去岁内召为刑部侍郎，未一年升授尚书，计释褐之岁至今甫廿四年，汉人中所未有也。文仲弓悌户部仍以知府候补。

廿一日(10月6日) 晴。入署。早起，入署，赵展如尚书到任，散值回寓。王湘岑来札，托为嘱高礼卿移居事。传闻张荫桓行至涿州，赐自尽，未知确否。

廿二日(10月7日) 晴。入署。散值回寓，遣车接姜宝兄来寓，不至。灯下同缪捷之来，夜话。阅邸抄，昨日上谕，湖南巡抚陈宝箴同其子吏部陈三立均革职，永不叙用。

廿三日(10月8日) 晴。晚阴，夜雷雨。未入署。连日夜间失寐，疲甚，署中近日案牍少清，偷闲一日。李慕丈遣人来，约晚间出城，比至则雷声殷殷，骤雨数刻。筱慕、幼铁约往通聚馆小饮，冒雨往，李静轩亦在座。席散李筱帆约往某校书所少坐。在城外阅邸抄，本日上谕张百熙阁学交部严加议处，以曾保康逆使才也。工部主事李岳瑞、刑部主事张元济均革职，永不叙用。昨日上谕刑部左侍郎著李培元补授。

廿四日(10月9日) 晴。入署。散值回寓，遣人约姜宝轩来寓，渠已出城，在永泰昌相候矣。命车往，并偕三五两儿，比到则震、四两儿追至嬉戏，至日暝送之回寓。上灯后予同宝兄往虎坊桥，同慕丈夜话，一钟后始归。宝轩信宿始去。是日在署，见有役卒由狱内抄出杨侍御深秀诗三首，均七律。杨素工诗，其稿已刊矣。被逮在初九日，至十一日送部入狱后得诗一首，次日又成一首，十三日午刻后，始奉即行正法之旨，临刑已日夕矣。盖此日清晨，尚用香火画壁成诗也。观诗中词意，皆以直言敢谏、御侮破敌为言，非本事诗也。文人文过，自古已然。如范蔚宗临刑犹有“庶几夏侯色”之句，岂非大言不惭乎？狂瞽迷罔，抵死不悟，而欲强附远托，龙比近附，杨左[①]能取信于天下后世哉？

廿五日(10月10日) 晴。入署。李左堂是日午刻到任。散值回寓，在润田书室遇樊竹臣，小谈。闻南皮张午峰来此，不遇。在署闻同司朱君云，谭逆嗣同被逮后，诗云：“望门投宿邻张俭，忍死须臾待树根，吾自横刀仰天笑，去留肝胆两昆仑。”前二句似有所指，盖谓其同党中有惧罪逃窜，或冀望外援者而言，末句当指其奴仆中，有与之同心者。然崛强鸷忍之概，溢于廿八字中。相传谭某与林(煦)[旭]最为康逆所重，预谋为亟，想非谬也。王兰亭云，杨殷存深秀向

① 杨左，明末杨涟与左光斗的并称。

寓闻喜庵杨即闻喜县人，此庵即会馆也，其新年堂屋春联为：“家散千金酬士死，身留一剑报君恩”之句。过岁时，有一贾人往贺节，见而讶之，其人固不通文义，唯疑死字不祥，询其故，杨云：“余素负文名，每撰联觅句，举笔即是。除岁时方书楹联，伸纸濡毫，竟苦索不得，遂信笔用此一联，亦不解何故。”盖即语谶也。阅昨日邸抄，奉皇太后懿旨：“嗣后科、岁考，乡、会试仍用八股，经济科著即停止。”

廿六日(10月11日) 晴。入署。散值赴东城崇文门内五老胡同左堂李公宅，贺升任之喜，投刺出城，回拜梁星秋主政，不遇。遂访尹子衡同年，至中芦草园赵宅书房，谈至薄暮始回寓。赵为户部捐纳房书吏，司饭银及照费出入秤事，闻其家道充裕，居宅精致，客厅尤光洁，陈设器皿皆工整华丽，约值数千金，可谓富润屋矣。灯下杨云衢来，拟借屋移居，诺之，留饭，谈许久而去，润田同镜如在客厅就予夜话，至一钟后始归寝。

廿七日(10月12日) 晴。入署，午前介轩侄孙来，散值回寓，张晓峰来，昨杨云衢拟移居来寓，今早遣人为运行李，闻渠又不果，仍留博济莽，未知何意也。夕时赴西城拜客，归由松树胡同，遂下车访问楼兄一谭，楙亭孝廉亦出侍坐夜话，至二更始归。

廿八日(10月13日) 晴，晚阴，入署。在署接虎坊桥李宅信，慕丈第三公子幼铁之夫人病故，倩予速往商办一切。四钟后到，仲鲁太史亦在焉。是日，慕丈有请客福隆堂之局，不能出门，嘱予同仲鲁、敬轩代作主人。灯下同往，客亦先到四位，遂让坐，内有新选乐陵县何松坪业健大令、乔茂轩树枏比部同年、裘建亭祖谔大令。乔为乙酉同年，四川人，与杨锐、刘光第均同乡至好。闻陈右铭中丞之荐杨、刘二人，皆乔君为之怂恿而吹嘘者。刘与荐主固不识也。比刘派充军机章京后，因新政初行，事多武断，刘又非素习西学者，与同班之林旭不甚水乳，意欲具疏力辞。乔君又力阻之，并云“当此时势，能有一分补救，即有一分利益，不可自便身图”云云，刘遂迟延不发而及于难，知其事者咸咎之，乔亦无词以解也。谈次叹云，如刘某、杨某稍知康逆奸谋，乔谋徇私回护者，天日在上，必遭雷霆之诛。席未终，乔先去，至客散亦十钟矣。予同仲鲁入城。

廿九日（10月14日） 晴。散值回寓，贾子槐广文来，刘诞男来谈，至薄暮始去。予出顺治门小桂树胡同[①]，觅郑倬甫一谈，遂往虎坊桥与慕丈话至夜过半始入城。

九 月

初一日（10月15日） 晴，风，入署。散值出城，先到安徽馆为曹子位垣同年太宜人拜寿，又回拜魏挺生同年兵部，不遇，遂到虎坊桥李宅，于是日接三，同乡京官相识者咸在座，张玉叔、王卓生两吏部均谈及近日朝事，云昨日袁慰亭侍郎为荣仲华相国来信，具云洋人有意启衅，六国合盟各调兵船，集大沽口，是观衅而动光景，目下宜豫为防范，并遣新建军锐士数十人，为荣相公护卫亲军。薄暮闫鹤泉太史到，言亦如之。缘连日洋兵入京城者，每使馆各数十人至百人不等，皆携枪械并运来洋炮数尊，都下人情惶惑，朝士有遣眷属回里者，时局至此未知税驾之所矣。更馀送三事毕，同鹤泉、仲鲁两太史、查季云、杨待清同姜宝兄咸集南厅夜话，至十二钟后始同宝轩入城，比归寝已黎明矣。

初二日（10月16日） 晴。入署。午间宝轩同镜如、润田共饭，予起迟，恐误入署，未出相陪，匆匆饭毕，即进署。散值回寓，日夕王瑞亭子麒来，不遇，灯下武瑞亭来，信宿而去。

初三日（10月17日） 晴。入署。午间张子平偕其弟子贵生集珊来，约月之十二日赴筵席。是日贵化南完姻。散值出城，谒张肖莽夫子，不遇。是日张夫子补工科给事中。至津南馆访张午峰、王墨泉二君，谈许久，墨泉赠予汉《朱博碑》拓一纸，又携归《刁遵墓志》拓本

---

① "胡同"二字，日记中多用二圈替代，今均改回，下同。

二册，皆非初拓本也。刁公为高城人盐山古名，此碑出土约在乾隆之中叶，识者得之于乡农人家豚栅中，已缺一角，以两贯钱易之，时有刘纶先生者，以枣木板填其缺，系以跋语，字亦绝工，至咸同间木跋朽漫，唯碑文尚可辨识，沧州王侣樵先生国均又剔出背阴百馀字，石归南皮张氏，光绪初年张文达公长子同苏购自其族人，藏于家，现尚存。谈魏碑者以此书为最。天暝入城，至问楼宅内小谈。

初肆日(10月18日) 薄阴，入署。午间贾子槐来，匆匆数语而去，散值出城，至福兴居，刘小渠员外之约也。座皆同门诸君，共十七人，席散已日暮，遂入城。

初五日(10月19日) 晴。未入署。是日虎坊桥李慕丈之三儿媳出殡于南横街东之三圣庵，已刻同闫镜如往焉。同乡亲知送者甚伙，柩由大街迤东绕大栅栏、观音寺、樱槐斜街折而南出绳匠胡同，折而东至殡所，送者步行至西珠市口东头始登车，先抵三圣庵相候，有随殡行者，慕丈徒步至殡所，卤簿颇盛，兼有北城练勇廿人护丧。随行有讥其过于华奢者，以廿馀岁之少妇，翁姑均亲往送丧，且劳动如许士大夫，未免爱好已甚，君子谓之不知礼。事讫已日夕，偕宝轩同车回永泰昌，少憩，天暝入城。闻闫鹤泉太史云，圣躬不豫，近日疾势益增，医院束手，后事可为寒心。

初六日(10月20日) 晴。入署。散值回寓，遇杨云衢小谈，遂出城，赴下斜街梁芗南侍郎画片奏稿，薄暮拟访武仙航比部，不果，遂回寓，云衢尚未去，同镜如、润田共话，夜分始散。

初七日(10月21日) 晴。入署。散值回寓，偕名帖往东城汪家胡同昆筱峰师相宅贺喜，明日二公子完姻。归抵寓天已曛黑矣。接沧州砖河镇刘宛山表侄信一函。

初八日(10月22日) 晴。入署。散值回寓，灯下阅通州书院课卷。

初九日(10月23日) 晴。入署。早遣人赴太平街韩宅送米票，为张玉叔吏部代嘱之件，奈渠回信称非应管之仓，碍难办理，将票缴还，仍遣人送付张宅矣。午间李筱帆来，求为代作挽联，即幼铁夫人之丧也。散值出城，至瓜子店万全号小坐，回永泰昌，薄暮入城，灯下写挽联一分：中妇悟仙缘，象服奥轩，撒手红尘归兜率；高堂挥老泪，琛环瑜珥，伤心黄口失劬劳。

初十日(10月24日) 晴。澹阴。入署。散值出城，赴三圣庵为李宅事，遇铭仁甫山共席，即房居停也。归已薄暮矣。灯下同镜如话许久。阅通州试卷。

十一日(10月25日) 阴，早雨，夜风。入署。散值回寓，至四钟后命车赴北城后门外李广桥泰瞻岩云家贺喜，以次日其第二子贵化南宣茂才完姻也。比到已上灯矣。瞻岩、子平方拱候，更衣毕即入席，畅饮豁拳许久，不觉酕醄大醉。饭后就枕酣睡，至夜半始醒，主人已去，唯子平尚未寝，抵足共话，鸡鸣始睡去。适案上有《恩福堂笔记》一卷，展阅乃瞻岩曾祖英煦斋和协揆所著也。其中所载乾嘉朝掌故及当时诸巨公轶事甚伙，亦文献之可征者，披览终卷，已日上三竿矣。

十二日(10月26日) 晴，大风寒甚。入署。早间假寐片时，及起尚宿酲未解，同子平至内宅为瞻岩夫人贺喜，贺客方盈门，喧阗不休，未暇入席，天已将午，遂呼舆归。先至署上堂，适赵展如尚书方共湖广司司员等讲究律例，立听久之。回寓始早餐，适刘诞甹来话，到薄暮上灯后就枕，少憩，酣睡至次早方始觉。

十三日(10月27日) 晴。入署。月初赵堂传谕各司，凡司官常入署者皆接见，并交印格本，令本官自书名字、籍贯、出身，名为《西曹寅谱》，每日一司上堂谒见，询以公事，或秋审、或现审律例中疑难处，然能对者恒少，尚书亦不甚苛责，唯极意劝勉。明日应轮到山东司接见之期，今午同寅诸君咸来署名，约廿馀人。四钟后回寓，昨日刘公受舍人来，不遇，渠自奉天携眷抵都，拟旋里安葬其太翁，今午遣人送一札云，浼予代求李慕丈为之点主[①]。

---

① 点主，旧俗丧礼，填写神主上“主”字上端之点。

十四日(10月28日) 晴。入署。午前进署,同司到者已十数人,至十二钟到齐,上堂,逐人接见后,向予询及斗殴门“殴死缌麻兄妻”一条,此项在妻妾与夫亲属相殴门内,然律例皆无明文,唯注内有大功以下兄弟妻皆以凡论之语,人往往习而不察,以凡论人皆知之而本条乃附在正文之下注内,则或忽之,若骤然一问,不能说出下落,岂非以凡论三字竟无专条可引乎?予于前月内翻阅一条,曾留心查记,故于今日之问,确切指明,赵公颇有奖语,实意外之幸也。回司后各寅好咸为推许,书吏等亦环向问讯,盖前数日他司印稿无不为所窘者,故众人皆以为异事也。一笑。散值出城,至虎坊桥为公受代求慕丈成主事,未遇,向幼铁言之,适仲鲁亦到,谈次,何冶园、贾佩卿两孝廉自津来都,即到李宅下榻,匆匆话片刻,已将薄暮,到津南馆覆公受回信,遂入城。刘四表兄来。

十五日(10月29日) 晴。入署。午间邵姓人来,送礼二色。何冶园、贾佩卿、李敬轩来谈片刻而去。散值出城,约敬轩、镜如到龙源楼小酌,散后回永泰昌,夜半入城。

十六日(10月30日) 晴。入署。韩仙圃来。杨云衢来,求为其祖母作寿序。散值回寓,何冶园孝廉来,留饭,夜话至三鼓后始眠。予归内室,视钟已四点,遂盥沐易衣,呼仆驾车入内听旨。司中议奏一件,由题改奏一件。

十七日(10月31日) 晴。入署。至西苑门外六部公所,天未明,候各堂官到,递听旨名单,是日署中引见官八名,曾蜀章、乔茂轩两主政系提牢引见,曾拟正,乔拟陪;又徐博泉宗溥主政补缺,均在公所待漏,谈许久,九钟时旨始下,引见诸君已退出矣。迎见道贺,登舆回寓,早餐毕进署,散值回寓。王瑞亭来话许久,薄暮出城,至惠丰堂,何、贾两孝廉公请李慕丈,约予同刘仲鲁太史作陪,仲鲁已先至,闻宝轩令侄患瘟症,势甚危,故冶园邀之出城,不至。慕丈到时已更许,席间谈及近日变法事,佩卿故左袒新学,与仲鲁意不合,辩论久之,一座为倾,两人俱颈赤发指,若不可解。予从旁以谐语杂之始罢。

饭毕慕翁先辞去，予同仲鲁候至十一钟始入城。

十八日(11月1日) 晴。浓阴。入署。灯下武瑞亭来。散值回寓，少憩，潘问楼邀往陪客，日夕往焉。座唯尚会臣名其亨同年太守，会臣为问兄受业弟子，现任山东武定府知府，因东抚张汉仙保荐，入都陛见者也。座间谈及在任政绩，慷爽可爱，予微询其召见时奏对语，渠一一述及，深可佩服。席散少坐即辞去，予亦回寓。

十九日(11月2日) 晴。入署。是日山东省勾到，掌印英菊圃进内接榜示，予辰刻入署候行文，至十二钟勾本始到。同司诸君到者四人，行文毕，呼署内厨役备早餐，予出城至津南馆，盖是日刘公受舍人为其尊人行点主礼，主官为李慕丈，襄礼者为朱佐廷、张玉叔两吏部、戈景韩比部及予，予因在署未得分身，比到则事已讫，执事者各散去矣。公受款留予午餐，王墨泉亦在座，谈至日夕始入城。

二十日(11月3日) 晴。入署。是日满右堂堃子岩岫到任，堃先任礼部侍郎，因王小航照事削籍者也。自康逆败后，王亦逃匿，礼部六堂渐次起复，而许大宗伯筠庵已出都旋粤，近又有浙闽总督之命矣。散值回寓。闻本日上谕，尚其亨补授山东督粮道矣，前任桂悦庭春已补授陕西按察使，两人皆东抚所保荐者也。

廿一日(11月4日) 薄阴，入署。午间张兰江来，取印结一张。散值赴东城堃侍郎宅投柬贺喜，又至东华门内箭杆胡同那用五福宅道贺，那新放广西思恩府知府，起家荫生，员外郎分部，在刑部奉天司行走。予初释褐，原分奉天司，与那为当月同官，稔知其家世，盖原任奉天将军穆图善之孙也。气宇轩昂，性情亦坦爽，惟少读书耳。现在山西司帮印，先年为吉林将军长顺保荐，交军机处存记者耳，年甫三十许，竟一麾出守，诚异数也。薄暮回寓，刘诞甥来，携红梨数十枚以赠。

廿二日(11月5日) 晴。午后风，彻夜不息。入署。散值回寓，复往象来街姜宅省问宝轩之令侄病状，与宝轩不晤已半月有馀，今觌面见其形容消瘦，盖其侄骤患时症，甚危殆，连日延医问卜，踯躅床头，焦劳忧虑所致也。予至病人房内探视，语言明白，不似前数日之谵语不休，手足挠乱情形，唯自头面以下，汗出尚未通透，似药力未足以胜之，因坚嘱宝轩加意为之调摄，仍须日日胗脉，遂出。晤刘诞勇、徐海屏、陈朴亭诸人。接张亚珊埙茂才信并刘文清公墨迹卷子，亚珊今春赴吉林省就某副都统之馆，此信乃到吉后寄来者也。手卷亦亚珊自吉购得持赠予者，装裱颇精洁，而墨迹则确系赝物，千里送鹅毛，礼轻人意重，此情究可感也。函中叙吉省近事，铁轨将已告成，传闻俄人定于今岁十二月开行，殊为可虑，又各处教堂甚盛，屡有民教互讼之案，秋间铁路土工滋事，殴伤洋人廿馀名，地方官捆送百馀人，俄人皆载以归，嗣又掠去近千人，不知何意。总之，俄患已深，无智愚皆知之，将来铁轨通行，益复不堪设想，杞忧徒抱，奈何奈何！在案头翻阅，见有《博通斋论义》一编，展视之则崔兰西孝廉所著也。自夏间奉上谕易时文为策论，乡僻之士子苦无门径可寻，兰西课徒津门，因手著此编，计四书经义及论共廿馀篇，以石印板印行。适值津岁试，出售甚伙，几欲人各一编，又寄都下知好，其用意甚厚，乃书甫到而新法适废，仍试八股之命下矣。予久闻其书，终未寓目，今日始得之，流览一周，虽其中瑕瑜互见，持论亦间有偏激而绝非俗学所能办。其独到处直涉古人堂奥，灯前把卷，旧雨如亲，兰西其吾乡之通士乎？在宝轩斋中晚饭，杨云衢、张月楼亦到，话至二更后，同云衢归。抵寓已交子初，月色朦胧，落叶满阶，篝灯暖酒，饮数杯欲觅句，未成。

廿三日(11月6日) 晴。入署。散值回寓。薄暮出城，至众宝堂，田仁甫邀为陪客，系新选授乐陵县知县何松坪大令名业健，座中有松坪令兄静山明经、杨云衢、张月楼、李小慕均到。席未终李慕丈在福隆堂邀一谈，遂呼舆往焉。座有经佩卿大令，系直省候补派管津南营田事务者。席散已十钟后，少刻即入城。

廿四日(11月7日) 晴。微阴。入署。散值回寓。刘诞勇、贾子槐均至，星甫先去，刘、贾两人薄暮始散。潘问楼来，约徐子光不至，是日内子忽患头疼心痛终日，至夜半后始愈。

廿五日（11月8日）　晴。入署。散值回寓，灯下作柬，邀李慕丈于廿八日到福隆堂，饯别也。

廿六日（11月9日）　晴。入署。散值回寓，李筱帆来，邀予出城，渠先归，夕时至永泰昌，遇同县人孟继宗，少话，遂往虎坊桥，适慕丈已回宅，谈至夜分入城。

廿七日（11月10日）　晴。入署。散值出城，至永泰昌，假寐少刻，遂至福隆堂，孙仙石侍御朝华之约也。席散又至万福居，郑倬甫同周爱堂在焉，予于十九年托长梅屿、郑倬甫借周爱堂银四百两，署券以印结票作压券，每月由周宅取结费，当时长梅屿用银一百廿两，本利均未还付，去岁九月梅屿病故，此项已付流水，只好予为垫还。前数日予访郑倬甫，谈及拟于今年归清，赎回结票，今晚周、郑二人晤面后算账，周爱堂人极鄙吝，其盘剥无厌，竟有出情理之外者，予置不与较，只好缓商耳。回永泰昌，少坐入城。

廿八日（11月11日）　微阴，入署。散值至永泰昌，与贾子槐、田仁甫小谈，晤吕星甫，薄暮往福隆堂，至正阳门外见肩摩毂击之众均在两旁停驻不行，正疑讶间，见步军统领骑从拥簇而来，冠顶翎者约数十人，皆步行入城，少顷见二洋官乘马呼啸而至，随后见一金冠洋弁步行率洋兵百馀，皆负洋枪，跨大刀，衣仗鲜明，队伍整肃，入毕则左右翼总兵护其后。闻近月馀洋兵入城者约千馀人，皆屯于洋馆，每至则步军统领衙门三堂官均出郭相迎，提督前导，左右翼随之，京营弁兵各两旁侍立，盖彼之来者皆精选健卒以耀华人，而我京营兵弁向系疲癃老弱者充之，相形之下，未免太不足壮观矣。至福隆堂，王鹤田已先到，徐子光、刘耀庵、阎鹤泉、蒋艺圃、孙仙石、孔辅堂、刘悝庵均至，李慕丈亦到。席散已九钟，同徐子光盘桓少刻，各归。予至永泰昌晤杨叔沈孝廉，话许久，始入城。

自甲午朝鲜构难，中国力为保护，以示字小[1]之仁，遂启强邻之衅，洎乎丧师失地，屈意求和，东西各国几于无时不要挟，无事不牵制。去冬德国又以巨野县教士被劫一案，藉端恫喝，至割胶州以与之，而英俄两国之广租界，索厘捐，开铁轨者不计焉。最可虑者，俄国铁路已衺延江、吉二省，丰、岐故都，皆为敌据，将来奉天亦在蚕食之内，固不止日蹙百里也。今春乃有为瓜分之议者，至绘图贴说，肆言无忌，中朝士大夫一唱百和，其意在乎幸灾乐祸，而藉口于忧危忠爱，以耸朝野之听，而起嚣陵之俗。若求其实际，则不过拾西人之唾馀，以开终南捷径云尔。夫以四千馀载礼俗教治之中华，二百馀年深仁厚泽之世德，纵相忍为国势成积弱，而人心固结，彼族亦不至遽为并吞之谋。盖千古兴亡之局，总不外《孟子》所云"人必自侮而后人侮之"一节关键。若近日之康梁诸人，无论逆谋可诛，即其著书立说，无一非摇动人心，败坏风气之渐，不如是不足以亡中国也，可胜叹哉！嘉庆年间，洋人居中国者不准携眷，凡有妇人，地方立即驱逐，以后禁防渐弛，自道光末年，而中外不分矣。今日则国体已亵，王室日卑，含垢忍辱，安可胜言，然未有如近日洋兵入城之事之尤为出情理之外者也。本朝官制，武臣以步军统领为最尊，提督九门，京营咸隶麾下，故驺从之盛，虽亲王不及也。自上月初旬，洋兵进城，各先照会总署，由总署咨提督暨左右翼，令其出郭迎候，如延上宾，入门时京营弁兵两行班列，执櫜鞬，听命唯谨，至伊辈入洋馆后始散归，予稔闻之而未睹也。今日薄暮在正阳门外西月墙亲见此举，舆中张目，悲愤不胜。噫！忾我寤叹，念彼京师，是故我朝列祖神宗，艰难缔造之所贻，沦胥至此，孰生厉阶，谁秉国成，苍苍者未厌周德，乃令若辈腾骧上达、老寿而不死也。小臣无策，所以涕泗滂沱而不能自已也。

廿九日(11月12日) 晴。入署。散值回寓。迟[2]刘诞芎不至，

---

① 字小，爱护弱小。

② 迟，等待。

刘聘三来。灯下镜如小谈。

三十日(11月13日) 晴。入署。赵堂昨日传知各司云,今早辰刻入署,予早起,八钟时入值,堂官尚未到也。赵尚书先到,时已九钟,堃侍郎继至,闻本日各部院大臣会议山东黄河事宜,盖赵、堃两公皆由内阁散后来署也。散值回寓,刘诞甥来,薄暮始去。

附录:

一、文稿

臣等查案内中尹六,原供伙同抢劫,迭经严讯,该犯供称:伊名尹四,即尹当,尹六系伊胞弟,素不安分,曾□伊□知听讲,伙劫一次,因查拿紧急,畏惧远遁,将自□洋枪交伊收藏,伊与杨二等素不认识,亦无伙劫情事,往以□□认□,坚供畏刑所致,再四研往,极口呼冤,提讯杨二等,环质佥称此尹姓益不认识,提犯隔别严讯后,均供黄后店案之尹六系逸犯,周三、徐老等纠□入伙,黑夜仓猝得赃后各自散去,以后总未见面,事隔年馀,面貌记忆不清,不敢□指。众口如一,坚供如故,故查盗案以赃物为凭,杨二等先日所抢各赃均已追出给之,而尹六所□之赃,并未起获,是赃证皆无可据,似未便徒事加求,致滋冤□。

尹四即尹当,与杨二等并不认识,亦未伙同行劫,质之杨二等,供供相符,惟案内与尹六同伙。

二、诗歌

太平时节一官微,会奉双亲住帝畿。一霎忽浸家国事,万行清血点朝衣。

光绪二十八年(壬寅,1902)

予自未冠时,即窃有记录。日间趋庭之暇,喜抄前言往行之可则效者,或师友讲习,必谨志之,而故家父老过从,偶谈旧事,凡岁时之丰歉,方里之变迁,以及土风乡俗之有涉今昔升降之故者,悉缕述无遗。盖阅世太浅,酬答绝寡,依依膝下,皆宽闲之日月也。光绪戊寅,年二十四,值岁大祲,比屋流离,饿殍载道,家无宿粮,糠核不充,春间时疫流行,连遭戚族之丧,情绪尤恶。先严染疫几危,经旬汤药,幸早痊愈,而甘旨之奉缺如,东西求乞,仅代藜藿,二麦既登,稍释饥困。三弟年十九矣,学理家计,颇有条理,忽以殇亡,肝肠崩碎,万念俱灰,不握管作书者数月,而日记遂止于斯。迨通籍后,在都门因应略烦,惧有遗忘,辄复逐日登记,然已非复少时之蹊径矣。戊戌冬奉派监督陵工,有蓟门之行,归后为二老庆七旬寿,已岁暮矣。作行纪未果,而先严即于次年正月见背,坫块昏迷,忽为纤人交构,侮难纷沓,自知罪戾悼悔,几不欲生。由此贫病无聊,百忧丛集,杜门不出者年馀,无可省记。至夏五月,而拳匪之乱作,六十日中炮火惊心,举家槁饿,城将陷,急走郊外,奉先柩浅厝,仓皇回寓,引领待尽,侥幸无恙。去岁四月扶柩旋里,以安窀穸,跧伏里门,殆将半载。家慈敦促入京,遂于九月中旬北上销假,忽忽又改岁矣。回忆三载以来,国祸家难,所遭之不幸,有非笔舌所能宣者,盖屡濒于死而幸全性命,视息人间,入顾妻儿,出联朋好,两餐饱食,一灯独对,偶有见闻,把笔志之。是实我先灵之默佑而北堂慈母辛苦积善,天不忍令见意外之惨。予小子既获再生,敢须臾忘哉!光绪二十七年岁次辛丑除夕守岁记,唐烜时年四十七岁。

正 月

初一日(1902年2月8日) 天气清明和暖,午间微风。张西园墨翰、贾德符书恺同在寓守岁,祭神后共两人闲话,邀杨砚亭同坐,赠《地球均言》一部。日出盥沐毕,家人共食,向晚假寐,姜生荫卿世恩来拜节,谈至薄暮始去,留诗三律,语意有牢愁之概。姜前岁冬间来都觅馆,去春介族孙介轩来受业课文,嗣拳匪乱作,渠又来寓避难,适儿辈业师旋里,遂留授儿辈读,时七月初旬。比城陷,比邻咸劝予逃匿,予坚不肯,儿辈逐日上学如故,荫卿亦颇沉静,无惊惶恐栗之色,予深赏之。时柴米罄竭,日餐粗粝,怡然甘之如是者,盖三阅月,入冬始间有肉食,苦可知矣。荫卿在寓度岁,至次年三月旋里。予于四月扶柩回籍,安葬后家居数月,九月中旬始抵都门,荫卿偕其子先一月来寓,冬间仍授儿读,工课颇有恒,唯先生口吃,讲资每不甚明晓,儿辈苦之,遂婉辞焉。渠腊八日解馆后,寓津南馆,为人代写春联,近闻其拟赁屋开馆,并以方脉自给,或可不致窘困也。荫卿昔年里居课徒,有蜚语毁之者,甚至事涉暧昧,不能置辩,故决计出外,予自前岁即微有所闻,然不以介意也。荫卿意以予所以辞去之故在此,诗中有自怨艾处,有自伤悼处,其情殊可悯也。张西园系盐邑富户,曾入武庠,拳匪祸乱时,渠家曾设坛聚众,但未杀人耳,事定后被控累累。去岁邑中立招抚局,罚伊万贯钱充公,予在籍时伊恳予为之转圜,予曾向局绅商令伊出钱六千贯,已允矣。而伊坚执不肯,令其弟来京,赴李傅相行辕控诉,未及批示而傅相已薨。邑中官绅闻之大怒,立拘拿抄产,幸伊先已得耗,远遁,央沧州刘祉廷赴盐关,求以万金了事,伊仍不敢归家,故客腊逃至都中,刻下借寓石碑胡同粮店内,流离惨沮,可谓自贻伊戚矣。贾德甫系玉峰昆山茂才之子也,已游庠矣,人尚聪慧,唯性情浮动,无沉潜之致,去春来京觅馆,寄寓予宅内,极不利于众口,现闻已在津门定馆矣。杨砚亭,乐陵人,向在天津武备学堂肄业,熟习英文,客腊荫卿放学后延之到寓,授三四儿学英文,人颇静实可造。

初二日(2月9日) 晴。十二钟入署,同司团拜,约各不登门投名纸。散后赴帅府园孟树村副戎处拜节。并回拜同乡吕哨官长顺,顺路至歧凤楼东长兴、苏州胡同长和两炭厂,在东长兴遇刘仲鲁太史,谈许久,出城至手帕胡同,访杨待清,不遇,又顺路拜三数家,日已暮矣,遂入城。灯下介轩偕玉贵族孙来,话许久。孟名恩远,天津咸水沽人,少无赖,颇为乡里患苦,弱冠后入伍,先隶嵩武军,在前山东抚军张勤果公标下为哨兵,前年袁慰亭宫保莅东,拔升武卫右军马队营官。拳匪乱作,派防武定府乐陵县一带,直东交界处所屡与拳匪接仗,擒斩甚多,地方赖以安堵,曾剿匪至盐山境内,深以保全良善为务也。近日武弁中不数见也。予同里王世兄赞轩孝廉在津沽教读时,孟曾执贽为弟子,故与盐人尤多来往情谊云。吕亦盐山曾家庄人。

初三日(2月10日) 晴,国忌日。连日乏倦,起甚晏。西河沿永泰昌白炭厂掌柜王竹泉偕车拜年。永泰昌号向在前门西月墙迤西之南,自己丑年开设,其铺掌系刘文德沧州人,与予有世谊,故往来甚亲密,上年拳匪乱作,正阳门迤西诸市肆悉毁于火,月墙一带唯该厂独存,比联军入城,正阳门内外枪炮连天,杀人如麻,而该处毫无伤损,其时刘已患病数月,势亟危殆,予曾冒险偕医往视数次,终以不起,其时闰八月初旬也。刘死后其铺被抢一次,至十月其子来京,予力为怂恿,令其搬柩回籍,乃刘柩甫行三日而洋人已于前门外开筑铁路,亟令拆房徙居,转盻之间,委为平地矣,亦异哉!去冬其铺东田仁甫在西河沿重购地设厂,以王为铺掌,王即昔日刘之学徒也。客腊予到该厂一次,为之凄咽久之,盖不禁今昔存没之感云。读《汉书》列传至三更许,饮酒数杯,为潘问兄作札,明早送呈,皆隐语也。“青帝乘权,番信甚紧,斟酌花事,印须我友。明午可否于尊府便邀宝兄为春酒之会何如?”

初四日(2 月 11 日)　晴，午后薄阴。董赞宸郎中来，谈许久。张西园来少坐，李虞臣来，薄暮去。刘祥来，为送交窃盗丁二事，遣其递呈。孙禄来，前数年寓中旧仆也，闻其近日饥困，唤之入宅服役，晚间将霍顺辞遣，为王卓声同年作札，霍系卓君原荐也。潘宅约明午春酒。赞宸为结局事屡促予向潘宅关说，予雅不欲预闻此事。上年予未丁外艰，因李慕皋太守被同乡攻讦，挺身出为相护，瞓遭大故，遂致众口交射，几与李宅结不共之仇，皆赞、宝两君为之也。一则但图利己以快私嫌，一则轻听谰言而忘公谊，我误从井之救，人甘下石之投，众吠群狺，无从置辩，是以三载杜门，不通人世，然仰天长号，阖室饮泣。三百六十日中，几于无日无之，妻子童仆无可告语，言念及此，悲恨曷极。盖董与李有夙嫌，攻讦之事发之于董，阴为怂恿，阳为调停，并拉予向李宅说合，令其出钱息事，尔时众议沸腾，李几殆矣。比予丁艰后，而董乃向宝巧饰，谓予有分肥之计，宝信之以告李，自此仇隙遂结。

初五日(2 月 12 日)　晴，子夜风起，吹嘘终日，寒甚。午后王卓声同年来，谈许久。同乡王炳南来拜节在崇文门外麦筋铺。赴松树胡同潘宅之招，同座为金小珊同年水部，徐子光侍御、卓声铨部、姜宝轩农部五人，薄暮金、王先散，子光、宝轩后去，灯下同问兄谈许久，归寓已九钟矣。是局为结局事也。向章查结官以十二月验看为度，仍多留一月为新接管者送情之说，共十三月。是岁潘宅具呈接管时乃承乱离之后，自正二三四月均无验看，取结者寥寥无几，至停捐旨下，众始踊跃上捐，结局入款渐丰，总计验看之月七，若以向章核算，则须今年六月始满足数，而董君坚执一年期满之说，必欲自二月初一日接管，客腊封印前一日已径自具呈吏部，不谋于众，潘宅仍论向例，亦执意不交，故邀诸人先行商定。当日两家之事皆姜宝兄调停其间，姜固左袒于董者，彼时密议他人皆不预闻，且去秋董悔成约，数嬲宝君，嘱其向局为增津贴，按月支取，已千馀金矣。盖同乡大众所共知者，咸不直之，今日之议，宝兄竟不置可否，亦莫解其用意之所在也。丁二已被责押追赃矣。

初六日(2月13日) 晴,夜半后风止,午间微阴。早饭后儿辈逛厂淀,呼剃发匠。黄辅臣天佑来。张泽周来。连日读《古文辞类纂续编》,正编为姚惜抱先生选,风行海内已久,凡为桐城之学者,无不奉为金科玉律。《续编》有二本,其一为长沙王益吾祭酒先谦所选,予十年前购得一本,其文皆刘、姚以后之作,凡其人生存者,一概不录,墨守桐城,不免门户之见,且无奏议一类,予翻阅数周,丹黄殆遍。久闻黎蒪斋先生庶昌有续选本,而未得见也。三年前曾在友人家案头见一册,刻本甚佳,惜未暇披阅。前岁乱后秋冬之交,藏书故纸,充塞九衢,然往往残阙不完,令人怅懑,盖其时都城失陷,故家巨族仓卒出走,土匪饥民趁机爬抢,公然售卖,一时羽毛文绮珠翠犀玉,以至名人书画,累世宝藏之物,贫家拙宦生平所未尝寓目者,乃种种倾筐倒箧而出之,与泥沙粪土相错杂,其价之廉,不言而知。予居忧年馀,足不履衢市,联军入城后,尤惴惴不敢窥户外,至九月间洋兵稍稍静帖,止获人之令,而家人日有断炊之惧,不得不出外谋生计,阛阓阛阓,满目荆榛,乃颓垣焦土之旁,摩肩接踵,俨然五都之市,光华夺目,珍奇醉心,凡强有力者携洋圆数十枚可得十金之值,间有连城无价而唾手获之者。噫!此大变也,可忍言哉!予方日谋升斗,故一切皆以为若弗见也而过之,十月初旬,南海子收粮十多石三年前以百金典地二十亩,佃人运至,始免忽庚,又得友人佽助数十金,兼救急会之津贴共有百金,室人劝予购衣服十年之中所有皮衣尽于质库,无一存者。备服阕之用。予尚犹豫,适有卢姓书贾来,以《十三经注疏》求售,易以五金,嗣卢某数来,来辄携旧书数册置案头而去,或论价,或不论价,至岁杪算清,已七十馀金。其间偶有在街头物色者,而最难忘情者有二,一则予早起过宣武门,见有书摊,翻得元本《参寥子集》、抄本《宋遗民录》并他书数种,定价十八千,先交一千,约次日往取,竟为他人昂价夺去。又卢某携宋本《文选》一部,《徐骑省集》一部均定邸物也。索价一百五十金,遍借不得,遂掷还之。二事至今思之,有馀怅焉。而衣服竟未得一缕,由是卢某以予为售主,不时辄来。去冬予自里中归,又得书数种，托渠代觅黎选《续纂》，至岁杪始得之，板印尚好，惜纸太劣，然价已三金馀矣。据云近日购古文者甚伙，琉璃厂书肆中只此一部耳，已足慰数年渴想之情矣。此纂乃仿曾文正公《百家杂钞》之体，经史具备，存者如张廉卿、吴挚甫两先生文皆在焉，较王本宏实，而经史之选则私心窃以为未合体例，然不可谓非便于学者也。昼夜披读，不暇出门，今日始毕，因记之并追忆上年乱离之象、窘乏之况，而案头架上数百卷所得之缘起，亦志之以助他日之谈柄云。二龢生时夜四鼓。

初七日(2月14日) 晴暖。王得山来。雍和宫义顺炭厂张西园来，少坐。出城拜节，在西河沿永泰昌少憩，至大街云益钱店下车，遂至津南馆，晤王云门景濬比部，云门与赞宸同住一室，话许久，曛黑始归。为潘茂亭作札，赠其昆季湖笔两管。灯下张西园来，话许久。为丁二事，意在为之求情也。赞君仍以结局事相责，急谋瓜代而同人中无为之尽力者，唯云门时为画策，然不甚中肯綮，往往谬误，如客腊吏部递呈，闻系云门一意怂恿，故予力阻而不从也。以赞之迂谬，辅以云之忮求，安得有醒快文章哉！宝轩来，不遇。

初八日(2月15日) 晴。午后出门拜节，至宝轩宅不遇，出顺治门，到聚茂魁蜡铺铺掌张广居仁甫，友人张静庵之侄也，宁津人小谈，潘茂亭适至，话片刻即去，至直隶老馆，访孙伯平不遇，留字而归。

初九日(2月16日) 晴。早起拜客，拟赴东城，车至交民巷东口，则棋盘街一带已设帐棚，闻圣驾将出是日祭坛，遂折回入西华门，出后门，至李广桥英宅拜节。同泰瞻岩员外云话许久。自上年乱后，未入西华门，今在舆中略窥断瓦颓垣，荒凉极目，直至后门大街，无一居人，可胜悼叹。瞻岩为乾隆年间名臣德定圃①保之元孙也，嘉庆年间英煦斋②和之曾孙也，为内务府望族，四世由翰詹起家，尤为满洲

① 眉批："德中丞。"

② 眉批："英协揆。"

所难得者，近已陵替矣。[①] 瞻岩兄弟六人皆官内务府，而未有科目，其令郎贵吉三成中丁酉科乡榜，曾执贽于予，故相处最厚。瞻岩人亦爽直，犹有先代典型，无时下满洲习气，唯家计窘乏，殊为可悯。别后绕四牌楼拜客数家，天已交未正矣。归寓候金小珊同年镜芙不至，灯下张西园来，托代家信。晚课震、豹两儿写字，痛责之。观《曾文正公全集·书札》。

初十日(2月17日) 晴。午后出正阳门拜客，到韩荔生郎中宅，话许久，遇李栋臣，少话，归至松树胡同潘宅，略坐即回寓。茂亭适来，留共饭，谈更馀始去。阅《曾文正集·书札》第三十二卷，皆公莅直隶总督笔也。公为直督二年，励精求治，百废俱举，属僚洗心易虑，争为循良，乃同治九年天津教堂[②]之事起，时直督尚驻保定，天津未设行辕，亦无北洋大臣、通商大臣兼衔。盖北洋未置海防通商，则专差一大员主之，驻节天津，凡华洋交涉之件悉归之，时星使为崇地山厚侍郎，簪缨子弟，喜威重，无远略，颟顸从事，致酿此变。公闻信驰抵天津，半载而事定，因调公两江总督，继任者为李文忠公，盖朝廷恐公力持正议，致与外人起嫌，而文忠自为苏抚时，外人多悦服之，故有此互换之局，皆枢府苦心位置，外间臆度之言如此。是年予十六岁[③]，尚记五月廿八日方在塾中读时文，闻门外人声聒沸，走出视之，街市行人如织[④]，间有执持兵械者。方日晡，遇一邻人，亟询之则云居民闹教堂也。盐邑城池卑陋，又甫遭戊辰捻匪之祸，伤夷[⑤]未起，洋人先一年突至僦居传教，即所谓神父者，并有女教士一，称为二姑，是日闻天津之耗，皆狼狈遁去，邻右有知之者纠集无赖数十人，挤入

---

① 眉批："英因陵工事曾革职抄产，遣戍后又赐环复职。"

② "教堂"下，原有"戕教士"，被删去。

③ "十六岁"下，原有"本应庚午科乡试"，被删去。

④ "如织"下，原有"东西乱走"，被删去。

⑤ 伤夷，同"伤痍"，创伤、疾苦。

堂内抢掠一空，然不过零星器具，其房主系奉教者，亦逃匿乡间，原为小贸营生失去米麦数石而已。时县主为扬州曹公壬泰，教堂在县署左近，佯置弗闻。予登邑东南隅奎楼，遥望久之，薄暮始散，心惴惴恐彼族之不甘也。居三日而天津焚杀之案，通邑皆知矣，官绅士庶咸以曾文正新平大难，有重名，素为夷人所慑服，即事或决裂，长城万里当无忧也。至六月下旬而通缉凶犯之文至，且闻天津府县张、刘两君革职治罪，遂交口私议曾公不休。是岁庚午正科乡试，予方随先父入都，舟行至津小驻，时毛文达公昶熙以大农被命，查办会审，一日乘绿呢轿往通商衙门，市人咸属目焉，而津门人士虽妇人孺子亦极口诋曾公，甚者詈骂。比入潞河，有津人同行附舟应试向同人诵匿名对联，有“僧去曾来丢人”之句先咸丰八年僧忠王在津与英夷战，至十年为汉奸所卖，致大沽失守，闻者捧腹大噱以为快。予甫成童，舟中皆长年，噤不得语，心窃非之。缘前数年曾抄曾公诗文，虽不甚解，而好之不置，知为伟人，决不至一旦改节，且事之原委，尚未尽知，安得以乡曲腐儒妄议国事谤诬重臣耶？比入都，不暇论及，且童幼不得交先达，枢廷机密，朝士尚不闻，况举子乎？下第归，秋杪冬初，始喧传天津案结，凶犯正法抵偿者十六人，府县发往军台效力，并闻十六人者临行时，观者塞衢，倾城士女，赞颂不置，香花酒果，投赠无数，士大夫至比之于颜佩韦五人云。曾公素称得士，幕佐皆极天下之选，当是时也，有昌言以争者，有寓书以讽者，三湘子弟，扼腕太息。公之故交执友贻札绝交、挂冠求退，接武累函，日有所闻，盖不容于清议也如此。而朝廷还公三吴，调停作用，世不得知，公自此亦郁郁不乐，期年而薨。三十年来，公之盛德大业，久而愈章，而中外缙绅先生，谈及同治九年天津教堂一案，未有不为公惋惜悼悔者也。其无识者以公为晚节之不终，其有识者亦以公为苦心之莫谅，而要皆慑于盛名之累。噫吁！四海之内，千载以前，凡知公当日本末者，固无待辞说，即贸然论于此事之是非，公岂有毫发遗憾于其间哉！三代而后，华夷交涉，无国无之，如咸同以来诸大事，皆创未有之成局，公独遭其难而任其大者，其立心谋国，非汉唐宋明诸人所可拟议，世人狃于南宋武穆之狱，痛斥和议，侈言征战，其识解尚不能反汉唐，乌足以言君国乎？予先读公家书，于是年之秋寄长子（敏惠）[惠敏]公谕，令人酸愤，不忍卒读，盖公已办一死殉国之志。天佑忠良，幸而集事，当日秉国钧者为恭邸、文文忠、李文正、宝文恭诸公，能见其大，寅恭和衷，又值法都（所）[为]普所覆，外强中乾，故公得壹意谋国，不恤疑谤，用佐朝廷仁至义尽之治，至李文忠公而适当其厄矣。庚子拳匪之起，大炽于天津，而联军之入，受祸亦惟天津为最酷，夫非庚午之案，士君子不明义理，妄言成败之馀毒为烈也耶？观曾公寄恭邸、政府诸公书，而得公用心，不禁痛苦流涕于昨日也。上年拳匪初起时，予方居忧在都，二月下旬闻京西乡村间有之，至三月而后门外有设坛者，予深为惊惧。比旬馀街巷殆遍，四月八日夜大雨雪，是日立夏，妙峰山冻毙人甚伙，知为不祥。五月节后诏命刚子良协揆、赵展如大司寇皆军机大臣出京查办，赵两日即归，奏为无事，刚至津保一带，历十馀日回奏招抚，事遂决裂。

十一日(2月18日) 晴。胡寿山裕培主政邀饮福隆堂，同座者悉山东司诸君，席散同赞臣、云门、星秋谈许久，仍以结局事也。日夕拜客十数家入城。灯下刘祥来话，丁二一案闻伊家人乞邻佑数人进城具保伊日后安分并乞予不究治云云，予诺之。

十二日(2月19日) 晴。昨午后金筱珊同年来，适予外出，留字而去，约今日午后在寓相候，早间韩荔生来字，亦嘱予相候。是日未果出门，一点钟王云门同年来谈，数刻而去。筱珊来，议结局事，云周采臣水部坚意整顿，一清积弊，并为潘、董两家交代事，亦左袒于董者，语甚不平。盖周君于去岁冬月曾倡议清理局事而未果，故仍申前说，周系滦州孝廉捐纳分部者，结局向来不准捐途人管理，去冬集议时颇为甲班诸人所屈，事遂寝息。近又有人向其煽鼓，是以云云。筱珊与周同部，晤谈及之，特来相告，嘱予转致潘宅，送客出门。荔生亦至，又永泰昌王竹泉来，荔生亦为董作说客者，然不得要领，谈至薄暮始去。予因筱珊之言，随到潘宅夜话，更次回寓。族孙玉贵自海子来，为典地事。在潘宅几上见新印书一册，名为《庚子北京事变纪略》，乃耶稣教中美以美会汇文书院教习鹿完天所志也，略一翻涉，临行忘却借回，随遣孙禄往索取，灯下阅一过，乃专记向年教民被拳匪焚杀之惨，并在东江米巷肃亲王府避难受困之苦，而各国公使署馆坚守待援，及与华兵交战情形亦略述及，笔尚不俗。末言联军入城解围后登正阳门，燃炮向禁城大内开放，渠又变喜为忧，自念生为中国人，践土食毛十馀世，目睹国家将亡，中心不忍，放声大哭，且百日中以中国人敌中国兵，迹同叛逆，乃万不得已之事，屡言及之。若而人者，良可取矣。册中附载五月十二日京都教民具奏，乞美国公使转递稿，即鹿所撰也。又《义和拳倡乱原由论》并《戊戌岁天道兴国浅说》一则，奏稿词意恺恻周匝，论亦详允可采，唯《天道兴国》乃崇信耶稣，援儒入墨，未免不伦。其《纪略》中亦屡言被困时率众泣祷天主求佑云云。噫，是人若为中国之学，侭可猎取科第以博时名，即仕官亦非庸庸者，竟投身异域，尽弃其学，谁实为之，哀哉！予在庚子五月中旬，拳匪初炽时曾上枢府赵大司寇舒翘一书，共千馀言，痛辩其非是，当由地方官弁解散，严立赏罚，少辅兵力云云；比五月廿日前门之火，又继上一书，力言开衅之非计，以为必至偾事；六月间又上书约三千言，终竟置之不理。转盼之间，神州陆沉，老苏《辨奸》所谓"使吾获知言之名"，悲夫！

十三日(2月20日) 早雾，午晴，午后浓阴。午后出门，西城拜客，访中鲁不遇，出宣武门拜客数家，遂至松筠莽杨忠愍公祠堂也，同司鲍君亮生湲之约也。悉同司诸君，共十位，主人馔极丰洁，殽品甚伙，上灯后尚未及半，想前门已下钥矣，遂留焉，共筱坪简君、寿山胡君拇战久之，不为此已三年馀矣。席散，亮生约同赞宸为章台之游，同行者星秋、云门及予，共五人，亮、赞二君各招一雏妓度曲。十钟时，予呼舆归，至永泰昌同王竹泉谈数刻，始回寓。作二札，一致星秋，约明日晚间晤谈，一致问楼兄，为结局事，盖午间长班持知单来，为清理局章也。饬孙禄明早分送。丁二屡央人关说，已允之矣，作一说片交刘祥明早过堂代递承审诸君，便可讨保开释。

十四日(2月21日) 晴。驴市胡同孙祥卿大令来,未晤,留字而去。薄暮出城,至艳芳楼约王云门、梁星秋、董赞宸三人吃饭,席散同至石头胡同,访星秋所识校书,流连至夜半,同星秋共车至西河沿,呼舆入城。回寓后又为星秋作札,次早送去。

天街揽辔,语短情长,所商之举虽无聊之极思,实两全之善策。云门固忠于赞者,然究多隔膜,且此心先不能放平,焉能代人谋事?庚子之变,偾事者独非忠臣乎?上年李雅州事,赞兄为其所误,而不知悔,大凡劝人起事者必非良友,我兄心细才长,无俟鄙人哓渎,但既爱赞兄,务须通盘筹算,孰利孰害,究竟何如,不妨先将云门按住,斟酌可行,侭可一面主张,非令其贰于潘兄也。忠于赞而亦利于潘,何嫌何忌而不为乎?赞又惯于负人者,弟试之屡矣。故者勿失其为故,乃弟委曲苦心,望高明鉴之。

十五日(2月22日) 晴。早起,王子泉邀吃春酒系对门邻居,座有安徽乔子清,饭毕留话,家僮报潘茂亭来,归舍遇刘昆甫孝廉适来,未及叙话而别。韩荔生来,坐至薄暮始归。茂亭亦去。少顷其弟荫墀来,略话片时,嘱予定十七日请客之局。祭灶祀先,拈香行礼。同乡张泽周来,系在东城课英文者。灯下同杨砚亭、贾德甫共话。赠潘茂亭听雪轩陈墨一丸。

十六日(2月23日) 晴。午后梁星秋来,谈许久。韩荔生亦至,先后去。徐子光来,晚至松树胡同潘宅话许久,归,姜生荫卿来。灯下为张玉叔作札,为刘仲彦彤甯同年写信。

十七日(2月24日) 薄阴。午间潘茂亭来,借读《古文辞类纂》一部,予出城赴惠丰堂之约,昨日系结局嘱代为请客议结局事,周采臣、王鹤田两工部、聂献廷礼部、徐子光、刘信莽两比部、张玉叔、王卓声两铨部、金筱珊工部、姜宝轩农部暨予,周君未署知单,不到。予先至筱珊同年宅谈片刻,比至惠丰堂,宝轩、信莽先在,诸人陆续均到,席散又呼舆至津南馆接董赞宸,餐毕议事,同人已拟定令潘宅于三月初一日交赞宸,如有参差,有诸人作保,时信莽先去,馀八人皆以为允。赞乃摇首不应,大众开说万端,毫无活动,以致不欢而散。予呼舆送卓声回宅,进书斋少坐,哺茶二瓯,遂回寓。

十八日(2月25日) 晴。午前茂亭来少坐,出城赴田仁甫东升楼之约,宝轩亦到,候至三钟始入座。席散已将日暮,约宝轩同至津南馆访赞宸议事,适梁星秋在焉,赞宸仍执前说不移,予颇愠怒,韩荔生又至,遂同宝轩呼舆而归。赞、荔两人追至门外,拉往艳芳楼吃饭,六人谈各异同,迄无定论,予另建一议,任赞自酌,遂回寓,时已一钟。闻家彦侄同刘爽斋舍甥茂才来,为之欣然,渠等已睡歇矣。

十九日(2月26日) 阴,早晴,午后阴,午夜大雪。是日开印,未入署。午间同刘爽斋表弟话,李同德来,儿去。韩丽生来,潘茂亭来,李镜轩农部来,渠与家侄同行,在聚茂魁暂寓,宝轩来,日暝始去。阅《南华经》。

二十日(2月27日) 早雪止,终日浓阴。午后孙祥卿来,话片刻。金筱珊来,韩荔生、梁星秋先后至,筱珊先去,同星秋出城,与荔生共舆至津南馆,遇宝轩,适在赞宸处,议局事,仍不妥,盖赞宸本一恶而诈者,又有王、梁二人为之羽翼,既不论理,又不解事,悍然不顾,唯利是图。连日同人极力为之周全,而渠竟无自主之权,一任王、梁二人从中拨弄,可怜又可憎也。同宝轩并车入城,予复至松树胡同同潘问兄父子话许久,仍定于后日邀上次惠丰堂同座诸人公议,予回寓。灯下张西园来。

廿一日(2月28日) 晴,薄阴,峭寒。马佐卿觐宸观察来拜,去冬新报捐,曾托予为之出印结折。宝轩来,同出城至金筱珊斋,谈许久,遂到艳芳楼,董赞宸之约也。王、梁已先在,饭毕,王、董二人他往,梁约予访某校书,予辞焉不往。归永泰昌,至二更后宝轩亦到,一同入城。日夕时介轩族孙来,云明日回家,未及叙话而去。三更回寓,作札寄潘问兄,云:"连日奔驰,迄无要领,弟心力已竭,疑谤交乘,昔年隐痛,未能去怀,岂容更蹈覆辙,只有及早抽身,或不至取人屡憎耳。惠丰堂准拟不赴,已于晚间面致宝兄矣。伏望知我鉴原为幸。"

廿二日(3月1日) 晴。午刻茂亭来,共饭,筱珊来,荔生来。由郑倬甫汉章来,赞宸来。薄暮同赞宸、荔生出城,赞、荔二人至前门外下车,予先至惠丰堂,缘茂亭又敦请予前往,重违其意,勉强赴约,至则诸客已到齐,坐谈许久,候赞不至,命舆招之始来,局事重申前议,于三月初一日移交赞宸,二月归大家公理,并具呈吏部存案,而应得之利则潘、董两家划开,赞意犹未释然,又议于二月初即换赞宸查结名戳,亦归大家公理,而利益则专归潘宅,盖名利不能两全,赞意重在得名以为依据,恐将来另有波折,故虽不得利,亦所甘心,同人终以为事体不甚顺叙,不如前议为长。赞先辞去,临行仍嘱托再三,以明日若向潘宅商定时总以二月换戳之议为先著,嗫嚅许久,殊可哂也。卓生、筱珊、鹤田先后去,同宝轩、玉叔候至十一钟始入城。

廿三日(3月2日) 阴,向夕微雪。起甚晏。十一钟潘宅遣人来请,云玉叔、小珊、卓生、宝轩咸到,予辞不往。午后四钟刘爽斋表弟约艳芳楼吃饭,予出城,先至津南馆,与赞宸话片刻,闻王、张两君在前门大街天利和米庄相候,趋往少坐,宝轩、筱珊亦至,公定潘、董两家局事,各散,先予出城途遇韩荔生,即邀之入艳芳楼,予上灯后始到,饮酒一壶,约八两许,食毕,觉醺然醉倒床上,至十一钟始觉,荔生、西园尚相候,呼舆入城。

廿四日(3月3日) 阴,午后薄晴,更许风大作。早起,宿酲未解,饭后少假寐,日夕宝轩来,刘昆甫来,书贾卢文轩来。同宝轩到潘宅晤茂亭,定于二月瓜代,茂亭意殊漠然,宝轩亦似不怿,先去。予少候至九钟,归寓灯下同爽斋话,至夜半。为赞宸作字,次早令仆人杨升送往,并将杨升荐与为司阍者。

廿五日(3月4日) 晴。先严忌日,率侄家彦暨儿辈设祭行礼。是日不出门见客,适午后贾佩青孝廉由津来都见访,延入晤谈数刻而去,送至门外。金筱珊同年亦到,话许久。宝轩遣人来,并问昨晚在潘宅如何定议,予告之云云。盖结局定于二月换董君印戳而馀利仍归潘宅,大家公同经管,需三月方由董宅自办。自初十日后两家各怀不测，分置党援，同人舌敝唇焦，迄无定论，前日予到试馆，见王、梁二人均在赞所，并未交言，其险狠之怀不觉流露。予因私计其事，非及早定议，必有他变，且潘宅去岁业已饱润悭囊，外间浮言四起，又有周采臣曝工部出与为难，脱致纷纭，岂非一场笑柄？董君向来不识大体，虽同人极力维持，彼以为皆为潘宅做说客者，近日强作周旋而颜色词气未尝无致死于我辈之心，蜂虿有毒，当作堤备，桑梓旧好，从此断绝，良可惜也。故一意孤行，当场决计先发二月换戳之议，以安赞宸之心，遂向王、金、姜、张四君相商，开说万端，玉叔先首肯，卓生、宝轩亦以为然，唯筱珊随同画诺，尚未释然，昨在潘宅与问楼乔梓反覆讽喻，始无异说，今日筱珊谈次，予详陈原委，并以将来董君必不负心为言，已定于明日仍邀大众在福隆堂晤聚，从此或可释肩矣。回忆亥年今日，椿庭见背，时予因李雅州事调停十馀日，一旦决撒，反与李为仇，既抱终天之恨，又遭求全之毁，每一念及，肝胆如割，不意三年兵火之后，又与闻此事，为董赞宸所疑忌、所哀乞、所愤怨、所歆向，而终赖予以成其权利，可见循环播弄，冥漠之巧，使彼丑态毕露于区区耳目之前，岂不大可怪叹耶！静言思之，伤已伤已。灯下同爽斋共话，闻其明日将归也。

廿六日(3月5日)　晴。董赞臣来，韩荔生来，李镜轩来。赞臣先去，荔、镜同行，与予并车出城，予至福隆堂，时已上灯，闻张玉叔已到，匆匆入城，刘信莽辞谢，馀人咸在。席散议及二月局事，先拟由同人公为清理，由潘宅移至直隶老馆，将来移向董宅，必致人言啧啧，二则仍须潘荫墀经理帐目等事，以资熟手，若在老馆则当立伙食常川住宿，伊必不愿，且于潘宅面上不甚好看，因向同人集议，不如仍旧在潘宅不动，俟三月初移向董宅，较为直截，亦为潘、董两家少为联络，不致从此嫌隙日深，大众咸已首肯，重向赞臣商酌，赞初难之而无词狡辩，徒颦眉蹙额，良久不语，既聂献廷礼部又申明其说，赞始无话，议遂定，时十钟矣，各散。赞有某校书之约，匆遽先行，予同徐子光、宝轩入城，前门尚未启钥，候许久。回寓始闻本日申刻有马佐卿观察之约,家人忘未告予,竟尔不辞不到,殊深歉仄。刘爽斋于早间上轮车返里。翻阅《律例》等书。天已鸡鸣觉腹中馁甚,暖酒自酌,煮鸡子二枚。前二日有同里高媪偕南皮县一媪来寓,系至京西西域寺烧香还愿者,高媪向侍家慈起居,故识之,闻予尚未睡,突来前伏地叩求为代购千佛衣一领,供寺中方丈,其资则伊沿门募化者,事虽不经,然一无知村妪,立心好善,亦可嘉也。遂诺之,叩谢而去。

廿七日(3月6日) 晴。午后刘信莽同年来,谈许久,闻其于下月初旬引见御史。卢书贾来,送《古文辞类纂》一部,系翻康刻者,有柏乡吴明勤集诸家评语,惜纸墨太劣耳。出城回拜马佐卿观察,坐片刻,适有送邸抄者,本日上谕裁汰詹事府、通政司两衙门,至详细章程尚需议奏。回拜李敬轩,到聚茂魁,遇张露堂、杨待清,匆匆数语,入宣武门,过松树胡同,与问兄小谈,回寓。李同德来,灯下玉贵族孙偕胡某来,前年京师之乱,廛市萧索,米价昂贵,比户艰食,曾石碑胡同旧日歇业之粮店福聚丰开立磨房,并有宝轩入股,与予合伙,即同介轩、玉贵两族孙经理,自前年冬十月至今岁,算账共亏折五百金,至其中有无干没,尚未查清,而两人之不成材料,概可知矣。惛愦无知,实堪痛恨。介轩已回家,唯玉贵小子贸贸来索本银开市,经予痛加呵斥而去。

廿八日(3月7日) 晴,夕阴。午后贾子槐殿职广文来,谈许久,与予同车出城,予到打磨厂三胜馆简筱坪允中主政之约也。座皆同司诸君,拇战久之,向晚入城,回寓作字,请潘茂亭来话许久,茂亭去,张泽周来,同周砚亭共话许久。闻泽周云,东洋报馆出对联五字,能对者第一至第三均有奖采,而对极俚,凑予代为作三对。五儿学象棋数日,已能辨步法矣。呼来前,与之对棋二盘,似有心思。出对云:檐烟淹燕眼。

廿九日(3月8日) 晴,薄阴,大风。向晚呼舆,至象来街同宝轩闲话,留饭至二更始回寓。宝轩谈及结局及潘、董两家事宜,为之慨然。盖去岁秋冬两季正值停捐之际,各处捐生争先恐后,故来源甚旺，且直省向来捐道府者甚少，偶有一员，亦系由州县洊保过班者，若由贡监出身，径捐道府，则数年绝无一人，即同县犹不能每月遇之，所收不过佐贰杂职，集腋成裘，通省京官分结者常百三四十人，一人岁计二百金上下，管局官已获万金之利矣。是以往往前后瓜代，辄起争端，以馀利太厚也。去冬捐道府者，无月无之，而州县正印官每月辄十馀人，约略计之，月可入万金，或逾之，而众人所得，仅廿金上下，局中按四五千金分帐，所干没亦甚巨矣。方乱离之后，京官大半窘迫，唯恃此以餬口，乃垄断先登，蝇头分润，人言啧啧，固其宜也。曩年李慕皋太守、刘曜萚比部相继为之，皆拥厚赀以去，然尚不如是之甚也，问兄素号刻薄，近其世兄辈又擅心计，任情盘剥，于捐生则层层加数，而大众之公，分几于客主颠倒。不第出纳之吝也。子曰，放于利而行多怨，慎哉忍哉！

三十日(3月9日)　晴，早大风。勤生来絮语，至暮始去。到松树胡同取印结公分，未获而返。闻近日中外和议未定，东三省、津沽尚无退兵之耗，可忧可叹。又广西省土匪不靖，并有戕害教士、焚毁教堂等案，在太平、思顺一带。阅邸抄闽督奏计典事。向来大计举劾，各省具题，近行新政，悉归简便，无论何事均改题为奏，同乡刘星岑淮焴世丈已入不及之列，考语为"性情迂执，难资表率。"星丈为吾邑望族，道光年间进士，即用知县，后升道员，刘颟夫先生次子也。颟夫先生历任山左，有惠政，以捻匪窜扰东省罣误去官，居林下者廿馀年。星丈以咸丰己卯孝廉捐中书，升侍读，京察记名，简放贵州镇远府，历任八载，以卓异引见，以省分险远，捐改原省，放福建漳州府，竟以不胜繁剧撤任，又拂上官意，致列计典，殊可惜也。星丈学问渊雅，喜为诗歌，著有诗集梓行，与予既系乡谊世好，又有文字之知，曩年先生需次在京，不时过从，谈及书史，往往竟日夜无倦容，不免有挟策亡羊之讥，历官亦清惠不苟，唯时为吏胥丁役所欺蔽，而自不名一钱，家故素封，腴田数千亩，近已荡然，皆为太守时所赔累也，亦可想见其为人矣。

二　月

初一日(3月10日)　晴。向午拟出城拜客,阍人报金老爷来,知为筱珊同年也。延入遂谈结局事,拟邀集同人于二月公理局事,将管局官所有利弊和盘托出,再斟酌办法如何。正问答间,荔生忽至,入门即呼冤者再,坐定询及,始云早间遣人赴结局取公分,只得十六两馀,予与筱珊吁气久之。盖自去冬大众啧有烦言,谓管局官侵蚀太过,叠次登入洋报,缘每月取结验看引见官员,皆四五十名上下,且道府州县正印以及佐贰班之品级较大者甚多,故人人皆背地怪叹。比腊、正两月则道员二、知府一、直隶州二、知县九,佐贰杂职共廿名,可谓极盛,收款约在万馀金,管结者干没其半,每人公分尚可得五六十金之谱。筱珊先云,是月大约总在三十金上下,盖据去冬之办法而言,当不及此,然近日因与董君相争未已,必少餍人意以示后劲,而为接手者作难继之局也。予亦谓然。吾两人原未往取,不知所定数目若干,故为此臆度之词耳。闻荔生言,乃大失望,且恐大众愤怨必起风波,又须吾辈出为排解,岂非极难文字,然事已如此,无可奈何,徒付浩叹。民之无良,相怨一方,彼敛怨以为德者,其居心果不可测哉!贾子槐广文来。筱珊先去,子槐少顷亦去。荔生尚絮聒不已,予开导许久,曛黑始去。予随至松树胡同取结费来,饭后同家彦话许久。在松树胡同闻广西乱耗,在太平、思顺一带,思恩太守杜云帆庆元查无下落,是否未敢必也。杜,贵州人,官刑部,前岁冬间由京察记名简放者。又闻荔生云,近日直省查拿拳匪甚急,凡册报有名者各处行文捕缉,盐山城内李三泉近在荔生宅内管账,忽有孟营官寄信荔生,彼刻奉宪札访拿匪首,嘱荔生万不可窝藏云云。荔随令其远遁,盖即本日事也。

初二日(3月11日)　晴,夜风。刘嵩甫来,出城至艳芳楼,王相臣之约也。席散同张兰圃郎中、李梅坡主政访桐凤某校书,流连数刻，予同宝轩回永泰昌，同贾子槐广文小谈，先由万德店登车，店主人系盐山羊二庄李君，与予有葭莩，寒暄数语。回寓李敬轩先在，夜话许久，至鸡鸣始歇，日间刘仲彦同年遣人来，写回信一函。福聚丰粮店已令若辈歇业矣，可恨可恨。

初三日(3月12日)　晴，晚薄阴。薄暮出城，至惠丰堂，同人八位已先到矣。议及局事，厘定新章，定于月内大家公理，一二日内即核算交代，不准再有牵混。十钟时同徐子光、张玉叔及宝兄往永泰昌，遇张伯询典史，怀柔县汉军旗人。候正阳门启钥，至十二钟入城。家翰茂才来札，询及结局事，缘新年予往会馆拜客，遇潘茂亭舍人，据云同乡在局者有数辈，与管局者为难，央伯屏关说，适伯屏不在，嘱予为伯屏作字而去，言“正月结局必有清单，诸君似可不为已甚”云云。近因公分太少，大众又复起事，故伯屏先为达知予为渠写复信，拟明早遣人送往。本日予临出门时给潘宅一信，比归寓则茂亭来信，言于一二日内交卸矣。

初四[①]日(3月13日)　晴，薄阴。早餐未毕，海子内王常敬掌柜来，为卖骡事。去后姜宝兄来，谈至二钟始去。贾子槐来，金筱珊来，韩荔生来，薄暮先后去。予至松树胡同同问兄谈许久，订结局交代事宜，更许回寓。孙伯屏早间回信。筱珊因昨晚同人公商结局章程，意有未惬，故来面议，因韩荔生后至，未得畅叙，荔生自去岁意在与结局为难，以图挟制，为分肥之计，因与潘宅有世谊，未能遂愿。今年潘、董两家几致决裂，荔生挑拨其间，思为插脚之地，而董既不信于潘，潘又不信于董，仆仆兼旬，毫无要领，可笑复可怜也。近因上月公分太少，外间物议哗然，渠又扇鼓依违，藉以恫喝，屡向予嗫嚅周旋，予亦佯为弗知，苦不得发而情状已毕露矣，何苦！筱珊因昨晚在惠丰堂公议尚有未尽允协者，来商于予，总之皆自私自利之谋也。先议定结局而仍在潘宅代理，昨董世兄来，意欲移伊新赁之宅，同人亦颇以为可

① 四，原误作“五”。

而潘宅不愿，予恐因此小节致有波折，设为移花接木之计，令潘宅将一切文卷帐簿移交宝轩收存，本月即在宝处办事，外间与潘宅为难者可以屏息，于董处亦益多而损少，至宝轩则名实俱获，可以畅然满志矣。唯未定能否妥帖耳。宝与予至亥年予丁艰后甚为落寞，从前数十年之交谊忽为冰冷雪淡，有令人极难堪之处。自去岁春因结局事屡向予就商一切，予凡事推心置腹矣，无不尽皆于彼有利益之处而己不与焉，清夜扪心，不可非以德报怨矣。灯下又作札寄之，明早遣人送信。阅邸抄，上谕同乡蒋星甫式瑆侍御因奏请力崇俭德事降旨申饬为昏谬糊涂，幸宽免处分。原折未见，不知若何立言，行当访之。

初五日(3月14日) 阴，微晴。向晚董赞臣郎中来，谈许久，暝时始去。幼女晚间患病，似受惊恐失魂之状。

初六日(3月15日) 晴。屋漏。兰炳青维烜同年大令来，谈至薄暮始别去。宝轩来信，云潘宅将结局戳记等件交割矣，尚未悉董君意欲何往。予草草回复数语。李三泉之子来，求为其父觅事。接刘聘三信。丙青，沧州王官屯人，与予自早年交好，有同谱之谊，渠由乙酉拔贡朝考二等以教职用，选授康平训导，升奉天府教授，洊保知县，奏留奉天，历署康平、复州、营口，补宽甸县，上年宽甸为奉省土匪窟踞，在城官弁皆走避他省，辗转复入省城，幸将军、府尹均未以失守责之，仍酌委局差，去冬告省亲假回籍，近拟回奉销假，以去留二策见商，盖丙青二亲俱年八旬，揆之人情，当以告养为是，维渠素习仕宦，恐未甘家居淡泊，且世乱靡届，亦当为门户计，代为筹思久之。幼女早间已愈，饮食如常，至昏时忽惊风发热抽搐，刘妈为之抚摩久之，又买太极丸一帖灌服之，夜睡始安帖。南海子二族孙来。

初七日(3月16日) 晴。韩荔生来。沧州风化店义和布店张某来拜。同荔生出城，至大栅栏闲步数刻，到津南馆访赞臣不遇，同至艳芳楼吃饭，饭毕分手，予访金筱珊同年，谈至夜分，回永泰昌，与贾子槐略话入城。在艳芳楼遇刘春廷，渠新自沧郡来者。

初八日(3月17日) 晴。午后出城，买珍珠毛皮褂灰鼠皮袍各一件。到懿文斋买信封六十个，入顺治门访宝轩不遇而归，回寓觉倦，伏枕假寐，忽闻巷外喧声甚厉，似有寻殴者，初不为意，少时始知为家僮孙利同五儿与街邻刘姓之十二三岁幼丁因戏口角争闹，三儿在旁而刘姓儿呵骂，被刘姓之族人某将三儿推倒毒殴，孙立来宅唤人出视，始释，并在巷口骂詈，侄家彦令名片知会巡捕公所将刘某押送，伊尚辱骂不休，实属凶横胆大。予在此宅赁居六年，与本处街邻从来未有一言不合，即童幼出门，亦必切切嘱令安分，仆役尤不敢恃符妄为，乃竟遇此横逆，殊堪气恼。公所厅官来宅讯状，一一告之。幼女病渐愈。荔生送来《直隶水利辑览》一函。

初九日（3月18日）　晴，微阴。贾子槐来，李宗之本根来。李系耶稣教以美会中教士也，前数日所阅《庚子事变纪略》内有此君名字，盖前年同在东交民巷肃王府中避难者，记联军入城后数日曾来寓嘱制美国旗帜，当时李即充美界兵部汙一带巡捕官，故有一面之识，系昨日滋闹之刘姓托来求情者，闻今早已送总公所押带，唯昨晚予尚不知刘某系何色目人，据李先生云，系刑部某司皂隶之子，情尤可恶，予告以三儿伤处不一，俟其平复后再议办法，渠感荷而去。姜宝兄来，闻赞臣同周采臣诸人又商同出知单以清理结局为名，唯公启中措词太形横恶，明露结党营私光景，宝甚以为虑，予笑曰，此辈伎俩毕现，不过自取侮辱耳，君试观之。然宝已约定鹤田水部、玉叔铨部并筱珊、卓声四君在会惠堂晤商，遂呼舆出门。予先往玉叔处，不遇，又至松树胡同讯茂亭昨日考军机章京事，适问兄未归，与第三公子谈片刻，出城，至艳芳楼张兰圃瑞荫比部之约也。同座有刘祉庭、春庭昆仲。席散赴惠丰堂，同人咸到，最后邀赞臣来，讯及近事，信口支吾，诸人有立责之者，有微讽者，有匿笑者，渠亦无词以辩，竟诿之于王云门、梁星秋，二人私商于周采臣，而作此举，王、梁固险邪，如赞臣之庸鄙者，亦可谓天壤有数矣。至十一钟回永泰昌少坐，同子槐、宝轩话许久入城。归寓接潘宅信一函，并朱提五十两。

初十日（3月19日）　阴，早雨。黎明遣震儿同杨升赴南海子卖骡，并交租地价。向夕有老馆长班持知单来，系为结局事，即昨日宝轩所见者也。末署同人公启，字迹乃周采臣之笔也，语多无理，令人阅之发指，予扣留知单，令长班于次早来取，遂呼舆至宝轩处，灯下谈许久，二更始归。枕上作一启，将周君所议逐层批驳，约三百馀言，信手书之，颇以为快。腹中觉馁，暖酒一壶，饮醺然醉矣。天已黎明，始就枕。

十一日(3月20日) 阴，夜间微雨数点。午后估衣店送所买皮衣数件来，均不称身，掷还之去。李宗之送《庚子事变纪略》一本，出城至益和祥买袍面一领，遂往聚庆堂杨待清之约也，座中五六人为殷、刘、尹、徐，皆未谋面。徐，字培之，为外务部供事，与待清为同事，闻近日上派振贝勒庆邸之子往英国贺新君加冕礼，待清同徐君皆随焉，已定于三月初四日启行；殷为京西三家店人，年甫廿馀，曾读书应试，托待清关说，拟拜予门下，姑漫应之。席散天已昏黑，少话辞去，访王卓声不遇，遂往金筱珊宅，遇热河委员陶竹幽大令，系由承德府解犯官文星来京者，文曾任滦平县令，前年拳匪起事，该处匪徒将教堂洋教士某捆送承德府某太守，交滦平县授意致死，文令遂遣家丁二人将教士活埋，嗣后为教民瞥见，事定后，呈报都中，使馆先拟抵命，经李文忠公奏准发遣，刻下解到，由兵部定地发配矣。陶君去后，同筱珊谈至十钟，回永泰昌候城启始归。路间遇雨。连日读姚选古文，尽一函。

十二日(3月21日) 阴，自鸡鸣时雨，黎明大雪，午后始止，向夕雪又大。大雪未出门，向晚殷文煜来拜，话许久。殷为京西三家店人，与杨待清为邻居，且有戚谊，现因索讨欠银，为人所控。殷去后山东司书吏史某来送俸银。部员候补者，系半俸，向系春秋两季分领，共六十金，除库亏外，一季只廿八金，馀自庚子乱后仅按四成发给，回銮后户部议定各官均减成给俸，三品至五品按半给俸，六品以下按七成给俸，故只得廿一金。噫！国贫甚矣，内外大小臣工不受恩既久，原当藉此以抒报效微忱，唯京秩由来清苦，寒士来自田间，多不足以赡身家，所谓车马仆从者，更无从筹给，兹乃概从减发，在国家省帑甚微而诸员遂益有仰屋之叹矣。且自去冬设外务部之后，其郎中、员外、主事各官所定薪水，多者至三千六百金，下者至二千四百金，候补者犹六百金，何其优也。独非司官也与哉！岂供职独勤而他官皆坐縻廪饩耶？谁司国枋，为之三叹！

十三日(3月22日) 早晴，午后阴。早间殷某来，予尚未起，遂去。午后出城，至泉升店回拜兰丙青同年，话久之别去，顺路至源丰润取票银廿两，遂往惠丰堂，唯筱珊在焉。卓声后至，询知考军机已落第，同乡蒙取者华璧臣世奎、聂献廷宝琛二人外，尚未尽知也。候宝轩不至，三人共饭毕，闻卓云先到松筠莽，时周采臣等已散去矣，所议局事，拟订于在松筠莽定日收款盖戳，然本月如此，下月则归赞臣私宅矣。此事未免欺人太甚，宝轩面上亦甚不好看，至大众如何应答，卓声亦不尽了了，殊令人愤闷无已。筱、卓两君议于十六日在惠丰堂邀集同乡正途诸君公商办法，十一钟散归。回寓。灯下为宝轩作字，次早令舆夫带往，以筱珊明早借车访宝也。泥水满衢巷，夜行尤有戒心。

十四日(3月23日) 晴霁，薄阴。赞臣来，荔生来，絮聒久之。赞先去，荔坐至昏黑始去。赞事茫无端绪，其意又似悔作此举者，可恼可恼。荔于昨冬为其同乡王某出印结一张，系向年报捐盐大使，近将铨送来部投供者，闻此人身家不清，从前童试曾被津人具呈阻考而罢，荔先知其详，意欲以出结为居奇之地，而又不肯昌言之，是以开结之后，王某竟不领情，亦未满荔之欲，荔遂背地造为蜚语，并号召其乡人连投匿名信件攻讦王某，嘱荔向吏部具呈检举云云。此事自去腊予即有所闻，心甚鄙之，荔向予告说数次，予付以不答，今日衣冠楚楚，入门即云上吏部具呈，并将匿名信数件置几上，赞臣略一披阅，予终未寓目，赞去后，又倩予为之筹计，予辞焉，并劝其勿孟浪，只好忍气吞声，从此不提此节可也。渠怅怅而去，可笑可笑。灯下煮鸦片膏。

十五日(3月24日) 晴。出城访金筱珊,谈许久,本拟约卓生同造鹤田水部议事,因已过午,遂罢。入宣武门,至宝轩处,入署未回,与子槐话少顷,宝始归,留饭,食毕略坐回寓。近日以结局在宝宅,深为董党所疑忌,诸同人颇代宝不平,极意抵距而宝殊不甚著意,大抵当局者多迷也。汪频之昭昂运判来拜,不遇,赠火腿二只。雪后街衢泥深没踝,车马尤险。前夕史书吏来,为刘某求情,今午公所将伊痛打释放。

十六日(3月25日) 晴,午后微阴。家彦侄清早由前门乘火车回里。汪频之来,谈许久,同出城,予至惠丰堂,同人到已大半,陆续到者共廿六人,已定议在松筠莽立公局,此后永远为例,不准再有他变更。赞臣虽不愿,亦无可奈何。闻周采臣今日在署遇金筱山犹负气哓哓,宝轩亦与赞臣有违言,唯鹤田、玉叔两人极力排解,拟于明日由象来街移于松筠莽公所,十一钟入城。

十七日(3月26日) 晴,风。午刻兰丙青同年来,倩予为订信稿数件,日夕始别,韩荔生来,薄暮始去。晚饭后呼舆至象来街访宝轩一谈,询及日间移局松筠莽事宜,闻鹤田、玉叔、卓声、筱珊均到,周采臣亦往焉,尚无牴牾,赞臣始用戳书押,子槐照料帐目等件,予向宝轩议及本月应遍加正途印结费双分,宝轩意犹豫,疑有口舌,予力争之,始稍悟。噫!若而人也,识量何其小与!相处多年,稔知其轻躁无谋,又乏血性,近日之举,亦万不得已而出此,盖潘宅既不愿骤交,赞臣意在属予代理,因予力辞,转荐宝轩,潘宅尚在迟疑,予嘱宝轩前往接收,潘宅固无可如何,而宝遂俨然居之不疑,同人辈均未告知,以致千里草作此恶剧,虽彼党之险狡而宝亦与有过焉,若非予同金、王诸君力挽大局,事几不可收拾矣,一场笑柄,岂非自贻伊戚乎?听其言论,一似不甚措意者,殊令人热肠冰冷。回寓已十二钟,沧州风化店张某来候予夜话。写知单,定于十九日在惠丰堂请客,共八人。

十八日(3月27日) 晴,夕阴。荔生来,午后腹泻,四钟后出城,至福兴居杜云堂之约也。同座有尹梅臣刺史、李翊臣供事。上灯后席散，访筱珊同年谈，闻本日筱珊到松筠萶，遇魏绍庭、张荆朴同鹤田、献廷、卓声咸在，赞臣遣其少君往用戳。周采臣又至，大众各怀意见，周意在硬行阑入，将来尚须大费一番唇舌也。又闻数日来收项颇旺，刻下已有七千金之谱，追想去冬潘宅未免下手太辣矣。归至永泰昌，遇卢文轩书估，借王竹泉朱提六两，一钟后回寓。

十九日(3月28日) 阴，向夕微雨。刘仲鲁太史来，借予向年批点《文选》。李敬轩农部来，同车入城，至惠丰堂，拉敬轩入，不肯留而去。是日予邀马擢卿观察、汪濒之运判、兰丙卿大令、王云门比部均到，辞者为杨待清、杜云堂、迟清泉，上灯始入座，更馀始散。予同之谈许久，回永泰昌少话，入城。张泽周偕天津王次文来，留夜话。

二十日(3月29日) 薄晴，大风，寒甚。同乡傅叶塘来，姜荫卿、阎镜如来，先后去。张义和、李金名来。出城至艳芳楼，迟清泉为主人，同座刘祉庭、韩荔生、李敬轩，食毕偕访荔生所识校书某，遇梁星秋，谈许久，又往荔生所识处略坐，即入城。

廿一日(3月30日) 晴，微风。仲彦同年来，渠于是日领照，留早饭，共饮数杯。黄辅臣来，谈许久。薛寿山全福来，薛系淮军乐字营哨官，闻其来京领饷。去岁予在里门，渠曾在盐城驻防，故相识。其营官为许子云凌汉，皆陕西人。书贾卢文轩来，携旧书数种求售，内有诗稿二册，钞本书二册，留阅。贾子槐广文来，薄暮始去。仲彦为漳州太守星岑世丈之从堂弟也，闻漳州近被参劾，列入计典，部议降二级调用之信，意甚不适，又值家中事多不顺，翊文夫人久病不愈，尤为焦灼，谈次未免有牢骚之态，予再三宽譬之。灯下署内史书吏来，为卓声所嘱，山东典史议叙事。义和号张某来，略话。潘顺来请安，并乞为荐报馆走报事。

廿二日(3月31日) 晴。震儿由南海子归寓。王六垣阔城来，卓声同年继至，卓声先去，六垣谈许久。殷文煜来。出城往三胜馆，王云门之约也。首座为汪濒之运判，薄暮席散，遂往惠丰堂，盖宝轩邀王鹤田、卓声、小珊及予共四人议局事章程未定，回永泰昌，贾子槐亦在焉。一钟后始同入城。荔生在某校书处相约未往。

廿三日(4月1日) 晴,夕阴。张西园来,偕盐山赵某、徐炳辰文彬来。贾子槐来。韩荔生来。薄暮出城,至福隆堂,梁星秋之约。席散约访星秋所识校书某,先到北顺班,遇张少峰茂才、董月樵、苏敬甫舍人,听度曲二阕,同至全宝、荣椿,遇荔生同沈仙渺在焉。又同荔生回全宝,与星秋、云门话至夜半始归。

廿四日(4月2日) 晴,子夜风起,终日始息。为王湘岑撰挽联壹对并书:

鸣乎哀哉,沧海竟横流,叹世风险诐,致酿奇灾,但泡电偶然,一霎间蜩羹螳臂,狼藉东西,遂令我故人身旁原野;

逝者已矣,泉台休遗恨,任天意苍茫,终留正义,倘英灵不泯,再来时岳降崧生,挽回九六,犹望吾和己力整乾坤。

上年拳匪之乱,友人遇害尤酷者有二,一则湘岑游戎,一则兰午亭孝廉,皆予知己也,拟作《二哀诗》以志痛而未果也。予于癸未之春来京觅馆教读,至六月辞馆,寓直隶新馆,同寓者有宝坻张韵青茂才,过从甚洽,时湘岑方袭骑尉世职,在京需次,与韵青为戚好,往来尤稔,因于韵青案头得予诗稿,遂介韵青一见,并赠予七古一章,订莫逆交。乙酉乡试,又与湘岑三弟为同年,是年湘岑补永定门都司。比予己丑通籍后,以诗文相商订,每相过必竟日谈。甲午中东之役,方六七月间,都中士夫咸以倭为岛夷,难当大国,不日可奏捷音,且力斥和议之非计,几于举国若狂,独湘岑忧形于色,常向予作危悚语。予时已挠于众咻,闻湘岑言颇疑之,至十月间而事已大坏,国事不可收拾,方服其先见。然湘岑每遇有疑难事,必就予相质,予亦尽言不少隐,故相得益欢。戊岁升授东便门游击,仓场侍郎长公萃委督通运,厘剔积弊,连登荐剡。庚子夏端节过予,谈半日,时拳乱已起,湘岑深恶之,予方居忧,劝其勿过操切。乃逾二旬而难作,痛哉痛哉!

廿五日(4月3日) 晴,微风。是日为卓声为其兄湘岑游戎开吊,在长椿寺设位,予侵晨往焉。湘岑长子主祭,卓声陪吊位,予行礼后周览室中，见桐城吴挚甫汝纶先生所撰墓碑文，天津华璧臣世奎舍人书也。灵座左右挽联甚多，殊无佳者也。遇钰仲明昶吏部同年，谈许久。寺中长老设素斋，邀客共食，座凡六人，席毕同仲明至方丈少坐，与静波长老少话，谈及庚子联军入城，寺内驻有德国提督某，盘踞数月，所有寺中器具什物尽被掳掠，门窗户槅均斧为薪，有寄停灵柩数十具，大半焚毁，言之惨栗。正殿为千年千眼佛，上罩铜铸浮图，亦被凿损，并将金身架走，不知下落云云。予略坐即出，至灵位前告辞，遂到松筠斋结局，宝轩、采臣二人在焉，嗣李仪卿、王鹤田、华允卿、聂献廷陆续到。予同宝轩辞出，予至五斗斋关帝庙访汪频之世兄，又回拜天成店傅叶塘，话久之。时已薄暮，赴艳芳楼，李敬轩之招。席散偕刘祉廷、韩荔生、李敬轩访兰馥班校书某，流连至十一钟始回寓。

廿六日(4月4日) 晴。殷文煜来少话，即去，阅《国史·儒林传》，系钞本，不全，乃阮文达官翰林时，在史官所撰底稿，后官巡抚，又检出雇人抄稿，自加丹黄，厘订讹误者也。共四十馀传，此仅十馀传耳。阅毕，呼舆出城，至永泰昌，遇贾子槐，话片刻，至珠宝市南口买烟斗三枚，遂往兰馥班，就刘芷庭之约。途遇宝轩，同往，同座者皆熟人，衣香鬓影，度曲征歌，所招诸妓，尚不甚恶劣。饭毕，张兰圃郎中在桐凤班相候，未往，同宝轩回永泰昌。卢书贾在彼候予，持《庚子消夏录》求售，乃孙退谷侍郎所著而鲍氏知不足斋所刻也，字体甚工雅，唯非初印耳。

廿七日(4月5日) 阴，一更许密雨移时。金筱珊来，贾子槐来，梁星秋来，筱珊先去，子槐后去。予同星秋出城，途遇李敬轩，闻其于初一日引见，予至惠丰堂，赴马擢卿观察之约，同座尽未识面，唯新选云南宣威州知州黄君博刺史名乾济曾来访不遇，予尚未回拜也。又赵子英大令曾需次[1]山东，近丁忧在籍，客散后赵君同予谈许久。雨至，急呼舆回永泰昌，比到车已沾湿，适子槐在，同入城，回寓小饮

① 需次，官吏授职后依资历补缺。

数杯，话至鸡鸣始散。

廿八日(4月6日) 清明。阴，辰刻微雨。韩荔生来，钰仲明同年吏部来，马擢卿观察来，仲明闻予宅内有教英文先生，拟遣其令郎附馆来学。姜荫卿来，客去后已薄暮矣。呼舆至潘宅贺喜，问楼第三子新捐主事，签分兵部。同问兄小谈，遂别去，赴宝轩宅议事，十二钟始回寓。

廿九日(4月7日) 阴，午后稍霁，复阴，二更后微雨。汪频之来，杨待清偕殷文煜来拜师。齐仲芳盐大使来，先后去，敬轩来。频之去后同敬轩出城，至艳芳楼吃饭，并邀姚蓉舫大令同坐，约赞臣、云门不至。食毕，访桐凤班金宝校书，听一雏妓度曲，蓉舫先去。夜深微雨，呼舆入城，同敬轩闲话数刻，敬轩于明早引见，借车入内。

三　月

初一日(4月8日) 阴，晚霁。黄辅臣来，镜轩引见，归寓谈许久。张子平自盐山来，寓后门外泰瞻岩宅内。卢书贾来，携《莲坡诗话》、《守山阁丛书》、《金石史》、《诗音表》各一册，留阅。薄暮同镜轩出宣武门，遇宝轩自松筠蒋回寓，下车话数语，遂至聚茂魁铺内少坐。张仁甫新由里来，其祖母暨其母新亡，仁甫系故友张静庵之胞侄，戊戌岁之春，静庵为其父母祝八旬寿，曾倩予为作寿序。曛黑入城，至象来街同宝轩、子槐共饭，二更后始归。取二月分印结费五十五两馀，盖自直省立局以来所未有也。闻本日在松筠蒋，大众欣喜之馀，追恨去岁潘宅侵蚀过巨，啧有烦言，亦意中事也。

初二日(4月9日) 晴，马擢卿观察送袍褂靴帽各一件。殷文煜来，兰丙卿同年来，韩荔生来，齐仲芳来，王卓声来，卢书贾来。李金铭来，赠洋元二枚。薄暮出城，至永泰昌，兑买书银三两，遂至惠丰堂，为议结局事，盖大众议定新章，管局官每月提一成五分，秤馀银在外，上月收银九千馀两，管局者应得一千三百馀两，秤馀银三百馀两。

予先商之宝轩，以秤馀银津贴同人，共七位，皆在事定议者，约于今晚邀齐，而宝轩忽阑入魏绍亭、华允卿、张荆璞三人到，三人者倡议扣留管局官应得之一成半，为宝轩代管酬劳之费，盖借此为名，实欲大家分肥也。座中鹤田、卓声、筱珊皆不为然，而三人力伸其说，张尤无理取闹。予将前事剖析明白，并潘、董两家从前分合之由昌言于众，张亦词屈而意甚不平。席散，丙卿邀赴广兴居，遂往焉，同丙卿、赞臣、云门到桐凤班听度曲，至十二钟始入城。连日阅《莲坡诗话》，乃查心谷为仁先生著也，原板私印，甚精致，惜为伧父圈点，可厌。莲坡，北方诗人，当乾隆年间甚有名，然诗话不甚入高格。

初三日(4月10日) 晴，连日寒峭，早间大风尤冷。早遣人往小桂树胡同郑宅送信，并朱提廿五两，缘壬辰年秋冬间日用拮据，托郑倬甫息借魏染胡同周姓银四百两，以印结票作押，予与郑不相识，乃故人长梅屿为介。梅屿本世家子乃祖为尚书，簪缨不绝，近代零落，官理藩院候补主事，年四十馀，尚无妻室，惟与其生母同居，无一瓦之覆，僦屋而居，然人颇风雅，性亦耿介，无时下习气。予在正阳门内东城根居寓时相隔一院，时常过从，谒先严，执通家子礼甚恭。嗣予移居西交民巷，渠又随予同住四年，情好款洽，值其窘乏，母子断炊，予辄馈遗之。渠向年曾考取总理衙门章京，已记名矣，因名次在后，未传到，日夜焦愁，予话及以结票押借息银事，渠转托郑君，事遂得济，两人分用之，渠用去一百廿金，每月利银皆由债主向结局取偿，未尝令梅屿费一文也。且同居数年，亦未尝向渠索一月房租，予终不问渠，渠亦安之四年，后梅屿传充章京，始移居东城，未二年而以瘵疾卒娶妻年馀，其太君后年馀亦卒，此项债银经予陆续归还，尚欠利银无几，债主盘剥计算，执为五十金，予时已居忧，不肯较争，郑君居间说合，重立一借券五十金无息，允予起复后还清，日前郑君来催此款，未晤，今早作札寄之，意在从此了断，未知债主能诺否也。忆及亡友，为之悯默久之。贾子槐来，少话去，王云门、梁星秋来，马擢卿来辞行，李雨臣来，予同云门共车出城，至万福居赴汪颣之之招，座皆生客，无相识者。席散已更许，予至筱珊同年宅内闲话，至十二钟由永泰昌入城。接宫茂三广文一信。

初四日（4月11日） 晴，风。午间齐仲芳桂棻来，李敬轩来，为齐君事往潘宅，遇冯月轩员外、王鹤田水部、刘仲穆观察。客去，予始归寓，高礼卿太守新由籍来，汪频之来。谈至薄暮，理卿去，予同频之、敬轩共车出城，予与敬轩到艳芳楼，张仁甫之约也。座唯宝轩、丙卿、六垣，席散偕丙卿、敬轩、宝轩访桐凤二校书听曲，十钟后同宝轩回永泰昌，谈至丑正，始入城。

初五日（4月12日） 晴。齐仲芳来，潘问楼兄来，话许久始去。予至松筠菴取结费，盖即同人公议津贴正途之一成也，各分廿五金有零，薄暮归。贾子槐同车来寓，留夜话，至鸡鸣始歇。今日问楼来寓，盖连日亦有所闻，故特来相商，予于昨晚在永泰昌同宝轩密商，宝意犹未释然，经予开说万端，始为首肯，又经王卓声、金筱珊两君在松筠菴向宝密谈及之，大约可以照办矣。唯宝轩此事，节节昏谬可哂，其是非倒置，原于胸中全无泾渭也。阅《尹文子》、《公孙龙子》、《慎子》各尽卷，于《尹子》、《慎子》尤所服膺。

初六日（4月13日） 晴，皇太后、皇上谒东陵，是日寅正启銮。李栋臣、宋俊卿、张子平、李敬轩、李雨臣先后来，为李雨臣书对联二副。约敬轩、子平、君卿出城，至艳芳楼小饮，是日因留守大臣传谕九门均于七钟时下钥，子夜不准启正阳门，予同子平、敬轩访韩丽笙，彻夜不寐。于荔生案头得《谐铎》数册，予幼时已闻此书，未寓目，略一流览，殊无可喜处。

初七日（4月14日） 晴。黎明由韩宅同子平入城，子平至煤市街他往，予回寓。早饭后，始就枕酣眠，至三钟后始觉。内子前数日受风患咳嗽，夜间愈甚。

初八日（4月15日） 晴。敬轩来，南苑内住户皮姓来拜，卢书贾来，内子患痰嗽，夜不得寐，今午命车接姜荫卿来胗视，立药方而去。豹儿往东城就医，缘儿连年春季患痒，遍身疙瘩，似疥似癣，每睡时搔扒不休，至于出血，医家皆云湿气，亦有云受风者，屡服药不愈，前年由天津道士某，授一方服之，立愈，惜方已失去，终未得对症之药。近闻东城有老媪，善治异症，遣往胗视。据云，身体素弱，上焦火盛所致，授一方而归。予同敬轩出城，予到同盛楼，赴云益钱店之招，座唯宝轩及予二人，无他客，缘上月结局为宝轩代管，与该号交好，故在彼处存支银款，本月已交赞臣，云益号即托吾二人向赞关说，仍由该号接办，意甚切切。予自来京后十馀年，亦与该号交易，虽无甚交情，尚属公道，此事敬轩亦为聚茂魁蜡铺张仁甫处求情，张与宝、赞均系素好，惟其生意不甚可靠，故舍彼就此，予与仁甫亦颇有往来，然不能深信其无他也。云益虽非大贾，若较聚茂魁则不可同日而语矣，当由宝轩向赞商定，予不过作壁上观耳。六钟后入城，至赞臣新寓，已上灯矣，话至夜分始归。是日宝轩向予商及松树胡同潘宅上月所得馀款，拟明日偕予共往交代。

初九日(4月16日) 晴。齐仲芳来，高达轩彤璋来。汪频之来。宝轩薄暮至，留饭，灯下同访潘宅，与问兄乔梓三人话至夜半始别。

初十日(4月17日) 晴。兰泉甫选拔来谒，携土仪四钟，话许久始去。齐仲芳来，交印结费。卢书贾来，高理卿、梁星秋来，约赴福隆堂小饮，薄暮同赞臣入城，到寓内少谈即去。予出城时出顺治门，至松筠菴访宝轩不遇，适聂献廷、张荆璞在焉，略坐，同献廷辞去。阅五种笔记数卷。

十一日(4月18日) 晴。田仁甫来，张子平来，宝轩来，日暮田、张二君去，予同宝轩赴惠丰堂，赞臣之招，同座八人，唯张玉叔、王卓声不至，添约周采臣水部，席散已十钟，偕宝轩、赞臣往永泰昌借宿，赞臣拉予同王竹泉访桐凤校书某，已夜半矣，叩门而入，予略一周旋即提灯而归，渠二人至二钟后始返，比就枕已鸡鸣，辗转不成寐。

十二日(4月19日) 晴，日暮大风起，更后始息。起盥沐毕，与宝、赞两君小饮，始回寓。午后假寐久之，兰泉甫偕张慕韶以诰来，敬轩亦至，仆人唤予起。韩荔生来，薄暮始别去。予饭后至赞臣寓内，转交齐仲芳结费，遇泉甫、慕韶在焉，少坐，邀泉甫回寓，话至夜半。泉甫就寝，予校阅《史记·封禅书》毕，已黎明矣。接刘韵生信一函。

十三日(4月20日) 晴，下午微阴。泉甫黎明即去。是日为潘问兄令嗣五世兄毓桂花烛之期，先数日邀予为其陪客，八钟即起，盥漱毕，呼舆前往，送帐一悬、荷包一匣，比到宝轩已先至，又邵子柏炳然光禄闲话许久。巳刻拜堂成礼，其姻家为沧州刘贡三树鑫孝廉，贡三同其伯兄培生树森来都，是日送亲者即培生孝廉与朱蔼亭佩兰孝廉。入门让座。京中俗例，送亲者绝不领席，一滴不酌，一箸不动，候拜堂后即辞去。兹者两家仍用乡俗礼节，随意饮啖，食毕始去。日向午客至如织，多刑曹诸君，午后前任直隶方伯廷用宾杰来贺，与主人谈许久，缘两君系西曹旧友也，去后又有冠珊瑚顶来者，则刘博泉仓场侍郎也，刘系与问兄近联朱陈，故亦亲到。日将夕，陪韩荔生、高达轩诸人入席，饭毕辞归，予出城至珠宝市买刀剪、纱带诸件，回寓已暝矣。遇闫镜如于途，接刘翊文同年信件，并有同乡刘君来拜即带信者不遇。族孙第二来。

十四日(4月21日) 晴，风。命车赴北城，接张子平茂才来课诸儿读，以日前业有成说也。张仁甫来，话许久。沧州刘公受司马之令郎来，公受已于去岁五月在陕西孝义厅任所病故，近其长君来都，拟回陕就亲，来寓见访，为之凄然久之。出城至艳芳楼，高达轩之约也。仍同宝轩借宿永泰昌，遇解宗涛、张伯埙、贾子槐诸人。

十五日(4月22日) 阴，夜间雨数点。早起，至永平店访齐仲芳不遇，入城至赞臣寓内，为齐君取免保印结用戳，早餐毕，兰泉甫来，苏敬甫舍人来，齐仲芳来辞行。刘让甫赠印章一盒五方、神曲二通。王丙南来，刘培生来拜。覆盐山刘毅生信一函。

十六日(4月23日) 阴，午刻雨。连日峭寒，又失眠，体颇不适。午刻率诸儿行入学礼，拜师。遣人往象来街送信，并取宝轩存款双柏之数，因近日二族孙为予典地贰拾五亩，价银壹百八十六两，于本日立契。薄暮王子全来拜，子平先去。潘问兄来，话许久。晚间赞臣来，至二更后始去。

十七日(4月24日) 霁，微风。卢文轩携月前待修楠木器数件。高礼卿太守来。韩荔生来，周爱堂来，汪頫之来。向夕至象来街访宝轩，取潘宅送款百金。

十八日(4月25日) 晴，子夜浓阴，微雨，晓霁。兰泉甫来，益文堂杨书贾来，携章氏撰《季汉书》一册、《明刑图说》一本，留阅，令其装订《庚子消夏录》。薄暮李敬轩、张仁甫来，邀艳芳楼小饮，同敬轩访月仙校书，归至永泰昌宿焉，遇杨叔沈孝廉，夜话。

十九日(4月26日) 阴，薄晴。赞臣同梁星秋来，金筱珊来，泉甫来，灯下访赞臣，谈许久。

二十日(4月27日) 阴。接武昌张子厚茂才信，并洋银五十圆。韩荔生来，出城回拜刘让甫鹾尹，遂至益文堂购蒋刻柳文一部，《陈书》一函，同子平、砚亭夜话。

廿一日(4月28日) 阴，大风，寒甚。贾子槐来，殷生文煌来，张黄楼观察来，薄暮宝轩来，留晚饭。赞臣来，更馀始去。刘让甫来书，嘱办其令兄注册印结事。

廿二日(4月29日) 阴，薄晴。王云门、梁星秋来，谈许久。马生紫翰来谒，未遇，赠茗果二包。遣人为齐仲芳鹾尹送投供印结于广兴金店。灯下赞臣来，夜半始去。

廿三日(4月30日) 微阴。宋俊卿来，张仁甫来。是日在惠丰堂邀鹤田、献廷、筱珊、卓声小酌，更馀始散。回永泰昌，遇子槐夜话，一钟后始回寓。

廿四日(5月1日) 阴，午后大风，晚雨数点。云门、星秋复同来。贾估客来，卢书贾来。出城赴宋俊卿艳芳楼之约，遇孙伯平、韩荔生、李敬轩。向晚入城，子槐、赞臣来，闻本月所收印结费已逾万金，盖直省向来所未闻也。前此虽有此数，皆归管局者干没，同人公分不过随便给予耳，自上月清理之后，始无匿款矣。

廿五日(5月2日) 晴。内子往东岳庙还愿。汪頫之、刘让甫来。贾估客来。荔生来。出城至松筠菴，与宝轩晤谈。上月宝轩代理结局事，同人议定开列清单，出入之款必详必实，月初已照办矣。然所闻入款之单尚多不符正数，予知之而未敢言也。近日外间颇有违言，以致云门、星秋两人大为不平，屡次向予探听，因关宝轩颜面，未便告明，二人连日哓哓不休，势将大哄。劝之不听，拟向宝轩商酌办法，乃至松筠菴，闻宝轩已向王、金诸君供明，意在将所隐匿之款交出，令诸人瓜分，以为弥缝之地，深非之，而天已向暝，不暇置辩，终以为非计也。

廿六日(5月3日) 晴。贾子槐来，云门、星秋偕来。向晚出城，为刘筱山振镛贺新放甘州府之喜，回拜张黄楼观察，均不遇，至晋升钱店回拜兰泉甫、张慕韶，遇张介臣，遂至试馆，顺路到云益钱店，梁掌柜邀至同盛楼吃饭，回永泰昌，同杨叔沈孝廉夜话，夜半回寓。闻盐山刘韵生来，去冬曾捐巡检者也。

廿七日(5月4日) 晴。赞臣、礼卿、仁甫、荔生、敬轩来。韵生为刘明轩带信一函，并高丽参三十支。

廿八日(5月5日) 晴，晚阴。云门、星秋、子槐先后至，赞臣亦来。星、云两君仍为宝轩事哓哓不已，予同赞臣拟为之排解。嘱宝君将馀款酌出分润，两人意似诺，而尚未向宝轩商及，恐不肯割爱也。

廿九日(5月6日) 阴。泉甫来拜，宝轩来札招饮泰丰楼。顺路至琉璃厂买折扇一柄，比至泰丰楼则卓声、小珊、鹤田、献廷四人也，宝因外间物议，且王、梁二君颇有违言，故邀诸人晤谈，嘱为代剖一切，并持银条数纸，分向各人馈遗而嫁名于潘宅，云系酬劳之款。席间各人均受一纸三十金，席散卓生先去，金、王、聂三君共议退还宝轩。时天已十一钟，入城回寓。袁叔衡来拜。李敬轩来，留宿。

三十日(5月7日) 阴，大风。宝轩来，赞臣亦至，话至日夕始散。贾估客来。灯下至松树胡同同问楼谈许久，闻顺德府广宗县有民变之耗，日前上谕据直督袁慰帅奏称，系拳匪馀党散布符咒，抗拒官兵，戕害兵弁，聚集数千人，势颇猖獗云云。然外间则谓地方官办理捐款，操切激变，尚未知究竟何如也。敬轩来札，为其同年卢刚甫主政印结公分事。

四月

初一日(5月8日) 晴，大风。韩荔生来，汪频之偕陈丽波员款孝廉来，话许久。出城至松筠菴取印结公分，遇魏绍庭、孙静轩。薄暮至至美斋，袁叔衡之约也，席间遇李幼铁、孙伯平诸人，荔生、六垣亦在座，席散诸人招予同游，辞焉，回西月沿访汪频之，不遇，至永泰昌，观杨叔沈书折扇。

初二日(5月9日) 晴。午后王六垣吏部偕袁叔衡来，话许久，同出城，予至惠丰堂，系山东司公请同司改外官者，共四位，董子安崇仁观察，高礼卿令喆太守，刘敬璞太守、方晓亭开泰大令，董君未到，至薄暮始席散，同礼卿、赞臣、云门、星秋访桐凤班三校书，流连至十一钟始散。同赞臣回永泰昌，适杨叔沈、贾子槐、王竹泉亦偕游曲巷始归，未及叙话，即呼舆入城。闻荔生来，不遇。

初三日(5月10日) 阴。梁星秋来，谈至薄暮始出城，同至惠丰堂，赞臣之约也。宝轩未终席而去，予同赞臣共车，夜半入城。日前宝轩交予六十金，是日分送王、梁二君，星秋意仍不愿，予婉劝良久始收讫。

初四日(5月11日) 晴，晚阴，风起。聂献廷为其太君祝七旬寿，予备寿帐一悬，亲往称祝，并尝酒筵。向夕顺路至云门寓所，话许久，遂至五斗斋关帝庙访汪频之，闻其三令弟在河南候补典史者于前日病殁，渠拟于明日起行赴东光县署省视，留予晚饭，适陈丽波太守、骆午堂通判均在座，谈至九钟后回永泰昌，遇子槐。

初五日(5月12日) 晴，大风。午后至松筠菴取印结局津贴银三十金，至琉璃厂书肆画铺游览数处。赴天和堂王芍田阐元孝廉之约，座遇孟树村副戎，谈及广宗民乱事，闻近日在南宫官军接杖获胜，逃散大半，尚未知确否。同理卿访荣春、月仙校书，王六垣、袁叔衡、式平兄弟、陈步墀、仲孚兄弟及宝轩均在坐，至十钟后同宝轩回永泰昌，子槐、叔沈均未睡，又话许久始回寓。

初六日(5月13日) 晴，午后阴，夜风。闫静如、姜荫卿来，王云门、梁星秋来，至日夕始去，韩荔生来，赞臣来。

初七日(5月14日) 阴，风，天气昏霾，黄雾弥漫，晡时赤氛四塞，有似雨土，夕时雨数点，薄暮又雨。云益钱店邀同盛楼吃饭，饭毕至琉璃厂正文斋书铺，购《国语》、《国策》二函，见其内室几上有旧砖一，上刻"大吉利"三字，未知真伪，向其索回试之，冒雨而归。灯下同韵生、子平话许久。荔生来。

初八日(5月15日) 晴，大风。李栋臣来。赵文轩来，系盐山高周务人。韩荔生来。候金筱珊不至。闻赵某云，宝轩原籍家中于上月被东省防营勇弁焚抢甚惨，宝轩之长兄号鲁堂者，人极糊涂，在家素不务正业，屡屡滋事，上年予回籍时闻其颇与海丰县著名巨盗某往来甚密，远近皆知之，近日又在渠家窝藏庄名潘家庵，防营弁勇齐队往搜拿，适该匪党数人同行，即在姜宅放枪拒捕，相持一夜之久，弁勇恐其窜逸，遂积柴燃炬以为薰杜之计，竟延至室庐，连烧屋宇数十间，有数匪被焚歼焉，竟无生获者，而房主人亦被该营哨弁押解而去，系宝轩侄辈三人，此系宝轩家信如此说，尚不知底里究竟何如也。

初九日(5月16日) 晴，大风。筱珊同年来，王卓生同年后至。张仁甫偕敬轩农部来。筱、卓两君均为结局事与赞臣颇有违言，据云内中尚有不免胶葛之处，嘱予代询一切事宜。同筱珊共车出城，至惠丰堂，山东司诸君公局也，予到客已散去，唯赞臣、云门、星秋三人，让予小饮数杯，聊进肴点。早间梅坡来札邀予同聚馆一谈，比予往已上灯矣，梅坡已偕诸客为北里之游，不知所向。遂同云门、星秋访赞臣所狎某校书，至则赞臣先在，流连至十一钟后始同赞臣共车回寓。

初十日(5月17日) 晴，风。赵文轩选万来，韩荔生来，出城赴林梅真景贤家贺喜，顺路回拜马主事钟琇，新捐到部者也。入城访宝轩，遇何冶园孝廉、石清溪茂才、王介卿茂才，皆新由盐山来者，询及宝轩近事，果然与所传相符，亦可怪叹也。

十一日(5月18日)　晴，热甚。冶园来，适予未起，竟去。云门、星秋偕来，约赴艳芳楼，赞臣之约也。周采臣同座，薄暮客散，与赞臣同车而归，少话即去。

十二日(5月19日)　晴，午后阴，向晚大风，夜半雨数点。赵文轩、卢书估来，出城拜客，访国子监韩绍甫杜学正小谈，归至惠丰堂，赞臣约予陪客，座中鹤田、献廷、小珊、卓声、云门、星秋，唯宝轩不至，席散赞臣拉予至桐凤小班，夜半回永泰昌，遇宝轩、叔沈、子槐亦在焉，遂同车回寓，与子槐话许久始寝。

十三日(5月20日)　晴。杨叔沈孝廉来，窦云笙来，叔沈谈至日暮始别。灯下步至潘间兄宅，不遇，与茂亭夜话。李敬轩、张仁甫来。

十四日(5月21日)　阴。云门、星秋偕来，云门略坐即去，荔生来，孙伯平偕马竹溪主政来，客去后与星秋同车出城，回拜何冶园不遇，访刘让甫小谈，访王六垣、袁叔衡不遇，至松筠莽公局，遇鹤田、卓生、宝轩、赞臣，日暮与赞臣共车入城，月下赞臣来，夜话许久。益文堂书坊杨书贾来。

十五日(5月22日)　晴。荔生来，赴东城回拜韩默斋克碁大令，不遇，又至东华门内访李梅坡同年、迟清泉，均不遇，遂回寓。何冶园孝廉薄暮来，谈至夜分，邀至内书房寝息，因翻架上藏书数种，话遂达旦。

十六日(5月23日)　阴。贾估客来，云门、星秋先至，刘世兄来，又盐山刘石臣来，卢杨两书贾来。予出城至琉璃厂益文堂观明刻《廿一史》，系该铺为予代购者，内缺《陈书》、《三国志》、《辽史》三种，盖明监本原无《旧唐书》及《旧五代史》也。《史记》缺一本，《宋史》缺壹本，搀二本，缺者抄补，又《唐书》系搀配汲古阁本，《周书》亦同，斯有断残之憾也。纸乃绵料，印墨不甚光匀，然价尚较廉，盖此乃都中旧家所存之物，急而求售者，故以五十金得之，雇车送至寓所。至永泰昌访杨叔沈，因邀同窦云笙、王竹泉往艳芳楼吃饭，并邀何冶园同谱来，食毕回永泰昌，十二钟偕冶园共车回寓。兰泉甫学正来，已就寝矣。

十七日(5月24日) 阴，夜雨数阵。荔生来，宝轩来，早饭后冶园来。薄暮崔兰西孝廉来，夜话达晓。

十八日(5月25日) 晴。赵文轩来，敬轩来，赞臣来，刘世兄来，助渠赴陕西路费八金。灯下至赞臣寓所，谈许久。

十九日(5月26日) 晴，为刘毅生取验看印结，托卓声代办验看事。赵文轩来，卢书佑来，出城至铁山寺出吊徐子光侍御令弟丧也。归至松筠庵印结局，遇张玉叔、王卓生、韩荔生。

二十日(5月27日) 阴。午前潘问兄来，徐丙辰来，出城赴韩默斋大令之约，至福兴居，遇姜宝兄、李敬斋吏部、李梅坡外部，邀刘让甫至，同默斋谈闽中事，因刘君在闽中久，悉其土俗官场，故默斋倩予为介晤谈也。薄暮始归，至永泰昌少坐回寓，敬轩来夜话。

廿一日(5月28日) 晴，大风，薄暮始息。云门、星秋、荔生来。荔生为局事连日欲与赞臣为难，屡向予哓哓不已，近日又极意发作，予深鄙之，遂直言规戒，继复小加声色，渠怏怏而去。赞臣又至，张仁甫来，已向夕矣。赞臣邀同出城，至艳芳楼吃饭，予到大栅栏买折扇一柄，并买糕点二匣，送刘让甫，灯下同星秋、赞臣访桐凤班金铃校书，归寓后兰西早来相候，谈至黎明始罢。兰西携其近作诗稿，留阅。

廿二日(5月29日) 晴。兰西早饭后出城，赵文轩、李栋臣来，贾子槐来，金筱山来，筱山话许久去，日夕出城，至艳芳楼，迟清荃之约也，座唯吕聘侯大令、朱蔼亭拔贡、王六垣吏部。饭毕已上灯，同至桐凤班，金保校书索予为代购折扇一柄，二更许回永泰昌，同叔沈孝廉谈至丑正始回寓，叔沈为予书旧用折扇一柄，书法颇与魏碑为近，见其座上《十三峰书屋文集》，翻阅散文数首，乃李申夫方伯全集也。李公曾随曾文正公幕，为文正高弟，故当时文名藉甚。

廿三日(5月30日) 晴,风。赵文轩来。出城往妙光阁徐宅吊丧,归路闻梁芗南仲衡少司空病故,顺路至松筠菴,与赞臣共车而归。

廿四日(5月31日) 晴。云盐甫水司来,贾子槐来,韩立生来,汪频之来,崔兰西来,兰西近著有《论语独见》、《大学△△》一册,夜谈。董赞兄来,约明日赴松筠菴。

廿五日(6月1日) 晴。星秋来,同出城,至松筠菴,晓山、立生、采臣、赞臣先在,鹤田、宝轩、云门继至,魏梯云比部为取结事亦到。立生与赞臣有意挑衅,大动声色,同人劝阻始散,时已薄暮。星秋邀予及云门至阳春居吃饭,邀理卿不至,更馀始归,予至永泰昌与叔沈话许久,始入城。

廿六日(6月2日) 阴,风大。云门、星秋来,话许久,并及昨日结局交讧事,深为赞君虑之。敬轩来,邀艳芳楼小聚,适子槐来,同出城,座有仁甫。饭毕已薄暮,敬轩邀至同凤班,适陈仲孚昆弟、袁式平亦至,坐听弦索,殆将夜半。散后到永泰昌,遇兰西,同入城。

廿七日(6月3日) 阴。午后访刘仲鲁太史不遇,出宣武门拜客,张伯纳户部、李木斋钦使皆不遇,访袁际云郎中,话少时。至敬轩寓所,晤韩荔生小谈,又访卓生同年,渠新移居,闻其新纳一姬,为奸媒所误,乃曲巷中物,近已遣去矣,言之颇扼腕。薄暮回寓。

廿八日(6月4日) 晴,晚阴。云、星两君来话许久,刘韵生本日验看,崔兰西验看后来寓,匆匆即去,赠予汉钱二枚,盖泉刀故物也。出城赴宗显堂之约,盖近日因印结局来源尚旺,翰、詹、科、道、阁、寺各衙门咸欲分润其间,遂设局公请管局帮局诸人会议此举,拟加增捐生结费成数。予到后赞臣始到,鹤田、卓生先在,闻卓生发议甚果,多不平之语,须臾不辞而去。去后始知卓先致一信于翰道诸君,昌言不讳,直斥贪鄙云云,语太激昂,几于构衅。玉叔亦到,又同至内阁诸君座中略道寒暄,遂辞出,往同兴堂马瑞甫应图郎中之约也,座唯华允卿、姜宝兄,赞臣后至,日暝时入城。

廿九日(6月5日) 晴。敬轩来,卢刚甫户部来札,为印结事,出城至惠丰堂,同司新到署之马竹溪相招也。金晓珊同年亦在此处邀饮,席甚丰洁,夜半入城。

五 月

初一日(6月6日) 晴。访仲鲁太史不遇,出城回拜孙展云太守不遇,遂至松筠菴印结局,取公分,遇小珊、宝轩及俞熙甫比部、魏绍庭户部,赞臣父子均在焉,薄暮入城。为潘宅贺喜,与茂亭话许久始归,兰西来寓。去岁借用兰西洋元四拾枚,近还渠足金二十金。

初二日(6月7日) 晴。午间礼卿、云门、星秋同来,话至日夕,邀赞臣来,遂出城至艳芳楼,礼卿作主人。饭毕同访鲍亮生比部于玉贵班,灯下又同至荣春班,访礼卿所识艳侬校书,流连至十一钟,与赞臣共车入城。益文堂杨书贾送《欧阳文忠集》一部,四函,价五金矣。

初三日(6月8日) 阴,微雨。潘问兄来,小话,敬轩来,冒雨而去,日夕荔生来,话至薄暮始去。是日为张西园事寄盐山明府祥吕棠荫信一函。

初四日(6月9日) 晴。赵文轩来,赴东四牌楼汪家胡同昆老夫子中堂处拜节,归已薄暮。灯下赞臣来话,至夜半。

初五日(6月10日) 阴。早为卢刚甫作札,午后宫笠樵元焜,南皮人刺史来拜,宫系家彦侄之妻堂兄也,乙亥孝廉,为人甚卑鄙,向来乡人多不齿之,先张文达相国与之有世谊,为之作书,荐于山东张勤果中丞处,夤缘保至州牧,然历任中丞咸不甚重之,故至今十馀年终未得署缺,近谋干得解京饷一差,因来寓探视,听其话言,犹是昔年佻达之故态也。理卿来谈许久,出城回拜同乡孙展云太守毓骥,谈数刻,遇荔生在座,别去。至琉璃厂正文堂书坊,有范姓学伙,系盐邑人。阅书数种,内有《明儒学案》,板印甚佳,又《资治通鉴》,乃阎文介公所刻者,印本颇好,略询价值,尚未定也。至聚茂魁,同仁甫小话即入城,兰西在寓相候。购来正文堂《李义山诗文集》、《温庭筠诗集》共三函，顾亭林《音学五书》十本。

初六日(6月11日) 晴，晚阴。荔生来，文轩来。出城先至正文堂，订昨日所看书数种，又购得《国朝廿四家古文抄》一部，见其庋阁上有钞本书三卷，一为《李习之文集》，一为《朝野备要》，一为《绛云楼书目》，皆有惠定宇、许滇生赏鉴图章，亦收藏家所悦观者也，然价已廿金矣，予翻阅久之。归至惠丰堂，赞臣邀在局同人公议翰林院、都察院两衙门意欲增印结费事，周采臣作书驳之，以稿示大众，然语多讽诮，恐致激成不解之隙，有碍乡谊。予向鹤田、赞臣酌议以不用为妥，二君均是之。十一钟归寓，王竹孙茂才来相候，名伦章，亦吾乡后进之有才者，然早染嗜好，且近荒唐，恐造诣未能精进也。

初七日(6月12日) 阴，雨，晚大雨淋浪彻夜，自春徂夏始获甘澍，然尚未能透地也。昨益文堂送来《严分宜奏疏》乃严氏七世孙重梓者及《罗一峰全集》一峰集系明板原印二种，略为流览。严集四册，内有关政治者无几篇，多谢恩让封辞位辨谤之疏，间有嘉靖御批，盖可想见当日分宜得君之专且久，而沈青霞、杨椒山两先生参劾亦略及之。史称其左袒仇鸾，而诛鸾之时则有贺表，谓其倾陷夏言，而罪夏之时则有救疏，至曾铣、张经死于其手，则分明可考。惟赵文华是其门生，嘉靖知之，有旨嘱其不必顾惜，盖是时赵已逮问发觉矣。集亦止于此时，分宜遂已败矣。统观之不见有贪秽奸乱之迹，而卷首韩邦奇一序至极推崇，比之古来名臣如范文正者尚远逊之，邦奇在明亦正人一流，不知何以倾倒如是。可见是非邪正，非事久不能论定，而徒以语言文字概之，殊难得而核实也。分宜为秀才时，立身清正，名满天下，何至一登权要即改弦易辙，决裂如彼之易？世传其欧阳夫人甚贤，时常以“钤山堂廿年清寂”之语规之，其恶直丑正、怙权纳贿皆自其子世蕃为之，非此老之意。说固有理，然岂得以逭其罪哉？是日刘韵生出城未归，与王竹孙夜话许久。

初八日(6月13日) 晴。荔生来，赞臣来，云门、星秋来，张西园来。

初九日(6月14日) 晴。云门、星秋来,同出城至金贵曲班,鲍亮生比部之约也,座有张孟渠比部,赞臣亦到,灯下花围翠绕,歌声遏云。理卿后至,席散后夜已将半,赞意倦甚,遂邀之共车入城。

初十日(6月15日) 晴。是日予同赞臣约同司诸君饮,定座惠丰堂,赞臣患感冒不能[出]门,嘱予先行,出城至惠丰堂,过郑倬甫,谈片刻,客到十一人,冯月轩郎中后至,席散已上灯矣。同理卿、星、云三君往桐凤班小坐,星秋迟小蓉校书不至,意颇怅怅。理卿、云门先去,比蓉既归夜将半矣。予回至永泰昌,与杨叔沈小话,入城。

十一日(6月16日) 阴,早晴。午后董世兄来,取孙展堂太守结费七百五十金,予面付之。兰西、泉甫偕来,勉强出见,话数语即觉倦甚,盹睡至上灯后觉遍身作烧,幸兰西为胗脉立方,服药一帖。半夜后始得汗,稍清醒而大泄不止,且带痢,展转委顿,弥复难过。

十二日(6月17日) 晴。午前兰西入胗脉,云外感已退,唯下部凝寒,须用热剂以和暖之,又立一方,加桂、附、姜、术等药,众皆咋舌,予决服之,至晚痢少止,心气亦渐定帖。是日原定在陶然亭邀客,因病不能兴,遂倩兰西、泉甫代东,遣孙禄随往。上灯后始归。

十三日(6月18日) 晴。早起,思食,披衣起坐,下床可举步矣。闻署中英菊圃郎中因赞臣已请病假,拟回堂请派予署理主稿,予急作札辞焉。

十四日(6月19日) 晴。敬轩来问疾,谈片刻而去,荔生来话许久,薄暮始去,益文堂送来抄本一册,乃沧州董柯亭先生所著也,目为《官楚事略》、《官浙事略》,盖先生以进士出宰湘中,洊升浙江监司,此居官听讼断狱自记录者,前有沧郡叶芸士廉访先生题词五古一首,甚佳,惜抄本多讹字。枕上阅毕。闻姜宝轩亦患痢疾甚剧。阎敬如来止宿,刘韵生于明早起行旋里。徐炳辰来。

十五日(6月20日) 晴,午后浓阴。午后理发,益文堂杨客来,携《汉魏丛书》一册求售,予留其《一峰先生集》。

十六日(6月21日) 阴。早起,入署,缘日前山东司印君英菊圃因赞臣患病告假,欲回堂请派予署稿,予闻诸云门,亟作札辞焉,然菊圃意颇殷拳,故到署晤谈,简筱坪亦在焉。散值后访赞臣,疾已愈矣。归寓,荔生来,理卿来,孙展云太守来,谈许久始去。薄暮同荔生出顺治门,共游土地庙花厂,购花数种回寓。晚遣人至董宅,为孙太守取印结用戳。灯下饭毕,共子平小谈。

十七日(6月22日) 晴,午后雷声殷殷,雨数点。田仁甫来,拟令其子来附学读书。孙辑廷来,荔生甥也,持孙太守印结来换,以填写官阶错误也。

十八日(6月23日) 晴。赵文轩来,云门、星秋来,敬轩来,同出城,敬轩回寓。云门邀赴富源楼小饮,予顺路至琉璃厂买笺纸数匣,广扇二柄,又至清华斋买笔洗、乳钵各一具,至益文堂买《列女传》一部,回富源楼。饭毕各散,归永泰昌,同叔湛孝廉话,至夜半始归。闻宝轩日前患痢甚危,近日始渐痊可,然尚未能动履也。

十九日(6月24日) 晴。田仁甫约张子平、周砚亭两师同予至三胜馆吃饭,座有叔沈孝廉。饭毕与叔沈纵谈近日乡人中能文者高下,叔沈亦桐城吴挚甫先生弟子也,受古文义法,故所谈颇中窾会,予深韪之。日夕回寓,宫笠樵、黄辅辰君来相候,薄暮始去,笠樵浼予为山东运司英凤冈瑞作书。

二十日(6月25日) 晴。李同德偕其表弟田生来入学。王六垣吏部来,宫笠樵来,持信而去。益文堂送所装订书来,贾子槐来,张仁甫来,向暝始去。赞臣来。

廿一日(6月26日) 晴。姜荫卿来,张西园来,敬轩来,同敬轩出城,予到艳芳楼,仁甫作东道,赞臣、子槐已先在,饭毕已暝,遂回寓。赵文轩来。

廿二日(6月27日) 晴。早起,六钟时赴绳匠胡同故相李文正师宅,是日奉神位入贤良祠。礼毕访韩荔生,询其病况,已渐愈矣。顺路回拜张子密观察,不遇,至张仁甫处,遇董世兄、贾子槐,少话,遂入城看宝轩病,近日已大愈矣,然尚未能动履也,谈许久而归,始用早饭。饭毕贾估客来,杨书贾来,送《黄山谷集》一部。云门、星秋、赞臣同至,薄暮邀予出城小饮,灯下赞臣邀往翠芬曲班访其所识某妓,已老大,风情减矣。云门、星秋各去,孙伯平茂才又到,流连至夜过半,予始入城,想赞君即于是夕定情矣。回寓书请客知单,又为居停铭仁甫作札。

廿三日(6月28日) 晴,午后阴,夜雨。赵文轩来止宿。午后益文堂来。夜读《汉书·李广苏建传》。

廿四日(6月29日) 晴。午后出城,回拜宫笠樵,不遇。至琉璃厂正文堂取回《通鉴》十六函,并《汉隽》四册。至惠丰堂,云门、星秋、晓山先至,献廷、鹤田日暝始到,议印结局事。卓声未到。十一钟回寓。

廿五日(6月30日) 晴。赵文轩来,薄暮至松树胡同,与潘茂亭舍人小谈,遂往西城访中鲁太史,适有贾佩卿孝廉信至,就阅之,乃为盐邑去岁罚抄张西园田产一事,闻此款已充邑中学堂经费,此时业主仍欲备价回赎,佩卿信云业主并无取赎之意,乃邑中群无赖思拆卖为分肥之计,并有刘祉庭司马从中关说贿托云云。佩卿大为不平,致函中鲁,拟控之于制军云云。此事在佩卿亦皆想当然耳,且未知内中原委曲折,辄动忽戾,殊觉孟浪。又赵文轩之戚海丰县小马村庄前年被拳匪残杀男妇卅馀名口,焚房八百馀间,屡经上控,批饬严缉而地方官竟置不理,欺蒙大宪,殊堪发指,近央予转求中鲁,致函东省尚会辰廉访,再饬该县设法了局,予向中鲁略及之,十钟始回寓。

廿六日(7月1日) 晴,午后阴,夜雨数点。午后赞臣偕王云门来,敬轩、仁甫来,高理卿来,札邀至福隆堂一叙,遂同赞、云两人偕往,更馀始散,同理卿至荣春小班少坐,归至永泰昌,与叔沈孝廉谈及佩卿致信中鲁事,匆匆入城。

廿七日(7月2日) 阴。贾子槐来,周爱堂来,是日王六垣吏部招饮松筠莽,与子槐同车出宣武门,席未散天已向暝,遂辞归,至聚茂魁与仁甫略话数语。回寓张西园来,为房租事。为铭仁甫写信,又致信中鲁为海丰事。

廿八日(7月3日) 晴。贾子槐来,同出城至津南馆,偕敬轩、李幼铁赴艳芳楼小饮,灯下至永泰昌与叔沈孝廉夜话。

廿九日(7月4日) 晴。

六 月

初一日(7月5日) 晴。

初二日(7月6日) 晴。赴东城三条胡同访张泽周小谈,遂回拜马瑞符户部、迟清泉木厂,均不遇。

初三日(7月7日) 晴。马竹西比部请客,在惠丰堂,有同司诸君并王鹤田亦在座,与赞臣订初六日请客之局。

初四日(7月8日) 晴,晚出城,至聚茂魁略坐,在琉璃厂益文堂正文斋流连数刻。

初五日(7月9日) 晴。至西城粉子胡同访卢文明刚甫户部,小谈,遂至宝轩宅,渠于初一日补缺引见,因过劳尚须将养。

初六日(7月10日) 晴。韩荔生来,至四钟后始同出城,予至五斗斋为苏敬甫贺升主事之喜,遇礼卿共汪颎之小谈。是日赞臣因翰林院、都察院、国子监、内阁各衙门索印结局津贴费事,公请同乡诸君,到者十馀位,咸议印结加费章程,赞臣、鹤田两君已勉强允诺矣。散后同赞臣入城,至正阳门,已启矣,有美国人拦路索费,须洋一元,回车拟至西河沿,伊又上前至车旁,云索二毛,即可入城,遂付以京钱二张,共三千,伊欢喜而去。口中颇通汉语,大约系中国守门兵隶教其如此,以图分肥也,可恨可恨。

初七日(7月11日) 晴。连日酷热异常,近日始有微风,较日前略可安坐。理卿来,谈至三钟后始去,荔生来,薄暮始去。赵文轩来。

初八日(7月12日) 晴,午后浓阴,薄暮微雨数点。午后杜云堂巡检来拜，嘱其代请封典，为家本生十叔承运公。徐丙辰来，谈许久，共车出城，赴万福居。荔生之约也。座有孙展云太守，贾子槐广文，姚翊臣孝廉，王芍田孝廉、李敬轩户部，席散入城。

初九日（7月13日） 阴。早起雷声殷殷，午后微雨。敬轩来，共车出城，至聚茂魁访仁甫不遇，同敬轩至松筠菴访子槐，小谈，薄暮入城。正文斋送《廿二子》一部共八函。

初十日（7月14日） 晴。

十一日（7月15日） 晴。向午理卿、星秋来，荔生来。向晚始去。吕文卿长顺来，盐山城内人，随营多年，自去岁在武卫左军拔充哨官，近又升马队营官。

十二日（7月16日） 阴，微雨。张西园来。

十三日（7月17日） 晴，复阴。张西园借车拜客。荔生来，赵文轩来，偕其戚朱某二人小坐即去。予同荔生出城，至惠丰堂邀金筱珊同年、贾子槐广文同座，席散即入城。

十四日（7月18日） 阴。午后筱珊来，谈许久，姜荫卿来，为抄予《庚子上赵司寇书》四首，夕时出城，回拜张黄楼、孙展云两太守，皆不遇，又访王卓声同年，亦不遇，怅怅而归。灯下刘仙航来夜话。

十五日（7月19日） 晴，早微雨。张仁甫来，赞臣来，王卓声同年来，赵文轩来，赞臣话至上灯后始去，孙缉廷来，为其令叔展云代送别敬贤人之数。益文堂送来《海国图志》四函，《御批通鉴》一部。

十六日（7月20日） 阴。荔生来，张西园来，为张泽周书对联二副。为张黄楼太守作札，因汪东渠师求调缺事。

十七日（7月21日） 阴，午后雨片刻，晚霁。荔生来，冒雨而止，雨止后同出城，往松筠菴公议为翰科等员加结费事，向晚同筱珊共车而归，筱珊回宅，予入城，在东海升吃饭。

十八日（7月22日） 阴，午后倦甚，方假寐，赞臣来，谈至薄暮。王芍田孝廉来，为其令弟捐县丞取印结事，暝时赞臣令郎玉章来，商及请客事。

十九日(7月23日) 阴,午后晴。荔生来,星秋来,宝轩、敬轩来,同敬轩出城至艳芳楼,王芍田孝廉之约也。席散至永泰昌共叔沈话,至夜半始归。闻家乡于初十日得有大雨透地。灯下为赵文轩写信,函寄黄仙槎祺海明府。

二十日(7月24日) 阴。午后赵文轩来,取仙槎信去,呼舆赴东城帅府园回拜吕营官,不遇,并访英菊圃郎中,亦不遇,出城至福隆堂,赞臣邀同局诸人公议月内翰詹科道阁监各衙门索加印结费事。赞臣拟回复翰科诸君信函,嘱予定稿,归寓草就。

廿一日(7月25日) 阴,一更许雷声殷殷,密云不雨。荔生来,同出城至惠丰堂,是日予为主人,薄暮客毕至:杜云堂、金筱珊、姜宝轩、高礼卿、梁星秋、李敬轩、王芍田。席散后宝轩入城,敬轩、芍田先去,理卿、荔生先后去,予同筱珊、星秋谈许久始散。予回永泰昌,与叔沈孝廉话至夜半而归。

廿二日(7月26日) 阴,午后微雨。张仁甫来,云门、星秋同来,赞车来迟,金筱珊不至,是日早长班持一知单来,为印结局事,内云查结官许多不实不尽之处,四五两月侵蚀入己者已六百馀金,须邀集同人另议章程云云。予以事涉赞臣,语多刻薄,不便令其沿门署知,以致播扬,遂扣留之,比晤云门,闻渠已阅过矣。

廿三日(7月27日) 夜雨至午始止,以更后又大雨。晡时赞臣来,倩予为了近事,予诺之。灯下阅《海国图志》。

廿四日(7月28日) 侵晨雨止,向夕又雨彻夜。五钟后出城,访仁甫,同车至荔生宅,为赞臣事也。连日荔生挑剔局中近事,偕张荆璞诸人交讧不休,盖荔与赞有应酬不遂之嫌,故竭力为之传播。予商之仁甫,令赞臣许借渠百金,借以解释前嫌,而荔生意殊执谬。夜间仁甫冒雨而归,予止宿焉。与之彻夜辩论,竟不能回其意,殊可笑也。凌晓雨仍未止,呼舆而归。

廿五日(7月29日) 雨至午后三钟始止。灯下赞臣来,话至夜半始去,为魏绍亭延龄户部作札,亦为赞臣事也。

廿六日(7月30日) 阴,午后少霁,旋阴。贾子槐偕云门来,荔生来,仁甫来,芍田、敬轩来,晓珊来,薄暮始散。灯下赞臣来,夜半始去。魏少亭复札,约明日午后晤谈。

廿七日(7月31日) 阴。早间邀魏绍亭户部、张荆璞璧田比部于下午至惠丰堂晤谈,四钟后出城,两君已先到矣。并邀晓珊水部同座会商近日赞臣局中事,盖因有俞、陈二捐员取结交费与正数不符,被荆璞查出,同人颇有违言,故议罚款,赞臣倩予为之和解也。

廿八日(8月1日) 晴,黎明北风甚厉。午间卓声来,少刻即去,赞臣、星秋、晓珊来,邵子柏炳然来,邵与予一面之识,近日因与赞臣有胶辖之处,特来剖析,适赞亦在座,不便畅言,邀入别室,略询梗概,大约两人均有不是,而邵尚能自己认错,较之赞臣殊胜也。薄暮同星秋赴惠丰堂,荔生之约也,局中八九人均到,荔生意甚愤厉,语多不经,同人先俱为之开解,席散后愈形得意,大众殊不乐闻,勉强应酬而散。予同卓声到晓珊宅内小谈,遂入城。

廿九日(8月2日) 晴。赞臣来订晚间在惠丰堂邀同局七八人公议,星秋来,筱珊来,夕时予出城至聚茂魁,少坐,遂至贾家胡同访魏绍亭小谈,嘱其向张荆璞为赞臣缓颊,渠慨诺之,并为赞臣代谢两人各五十金,时天昏黑,往福隆堂赴高理卿之约,至则渠等已散矣。因至惠丰堂,席散已十钟,共赞臣入城。

三十日(8月3日) 晴。午后云、星、赞三人偕来,共商局事。是日荔生在松筠菴邀集同乡议罚管局近日暧昧事。赞臣殊不愿往,故意迟延,予同星秋再三促之,始同云门偕往。予与星秋共车出宣武门,至聚茂魁晤宝轩,亦将赴松筠菴者,遂邀同行。比至局则同人已各散去,唯晓珊谈及赞臣父子,大为荔生所窘,凡所指摘,皆有实据,一唱百和,非议罚不可,赞臣则垂头丧气,默无一语,鹤田、采臣诸人亦不能为之剖析,即如星、云两人欲左袒而不得,徒唤奈何而已。盖贪鄙顽钝至于此极,可恨尤可怜也。薄暮邀星、云二人至惠丰堂吃饭,遇汪新甫比部忠杰共车入城,抵寓后适子平寐寤,谈及局事,为之齿冷久之。

七 月

初一日(8月4日) 晴。益文堂来,携《十七史商榷》、《大清通礼》二书,留阅。南皮宫莲峰秀才元炬来乞回家路费,状甚狼狈,助以洋元二枚,盖此人素行不端,久已不齿于士林,因有瓜葛,不得已也。呼舆出城,至聚茂魁不遇仁甫,遂到局取公分结单,遇星秋、献廷、星楼诸人,谈许久。又至下斜街花厂购紫薇花二本,玉簪花四本,又购竹廿竿,嘱令来种,定于初四日早。曛暮始回寓,赞臣又来知单明日请客。

初二日(8月5日) 晴。子槐来,理卿来,星秋来,迟清泉来,薄暮同星秋赴惠丰堂赞臣之约也,同人咸到,唯宝轩先入城,大众公议翰科各衙门强索津贴事,兼商赞臣局内所有遗漏未分公款,经韩荔生查出者均须补出,并酌罚款,以示薄惩,赞意不乐,并多含混语,至十一钟后各散。予同赞臣共车而归,抵寓后又留话许久,深有憾于周采臣之倡议酌罚也,悲愁怨艾,百感交集,予始劝慰之,窥其意殊释然,因相对词竭,怅恨而去。

初三日(8月6日) 阴。星秋来,同赴松筠莽,采臣亦在,云门、鹤田继往,宝轩、筱珊、荔生先后到,采臣为赞臣核算帐目,董世兄同荔生争执许久。予至聚茂魁,偕云门、星秋、赞臣至惠丰堂,并邀筱珊,是日在局中因有议换查结官之说,鹤田应代赞臣接管,而云门意大不为然,故又同赞臣密商倩筱珊调停其间,谈至十一钟各散。予同赞臣共车入城,至张相公庙东口因赞臣欲走回寓,嘱舆夫代点灯笼,而骡忽惊逸,车亦掀翻,幸二人尚未轧伤。窦云笙来。

初四日(8月7日) 阴。午后星秋来,贾估客来,杨叔沈来。日夕同星秋访晓珊一谈,遂邀予过惠丰堂吃饭,薄暮命车入城,至夜半步归。

初五日(8月8日) 阴,早雨。赞臣来,张仁甫来,薄暮始去。晚与子平谈许久。

初六日(8月9日) 晴。梁、王、董三君来,筱珊来,先去,赞、云二人继出城,予同星秋共车至聚茂魁,遇子槐、张石樵润水部,薄暮偕星秋至惠丰堂,并约魏绍庭、张荆璞二君,卓声、筱珊继至,共商局事,盖连日周采臣水部因赞臣每月印结公分单收支诸多不符,致起同人之哄,连日核对,矛盾迭出,深以为憾,议举王鹤田水部代为经理,将赞臣辞退,已有成说矣。故邀集诸位晤商办法,皆以赞臣咎有应得,而如此位置亦颇有流弊,且未免出之已甚,拟于将来会议时先酌罚款,而代管之说则大众不妨力阻,以保全赞臣颜面,而预杜日后局中挟嫌攻讦、动辄胁制之端。先时途中遇宝轩,下车立谈数语,嘱其向鹤田婉言劝阻,并托筱珊亦然。夜归寓,张西园来相候。

初七日(8月10日) 晴。赞臣来,宝轩来,星秋来,先去,赞臣归寓。予同宝轩出城,赴惠丰堂,系鹤田今早邀定同座十人皆预议局事者也。赞臣后至,席散,采臣向予商定办法,议以月内管局应得之一成五作为罚款,而代管之说遂寝。盖今早宝轩、小珊均到局中,向鹤田婉商,并将赞臣近日愁急之状逐细形容,鹤田不忍,略有转机,予又向采臣决定受罚之数,故事遂中止,然赞臣至今实未醒悟也。十一钟各散,同赞臣共车回寓,遣人持灯笼送归。黄辅臣同张黎臣明经来相候已久,话至鸡鸣始歇。黎臣拟赴河南乡试,索投卷印结一张。

初八日(8月11日) 阴。赞臣来,张仁甫来。接家信一封,母亲近患腹痛,不时举发,虽少顷即愈,而精神较前清减,闻之心甚惶惧。赶命车请潘茂亭来,讯悉老年人饮食所宜,据云应是气郁,不必服药,用党参煎汤冲服沉香一钱当有效。

初九日(8月12日) 晴。早起,遣震儿回里,常升送去。董、王、梁、姜、李、贾先后来,汪濒之来。宝轩薄暮始去,子槐留止夜话。与内子商定回里省视,在十五以前。

初十日(8月13日) 阴。星秋来,仁甫来,日夕两人强拉予出城,遇金筱珊同赴惠丰堂,赞臣、云门继至,薄暮未得入城,夜半始同赞臣回寓。赞事已议有端倪,而渠意终不释然,令人不解何故。日内又接家信云,家母病已痊可,唯思子甚切,遂定十三日起程出都。

十一日(8月14日) 晴,暝后浓云密布,雷声殷殷,终夕不语。仁甫来,赞臣来,星秋来,向夕始去。予呼舆至刘仲鲁太史处,略话片刻,为高理卿太守事也。遂至象来街宝轩宅内辞行,并嘱赞臣事,更许始归。张西园、窦云笙来候。上月曾同迟清泉议定延请西席事,渠族人季卿明经刻已来京矣。

十二日(8月15日) 晴。已定于明日上火车,起津旋里。仁甫、敬轩来,星秋来。日夕始去。赞臣来数语而去。灯下子槐来,又请赞臣来寓商办结局事宜,连旬讧沸,皆渠父子不达世务、日逐蝇头所致,规之不从,劝之不解,一闻物议,即来倩予为之支柱。近日少有头绪,而故态仍复不改,恐尚有一番大波折重换局面也,思之殊深懊恼。日内复迟清泉信,缘明日回里,西席不能到馆也。为孙景裴太守写信,因杜云堂巡检求照拂事。[1]

白头叹

早年已白头,但未成老翁。岁月计辽远,天造安恲懞。俯仰几何时,体貌成衰癃。早夜行自捡,光阴□□□。欢乃一瞬过,忧如九鼎扛。我生岁乙卯,凡可尚无庸。四龄识之无,五叹诵国风。有时出对客,背念《阿房宫》。六龄作韵语,长老惊奇童。七龄学文字,《左氏》为发蒙。四年五经毕,上口略能通。严父不呼杖,慈母不折葼。十龄应童试,妄意游辟雍。牢牢大宗师,立出千人丛。讶我齿太稚,安能辨逢逢。试题疑宿构,更端询仲熊。对答如泻水,握手称无双。一衿非汝靳,大器当磨砻。长揖谢知己,盛气为之降。三年及舞勺,手采

---

① 此下一页为致友人信稿,漫漶不清,不录。

芹香浓。登高拜父母，所望期元宗。自待颇不薄，羽毛苦未丰。冲天仰鸣鹤，饮涧垂渴虹。一落忽千丈，弱龄遭百凶。青衫尚落土，黄巾忽汹汹。草间自偷活，八口忽转蓬。伯氏殉古井，摧折荆花秾。贼兵则梳篦，攫取无纤洪。还家剩空垣，相顾徒征忪。饥馑仍荐臻，安识稑与穜。谋道兼谋食，搜讨心转懵。幸有两弱弟，质地明且聪。季也擅宿慧，秋水翦双瞳。叔子慨家贫，力田随老农。雁行倏中断，先后凋华丰。明发怀二人，迟暮无欢悰。一日肠九转，宁解堂上恫。偶动青紫兴，苦乏菽水供。娶妇得孟光，而我惭梁鸿。食贫竟三岁，糟糠常不充。惘惘出门去，辞家趋帝邦。献璞刖同下，弹铗歌拟冯。自伤孤生竹，孰识爨下桐。负米走百里，把笔倚南窗。抗颜携后进，昂头嗤冬烘。壮岁举京兆，过情声隆隆。蹉跎更三载，簪花游曲江。二老才展眉，稍舒磊块胸。科名岂云贵，颇乐春晖融。廿年事呫哔，有如囚樊笼。一朝侣鹓鹭，敢不图靖共。鸡栖马如狗，东华踏软红。久縻太仓粟，安得大冶镕。读律丹墀侧，听讼白云中。觚瓯惧覆坠，危甚都卢橦。屺岵试一陟，念子絮语重。黾勉事迎养，平反期加饔。綵衣犹未敝，麻衣泣苍穹。炎凉阅世态，酬酢生矛鏦。□□起睚眦，杯影疑蛇弓。罪难百身赎，岁且一星终。理辞久不闻，闭门守故丛。轩然大波起，三辅相内讧。臧获走相告，衢市纷吠尨。姹女步凌虚，壮士发上冲。少日经兵燹，谈虎毛发松。□子实召祸，杀人如削葱。事急且上书，日月方告讻。幸免驰南海，檄照甘泉烽。神州遂陆沉，翠华过崆峒。一息馀残喘，引领随鬼雄。未能归父骨，新土三尺封。老母不得别，痛若割霜锋。三月得家书，欢若降万钟。性命绝可怜，但苦鸡肠冲。腐秈向邻乞，捣簸任奴僮。艰难三百日，全家上轻艭。先灵默妥佑，得见生还侬。门闾望久□，喜极牵衣腔。邻人相嘘唏，酌我村沽醲。传闻鸣銮归，钀甸扫雰霁。慈亲为办严，行李何匆匆。未效板舆奉，竟颓天姥峰。十日侍汤药，半载违音容。鲜民不如死，大事乃总总。田园久荒芜，储无隔宿舂。犹赖室人贤，旨蓄堪御冬。累累携家具，北上先寓公。恸哭登车去，晓月尚朣胧。朔风及地来，冰霰交空濛。媪婢惨无色,僵冻如植杠。悲哀固未歇,矧复增忧愯。自此婴沉疴,力疾羞惰慵。两载遂不起,苦无益寿埌。贫贱百事哀,斋奠但葵菘。顾予年甫半百,兵谴屡丁我躬。如我顾复恩,胡不享乔松。如我埙篪爱,胡不长友恭。斋臼三十载,亦足昭我彤。如何弃我老,只影空□□。父母兄弟妻,地下当相从。伯□□九原,惟勿怜愚惷。故人□□壤,孰为他山攻。亦有新相知,往来常恍恍。知心竟谁是,一面堂下鼗。素贵矜爪觜,骤进伤虿蜂。循途諗生阱,隔座远逾邛。入世四十年,自信无黖黵。久不致此度,何处收穷庞。既修坎坷运,还复丧乱逢。我辰独安在,视天殊梦梦。陵谷一朝变,杼柚九州空。瞻言乌止屋,行见雉罹罿。诛求已到骨,患祸方养痈。或乐处堂燕,或羡号空虫。不闻折槛直,谁念怀沙忠。伊昔全盛日,谟烈追康雍。口开国万里,四夷咸禺禺。庭列肃慎矢,室藏大夏筇。涵濡二百载,篚飧歌有馈。绵绵养士泽,赫赫中兴功。河山忽破碎,夷落相吞橦。一变商君法,再任伊川戎。周道生崎岖,群言竞杂龙。横议起草莱,如决大川壅。家家制官礼,处处谈夔龙。为韩白筹策,为仪衍横纵。智能周稗海,量能包泰嵩。腐儒冠当溺,惶恐讹言汹。倘应坛席求,盗窃适倥倥。衮衮多□人,裘马徒蒙茸。朝逢将军骑,夕避御史骢。□绛□□贵,金张里第崇。前庭□肥鲜,后堂陈笙镛。一纸抵兼金,片言矜加琮。有梯当进取,有罅早弥缝。路旁弃白璧,蓬颗叩黄钟。私人百僚试,润色何其工。憯言家国事,此老真途穷。出门忘南北,当户迷西东。先祖胡宁忍,昊天何不佣。中夜自掩涕,凉飔吹房栊。朝来揽明镜,愁鬓霜毶毶。追忆少年事,大梦始惺忪。常恐儿辈觉,怪我心有忡。何日婚嫁毕,七尺逃虚硿。但恐桃源路,难觅秦人踪。不然挂神武,渤海归旧墉。茅屋话亲串,寝邱安耕稯。幻想不可说,恋此半通铜。东方善解嘲,仕隐将毋同。怕泫元规座,喜闻空谷蛩。吟啸动堵壁,精锐还躯腔。馥馥山中桂,郁郁江上枫。憔悴惜芳草,迟暮嗟芙蓉。夜雨洗木叶,檐溜如悬淙。只搅骚人心,未息劳者衷。

绕室起徘徊，对照明脉缸。太息度寂寞，相助闻啼蛩。①

赵□□德政碑

古者兵民合一，皆为兵而可以自卫，唐宋而后始募兵以卫民，兵与民既分，而民于是得息厥肩，宴然享太平之福矣。然考古之制，戎马车徒出于乡，遂平时出入守望，相与扶持。有事调发而轨长连，帅列选忠信才艺之士人为之，故干戈之中寓诗书气，必如是而后兵可用也。自募兵之法行，客军远戍，迨无定所，凡投身行阵者多游手无籍与负罪亡命之徒，为将领者欲收其骁悍桀骜之用，不得不宽其格，而人非土著无亲戚之相关、田廛之可恋，忘身徇利，不能杀敌，反以扰民，民之避兵如避寇盗，苟无威信素孚之贤将以统御之，鲜不为乡里患苦，此近世之通弊也。国家自庚子后加以军旅，仿东西国之制，设常备、续备等军，又建立学堂，一隶伍籍，必令知书，稍通大义，数年之间，旗帜精彩，为之一变。辛丑之冬，姜翰卿军门奉诏统大军入卫京师，畿甸数百里皆军门号令所及也。宛平县界某村为军门进所部，赵公防守驻此，且年馀矣，气和而令严，军整以暇，京西故多深山长林，宵小出没为害闾阎，公昼夜巡儌，奸宄寝息。数十村无鼠偷犬吠之警，盖实以卫民为己任，而田野廛市之间，无一卒敢任情恣私以滋扰者，昔唐韩愈文有云“历百城而饩馈皆辞，居一夕而墙宇必葺”，其公之谓矣。村绅礼部笔帖式文□□，自里中来，以所闻见为予缅述，且曰：吾乡人士得宴然享太平之福者，公之赐也。父老子弟咸欲刻石志公之惠，其可乎？予曰：以子所称赵公者，忠信才艺洵无愧古者，连帅轨长之选矣。他日登坛秉钺，扬威万里，方将策饮至之勋、勒燕然之绩，固不必藉此以垂久远，惟予意尚有进于此者，子之居古天子乡遂之区也，朝廷撙节爱养，设兵防卫，今得贤将如赵公者，诘奸禁暴，军令分明，故旌麾所莅，垂发戴白，皆有家人一体之欢，子其归告父老子

① 此下一页漫漶，不作校录。

弟，俾知公之所以致此者，有勇知方之效，而油然生其亲上爱国之心，所以报赵公者，不更大且远哉！因濡笔而为之记。[①]

李母王太宜人寿序

范蔚宗作《后汉书》，始传列女，而鲍宣妻桓少君为之首。宣，渤海高成人，即今盐山也。厥后千馀年又有贾黄中之母，教子登第，为宋名臣，太宗嘉叹，锡赉有加焉。自王教微缺，叔季人情喜异而忽其常，士君子每于感慨激发之事流连赞叹，而顺妇慈母温惠俭勤之德，无人表扬而光大之，此家庭教育所以日替也。盐山僻在海滨，殆鲁文伯之母所谓土瘠民劳者，村妪氓女皆有比巷夜绩之风。予少时每闻长老谈两贤母遗事，辄低回神往，以为一邑之荣幸，况于居同里闬，亲挹慈范，如李敬轩农部之母王太宜人者，岂非近日之女宗，足以风厉薄俗者乎？予所以于太宜人之诞辰，因敬轩之请而欢忭濡毫，以为之述也。李氏为盐山旧族，五代迄宋，屡值乱离，邑中户口凋尽，惟李氏岿然独存，在元时有为益都路总管封昭武将军者，迄今五百馀年，宗支繁衍，诗书礼义之泽，久而不绝，唯仕不达且无任京朝官者，自敬轩始。敬轩少孤，太宜人一意教育，以至成立，其劬至矣。敬轩昆弟三人，次居季。两兄因家贫废学，长者又早逝，敬轩初就傅，戚族有尼之者，以为学显不可必，而读书与生计有妨，太宜人愀然不乐，呼敬轩而诏之曰：读书所以明理，非预期贵显也，汝两兄既无成，先人书香一线之延将在汝矣，汝其勉之。敬轩谨受教，博访名宿，负笈相从。太宜人节缩衣食，充脩脯费。岁时归省，必问所业成否，并勖以效法古人，

① 以下一页亦书信草稿，无首尾，其文云："以部见揆之，则公呈吏部，拟请此项人员，其正途者一律收结，若白身虚衔附入者，令其补交捐费，取结注册方能奏补实缺，次则援向年内阁国子监津贴之例，酌示区别。凡正途者均应律出结，更请各省查结官公商可否，再行定夺。卓见以为何如？至近日冲突之说，诸君不妨将贱名指出，任若辈钳我于市。"

刎一得自足。亲知过从,稔其人有益于向学者,供茗宴无倦容,有陶母截发之风。敬轩自为弟子员以至通籍,恂恂学道,言行不苟,盖得于慈训者为多。去岁覃恩,诰封太宜人,今秋迎养至京,板舆象服,乡里以为荣,而不知数十年中辛苦仓□,撅揭梱□,以成其家,独能见其大且远者,以师古之贤母,其荣幸将在于一邑,岂第家族已哉!太宜人为邑耆宿王岱清先生女,义方之训有自来矣。早年两奉严姑,皆得欢心,娣姒间无违言,治生尤勤。方中宪公在时,家不中赀,凡补纫浣濯、饉蓼盐豉之属,各用其宜,而佐饻之祭、征姻合朋之需,无弗备也。中宪公尝游闽峤,数年不返,太宜人独持门户,延师课子,中宪公无内顾忧,故中宪公没,一如未没时。李氏大族内外亲众多,咸有恩纪。倘有悍逆,以正处之,久乃惮悦。盖生平不出环堵之宫,为之匔匔,朝夕不自表褋,而归道母道,乃重于乡里。予家居盐城南隅,与李氏族比邻,敬轩宅在予舍北,中隔大溪,太宜人母家王氏宅则在予舍之南,相去皆数十武,鸡犬互闻,炊烟断续相接,三家父老子弟有喜事恒相庆也。予总角时,两家老人相见辄握手不释,比予弱冠后,授徒于家,敬轩两兄从予受经,敬轩方数岁,时来舍中,就两兄嬉戏,每早餐晚晡往一见,太宜人临水而望两儿归也。敬轩堂兄松轩秀才与予尤亲善,过从无虚日,常为予道其叔母治家教子,咸有法度,尝招予饮,皆手自调御,必丰必洁,盖太宜人之贤,予久饫闻之而默识之矣。今敬轩值仕途日显,值太宜人之寿,宜得与世大人解文之人以传述之,而顾请之若予者,亦以言虽不足以行远而能道其实,辞雅不足以达意而于通家之情独至也。方今国家方振兴女学,不尚矫激诡异之行,而顺归慈母,若太宜人者,宜为世法。诗曰:令妻寿母,若有千岁,眉寿无有害,当于斯验之。敬轩当念家声之丕大,体母氏之劬劳,早夜□之,以翊申峦□崇,比迹先贤,斯桓少君愈不得专美于前矣。

赵□□德政碑[①]

古者兵民合一，民皆可以自卫，自唐宋以来兵民遂分，则募兵以卫民，而民于是宴然享太平之福而不知攻战为何事，盖幸得息肩矣。然考古之制，所谓戎马车徒皆出于天子之乡遂，平时出入守望，扶持亲睦，有事调发而轨长连，帅悉选诸忠信才艺之士人，故干戈之中寓诗书之气，盖必有礼而后有用也。

自募兵之法行，调发既烦，征戍绝远，凡投身行阵者多游手无籍与负罪亡命之徒，为将领者欲收其骁健桀骜之用，不得不宽其格，而人非土著无亲戚之相关、无田庐之可恋，姑息则成骄，约束则生怨，甚至忘身徇利，不能杀敌，反以扰民，民之避兵如避寇盗，苟无威信素孚之贤将以统御之，鲜不为乡里患苦，此后世之通弊也。国家自庚子变后，加意军制，仿行东西国之制，设常备、续备各镇，虽出召募，渐进于古，又建立学堂，教以知书通大义，数年之间，旗帜精彩，为之一变。自辛丑之岁，姜翰卿军门奉诏入卫，畿辅郊甸数百里内皆军门号令所及也。宛平县界某村为赵公所屯练之所，公驻此且年馀矣，气和而令严，军整以暇，京西故多深山长林，为宵小之所藏，自公莅止，数十村居无鼠窃犬吠之警，盖实以卫民为己任，而田野廛市之间，父老童稚欢若骨肉，无一人敢恣情任私以滋扰者，昔唐韩愈之文有云"历百城而饩馈皆辞，居一夕而墙宇必葺"，其公之谓矣。[②]

与友人书

溯自戊己之岁，客游贵郡，获接清谈，时蒙教益，弹指几二十年，燕市劳人，久疏问讯，然中心藏写，无日忘之。比唯起居康吉，潭第绥嘉，至以为慰。弟连膺大故，跧伏都门者忽载馀矣，在腊服阕，供职栗

---

① 此系修改稿，原稿见前，标题系整理者所加。

② 下一页漫漶不清，不作校录。

禄依然。近日朝廷改订法律，深惧不能称职，兼之春来调派工巡局发审，终日奔驰，无能为役，惟有勤慎从事，不为桑梓贻羞，是所愿耳。国家自庚子变后，励精图治，于学校、京察两大政尤为不遗馀力，侧闻贵郡学堂首先为六邑倡，且规制宏远，章程美备，将来英才辈出，必能化民成俗，将于是乎在矣。近来地方新政权虽在官而热心团体，非绅耆之力不为功，即如贵郡之成效昭著，凡自故乡来者，皆啧啧称道两先生不置，下风逖听，曷胜钦佩！兹有邀者，州属大迟庄迟宅旧有族属公祭田六十亩，前年因迟△△涉讼被抄，遂为迟△△挺身具奏，径行捐入学堂经费，夫倡捐兴学，固属善举，然必合族公议会同，方可报官，若意存见好，且藉为下石之计，未免不类。近日闻其族人意尚不甘，思为京控，幸都中迟清泉兄关心一脉之谊，力为阻止，然地已入官，终留讼葛，因匆匆同人商拟独力捐款赎地，而所入地租无甚上下，其人咸称其便，因弟向与两兄有一日之知，浼弟代陈衷曲，弟思此事当日州□准禀收地，亦向未经通详立案，似易挽回。

与友人书

客岁接奉手书，经年未报，歉仄殊深，非敢效嵇生性懒，实无暇也。吾辈书问又不能遣人代笔，坐是音信久滞，知我当不见责，捧读大著赠别之文，言言入里，非切近良友不能道，固当永佩以励前修，曷胜俯首屈指，祥琴将届，明春可释服从公蒸蒸日上矣。诸郎森森玉立，想臻大成，至为企念。弟莅此经年，愧无善政，惟有勉竭拙钝，稍免愆尤。地方尚俱安服，荒郡僻陋，得人最难，臂助乏贤，诸事躬亲从知，针盲起废，非易事也。现谬辱大府见知，已奉檄移长沙，约明正受代履新，首郡繁剧更甚此间矣。《文选》批本在左右，现嘱儿辈摘抄，不啻我兄之躬教矣。俟录过当奉还，决不遗失，书房功课，苦乏良师，经数、换移、算学、西文课，稍有进境，知念并及兹，附去朱提△△，聊助年资经济，犹未甚纾区区滋恧，祈哂纳是荷，别绪千条，非楮墨所能罄，拨冗书此，顺请升安。并颂年绥年如。弟△△。

与友人书

不晤尊颜，忽忽十年于兹矣。弹指光阴，惊心乡国沧桑之慨，识者当有同情也。弟叠膺大故，杜门屏迹，不交人事者又六载矣。去岁服阕供职，得闻执事总理通省学务，近在保阳，每思抠衣晋谒，一聆大教，尘冗羁绊，所愿不遂，惟翘首拭目，以祝达人福禄无量而已。北方学者久困帖括，得执事登高之呼，必可振聋觉聩，盖为当今不可容缓之事，而得斯一世不可少之人，畿辅之幸正国家之幸也。兹有恳者，敝邑李振沧茂才，肄业师范学堂。新正来都，言及客冬卒业，经执事考验，疑其沾染嗜好，故名列次等云云。此生曩曾受学于弟，且系戚谊，素稔其家教极严，绝无时下习气，唯年已逾壮，体气清癯，不免近似，而痼疾则敢保其必无。都下学堂林立，大半贵游子弟，由夤缘请托而来，是以屡招物议。弟□私忧窃难得，思为效犬之举，所以唐突上陈者，以此生一贫如洗，有志向上，废弃殊可惜耳。尚祈扩同仁之量，赐以矜至，若程课之优劣，则弟之所不敢妄言也。

与友人书

敝邑王菊庄孝廉，今日少年中之翘楚也，且清门绩学，累代书香，无浮嚣习气。前曾在师范学堂卒业，去岁派往□州教习，讲□勤劬，士心悦服，今已年满受代，闻豫省来咨，向征北洋师范生二十人充当教习，为该省开通风气。不敢冒昧陈请，惟此君志趣不凡，自恨穷乡僻壤，局于□闻，每作远览高峰之想，倘能假之羽毛，□以口角，藉得考中原之文献，□两河之贤义，必使有可观，且骥逢伯乐，必不至鹤辱□公。乞□试为介绍，□哲匠之栽培，执事□□，人才□□□心赏识以荐引，得遂其将游之愿，广衣钵之传，实公门桃李之荫，吾乡桑梓之庆。

上南皮宫保书[①]

香翁宫保制军年世丈大人执事：某自髫稚时仰望清光，积有岁年，末由晋谒，幸通朝籍，辄思附舟溯江汉，执贽节下，修后生之敬，妄欲表异，自嫌近于秋风客所为，怅然遂止。仕而益贫，迎养无计。壬辰之冬，窃援通家之谊，奉书告饥，未审曾登记室否，去夏旌纛入觐，适守坙痒，不获迎拜马首，盖得罪天地之身，断不容以支离齿发近长者之颜也。独念执事盛德大业、丰功伟望为中外所信，向既幸并世而生又辱同乡里，若造次不足以言，自达则诚敝人矣。古之献言于尊者有二焉：其大者必自揣有所裨补，其小者则自私有所求请也，大抵不外立名与干泽而已，然未有无所干而遽期其能立者也。方今朝廷选用才能，修整法度，执事当精思博采，蕲福天下之民，亦当以刍荛进，顾势有不得不出于干者，或为执事之所怜也。尝窃维混一久历之代，其中叶往往多故，必有胞与民物为将相之大人旋转乾坤，沐日浴月，其规模器量，必千万倍于寻常时，则有属官幕僚极天下之选者疏附左右，以辅其德而廓其功，当世之高才秀士，虽疏贱幽遐，莫不闻风翘首，争自夸饰，以厕名字，荷存恤为荣，而将相之大人皆能陶冶得宜，使之各适其所，得其餍欲而给所求，每出于其人之所不自料，盖将以备国家他日器使之用，而又憪然抱一士不遇之忧，如度木也。既养其材，勿槁厥本，如砺金也，既淬其锋勿伤厥锐，理固然也。所谓高才秀士者，非遇其人则不能知之，亦不屑为人其，何也？上无广益集思之诚，虽忠言至计，不能轻千里而来告；上无搜岩入市之雅，则连城千里无因而至前也。彼士之碓碓自信者，方痛心于呼尔蹴尔之际，望望然去之，又非一衣一食之足满其愿，安能忍饥冒寒，强聒于后车方丈之侧，斯不屑也。唐之韩愈可谓豪矣，其三上宰相书，人多议之，至于《与于襄阳书》乃因乞阁下一朝之享而张大之，推之于莫为之前，虽美

---

① 题目为点校者所拟。

弗彰，莫为之后，虽盛弗传。夫于襄阳何如人也，韩愈之美不待襄阳而彰，而襄阳又安有可传之盛哉！词已费矣，然其过裴晋公，则又未尝大声疾呼，以动之也。今其诗文具在，但歌颂功德，不闻乞怜一语也。若晋公，是诚唐之大人矣，可谓陶冶得宜，各适其所，其欢餍所欲而给所求，出于其人所不自料矣。尝流连史册，每见古贤遭遇知己，恩私奖借，必委曲以全济之，如晋公之于韩愈者，恒指不胜屈，其有文学旋不如韩愈，而才品犹不下他人者。苟其生不逢时，俯仰坐困，稍不自持，改节易行，识者惜之，岂尽其人之不肖哉！横览四海，无可与语，而嘘沫之仁、推解之惠，必不可望诸并世龌龊之辈。人生几何，左手据天下之书，右手刎其喉，智者不为也。千回百折，方寸交战，忍而横溢四出，良可悲已，岂非本先槁而锐先挫乎？王安石为小官时，上书时相，以无一夫不被其泽为言，而例诸聋瞽、戚施、侏儒之伦，家贫累书，窘于步趋，故迫切言之。宋时仕途最优，官得自择，以安石之峻洁，不免如此，可知仕而贫者之难矣。然时相苟非知安石者，安石亦决不肯贸然为之也。

△未尝学问，于昌黎、荆公，若萤火之于日月，涓埃之于山海也。西方有能言之怪物焉，负龙虎之图，扣如来之座，如来览毕，叱之曰："龙虎之尊者近在吾旁，何图为物？"惭谢曰："故知若等皈依得所，愿以类从。"如来笑以瓶水洒之，证果欢跃而去。今执事左右，岂无昌黎、荆公其人者，而△独以鄙僿之词进者，犹能言之怪物负龙虎之图，乞如来之卹其类而赐以瓶水也。前书未蒙齿及，惶惑不宁者累年。自庚子乱后，装箧荡然，两遭大故，家无田庐，跧伏京寓，闭门读书，窘苦万状，未尝以告诸人。近服除销假，祭不能供鱼菽，出不能具衣履，时艰转亟，颇思自竭，饥寒迫隘，中心谬乱。昌黎所云信乎命之穷也，然幸与所仰慕之大人并世，而其规模器量，熟聆于士大夫之口，至集思广益之诚，搜岩入市之雅，凡海内之高才秀士，无不餍足以去者，若△者独枯槁摧挫，归怨于命，智真出能言之物下矣。世风颇下，士之鲜衣美食、高车怒马者，虽自处于苟贱不廉之地，人举昵之而蹇拙芗

翳者,愈不克以自振。执事爱惜人才,不以远迩亲疏易施为寻常之所量,倘蒙悯其穷、哀其志,俾全其操振其气,△虽陋劣无状,犹当屏除尘冗,专心一虑,稍吐平生闻见,裨补于万一,国家或可收坠露轻尘之效,不至为外人所嘲,曰彼中固有乞食之朝士也,亦不至为乡人议告,曰此非某年上书南皮宫保、一笑置之之人乎?△尚足以名自见,不复梦想于古之大人矣,一官羁缀,瞻觐无由,而天下桑梓孤寒,固执事所不能一日忘者也。渎冒威尊,不胜惶恐待命之至。△△顿首。光绪甲辰十月初五日草。

与友人书

△再启者,窃以庚子拳匪之变,敝邑适当其冲,焚杀最酷,故赔款亦最巨,在通省中不三四数也。去岁设局招抚,幸汪莘翁明府以恺悌之心作权宜之计,并王赞轩、刘汉侯、刘月坡于两部诸君颃颉其间,得早蒇事,虽该科等办理不尽合宜,轻重间有倒置之处,致乡间颇有违言,然以弹丸瘠苦之区,二三书生支柱其间,外应非理之要求,内竭桑梓之膏血,不避嫌任劳,早蒇善事,不无微劳足录,而名不登于□章,力徒竭于绵薄,较之他处似近向隅,乃近日竟有连名呈控,胪砌旧事,希声上闻者,弟等微闻其说,不得不为执事一陈之。当拳匪之初起也,始则煽惑,继则逼胁,稍有违之,身家立糜,以故殷实之户大半形绝势迫,不得已而为救死之计,事定之后,朝廷开浩荡之恩威,与维新□著名巨匪外,一切不得挟私告讦,德甚厚也。然当赔款孔急之时,固当□罪名之轻重、家产之丰啬,先俾若辈议罚,不足再议派捐,此岁敝邑之始事诚属倒置,然以数十万缗之巨款,亦明知抄罚之入,万万不足以济之,故不得已而出此权宜之计,此该绅等办理未善之咎,百喙难辞,而亦阖邑人士所当曲谅者也。

上年赔款原以拳匪田产作抵,量罪名之轻重较赀产之丰啬,或抄或罚,不足再行议捐,而△△三年先捐后罚,本末倒置,然以数十万缗之巨,明知抄罚所入万难取给,故莘约官府与诸绅公商,先□□亩派捐，各乡首事有深明大义者，全数交清，而藉口延宕支吾者，亦出其中，追赔款算清，彼等愈有辞以□，且及今□□者向隅，营私者得计，始议不减，百喙难辞。而该□等权宜应急，其甫遭兵燹、无力完限者固所不免，无□后艰当，亦有识者之所当曲谅者也。

与友人书

敬再启者，敝邑僻处海滨，民贫土瘠，人祸天灾，连年交集，孑遗可悯，补救良艰。侧闻执事下车以来，实心实政，百废俱修，所有安良戒暴，兴学育才诸大事，业已次第举行，将革朴陋为文明，化诪张为静谧，弟等下风逖听，踊跃曷胜！乃近闻有邑人呈控招抚局绅胪列款迹之□，道路喧传，懦者以骇，桀者以喜，在执事之公明廉畏，既洞照之靡遗，必区处之各当，无俟局外饶舌，且弟等久羁京宦，于故乡公事曩不预闻，桑梓人士咸所共知，唯此事体段既大，关系匪轻，倘开攻讦报复之风，辗转相寻，难犹未已，人心不靖。△△淫忧，因冒出位之嫌，赧未闻之色，为执事略陈梗概：

至公款出入报销数目，容有参差，则尤非外人所能尽知者，盖庚子夏间，敝邑焚杀最广，洋人衔愤最深。去岁四五月间，初议赔约，神父牧师联翩入境，教民千万麇集，城中内有浸润肤受之言，外有报复挟制之语，怀刃寻仇，择肥思噬，以致樽俎戈矛、衽席水火，皇皇芨芨，始不终日，不得不竭全力维持之。遂藉重孔方，取资向镪，合有限之锱铢，付难盈之溪壑。受之者虽属无名，用之者仍未为□惠也，且当日伴送者有□□员邻邑诸绅，一切车马仆从，征求络绎，供应浩烦，常恐拂意，致来责言，此投赠不乏远道，而册籍难可指目者。至内外丁书差皂，□□奔波，终无应日，恐其藉端讹索，贪囊无厌，故遇抄罚等款，加有随封之目，为数良微，兼有蠲免，分之则嫌于少，集之则骇其多，是事理之常，无足异者，即莘伯明府以慈祥岂弟之怀，植揺克追呼之事，莅任而后，异类横戈，四乡告难，书檄亭午，怨詈时闻，卒使犷悍感其诚反侧其业，而遗孽不至呈其伏莽，斗城不至化为血海者，非贤父母之力不及此。虽去官萧条，然旅□几不成行，敝邑人士被其恩，目睹此况，念众擎之易乘，展涓滴之微忱，无□不报，有愿必伸，特不可为恣睢暴抗与无识者道耳。总之，若在事诸人，赞轩孝廉以七十老、累世名，亦不至公□以镇静，若有余以肆应，未免□□。盖迫于时势，连受倒行逆施，责以庇匪，则未当也。短于综核，似乎靡费浮销，诬以入己则不是，然乡年望素乎？去岁之事，乡人多有感其意者，诵而勉为输纳，送往迎来而挑难解纷，口舌百□口于衔实，刘月坡少尉之力为多，至于不避嫌□，司□综稽以力全大局者，皆推刘汉侯茂才，惟筹款至巨，不免盱衡厉色，通为操切，故敛怨为尤深，今夙波既定，议诸人之后者，方且蜚短流长、寻瑕索垢，必使之身无完肤而后快，试思畴昔之事，骇浪惊风，瞬息万变，倘以年少喜事与市井无识者当之，则涵变酿恶，不为□宗之先声，则蹈承德之覆辙。顾此浩劫馀生，何堪设想者？谓该绅等虽办理不尽合宜，间招非议，而以弹丸瘠苦之过，二三书生般桓年馀，得蒇厥事，此瑕瑜不能相掩，而功过正可从抵。至于拘泥者恶其聚敛，觇觎者妒其乘权，或鸣彼短以显己长，或隶公□以□□□，事非于己愿且噬人，积习使然。最可怪者，去岁赔款吃紧之时，竭□输转，尽中下寒贱之户，而最称素封者往往充首事，俯托势力，故事转藉，以清糶乡愚，虽以刘汉侯之不徇情面，亦待之无可如何，徒多龃龉，费力不讨好者此也。局外不知局内之难，前事即为后世之鉴，大体当全，谨沥陈执事之前，务恳宽德恕以通下情，寓大公以破积习，往事不妨核算，勿有所疑惧，而强作弥缝，私□悉令捐馀，而俾有所窥伺而渐开诉讼，庶智者不因怨艾而灰心，黠者不因告言为得意，众□起舞，□□□新一方无变，弟等惟南望琴堂，歌□□地，默祝我贤侯之探刍荛而勤清闻，以见弟等非有私意于该绅也。

□此布肯，伏希昭詧，不胜迫切悚惶之至。△△。[1]

---

① 以下尚有信稿残句："心驰桑梓，确有见闻，若□如谅，□所□亦何敢瞻徇邻好，坐视乡里患忧而妄意消弥，曲为解谓，但□……"

光绪三十二年(丙午,1906)

六月

十九日(1906年8月8日) 立秋。晴。薄阴,浓阴。是日刑部值班,未入署。午后四钟赴巡警厅。黄范氏幼女被拐案,提监犯贵森拷问,未成招,加项锁,贵连交旗。南苑庄上车来,送麦六石。刘敬廷表侄自津来信,潘茂亭舍人来片借书。周绍言孝廉来,家幼石三弟偕吴焕臣来。灯下幼石复来,邀至卧室谈三更许始归。晚由东城归,到太升堂定座。订明日在太昇堂请张孟谦、兰莀仙、李筱帆三大令,并邀陪客七人。《南史》列传一本交偶儿,令其学看史书。

二十日(8月9日) 终日浓阴,微雨数点。入署。六钟到太昇堂,刘仲良侍御、梁星秋比部已先在,诸客陆续皆至,上灯时分入座,唯王卓声吏部不至。仲良侍御谈及康南海之言,云人生须读中国书,行外国路,在今日时代造就人才,可谓扼要。

廿一日(8月10日) 黎明微雨,晴霁,阴。夜间忽患腹泻,自夜半至黎明共遗六次,颇觉委顿,未入署,午后拟赴总厅,仍觉疲倦,亦未往。午后刘永顺来,问近日粮价。张华甫比部邀饮,薄暮往,同座沈金门水部,张龙梅户部,艾荫轩、张轶群暨幼石宗弟。张轶群系南皮茂才张达生明府之长君也,幼有神童之誉,入学后屡试不第,近闻其游历东西洋,归执贽于贺松坡比部学古文。近日才士每为新学所误,独此君否,且于中学尤加意,近日保阳立文学馆,专治中学,亦保国粹之宗旨,延贺松坡为教习,张君为斋长。松坡为武昌张廉卿、桐城吴挚甫两先生高弟，北方古文名家也。为幼石弟代答刘渔珊信一件。

廿二日(8月11日) 阴，微雨，雨彻夜。昨晚腹泻已愈，今早腹内又觉不适，作泻一次，本拟赴东城巡警厅，因雨而阻，静睡三小时。阅桐城吴先生挚甫汝纶文集。向晚幼石来字，邀太升堂吃饭，同座为沧州吴焕臣、青县张海臣，城外一商人何姓。

廿三日(8月12日) 终日阴雨，薄暮大雨至夜半。早起又作泻，因未入署，四钟赴巡警厅。传太监拐张得海女儿一案。午前有人寄信云，吕来臣茂才于三次火车由津来都，遣陈德往迎，未到。盐山刘献廷表侄由津于昨日来京，今日抵寓。

廿四日(8月13日) 微雨至午，后大雨至夜半。因雨未入署。拟赴谳局，又为雨阻。

廿五日(8月14日) 终日阴雨，更馀又雨一小时。连日积雨，泥潦载涂，除大街新修马路外，皆埋轮没粿，车行甚以为苦。城内如是，想外城衢巷险状更不知如何。三钟命车赴巡警厅谳局，提讯太监张福云。连日阅《桐城吴先生文集》，颇有悟入处，其高者殆非方、姚所及，馀子无论矣。

廿六日(8月15日) 薄阴，晴霁，微风爽甚。日落后忽雨，旋霁。本日万寿节，照例不理刑名。本署、谳局均未往。小女名淑梅，欲入泽艺女学堂，今早九钟遣杨妪送往，行万寿礼，并行入学礼，订于下月初一日到堂。吴焕臣来小谈，灯下与献廷表侄共话。乙未春日有《纪事》七律一首，稿已失去，记忆不清，今早阅吴集，忽有触，辄将遗忘字句忆得其全，心中为之一快，亟援笔录出，呼三儿来，为讲解半晌。

廿七日(8月16日) 晴爽，大雷雨。三钟后赴东城谳局，讯两案毕，将归矣，适又分一案，案犯三人共原告人证五名口，系背夫在逃改嫁者，略讯各供，已薄暮，天忽阴晦，雷电以风，冒雨疾驱回寓。沧州杨丹崖孝廉广庆来。为打听举人拣选章程。孙祥卿大令遣人来约今日晚间相候一谈，因雨不果往。庚子之乱，予方居忧在都，自变事初起，至两宫出狩，联军入京，分据各城，迄于定约回銮，以耳目所及闻见，向有《纪事诗》，因未脱稿，年来匆促，未暇更定。近日因录《乙未感事诗》，连类忆及，遂并存稿以志创痛。

廿八日(8月17日) 晴，微阴，是日乃万寿正日，应不理刑名，故未入署，亦未赴谳局。同司稿君汪星甫销假，饬书吏知会予明日到署。文昌馆书估李福卿来，出见，未暇交谈。金筱珊同年水部来谈许久，幼石弟续至，薄暮始别去。

廿九日(8月18日) 晴。入署，散值赴东四牌楼访孙祥卿，晤谈。至谳局，拟往贤良寺拜刘仲鲁太常，不果。自去岁诏遣五大臣出洋考查政治，八月廿六日启行，方齐集正阳门外火车站，突被炸弹阻回，至十月始出都，均有戒心。闻近日星使回国，在上海、天津皆用声东击西之术，意在令人无从捉摸，致有行踪诡密之讥，何不达如是也。宁津吕来臣茂才文德来寓，来臣自癸卯春即来执贽予门，至今已三年矣。情谊甚笃，有家人一体之欢，去岁停科举后，仍拟留都，以求上进。晚至幼石宅内，留吃饭，遇张静波，亦静海县人，谈许久，十钟始归。在署闻前日东华门端午桥节使宅内，于下午三钟时忽被炸弹轰伤五人，立毙者三人，内有日本人一名，奇矣。

三十日(8月19日) 终日薄阴。徐子光侍御谦来，为杨某商吏目注册取印结事。张海臣、吴焕臣偕至。静海高溥卿来拜。学斌侄孙今日二次火车回里。筱珊同年来字，约赴斌陞楼小饮，薄暮时往，因商及印结局事务，十时回寓。由署散值时，写一片付班役，带至东城谳局请假五日，刻内城已设豫审厅，置正审官、诉讼审判官、记事官各一员，予久不乐为此，拟趁此数日辞差矣。日前端午帅宅内炸弹事，今始访悉，乃外国电影戏爆震所致。接山东高礼卿太守令喆[信]一件。

七月

初一日(8月20日) 薄阴,日晡雷声殷殷,雨数点。贾星原来。安平县人,为估衣客。幼石招饮,薄暮走往,遇张吴和三人,十一钟始归。贾玉峰昆山,邑老茂才,人极朴诚,学亦淹博,久困棘闱,老而贫,以教读自给,为予多年老友,甲辰岁予延入都,教儿辈读,秋冬之交,忽患心气不适,素好饮,饮必尽量,至醉而后已,至是乃断杯中物,予讶其不祥,归里后医疗不愈,遂患风痺亡矣,惜哉!贾德甫茂才寿恺自湖北学堂寄信,始知其父亲玉峰去世。

初二日(8月21日) 微阴。晴,五钟后忽阴,骤雨,顷刻雨止。入署,散值归寓后,拟出门拜客,因大便燥甚,登厕几六小时。起立眩晕移时,憩至日夕始复。灯下幼石来谈许久。闻近日内外城各拿获逆犯一名,已解往北洋严讯矣。该犯供认系由康南海主使,来京谋刺。

初三日(8月22日) 晴。入署。周绍言孝廉来借袍褂,预备引见。王竹泉来。回拜钱新甫同年。仆人杨升自南苑庄上来,询知秋稼将熟,雨水匀调,惟谷苗少患虫灾。张寿镛字咏霓,己丑房师肖莽先生之长嗣也。前年捐知府,分发江苏,今因海运差到京,在同丰堂招饮,座中皆同门也。闻日前北洋公所电机失事,当时殒命之姚广顺观察,系青县人,早年出洋,在陆军学堂卒业,回华为张湘帅所赏拔,竟遭惨变,桑梓才俊,何不幸若是也,惜哉!为孙祥卿大令送信一件。《中华报》载有拿获逆犯一则,共三名,内有外城区官范某,州判职衔,内城一名吉昌,又照相馆主人吴道,名均系假姓名,有往来信件足据。噫嘻,异哉!

初四日(8月23日) 晴。入署,散值后拟出城拜客,体觉疲倦,回寓酣睡。薄暮往访潘问楼太守,中庭闲坐,相与纵谈时事。西人动言中国人性懦弱,为奴隶根器,近来新学界中人亦昌言无忌,然则风气刚劲者，将毋为盗贼篡夺根器乎？

初五日(8月24日) 连日大热，今日尤酷，晴。阴，雷声自西北起。早起方整衣命驾，忽报松筠庵香火僧学真踵门求见，询知为其寄名徒弟觉罗尚祥因犯赌，拿交刑部，分山东司，求代为缓颊。薄暮访王云门比部，谈及赌案，云已画供，大约罪止枷杖耳。入署，回寓少憩，已过午，整衣冠出城，先至下斜街工艺局，为新简直隶臬台王丹葵贺喜。遂赴畿辅先哲祠，盖今日同门请张咏霓太守世兄也，比予到，已入座相候矣。席散后，邀共登楼远眺，啜茗清谈，呼照相馆至摄一影片，别时已夕阳在山矣。顺路至义顺花厂购得秋海棠、玉簪数盆，归至大街，遇魏绍廷农部，邀至公义木厂小谈而别。有求予代询报捐县丞需款若干者，今日广裕金店开一细单。敬轩农部来字，道及昨日因出门受风，忽感臂痛。连日阅《吴至父[①]先生尺牍》，予去岁曾购得一部，持赠邑人刘翊文同年，今又购得先生诗文集并尺牍，共七册。

初六日(8月25日) 夜雨至晓，三钟后始开霁。终日未出门，料理旧日诗卷，中有偶然得句未成篇者补之。幼石偕海臣、焕臣来。

初七日(8月26日) 骤寒，晴爽。入署。王云门、梁星秋两比部同来谈许久，日夕云门始别去。晚十钟回寓，闻简宅太太来，索旧年欠款。星秋邀同出城，至正阳楼小饮，并招贾星垣在座，方命酒，星垣忽患不适，未能下箸，饭毕匆匆而别。

初八日(8月27日) 晴。早拟入署，适夜间受寒，至黎明泻泄二次，颇觉疲倦，倚衾假寐，忽汪君星甫遣人来，云体中不适，今早不能入署，浼予代往，予已诺之矣，乃又作泄，遂不果。至东城谳局，领上月薪水，因库官散值，未得发放。接章荫堂刺史茂林信，现官广东德庆州知州。灯下问楼太守来谈许久，至夜分始别。与问楼谈及近日政法，每多倒行逆施之处，相与太息。问楼又云，凡事皆由天定，人

---

① 即吴挚甫。

谋有万不能相强者,即如战国时六王之力若合以摈秦,秦虽强乌能得志并吞乎? 在当时岂乏智臣策士唇焦舌敝以争者,即六国之君纵极孱庸,亦未必不见及于此,然往往为时会所阻,终成搏沙之势,以致折而入秦,其中盖有莫之力而为者。又三国鼎足,蜀若合吴,以制曹氏父子而有馀,诸葛隆中之对,成竹在胸,而卒致秭归挫跌,以鱼水之君臣,不能制主上东行,盖事机不顺,虽豪杰亦未如之何,岂非天哉? 予向亦有此说,渠言所见略同。

初九日(8月28日) 澹晴,薄阴。入署,散值回寓。四钟赴东城谳局,闻政府协考查政治大臣并北洋袁慰帅会议新政,传闻已定立宪宗旨,先行厘订官制,内裁九卿,外裁府道,州县官均升为三四品大员,与督抚直接办事,未知确否。领上月薪水叁十元。张咏霓太守寿镛来辞行,未晤。为刘仲鲁同年太常贺喜,不遇,渠于昨日赴颐和园。是日在署,提莫殿奎讯供。

初十日(8月29日) 微雨,稍霁,晴。入署,本司张淇故杀霍长顺一案,今日会大法。会法者,三法司会讯也。凡死罪问拟,由刑部定案,未具奏之先,知会都察院、大理寺两衙门,定日到部会讯,即将监犯提至大堂,书吏高声覆诵犯供毕,将该犯带下收监而散。署内领津贴廿金。四钟至东城谳局,归已上灯。

十一日(8月30日) 晴。入署。莫殿奎呈告奎和不给工饭钱一案,由提署送至刑部,以莫某为去岁部办充徒之傅文元案内缉获另结之犯,去岁傅某终无供招,照新例所定,凭众供定罪奏结,惟傅某之得罪由于莫姓,而部中竟未票传,奏稿忽称缉获另结,殊为疏漏,现莫姓亦力狡不认,藉口于并未被传,实已无可质对。星甫今日回堂,意在仍照去年傅某办法,沈子惇侍郎已允之矣。鄙意似不谓然。散值后出城,至永泰昌白炭厂访王竹泉,不遇。午后独自步游大栅栏,忽闻弦管悠扬,随至庆东园观剧,脚色颇不恶,盖八年中未有此暇也。日夕赴同丰堂,魏绍庭农部之招也。同座王卓声吏部、聂献廷礼部、金筱山水部。比归寓已夜分矣。

十二日(8月31日) 晴,薄阴,赴东城谳局。张海臣来。由东局归,出前门,至试馆访敬轩户部,遂留吃饭,话至二更后始回寓。

十三日(9月1日) 晴。入署,是日莫殿奎一案所传人证均到,共五人,皆去年傅闻元案内曾经画供者。讯以莫殿奎向与傅闻元勾串缠讼各节,皆不能指实,而星甫已有成见,欲将莫殿奎照去年傅闻元之例,按众证确凿拟徒,实难曲附,讯供后未暇商酌。散值,比至谳局晤印君,谈及所见,略同。四钟时幼石偕海臣、焕臣来话一小时,予赴东城谳局,遂别。

十四日(9月2日) 阴,雨数点。稍霁。入署,莫殿奎之子莫海拦舆具呈,为其父被押乞堂宪另派承审员,司印君续东岩同主稿汪星甫回堂,左堂沈公饬将原呈掷还。薄暮贾星垣拉予出城,至正阳楼吃饭,九钟后归寓。十六日赴颐和园,约定张海臣同往。吴焕臣来,贾星垣来,灯下幼石来。族侄来,留止,夜话。

十五日(9月3日) 晴。入署,又提莫殿奎与大众质对,各供均不甚靠实,而星甫执意不回,将莫殿奎大加斥骂,非办罪不可。予不便置词,只好听其所为。讯毕,遂唤莫海将昨递原呈掷还。吴焕臣来,未晤,留信云在颐和园宫门外马厂相候,渠偕张海臣先往。五钟时起行,至上灯时始到,焕、海两君先在,呼酒命酌,食毕畅谈,至一钟后始睡。

十六日(9月4日) 微阴,午晴,晚又薄阴。六钟时起盥漱毕,遂至旧刑部公所长廊候各堂宪,唯满左堂孚公到,递听旨单,候许久各堂均未到,亦不见同署各司有听旨者,询之苏拉,始知刑部新公所已修讫,各官约在彼处候旨,予步行往,迂远将二里馀,果署中人咸在。满正堂溥公、左堂绍公亦至,唯汉正堂葛公现派为会议官制大臣,已赴政务处矣。九钟后旨始下,遂归。新到署同乡康履之主政跃门请同司在福隆堂会宴,五钟时始往,到者共十人,散席回寓,已十钟。在公所遇有浙江司听旨官王君,河间人,忘其字。灯下与献廷表侄话许久。

十七日(9月5日) 晴,二更后微雨。连日疲倦,起甚晏,未入署,东城谳局亦未往。晚间谳局来知会一纸。静轩农部邀松筠庵公宴,刘权之刺史在座,同乡仲良、兰圃两侍御、曹仲璘农部、刘寿山舍人咸到。闻仲良侍御谈及近日改官制大略,权之为述天津、保定各项新政,及各局所章程,并官场优劣,娓娓可听,是不肯随俗为是非者。

十八日(9月6日) 晴。早入署,无事,回寓后会客二次,遂赴东城谳局,上灯后归。早为聂献廷礼部写信,讯近订考优贡章程,渠覆信云仍如从前旧章,唯改学政为提学使耳。魏汉章主政倬来拜。魏,山西人,乙未进士而官刑部,曾在山东司行走,与予向有同僚之谊,近奏调警部豫审厅。董叶陶茂才来。

十九日(9月7日) 雨至十二钟始止。终日未出门,向晚同来臣小谈。阅康南海《十一国游记》。康有为自戊戌出都后,亡命海外者八九年,己庚之交逮捕甚急,至以方面之官十万之帑悬赏格而不得,然推寻当日逆谋奸计,无人能得其确据者,盖出于政府党魁之锻炼周内者多也。身婴大诛而著作不辍,人人以先睹为快,斯亦奇矣。颠沛九死,绝无怨诽。近著《游记》一书,则心平气和,惓怀宗国,自悔从前孟浪,殆孟子所谓"动心忍性,增益其所不能"者乎?闻官场中人云,康南海于戊戌得君之际,合肥李文忠公方以大学士闲居京邸,不预时政,及党祸起,康先跳[①],追捕甚急,卒为外人保护得免。曾三上李文忠书,文忠不答,嗣有出洋使员谒文忠公,公知其人与康有连,必可与之他乡道故,因密嘱之曰:"康某三次来书,予不能答也,渠以叛逆著名,予近处危疑之地,何敢与逆人酬酢为忌者藉口,然吾观康子,实天下才也,一时摧挫,不足为累,若在异国遇之,当劝其善自保爱,为他年澄清天下之地步,切勿牢骚悲愤,肆口嫚骂,以致忌我者得行其间,知我者爱莫能助,则悔之晚矣。"故康虽沦寂异域,而历年著作

---

① 同"逃"。

终是和平口角，而冠服则犹不改其旧云。按，此语虽未知果真否，然确是李文忠公之老谋伟度，所言亦正是李文忠公意中语，而南海亦终不涉革命排满一字，且与梁亦有小异处，于此可见射钩、斩袪，可预佐命，王珪、魏征，盍心二主。上以大度推诚，下自以国士相报，况中国时变日亟，若□□[1]深宫垂霁，一纸赐环，海外羁臣，能勿抚膺雪涕、縻身内向乎？宪政将颁，国是不定，一任权奸窃柄、莽粗喜事，所谓弃苏合之丸、爱蜣螂之转者，"瞻乌爰止，于谁之屋"，独惜肺腑天潢、亲信内侍，无一能启牖圣心者，覆悚堪虞，而转圜不易，天实为之，谓之何哉？

二十日(9月8日) 晴。入署，散值后访幼石，渠早餐未毕，座有孙仲卿，亦静海人，少顷吴焕臣亦到，谈至三钟后始别，遂往东城谳局，顺路至贤良寺拜刘伯鲁，不遇。午前晤幼石，邀其今晚过舍，灯下久候，至一钟始到。闻考查政治大臣端午帅召见，慈圣谕令迅速赴两江任，限十五日出都，端意怏怏，谓政府诸人亟出之外，以为沮格立宪地步。为敬轩农部作札，拟荐献廷表侄学堂事。

廿一日(9月9日) 晴。入署，莫殿奎案前二日已传罪证，及原告画供讫，星甫意在照棍徒减等拟罪，即按众供定谳，嘱予代为办稿，予辞焉。午后幼石偕海臣来，少顷便去。金筱珊同年来，谈许久，遂同出城至印结局少坐。拜客未遇，到西河沿永泰昌号访王竹泉，不遇。步至煤市街，有天津饭馆，径入独酌，饭毕回永泰昌，略坐入城。闻筱珊云，连日中朝会议，新旧颇有龃龉，上意终不以立宪为然，惟考查政治之数人坚持此议，水火显分，恐非好象。昨为献廷事致敬轩一札，浼其向仲良侍御转荐，今敬轩将仲良原函送来，据云学堂现时颇有风波，故未能关说。灯下来臣在卧榻闲话许久。

廿二日(9月10日) 晴。三钟后赴东城谳局，归至正阳门，至王广福斜街元兴堂，深州贾人宋俊卿之约也。宋向在盐城为布客，与

---

① 疑作"皇上"，或为抬格。

族人咸相识，予辛丑夏间归里曾见之，近闻其在都门改行生意矣。同座有安徽潘、张两君，潘字香亭，浙江候补知县，刻在马军门营内办文案；张亦文士，吐属不俗，前曾在张家口就馆，嗣入前科布多大臣瑞景苏幕中，瑞获罪逮讯后，近辞馆寓城外矣。午后有山左两生来执贽谒见，二生与献廷表侄有交，故介献廷为之达意，前在东昌府学堂师范卒业，近考警务学堂，未取。张慰苍名霖谈及瑞景苏获咎原委及其性情举止甚详，瑞为琦善道光年间任直隶两广等处总督，官至大学士，封一等侯，后因海疆事削爵逮讯，咸丰时起用，为钦差大臣，督办军务之孙，丙戌科进士朝元，亦锐意维新者，由副都护为参赞大臣，以婪赃吞帑被参。穆德谦益亭。孙廷英干卿，馆陶人。[①]

廿三日(9月11日)　晴。入署，散值回寓，客去后赴东城，是日在福隆堂请客，嘱儿辈先往，予至上灯后始到，众客已入座矣。予独步游正阳门大街及大栅栏等处，马路已竣工，正阳牌楼南设煤气灯数处，不知者以为电灯也。游人杂沓，肩摩毂击，衢市通明，有如白昼，殆所谓文明之进步也欤？敬轩来信请客。贾星垣来。穆益亭、孙干卿、殷海阳，三人皆予弟子。吴焕臣、李华楼、吕来臣、刘献廷。来臣将赴津门，以考优贡在即也。予未办莫殿奎拟罪之稿，星甫意甚不喜，今早在署语气似愠予推诿，予壹若弗闻也者。生平迂退之性，向不能随人为短长，以此落落寡合，今老矣，岂复能仰人鼻息，为锻炼文致之举乎？星甫，名忠杰，壬辰科进士，人极精明，在刑部十馀年，例案亦尚娴习，唯太自喜，往往任意高下，且好信口讥弹，故寅僚多匿怨者，生当斯世恐难乎免也。噫！

廿四日(9月12日)　晴，午后幼石、海臣来少坐即别。向夕潘问楼太守来，纵谈至上灯后，留共饭，去时已三更矣。连日闻会议立宪及改官制，各大臣因意见不合，屡有龃龉，前数日至有对面喧争之象，亦可见诸巨公之器局矣。立宪之说，唯南北洋两大臣持之最力，

---

① 此行系录在页眉者。

皇族中唯泽公言之尤切，枢臣中王仁和相国、鹿定兴尚书则反对者也，庆邸、徐菊人尚书主骑墙之见者也，荣华卿、瞿子玖两协揆、铁宝臣尚书则貌似赞成而内实不愿者也。筑室道谋，固今古所同慨，唯以如此大政，而以客气躁心当之，遂欲旋转乾坤，谁则信之？

廿五日（9月13日） 薄阴，浓阴，夜半雨。入署，四钟后赴谳局，与魏汉章小谈。灯下为李嗣香侍讲作函，因献廷谋学堂司事一席也。昨日予未入署，以莫殿奎案稿已经汪星甫办妥，必回堂呈阅，恐印君有违言，故引嫌暂避耳。今早入值，遇星甫，据云昨上堂呈片稿时，印君以莫殿奎犯事在廿六年，至去年诬告傅陈氏，亦系一衅相因，既按棍徒量减拟徒，则当以廿六年所犯为重，应援三十年恩诏免罪，当堂回明沈侍郎，侍郎遂令另拟稿底，再呈。星甫告予，意甚不平，予无可置喙，盖星甫之意已坚，前此因予不肯随和，已显露愠色，此时虽百口开解，亦褎如充耳矣。傎哉！

廿六日（9月14日） 晓霁，晴。是日署中改晚值，拟往不果。王卓声吏部来，嘱代作寿诗七律，天津华璧臣户部之祖太夫人九旬征寿矣，卓与华宅有姻连故也。薄暮出城，回拜康、袁两家，均不遇，又访刘仲良侍御，闻其阍人云已赴颐和园矣，日前仲良拟上封事，此行殆即为阻立宪而发。灯下因访友不遇怅怅而归，独至煤市街，入一小酒楼小酌，微醺始回寓。

廿七日（9月15日） 薄晴。入署，散值后遂赴谳局，上灯后归。同司文君景梁灏，兴京副都统灵公熙之哲嗣也。天潢贵胄，风度翩翩，极留心时局，今日谈及昨早慈圣召见会议新政大臣，有不豫之色，退下后又召见庆邸，天颜凄怆，斥数者久之。庆邸碰头谢，慈圣云："汝为亲贵大臣，任事有年，今时局若此，我一切事尽交汝办去，汝好为之。"庆邸悚然而退。在谳局闻同人云，有商部某司官素善岐黄，近乃供奉内廷，日前慈圣偶不豫，召之胗脉，慈圣骤问曰"汝看《时报》否"，此君答以无暇。少顷，又问"近日外间有甚议论否"，答以"不曾闻知"，遂默然，继又问"体中如何"，此君奏云"佛爷万几焦劳，用心过度”，慈圣曰“如何能不用心”，言次泪下。史竹孙同年来相访，不遇。

廿八日(9月16日) 晴。入署，星甫未到，印君续东岩仍不以莫殿奎所拟罪名为是，然沈侍郎已画奏稿矣。无可挽回，相与悯默者久之。午刻印结局写账人刘菊山来，持魏绍廷信一函，并京票百金，又单纨扇一柄，据云此扇系一游士所画，介绍廷以求助者。灯下命车遣儿辈偕子妇、幼女至正阳门外观马路洋灯，以子妇近日抱疾新愈，恐其郁抑，出门一开豁胸次。接吕来臣信一函。

廿九日(9月17日) 晴。未入署，是日加班故也。闻王玉衡同年郎中廷铨病故，此君亦西曹之铮铮者，已得秋审处坐办，今年京察一等记名矣。自辛丑春即闻有《拳匪纪略》一书，未曾寓目，今日偶于三儿书几见之，流览一周，大较与所见闻无异，惜笔墨太弱，不足行世。书贾李福卿来。贾星垣遣铺伙来，因付京足银五十两，午节代借之款也。魏汉章主政倬邀饮，在天福堂，同座皆谳局诸人也。薄暮至天福堂，主人尚未到，遂赴草市街访刘仲良侍御，遇张心田侍御亦在座，因痛谈近事，两君皆以立宪为非者也。闻近日朝贵中赞成新政之人愈少，端午桥制军向最勇锐，近亦颇有骑墙之势，可见议事诸人全无定见，趋炎附热，情事显然，而二三耆老又泥守故步，经纬都不分明，不能熟权利害、综括古今，以关其口而夺其气，徒令深宫焦思，增七旬太母之忧，彼何人哉？

八　月

初一日(9月18日) 终日薄阴，十钟时微雨。午后自署中散值归。仲良侍御来谈许久，闻仲良近日有封事，外间疑为阻立宪者，因侍御去冬曾有此奏，今春召见时大为慈圣所奖许，故皆以为仍申前说也。今询及始知其非，盖因近年外省京控事件，无论部院暨提督衙门例批原省，即将原告解回，故虽有冤抑，万无平反理，侍御盖有慨而发。贾星垣付利银四元、李福卿来李借银十两。薄暮敬轩农部来。为李嗣香士钤贺新迁侍读学士之喜,又回拜史竹孙同年大令,谈许久,时已上灯,至永泰昌同王竹泉共饭。

初二日(9月19日) 阴,早雨至午。是日未出门。灯下幼石来。立宪之政起自欧人,盖泰西各国开化最迟,其先刑法酷虐,民不堪命,昊苍不忍其人久罹倒悬,故生异人以绝特之聪明,倡明宪法以及自由革命诸说,而贞元会合不约而同,遂一变其数千年来禽兽之俗,如黄帝之平蚩尤,然其事则自下易上,迫以不得不然之势。且地狭人稀,易为号召,种类朴质,易为约束,与三代封建之制为相近。至日本则千年一系,屡更其法,近代国政皆出贵族,惟大将军幕府独擅之,君拥虚位,民受苦烦,前明治崛起枭雄,取则泰西而神明之,笼络百姓,使知亲上而定一尊,大将军于是乎熄矣。究之日本所谓立宪者,正专制之妙用也。阅《中华报》载有近日考查政治大臣泽公密疏,请决议立宪事,大旨谓时人阻挠宪政者多以军权将失为言,疏中力辨之,并申言满汉之界务先破除云云。

初三日(9月20日) 薄晴。沧州兰灼林广文兴樵来拜,话许久。张海臣来。六钟后出城,赴穆、孙两生之约,同座有程郁楼选贡、李筠如孝廉,皆山左人。阅《中华报》中载高蔚然同年侍御一折,专发明宪法字义来历,以求正名思义,力诋近来新名词中所谓平权、自由等说,而于立宪之是非可否,不置论辨,令阅者于言外得之,设想狡狯。接杨丹崖孝廉一函,内有哭贾玉峰老友诗十二绝,词虽不甚工而真挚凄怆,足令读者陨涕。

初四日(9月21日) 薄阴,晴。入署,散值后赴谳局,归顺路访刘仲鲁太常,不遇,遂出城至致美斋,邀兰灼林同敬轩小饮,更馀始别。北洋袁制军有更动之说,传闻圣意颇不喜之,召对时有面斥语。中国自暴秦而后,与唐虞三代已是另一世界,故讲新学者极言专制之害,非立宪不足以挽回之,其言是也。然宪法固未有美备于中国者,

“足食足兵，民信之矣”[①]，非其效乎？《中庸》之“九经”、《七篇》[②]之“王政”，非其用乎？上月谳局薪水今日始领取，向本三十圆，近又加增十元。《中华报》载外城巡警厅近日捕革命党有误拿日本人藤堂一事，极意形容厅官野蛮之种种，几于嬉笑怒骂。总之文明野蛮，视乎其人之自为，报馆向固左袒新政者，至此乃不能为之讳矣。

初五日（9月22日） 晴。幼石邀饮太升堂。入署，散值赴谳局。近来主维新之说者，多年少俊才，平日于古昔道法未尝究心，儒先精理未尝寓目，徒见科目之限人，时文之无用，愤激已久，自欧西通人议论输入中土，喜之说之新而效之浅，又念颂言其效必易于动人，而衍其说，则可以自肆而无能拘忌也。故惑易深而党易聚。若朝政清明，必能预弭其难端，而成就其才杰，使为国家之用，乃污浊腐朽久矣，天开劫运，人思乱萌，固非一朝夕之渐，亦非一手足之烈，而当路诸公皆以不学无术者厕之，能勿危乎？

初六日（9月23日） 晴。是日晚刻谳局同事黄占云兆熊、记事官邀同局诸君在万福居吃酒，予出宣武门，顺路至琉璃厂文昌馆访书贾李福卿一谈，席散后步至大栅栏购得屈臣氏药肆所贸补脑汁一瓶，向闻兰少林云此汁甚有功效。盐山同邑丁生羽仙来，渠因考优贡，由籍来津，入场未取，遂至都门。吴焕臣来，二客均留宿夜话，至四更始罢。闻丁生谈及故乡办理学堂警察事宜极不善，怅然久之。盖沉痼难化而官绅皆系外行故也。焕臣谈医学馆近日事，亦为太息。宰相须用读书人，宋太祖之语也。当时因窦仪能知前代年号，殊无关轻重，此语流传已久，几如口头禅矣，然其理诚不可易。宰相不学，败坏天下而有馀，特“读书”二字，当如仲子路对孔子所云“何必读书，然后为学者”之意旨，若但以读书论，则前明以来为宰相者，何一非读书

---

① 载《论语·颜渊》。

② 指《孟子》，《史记·孟子荀卿列传》载：“（孟轲）退而与万章之徒序诗书，述仲尼之意，作《孟子》七篇。”

人哉！

初七日(9月24日) 晴，午间微风。入署，赴东城谳局，新分丢失女子一案，提讯两造，尚无端绪。散后顺路至驴市胡同访孙祥卿大令，不遇，缘早间渠有信来托事也。凡开创时代，其君相皆应运而生者，沐雨栉风，攀龙附凤，云从飚举，手定太平，往往创制立法，暗合于古而可垂于后，不必其人之素有学识也。村氓走卒，荒伧贱隶，居然元功硕烈，勒名鼎钟，所谓非常之人也。若中兴时代，则未有不由学识出者，自古皆然矣。刘建勋鸿图比部赠乐亭布二匹，虾仁两包。接亲家李雨臣明经一函。

初八日(9月25日) 晴。昨睡甚迟，已三钟后矣。醒时已九钟，忽觉满口齿缝闷痛，因勉强假寐，乃愈疼致全身为不适，终日患苦，不可言状。向夕命车至交民巷东口博济庵，内有补牙医生，闻其亦能治牙，询之竟不能治，惟活动者可立摘去耳。久祚之朝，其末流未有无党人者，有党斯乱矣。近来当轴诸公，蹙然于革命党会，若防大敌，若慑强邻，吾不知倡为此说者，其意向何若？其归宿何若？第据传闻之词，则大逆不道也。从前发觉就戮者，几于无岁无之，内中颇有磊落英多之士，其蛊于邪说，遂生妄念，固不足惜，然史册所载，未见东京明章之世而起黄巾米贼，贞观开元之盛而聚仙芝、黄巢也。且天之生才，亦甚难矣，流落不偶，宰相之过，猜暴如金轮，犹知此义，岂衮衮诸公卿而不一念之乎？上之明其政刑，经正民兴，自无邪说诐行之害，次之广为延揽、兼收并蓄，安有走胡入越之虞？不此之思而徒事诛杀，岂非激之变哉？老子曰：民不畏死，奈何以死惧之。夫民且不可以死惧之，而况于士乎？况于士之杰出不凡者乎？

初九日(9月26日) 晴，午后阴，向晚浓阴。因近在谳局，同事中有阅《新民丛报》者，连日流览，盖南海梁卓如孝廉所辑也。梁为康水部高弟，自署饮冰室主人，报中颇载其师著作，渠师弟也，实奇才也，有才如此而得罪于世，为震旦所不容，因以思曾文正而在，若辈必不至此，盖不必其在政府也，不必其居高位也，不必其舍己以从也，不必其相观而化也。有心人当有以鄙言为不谬者。幼石来。齿痛仍不愈,勉强进食,心中拂郁殊甚,至日夕略止,适魏绍亭户部晚刻招饮于松筠萶,因路甚近,勉为一行,藉消积闷,二更后始归。

初十日(9月27日) 晴。入署,散值后赴东城。日前所分拐带一案已由探访局在永定门外火车栈将全案人犯拿获送厅,二男一女,连被拐之女子,均供吐明晰,当全数收禁,被拐女子交其母陈杨氏领回完聚。司中近有背夫在逃、因而改嫁之案,系由谳局咨送者,即予在局所审办,签分奉天,本司内有容止媒合之张姓,亦供认明白,律文"背夫改嫁系绞候",而律注云:"若无主婚人及不成婚礼,则只科奸罪,容止媒合减犯人一等"此一定办法也。予因齿痛两日未入署,星甫乃大肆锻炼,竟将张姓照京城棍徒科罪,今日呈堂画稿,予尚未入值,比到时已由堂驳下,改为照和诱知情例拟军,被诱之人减等满徒,较棍徒例差监禁十年耳。噫!理刑名者,若尽如存心下手,天下安得无冤民哉?晚,幼石来。穆益亭、孙干卿同来。青县林馨山桂芬茂才来,未遇。夜将半,出晤益亭、干卿,共话许久。齿痛略轻减,而饮食尚未能如常。

十一日(9月28日) 晴,大风夕止。吾乡河间纪文达公生中华全盛之时,佐本朝景福之运,其才则海涵地负,其遇则君明臣良,而又生长富贵,年登寿耇,不独黻黼休明,润色鸿业,即乡曲遐僻之地、氓隶舆台之伦,其艰难情伪,莫不洞悉,故其学识无所不包,亦无所不至。所著《笔记》①一书,至今脍炙,盖精理名言,非寻常著述家所得问津也。近患齿痛,不敢用心,随手披阅,见有"纪某道士"一则,后论断有云:"势之所在,虽圣人不能止,逆党之已成,虽帝王不能破。久则难变,众则不胜诛。"窃谓近日时事,殊有相合。贾星垣、黄辅臣、马子翰先后至。是日遣儿辈偕幼女淑梅出门,往同乡数家谢客,予终日在家。震儿偕献廷表侄赴南苑,今日归去已三日矣。黄辅臣者,通州

---

① 即《阅微草堂笔记》。

童生,在京课徒糊口,然以教读为招牌,专以拉纤讹事为业,颇以此得利。十年前,曾于姜宝轩家相识,盖两人素相共事也。嗣因屡向予关说讼事,皆峻拒而微讽之,近来与宝轩绝交而不时来亲予,亦颇有感悦之诚,异哉!

十二日(9月29日) 晴。入署,散后赴谳局,签分争宅基一案,提讯两造,为之劝解,均愿息讼,当堂具结完案。回寓顺路访王仁莽郎中,为金筱珊同年令嗣拟送警部书记生事,渠云近日已定章,专从巡警中挑取送考,刻考取已百馀人,传到者只十名,以外万难再行添募云云。在署遇恩叔敏郎中,闻刑部已改法部,不理现审,另设大理院,为高等裁判,部中改为五司,凡秋审处、清汉两档房,均拟裁并,至谳局遇同事奎鹤岩员外,亦云然。署中本司各官皆荒荒不宁,人无固志。林馨山来,晤谈片刻,渠乃青县诸生,于廿七年停捐时报捐巡检,分指湖北,因家贫无力到省,仍在籍教读,近又失馆,遂向亲友假贷而来,先须验看取印结,而结费非百馀金不可,拟托予为关说,求省若干。

十三日(9月30日) 晴,午后浓阴,夜雨。黄辅臣偕张某来。李福卿、贾星垣先后来。李福卿携姚氏点定《汉书》一本赠予。向夕出城,至津南馆回拜林馨山,小话,同访兰灼林,不遇,晤孙宛村小谈。闻昨夕《中华报》馆被警部派员查封,且系奉旨之件,并将馆主人带厅讯究。有雎麟之精意,而后能行官礼之法度,后世富强之术,非管、商不能也。管、商以下之人不能为管、商,犹管、商之不能为官礼也。管、商不能为官礼,而管、商以下去管、商几由旬者,乃欲复官礼之法度,其不至丧身亡国也,吾见罕矣。新旧党之日哓哓者,殆将十年,今诚有所谓新者矣,顾安所得守旧者乎?果能守旧则不患其新,且无所谓新矣。若以讲章时文为旧,吾不知之矣。接庆云刘生汝诚信一函,兼节敬六元。

十四日(10月1日) 夜雨骤寒,向晚披薄绵袄矣。夜雨达旦,至十二钟方止,雨不破块。是日本拟赴谳局,因献廷表侄已荐妥畿辅学堂司事馆地，监学高蓂坡同年侍御约定今日午刻同往学堂晤会，午后命车偕往，蓂坡已回寓矣。晤账房张君，南皮人，适李仲卣同年亦在座，留话片刻，归途又雨，遂回寓。暝时黄辅臣来，渠于十一日来，适贾星垣在座，予浼为代借款项，昨午又在此相遇，渠闻贾事不妥，临行向予道及可代为张罗，予漫恳之，未敢必其可成，乃携五十金相付，殊出意外。借烟铺廿金，为简宅送往。灯下黄先生借款至，遂偿付之。接吕来臣给儿辈信，渠考优贡场，已落第矣。敬轩来札，并馈果品四种。立宪改制闻上意又有中变，然改官制一事会议已多日矣，闻大略已具，尚未进呈，将来进览后必交政治馆核议，恐创议之人仍难达其目的也。六部以户、刑两衙门为繁剧，故户分十四司，刑分十七司，皆以省分为名，官缺随之，近闻户部铁尚书不以改并为是，议者定为四司，铁力争之，乃定八司，刑部则葛尚书不敢与抗，遂任其裁革，盖铁系军机而葛则恐不安其位故也。

十五日(10月2日) 霁，天高日晶，薄寒中人。节前手下颇窘，曾向幼石言及，嘱其代借百金，昨晚无耗，已置之矣。今日天暝时幼石亲来，交到银票四十金，亦意外事也。孙、穆两君来，留饭。闻《中华报》馆封禁后，将主人彭翼仲、主笔杭辛斋交顺天府递籍管束，日内送报人送来各报数种，《顺天时报》、《北京日报》、《京话广报》等件，中有议论《中华报》被封事者，或以为已甚，或以为罚当其罪。闻幼石云，户部拟改并十司，每司设郎中一员，员外郎四员，主事八员，未知确否。昨付震儿番洋十元，嘱令为今日过节之用，盖向来中秋灶神月光均设果馔之祭，而先祀为尤重，《传》曰，事死如事生，事亡如事存。春秋令节，荐新烹熟，所以伸子孙思慕之诚也。祭毕，内外上下均食馂馀，此吾家故例也。乃今日至上灯后，家人进食不闻陈祭，亟呼震儿询之，则茫然不知。呜乎，内子生时，予向不经心，唯知焚香拜跪而已，今事事必躬亲，少出一语，便废先祀，哀哉！

十六日(10月3日) 晴，夜深寒气侵人。午后兰灼林偕林馨山来，话许久，夜将半，幼石偕吴焕臣来，去后已二钟矣。至谳局已日暮矣，饬书记叙陈杨氏之女被拐一案各犯供词。王卓声同年吏部浼予代作寿诗七律四首，系祝华母姜太夫人九旬，华璧臣同年户部之祖母也。有征言节略，日内欲为构思。“小人宠极则奸生”唐宰相齐澣语也。不学无术之人，不可引为知己。近日论学者皆刻意求新，作未经人道语，又好诋諆前辈，皆不读书之过也。古昔贤哲无论矣，即国朝二百年来名臣硕儒，通识伟议，有包括无遗者，一知半解，沾沾自喜，亦只可效章句之儒耳。

十七日(10月4日) 晴，夜将半忽浓阴，微雨数点。连日夜中多冗杂事件，致夺观书、构思之力。比稍静定，夜已过半，故睡时必日出，因之起迟，亦连日未入署之咎也。林馨山来，兰灼林来，书贾李福卿来，灼林所著笔记拟排印成书，而苦于无资，商之李福卿，欲售之书估，任其印成获利，谢著书人一百部之谱。向晚邀林、兰两君出城，至斌陞楼小酌。林馨山先捐巡检，分发湖北，因结费资斧无措，迟迟至今，刻将结费交出，尚不能足数，而新例捐免验看一项，未知底细，因询之王六垣吏部，始得其详。据云，费项百金。馨山蹙然无计，又至金店探听，据云须八十金，语涉两歧，未知何故。《商鞅书》云：“国乱者民多私议”。《墨子》书《尚贤》中篇云：“自贵且智者为政愚且贱者则治，自愚且贱者为政贵且智者则乱。”古今来，无才之人不能行法，况变法乎？况制法乎？

十八日(10月5日) 晴。入署，遂往谳局提讯四案，归寓已更馀矣。闻林馨山来。诱拐女子一案供已画齐，候送刑部。拖欠房租延不腾房二案，一限二十日，一限廿三日，来候讯。广森木厂殴巡捕一案，限明日传讯。卓声同年嘱代作寿华太夫人诗已脱稿矣，卓声为华氏所自出，故与群从子姓多往来交契，知太夫人家事独详。庚子五月津门拳匪变起，众皆欢踊，太夫人独忧之，训敕子弟为戒备，比津陷，联军方肆搜括，太夫人命其子孙冒险赴敌营为良民乞命，津城东南面遂得保全。时城中汲断粮绝，又教人分投往说，卒得请弛禁，居人咸庆更生，津人至今皆能道之。

太母深恩颂普天，王畿酴化被尤先。孺虞南国诸侯瑞，乔木东都尹姞贤。帝锡九龄征寿考，堂同五叶兆翰延。一轮乡月三台近，早放光明照大千。

往日津沽浩劫消，精廛比屋土全焦。德门独下黄巾拜，令器能平白虏嚣。共喜坤维回地驭，果然慈母化天娇。子遗雁户多蜚集，不数吴中百口桥。

能活千人福必基，况于万口祝期颐。枌榆重见承平乐，冠帔犹存节俭思。菊酒朋觥三族党，策衣对舞七旬儿。文孙裁诏归来晚，绕膝从容话凤池。

恒春花下不知霜，宾从威仪尽玉堂。忠孝一家天久眷，起居八座日方长。传经彤管思中垒，赠佩丹诚感渭阳。昌运幸逢随鞠脐，五云多处醉霞觞。

十九日(10月6日)　晴。为王卓声同年作函，邀其见过，相与推敲祝诗也。卓声诗才极清拔不俗，惜其学力太浅，未能入彀，盖疲于酬应之日多而问学之日少也。向见其为人题扇诗，乃《庚子感事》五律四首，颇沉著可诵，馀作未为工也。兰灼林偕林馨山来，灼林所著笔记已由李福卿持回，定议带至上海排印装订，送著书人百部。向晚至印结局为馨山事同刘菊山小话，遂至天津馆小酌，饭毕往津南馆访敬轩农部，时孙宛村、兰灼林均在座，有沧州陈丹荇亦寓馆内，共谈至夜分始回寓，适吴焕臣相候。沧州唐庄族侄某来，始尝新栗。昨代祝华太夫人诗脱稿后，尚嫌句有未稳，且第一首颈联未免浮廓近腐，灯下又推敲数字，并改换二句，颇觉完善，盖此等题最不易见长。予生平又不喜作应酬文字，同人中卓声偶以相谑，辄暗自叫苦也。

二十日(10月7日)　薄阴，后浓阴，微雨数点。连日翻阅古今人诗文集，因之有触于中，舆中偶得两绝句："造物由来忌盛名，兴亡何事又干卿。词人侭有伤心地，忧患丛中过一生。""阅历足为文字师，中年哀乐语含悲。愁来且理名山业，笑杀东邻没字碑。"林馨山来，为代借银十五两，命仆至印结局取到部注册结来。赴东城谳局讯案三件，归途遇雨。

廿一日(10月8日) 晴，阴微雨。海臣、焕臣、幼石来，予方入署，匆匆数语而去，林馨山拟移寓来此。散值后赴谳局，归后闻卓声来访。

廿二日(10月9日) 寒露节。薄阴，黄昏时滴沥彻夜。卓声吏部来谈，移时始去。拟赴东城，因天阴有雨意，不果行。听雨通宵不寐，近日作《感怀诗》五古长篇，灯下足成之，共百六十韵。

廿三日(10月10日) 夜雨达晓，将午始霁。是日刑部值日，秋审处提调四君公请奉天司诸人，予拟赴谳局，未果。日夕至福隆堂，席散已更馀，辞出，顺路访金筱珊同年，谈许久，始回寓。今岁湖南北大水，赣、浙两省亦多被水之处，北数省尚称中稔，畿辅秋成有年，是月连得甘雨，种麦为宜，尝闻农家云，五谷收成丰歉，但看播种之时，所谓耕田欲雨也。种得好自收得好，盖根深脉固，虽遇旱干，亦能耐久也。自庚子乱后，直省屡告丰年，民生少苏，民气亦尚静，故新政操切，尚无大害，不可谓非国家之福也。闻近日各衙门因议官制事，上条陈者甚伙，或专上本署堂宪，或求代奏，予向者亦思略抒管见，继而思之，我辈小臣之言，无论是否可从，必不入衮衮诸公之耳，且论事不过是非二字，吾之言非而彼不从，则彼必为是，在我可增一识见，吾之言是而彼不从，则彼必为非矣，若以古人之出处进退揆之，言不听、计不用，则当去，况不从吾言而又灼知其非，若不去则吾之自居何等也？叔世仕官，诚不能绳以古谊，然自相矛盾之举，恐为有识者所笑也。汪星甫将补主事缺，节前已经堂点矣。突有方克猷者，出而与之争较资俸日期，以致行查吏部，吏部颟顸回复，比查验明白，而为提牢报满者抢去矣，岂此区区者，亦有命运耶？

廿四日(10月11日) 晴暖。入署，赴谳局，近日新调至豫审厅者二君，一为直隶清苑人王壎字叔业，一为浙江人孙宝璋字静珊，孙君为故少司农孙子寿师之嫡堂侄，即今顺天府尹孙慕韩宝琦之堂兄也。

叙及世谊,谈次颇谦逊。前年寄存修本堂书数种,今早送回三种,为《白香山集》、《廿一史四谱》及《郝兰皋遗集》。郝先生本以朴学成家,于诗文非所长也。偶有所作,子孙藏弆,原无不可,若概付欹劂,则适形先人之短,且杂缀、笔记等册并先生之封翁、先生之夫人所为家庭浅语、闺房唱和亦编入不遗,尤为失体。

廿五日(10月12日) 晴,早为卓声作札。献廷表侄来自学堂,略询内中事宜。往东城时,至正阳门内棋盘街西遇孙祥卿大令方来见访,约明晚到渠宅内。兰灼林、林馨山来,灼林送鸦片膏一伩。馨山前借十五金,今将回家,持来还补。刘有乔来。予赴谳局,到时已日落,候审者早到,各讯数语,饬明日再来。连日齿仍作痛,饮食颇不适,晚间腹仍作泻,便遗二次。予自少年以用财不知节省著称,知好咸笑之,比来京师,则欲不节省而不得矣。少本窭人,所谓不知节省者,不过较乡间守钱虏稍异耳,非有浪费坐耗也。忆自廿岁受室后,终年衣服零用,以至出门应试之费,皆窃自摒挡,不敢贻堂上忧。然皆出于书院膏奖及课徒束脯,此外向不取非义之财,幸博一官,又居刑部,交游中除同乡朝士、同年旧识,未尝干谒一贵人,结纳一富室,介介自守,俸廉之外,卖文为活十馀年,中叠遭丧乱,不能无啼号之累,往往于山穷水尽之时,偶得意外周恤,不觉哑然自笑,所谓天不绝人也。故尚不至并日而食,易衣而出,亦未尝大声疾呼,乞怜告哀,朋友中不知我者,辄疑为别有生财之术,如都下敝人,口舌攫取,其私心揣测,固不足论,而知我者则又咎我不善谋生,以京城之大,身为刑官,又兼谳局差使,若如外间州县所为,侭可取赢,何至终岁勤动内顾长愁耶?为是言者,其爱我訾我,未知何如,而予生平又不愿自鸣矫矫,以狷介为高,惟素有会于饮啄皆前定之语,因口占二绝:“宣圣商求富,昌黎戏送穷。由来贤哲士,只是信天翁。”“一文都是命,百计总成愚。旧说张燕国,横财三十铲。”唐宰相卢怀慎暴死复苏,告家人云,冥中为张说铸横财三十铲,我无一焉。张说封燕国公。

廿六日(10月13日) 终日薄阴。是日入署,遂往谳局,薄暮归,过孙祥卿宅,渠邀同往同和馆吃饭,夜分始归寓。早遣人至津南馆送兰灼林广文茗一匣,闻其于日内归里,怅然久之。

廿七日(10月14日) 薄阴,浓阴。灯下吴焕臣来,谈至鸡鸣始寝。李福卿来,携有《李太白全集》缪刻影宋、朱竹垞《曝书亭全集》原刻两书,均有评点,虽非名笔,尚不恶劣,因暂留一阅,予有两部王刻《史记》,渠云有售主,遂交渠带书样四本。闻焕臣云,夏间因外城巡警总厅改修官署,拓展地基,须将邻近市廛圈占十馀处,内有粮店,与焕臣交好,嘱其代为求情邀免,焕臣遂托姜宝轩农部,农部称向厅官央允,粮店信之。谢仪四百金,银已交付而厅官复行文旗下此房之主系厢黄旗人,故须行文都统。仍须圈占粮店,大失望,向焕臣索还谢银,而此银已经数人分用,皆无力完缴。内有一京官亦办事托情之人闻之甚恐,将自己住房文契押三百金,代诸人垫还此款,尚不足,数日前宝轩闻此房虽经圈占,年内尚不动工驱逐,又向焕臣索还所退之三百金,势汹汹,几不可解。噫,人之无良,一至此哉!古语云,高言不止于众人之心,又云流言止于智者,可味哉!王阳明先生云,今日病痛,大段只是傲,千罪万恶皆从此出,傲之反为谦,然非外貌卑逊,须是中心谦让,常见自己不是,乃能虚己受人。

廿八日(10月15日) 鸡初鸣,(雨)密而如丝。早止,终日阴。入署,赴谳局,回寓,适幼石来字,邀至太昇堂小酌,予甫下车,甚觉疲倦,不得已复往,至则幼石未到,遣人招之始至,予饿甚,遂独自饮啖,幼石因张海臣、吴焕臣在寓,候予不至而散,渠已用晚餐矣。庚子年夏秋之交,城中东西交讧,焚杀掳掠,无日无之。继以联军入京,两宫西狩,予阖门引领待尽,幸而生全,于次岁扶先柩回籍以安窀穸,在籍小驻半载,每作痛定之思,正杜工部所云"至今犹破胆,应有未招魂"也。杂忆前事,得绝句十馀首,稿忽遗失,不复记忆,近偶于丛纸中检得数首,因略加改润,录于《庚子谈虎丛志》之首,亦一快也。焕臣,沧州人;海臣,青县人。予里居时即与焕曾一面,近渠肄业医学馆,不时过从，海臣则由焕臣与幼石引进相识者也。皆同郡年少，故往来特数，前月吴、张两君介幼石向予关说一债务讼事，浼予为之转嘱，予婉谢之，而二人不悟，意似望甚，亦不谅人情者矣。

廿九日(10月16日) 晴，两点钟后大风，至夜半不息。南苑刘星垣来，谈片刻去。幼乔来，幼不偕海臣来。夕时出宣武门，访刘建勋比部，不遇，拟回拜孙静珊，闻车路不易行，遂止。因至津南馆访静轩，夜话，并邀仲良侍御在座，静轩留饭，谈至十一钟始回寓。昔张皋文为其夫人作志文，结句云："自此予始知薪米价，不得专意读书，发数茎白矣。"每阅之，辄为凄然，岂料予今日者乃正当此况哉！此数语极家常，极淡泊，而无限悲感，非身历者不知也。刘星垣为南苑旗户官长，人有心计，家道亦小康，近年始识之，因予在南苑置有田产，与渠为地邻故也。犹记丁酉岁暮，有族孙向在南苑内田家佣作者，来予寓，云苑内地户某姓，因度岁无资，窘极，托伊为典地亩，予一笑置之。数日后又来，力劝云："地只二十亩，极肥沃，典价仅百金，终岁所收可养一骡。"予心稍动，然已逼岁除，苦百金不易措。时内子在旁怂恿，乃借贷二三处，始凑足付之。次年浼乡人刘姓代种，岁得粮十馀石。庚子联军入城，家家苦饥，米面无处购买，乃遣一健仆往，时米豆已登场矣。遂讨得护照一纸，出入不禁，在彼处磨细，用驴驮载入城，以后源源接得，全家不忧枵腹矣。内子顾予曰："君当日岂计此数垅田，乃有如此活人之益乎？可见农田之利最切近也。"予深然其说，次年又典得二十五亩，即令族孙连元耕种，至癸卯秋予方居忧，有南苑种地人裴姓者，旧相识也，来告予："该处有沃土熟田二顷是年南苑正放荒招垦，予因窘乏，未敢认领求售者，价千五百金房七间在内，盍购诸？"予讶之，怪其知我之无力而作是想也。渠曰："地沃价廉，如朋友中有愿购地者，可代为玉成。"适有世兄弟某闻之，颇中意，予复力赞之，已定约矣，而某君现款不足，欲与予伙买，予以为其戏也，姑漫应之。渠赴津集资十馀日后来都，则不名一钱，据云款已他用，万难筹措，只可辞谢中人，另觅售主。裴某大窘，曰："吾已向地主讲定月馀，岂能翻悔？"

予见其意甚为难而无计可设，相与浩叹，某又曰："此事非公接办不可，公姑谋之，公意中岂无一慷慨急难之友哉？但得半价，俟立契后即转典一顷，事可成矣。"予商之内子，内子又怂恿之，适有同乡在都为估客者，立借八百金，又各处通挪得五百金，先付价立契，馀价迟月馀，而裴某已觅妥典主典一半得六百五十金，除付清地价外，还债五百金，而居然坐拥百亩良田矣。合从前所典之地，则百五十亩，仍交族孙某经理，连年薪米瓜蔬，薄有所获，然此三年内修房置器，购牲畜籽种费亦不赀，每佣人客作来往咨承一切事宜，皆内子一人区画，琐屑必营，款酬必惬，又知予奇窘，凡诸用度，皆暗中计议，予但坐享甘食耳。今春亡后，外人亦以此事向来非予所注意者，必有转售之说，故刘星垣之来意在劝予出售也，予姑漫应之，不忍骤折其谋也，然区区心事，固有外人不能知，不能为外人道者矣。

三十日(10月17日) 晴，大风终日，至夜分始息，天气始寒。王卓声信来，代借五十金。同乡王赞轩孝廉来，渠日前始到，寓宝轩农部宅内，自己亥岁截取引见，以知县用，近闻选缺有日矣，故来赴吏部投供，年近八旬，精神矍铄，步履尚如四十许人，可谓强固者矣。至东城谳局，上灯后始归，晚餐毕，徐子光侍御偕同乡二生来，皆考巡警学堂已录取者，二人投考报名时皆用予保结，由子光为之介绍，现将开学，须出结官识认填名画押，故子光同其来晤谈，并约订明日赴北新桥学堂相候。向存有屠静轩同年寄大令诗文稿一册，稿名《结一宦》，文则骈体，诗则散体，皆高格古情，百年来无此作也。自今春遍觅不得，疑为人持去，怅念不已。昨日忽翻阅乱书得之，大喜，如遇故知，因志之。

九 月

初一日(10月18日) 晴暖。宋清□来，未见。警务学堂考取学生王廷鈖来，约同赴北新桥报到识认，执弟子礼。渠注大城籍，询其故，乃因招考时有告示，凡天津县概不收考，是以改用他籍，据云因津门人情多近浮嚣，故屏之。王生来时，予尚未饭，饭毕时将一钟，遂呼舆同往该堂，内有司事数人，照册问明，发给愿书二纸，本生自填写籍贯、年貌、三代出身、住址，出结人亦填写名衔，画押，事毕分手。予顺路至巡警部谳局，适无事，遂归寓，易衣往福隆堂，刘仲良侍御之约也，座有陈君，亦侍御，系由户部考取者，年已七十，精神尚健王[①]，湖北人，与已故洪右臣先生良品为郎舅亲，右臣昔年名侍御也。古人凡出谋发虑，必采舆论，三代以下，此风息矣。近日议官制一事为立宪之初基，愚氓无知，不足与言国事，若公卿大夫则固朝廷所恃以行政者也，而聚谈私议，其有发挥新理想、望太平者，皆得志于时之人，而杞忧纬恤，若凛凛不终日者，皆声华阒寂，落落寡合，此中消长，良可深思。

初二日（10月19日） 晴。入署，领津贴，赴谳局，讯案二件，归已上灯。出城至瑞蚨祥买缎帐，为少司寇绍任庭同年长子完婚送喜礼。至天津饭馆小饮，食蟹黄，饭毕回寓。观幼女淑梅所写仿格，颇有进益。闻日本书贾来购中书甚多，夏间曾来一贾，近又续到者，其鉴别甚精，经史子集，无不收买，惟需精良者耳。中朝议改官制一节，已近两月矣，大略已具，尚未宣示，盖近日上封事者甚多，恐二圣心中亦不免审顾踌躇，而报纸逐日腾播，于沮议者多有微词，闻需北洋大臣阅操回京再行定议。以予私见度之，此事所以迟迟不发者，皆因款项难筹耳，即以京秩而论，近年俸入之丰啬新旧悬殊，一旦改革，必先画一定制，以收均和之效，顾安所得如许大百万耶？又有一种人，品流原居劣等，方其浮沉闲散，则力诋新法，谬附清流，虽被以顽固之名而不辞，一朝运至苟合诡遇，乃大改前说，甘拾唾馀，扬扬自忘所从来，并有藉新说以进取者，胸中本无分晓，依草附木，渐为赵孟之所贱，中道蹶跌，逢人自诉为逃墨归杨之计，吾不知其贤否如何也。

---

① 王，通“旺”。

初三日(10月20日) 晴。刘幼乔来。吕来臣由天津归,话至夜分始散。由谳局归,出城至瑞蚨祥买洋布,至斌陞楼晚餐。自上月廿三日夜雨不寐,追忆生平所历,不觉有感于怀,今老矣,既悲鲜民,旋伤鳏影。生性疏慵,落落寡合。一二知己,咸化异物。盖此生殆无可以相依者矣。身世萧条,家国凄怆,千愁百虑,莫或告语,独寤晤歌,聊堪书写,因成《自述》五古一首,扯杂溢涌,不觉得一百六十韵,皆逐日枕上所记也。日本自前古以来,即有藏书之名,且板本精良,间有我华所无者,传闻尚有汉唐之物存于内府者,自明治变法,遂倾倒西人,汉学几于熄矣,近年乃重商旧学,故贩书者多获大利,而我华乃焚弃之不暇,此何故哉!

初四日(10月21日) 晴。云益号卢某来。入署,散值回寓,少憩,又赴谳局,与奎鹤岩员外共餐毕始归。沧州两族侄来。接沧州杨丹崖信一函。丹崖与贾玉峰茂才为姻家,又同学至好,故于玉峰之没也,挽诗、挽联极其怆痛,予拟复丹崖书,因欲哭玉峰以诗而未成,故迟迟至今,兹得来书,似有望意,亦以前函中尚有托予打听举人截取一事也。内侄李少卿回家,夜深入室辞行,闲话至鸡鸣后始寝。渠自去岁夏间来此,即值内子抱疴,所有一切医药侍奉,皆渠任之,以至属纩之时亦在旁料理,人颇谨厚,唯太无干用,难于位置,只好听其归去,临别依依,殊难为情。挽贾玉峰茂才:"斯世滔滔,倘人尽如君习俗,当不至此;故交落落,奈天留后死衰年,独何以堪。"

初五日(10月22日) 晴。灯下为杨丹崖作复函。午后赴东城史家胡同,为绍任庭少司寇同年贺喜,留吃喜酒,归已日入,拟出城为史竹孙同年拜寿,而天色太晚,且在江苏会馆,尚须行十馀里,舆中筹躇久之,不得已怅然归寓。

初六日(10月23日) 晴。自五月以来,都门三百里内外,雨暘时若、寒暖应节,实享丰年之乐。入署,赴谳局,提恩桂氏研讯,恩姓孀妇,即拐卖黄范氏之幼女桂森三姊,与其弟桂森同院居住,故近日传讯收押。此案已经数月，黄范氏坚称其女为桂姓拐去，而桂姓狡执不认，恃无刑讯，不得不多传人证也。日内拟赴象来街宝轩农部宅内访王赞轩孝廉，乃闻其业于初三日南旋矣。王宅自去春与敬轩农部家涉讼，系因继嗣事，死者系孝廉从堂叔而又农部之舅，农部意在为其舅立继，而王宅不肯承认，以致缠讼二年，殊为不情，盖以无产业故也。在署与帮印绍午楼、帮稿张六吉商订于十三日邀稿君汪星甫观剧宴饮，盖星甫于是月十六日生日，同人预为之庆祝也。嗣见印君续东岩亦愿入伙，以十三日系刑部正班，例不入署，故可尽一日之欢也。公祝者共六人。在署见李书吏持一纸捐单，系浙江湖州府秋间又被水灾，沈子惇少司寇关心桑梓，撰启分送，为劝捐备急赈也。今岁两湖均大水成灾，赣闽亦有被水之处，皆产米之区也。寄杨丹崖孝廉一书，并寄刘茂庭表侄一信，均遣人送交邮政局矣。

初七日(10月24日) 晴，秋阳烘暖。入署，是日各堂均未到，不知何故。署内散值后，出前门，往虎坊桥杭州会馆回拜孙集珊，未遇，遂至羊肉胡同访孙荔生户部，小谈，薄暮始别，又顺路访魏绍庭，不遇而归。灯下增盛涌粮店铺伙刘永顺来，言有山东一孝廉来京，欲就拣选，托为打听新章，书一纸付之。与来臣夜话许久。在署遇陈宜重郎中毅，谈许久，渠近有封章，求堂官代奏，亦为改官制事也，渠意专为保全礼部，大略言礼之所关綦重，曰礼义，曰礼教，曰典礼，皆治国者一日[不可]须臾离者，虽今古不同，名存实亡，然饩羊之存犹当宝爱云云。陈，湖南人，由捐例到衙门，中进士后以资深先补缺者，亦新学界中人也。

初八日(10月25日) 晴。入署，赴谳局，欲赴斌陞楼吃饭，因西河沿方修马路，车不能入，遂改至万庆楼，饭毕回寓。是日汪星甫亦入署，闻同人拟为之公祝生日，力辞谢，适张六吉、绍五楼均在值，因将前议作罢论。吴焕臣、宋俊卿来，一晤即去。幼石来信，探询刑部近日郎中出缺是否归咨选班。在署闻李书吏告云，现有考汉御史消息。

初九日(10月26日) 薄晴,午后浓阴。刘幼乔来,是日未出门,拟率儿辈登高以散闷怀,渠辈由学堂归已薄暮,因携来臣、幼乔登城瞭望久之,步至正阳门楼而下,至万庆楼,儿辈亦至,饭毕回寓。闻向晚时正阳门火车栈两旁车马甚众,询其故,则警部左堂毓月华侍郎自河南阅操回京,诸司官至车栈迎迓也。京官堂属礼节向无此习,近日自警部始为之。

初十日(10月27日) 阴,微雨数点。终日浓阴,夜霁。入署,赴谳局,归出正阳门,至泰丰楼,宋俊卿之约也。在座有山东陵县慕君,敬轩农部亦到。宋某,深州人也,向在盐山为布商生理,庚子乱后歇业来都觅事,介敬轩农部识予,数年未曾往来,近忽苦邀饮食,不得已而往,乃食毕出一诉状,为人命事,央予为设计,因正色譬晓之。市井人之不可与作缘也,信哉!闻敬轩云,有新自湖州来者,云李慕丈之第五子媳病亡,乃宝轩农部之少女也。宝轩夫人夏间闻女病,赴湖州探视,母女幸得相见,而其婿李桂孙则于七月间渡海至日本留学矣。农部无子,只有二女,出嫁后相继而亡,白头夫妇,其何以堪。灯下幼乔偕焕臣来。

十一日(10月28日) 阴,晴。终日未出门。前日所成《夜作感述诗》一百六十韵始脱稿,偷闲录出之。灯下献廷表侄来闲话许久。兰灼林广文所著笔记一书,已订于李书贾寄往上海排印,临行时嘱予为作序,连日匆匆未暇握管,因题数绝于册首,皆车中、枕上所成也。

少日长安卖书来,广文官冷壮心灰。青衫依旧沧桑改,还我头衔好秀才。

河间崛起纪文达,笔记于今五种传。寂寂百年无嗣响,亏君摇笔续夷坚。

预想幽斋证古情,班班故实志分明。恍如身到枌榆下,父老茅檐话太平。

有情眷属最难遭,盛世椎理亦足豪。一种传神双管下,美人山鬼演离骚。

十二日(10月29日) 终日细雨,至夜达晓。拟入署,为雨所阻,午后忽患齿痛,至夜不寐,无聊之甚。灯下重阅自述诗,再书五绝一首于后:"百年人事改,遇此复何求。历历分明记,一吟双泪流。"阅《北京日报》,内登前出使大臣四品京堂衔许珏求政府代奏一折,大意谓中国受病之处,不在法而在人,立宪之说在欧美当日亦具有不得已而为之者,积久遂成为风俗,与中国情形绝不相同,且各国不一其制,亦皆有随时随地变通之处,中国震于泰西之富强,事事仿其面貌,徒致纷扰,必贻后悔。此公在欧美十馀年,乃独发此论,诚非随声附和者流也。又报中登载赵侍御炳麟一折,乃专从议改官制立论,深斥诸大臣之非,而以大权旁落为言,总归于议院不立则内阁总理大臣万不可设,洋洋洒洒二千馀言,极为痛切,与他人之隔靴搔痒者不同,台谏可谓有人矣。

十三日(10月30日) 雨止风起,傍午始霁。是日同乡王六垣吏部有嫁女之喜,送席一卓[①],洋二元。午后亲往贺喜,晤张兰江昆季茂才张蓉墀大令,小谈即别。赴谳局,晤新调入厅徐君,尚未悉其籍贯名字也。前日警部奏留豫审厅厅官五人,各署审判、检查、记事等官。接同乡王菊庄孝廉伦正信一函,菊庄,盐山黄家店人,累世诗书,祖为明经,父丁酉孝廉,兄竹孙茂才亦爽士也,菊庄曾入保定师范学堂卒业,上年在祁州学堂为教习,声名藉甚,今岁在奉天应中学堂之聘。北京报载改官制最近消息,谓寿州孙相国坚不画稿,据云如此改革只京职之俸薪,每岁非五百万不可,何处筹得此款,若仍沿从前,岂非有名无实,一场笑柄耶!昨夜书《感述诗》后五绝已志之矣,枕上觉意有未尽,补成一绝,并改前作:

百年已逾半,遇此复谁知。历历分明记,一吟双泪垂。

世事逐年新,孤危爱此身。犹希晚闻道,不敢负天亲。

---

① 卓,同"桌"。

十四日(10月31日)　晴，始寒。由署至谳局，讯一帐目案。谳局自改豫审厅后，凡词讼分民事刑事。近日新章又定为审判诉讼法，归入民事者，到案两造均立而不跪。自此审判之人更觉纷扰矣。李福卿来，携书数种，适予将入署，未及交谈而别。至东华门内北池子访张兰圃侍御，兼回拜其令嗣龙梅农部，闻侍御患恙，未晤。昨北京报登载主笔人《书许星使代递折后》一文，中间力诋许公，至目之为伪君子，且谓其折内只有讥议而无办法，仍是空言，不过旧党馀沈耳，盖报例如此。夜分来臣至榻前，闲话许久。

十五日(11月1日)　阴，晴，朔风大起。李福卿来，昨日未得共话，约于今午见过，因有书数种，嘱其装订，渠持钞本《近思录》一部四册，乃黄叔璥手校之本，其中增减不少，皆先生自已丹黄涂乙者，笔意当是晚年，予深喜之，遂留览焉。庚子九月都下乱少定，寰阓衢市卖旧书者甚多，予嘱一书贾为予代购数种，有震泽王氏仿宋本《史记》一部，价银十八两，当时同人颇笑之，其书装订甚修整，唯假冒宋本，刻绍兴年号，而将王氏原跋割去，予颇以为憾，既又在正文斋谭书贾手购得一部，纸墨较前一部少逊而年号跋语尚全，索价六十金，至今尚未算清，近李福卿将予先存之本持去，闻有售主，大约可得六十金也。薄暮同李福卿出城至秀文斋买白折数本，又买贺莲青笔数枝，李福卿力邀赴煤市街酒楼共饮，遂偕往焉。归已九钟。

十六日(11月2日)　晴，风稍静。向夕又飒飒，寒甚。由署赴谳局，归至金鱼胡同福寿堂，义昌木厂张相臣之约也。座有潘云笙驾部，燕生舍人昆季，又有王春廷者，系同邑王太监之养子也。前年报捐主事，分兵部行走，年尚未冠也。连日北京报载有驳斥前出使大臣许君珏前阻立宪之折，洋洋二千馀言，较原折几倍之，然究不免有叫嚣号呶之习，亦非真知治体者也。每日观《谕折汇存》，内载有广西林赞虞中丞条驳新颁刑律一折，极有见地，逐件指斥其窒碍不可通者，语意尤周到。月初曾载热河都统廷用宾都护一折，亦议驳刑律事。二折各有不同，其不满意均也。

十七日(11月3日) 晴,晚风。入署,讯一奸拐案毕,赴谳局,归途寒甚。为兰灼林笔记题词,又得二绝句:

乔木苍然族望尊,故人宿草已声吞。谓兰午亭孝廉、丙卿明府相继下世。

吾乡他日征文献,访子空山夜雨门。

烛炧香销百感沉,斯文从此少知音。

谭空说有供游戏,收拾名山著述心。

共前作六首,自谓尚不涉学究气。北京报载有近日日本报纸中议论中国秋操事,谓仍是支那之兵队,外观虽似有进步,内容决不可恃,所谓防内寇则有馀,威外人则不足者也。此事我国稍有知识者皆能言之,不过出自外人之口,或可稍知自量耳。

十八日(11月4日) 微阴,风,极寒,向晚风止。十钟时入署,今日系奉天、湖广、陕西三司进勾到本,帮印绍午楼赴园听旨,并接榜示,至十二钟始回署。星甫偕予对看勾到本,咨行东三省加急递封皮,用朱笔标过,交理藩院衙门总发。事毕出城,至福隆堂会食。晤解子超,知渠新自河南省城来都,询及诸友人,崔竺西州牧、刘书铭别驾、董赞臣太守均各无恙。金筱珊水部、杨岱清观察日间来访,均不遇。薄暮由福隆堂至佘家胡同泉安栈回拜庆云县解子超裕庆县尉,谭许久,遂至永乐昌,王竹泉邀赴斌陞楼吃饭,来臣亦在座,携归,至寓适南苑农家裴维周来,夜话至二钟。

十九日(11月5日) 晴。将入署,不果行而客至。杨待清来话,至日暮。华昌木厂张相臣来,灯下刘永顺、黄辅臣来。刘永顺原系盐山刘家庄人,先年其父母因家贫来至都门南苑内种地,近年永顺在西四排楼增盛涌粮店内学徒,其铺掌山东人,前数日有其铺掌之友人,系甲午孝廉,来京打听截取检选等事,遣刘永顺来,托予代为访询,予开单付之。今日又持一纸来,向予询及章程并开明籍贯姓名,始知孝廉为奉天承德人,江姓,盖同治年间邑令江左泉先生毓秀之继嗣也，为之怃然者久之。

二十日(11月6日)　晴，暖。入署，散值后出城往湖广馆，为华璧臣太母祝寿，归赴谳局。在湖广馆遇李梅坡外部、刘信荞参事、严范孙侍郎、李嗣香学士、金筱珊水部、姜宝轩农部，盖华宅生日演剧也。在署闻档房人喧传本日已颁谕旨改定官制，刑部改为法部，并十七司为六司，设一尚书、两侍郎。向来逢十为各司呈递现审单之期，堂官均到，今日汉右堂李侍郎先到，闻耗即去，继满左堂绍侍郎、汉正堂葛尚书先后至，各司纷纷呈递公牍，绍侍郎如常，葛公则神色大异，匆匆呼舆出署。到谳局闻汪金坡云，政府荣、铁、鹿、徐均退出军机，专理部务，而召入世中堂续、林中丞绍年。铁则为兵部尚书兼理度支，盖户部改名度支也。警部改名为民政部。

廿一日(11月7日)　晴。入署，散值回寓。早起又患齿痛，向晚更甚。敬轩农部来，为刘权之凤镳州牧祝两广制军周玉山七旬寿征文事有本家节略。王竹泉来。早起，始见邸抄，恭读上谕，厘定官制，共设十一部。入署，又见本日宫门抄，除外、商、学、警四新衙门堂官仍旧，其七部尚书、侍郎皆有更动，刑部改名为法部，满汉两正堂、两右堂皆归裁缺之列，左堂沈子惇侍郎改为大审院正卿，绍左堂则仍旧。接杨丹崖孝廉一信。灯下邀来臣闲话许久。奉天司入署者共五人，相视悯默。予至山东司晤王云门、梁星秋、孙振轩、马竹溪诸君，畅谭许久，已将归，忽档房传知堂谕，嘱署中向来办事诸人，仍逐日进署，切勿观望云云。

廿二日(11月8日)　晴。至东华门北洋公所，为刘仲鲁贺得二品顶戴之喜，渠已移居矣。遂往谳局，暮回寓。

廿三日(11月9日)　晴。早起，出前门至泰丰楼，增盛永粮店之约也。同座即奉天江君名鼒先，字鼎臣，甲午科孝廉，来京住打磨厂义顺店，缘与该店铺掌姜梅西旧相识，故浼其代求打听拣选截取事宜。嗣知该店与予有往来，在其店内见予名纸，渠始言其尊甫在日，曾向其告知予幼年应试诸旧事，乃嘱姜梅西为介一晤，饭毕观剧，日暮予邀两人同至太昇堂小酌,并招来臣往陪。五儿随往,席散,姜君谈及前年日俄开战时事,娓娓可听。九钟后各散。早间出门,刘幼乔来,比到太丰楼,则梁星秋比部访予不遇,询往该处,匆匆谈数语而别。早阅邸抄,刘仲鲁同年已实授大理院少卿,为正三品。

廿四日(11月10日) 晴暖。十二钟入署,是日为新授法部尚书戴公鸿慈到任,予到稍迟,上堂礼毕,在司少坐,往山东司同云门、星秋谈许久。散后赴西城刘中鲁宅、孟辅臣宅贺喜,均未遇。出城至戴尚书宅、沈大理宅道贺,投刺。天已薄暮,遂到斌陞楼,星秋约也。三人外有孙振轩郎中在坐。食毕已十钟,回寓,遣人至开泰金店询查捐县丞银数五百馀金。灯下来臣偕献廷来榻前,闲话至三更许。刑部自去岁奏准外省罚金酌解部库,为堂司各员津贴。今年四月始有解到者,分饷已六月矣。沈侍郎调入大理院,闻昨日呈进勾到本,在朝房内与戴、张、绍三公晤谈,首先开议,谓此款将来须分之于大理院以作津贴,三公未置可否。连日各衙门司员,衢巷过从,马烦车殆,类皆营谋求乞,关心得失,大有昔年秀才望榜情景,以穷老拙蹇者与其际,殊可笑也。

廿五日(11月11日) 晴暖。早起,入署,右堂张劭予侍郎仁黼于巳刻到任,行礼毕,已十二钟,同司五人在署会食,食毕各散回寓,少憩,复往谳局讯一斗殴案,上灯后归。自庚子后,都中设工巡局,先为肃邸管理,继之者那琴轩同年相国,去岁裁五城巡视御史,而内外城词讼尽归局审理,然办事者均系兼差,号为委员。至九月设警部,而警察与审判分为二事,往往以警部人兼充审判事。今岁夏秋间,内外城各设预审厅,以诉讼专属之,始置专官,然苦无习法律者,故所调之员,先学习而后奏留,向之由刑部兼差者,仍不准辞差,亦间有改归厅员者,刑部改归厅官,开本部之缺差。今改为民政。豫审厅仍属大理院,与法部将来必另行位置矣。豫审厅之初设也,刑部人员往往营谋奏调,希补缺之速,而名目之新,其利益必远过于旧部,故得者皆高兴,而不得者每缺望,且有以白丁报捐一职衔,得大力者吹弹,便可报效奏留,居然实任京官矣。今兹改易，大有悔嫁官人之叹。

廿六日(11月12日) 晴暖，晚阴。广和居晤刘小渠观察，昔年同司旧僚友也。午后王竹泉来，三钟后出宣武门，至香炉营头条四条拜客，遂往广和居饭馆，孙振轩郎中之约也。主人尚未到，候许久，座客始陆续至，设席已上灯，予略坐，饮甫二巡即兴辞，赴醉琼林，魏绍庭农部约，卓声、小珊两同年、献廷礼部已先至，共予五人，肴馔颇新食，黄花鱼尤佳，散归亥正矣。在广和居闻云门、星秋两人云，今日署中三堂均到，会议改章事宜，各司纷纷上堂画稿，兼陈所办现审案件，戴、张二公，一切茫然，直无从置喙，寅僚多匿笑。可见向来当路诸公卿，遇事张皇敷衍之所由来矣。昔桐城吴挚夫有云"外行管内行"，于此益信。星秋连日浼予谒刘中鲁新大理代为说项，希奏调彼署。盖渠系由孝廉捐纳入署，虽已补实缺，尚恐有裁并改外之事，且近来新事皆惹人歆羡，而凡旧日官职，若无足重轻者，故谋望尤切，而筹思独深。予殊不以为然也。

廿七日(11月13日) 阴。入署，赴谳局讯马姓，因债务与任姓涉讼案。出城，天已暝黑，到开泰金店为来臣捐县丞事访胡席卿，不遇，乃往斌陞楼，田仁甫之约也。倩王竹泉到德善金店，为来臣捐事上兑。灯下接杨待清一信，又迟清荃一信。

廿八日(11月14日) 阴，雾。入署，散值后出城，至惠丰堂，迟清荃之约也。座无他客，饮啖毕，已上灯矣，遂回寓。星秋员外来，不遇。

廿九日(11月15日) 大风浓阴，午后始晴。入署，薄暮回寓。午前张希贤、王炳南来少坐。

十　月

初一日(11月16日) 终日浓阴。入署，散值后绍午楼郎中、张六吉主政邀同汪星甫往福隆堂小酌，拇战甚豪，予则醺然矣。归寓已十一钟。王竹泉偕刘某在此相候,话许久始去。贾德甫茂才来,渠由鄂旋里,营其父丧事毕,将回鄂也。

初二日(11月17日) 阴,午晴。午间敬轩农部来,王丙南来。赴东城谳局。贾德甫将赴湖北,乞路费洋银四元。

初三日(11月18日) 大风,浓阴,寒甚。入署,堂谕各司员写具履历,同司诸君到者七八人,皆向不入署者也。赴谳局,天已近暝,同孙集珊大令吃晚饭,闲话许久始归寓。午前汪勋西大令来谈许久即托为其令兄颣之带地租银四十元。灯下穆云川来,为宋俊卿求路费事。

初四日(11月19日) 阴,寒甚。拟出门,不果行。梁慕高秉厚大令来谈移时,渠于去岁冬分发到省,近自山左归省,话济南事甚悉。灯下吴焕臣偕赵寿卿来。夏间吴焕臣为源兴成粮店铺房被警部圈占求情关说,被赵寿卿藉端诳骗四百金,嗣该店向吴追讯,退还三百金。系谢中鲁比部借债代价者,盖谢君亦在事之人也。至秋间赵又侦知年内警厅不能动工,此房暂可不拆,遂向吴君仍索前债之三百金,吴意不欲干涉,而姜宝轩户部即赵之至戚力为怂恿,吴不得已同宝君偕往该店逼索,店掌婉言辞谢,迟至上月下旬,宝君又偕吴赴该店催询,店主仍含糊其说,赵知此款之难酬所愿也,遂往医学堂寻吴殴打,吴受辱不甘,到巡警区段控诉原委,区官据供详呈总厅矣。

初五日(11月20日) 晴,微风寒凛如严冬。赴谳局。盐山六族侄来,渠于前岁赴越南,应法人铁路工程之招,今岁夏间始回籍。据云同往者六千人,死亡大半,皆染瘴疫而毙者。姜宝轩户部出为吴、赵息事,吴已允诺罢讼,而该店亦被传讯,幸商人恐惹讼累,未吐实情,只将赵寿卿所用之百金供系借贷,事将了矣。昨日吴、赵偕该店赴厅过堂息事,厅员忽称厅丞有谕,须彻底根究,否则原告前供即算诬告,恐吴某不能当此重咎,两造骇愕,遂偕来浼予设法转圜。今日在谳局,同事孙君尽悉内中情节,盖厅丞已访查明白,恐不易结局也。接窦云笙表甥信,函中述盐邑师范学堂事,盖今日学部通饬各省学务注重品行,盐山县令接奉上札,嘱盐学整顿,云笙为师范学堂监学，因约束学生稍严厉，遂连名具奏于邑侯，立将监学斥退。灯下吴焕臣来，话片刻即去。

初六日(11月21日) 晴，大风，遍地皆冻。午间刘寿山舍人晋荣来，移时始去。入署，司堂无人，候移时，续东岩始到，同上堂画稿一件。遂散值回寓，寒甚，暖酒饮数杯，天已暝矣。重呼舆，往四牌楼访刘仲鲁廷尉，谈许久，留晚餐，二更后始归。寿山舍人自中鲁宅内来，闻予有调大理院之信，意甚歆动，予至署，梁星秋员外过司相访，极意浼予向中鲁说项，求调院官，并代予筹画一切。噫，冯唐易老，李广难封，偃蹇半生，久已委心任运，无志腾骧，且汤临川之语曰：少与诸公比肩事主，老而为客所不能也。夫为客且不肯，况为属官乎？自家方无限牢愁，他人乃艳羡而怂恿，一腔悲愤，诉向朔风，天实为之，谓之何哉？在中鲁少廷尉宅，始见官制节略，并法部、大理院官制清单。共十二部五院，设官应较旧制加数倍，十年之内恐难实行。

初七日(11月22日) 晴，微风。李华楼来书信，李福卿来，伊月前持去王刻《史记》代售，已定价六十金矣。后买主又得别种，将书退还。新装订徐、庾两集成。赴谳局。灯下呼锡秋族侄闲话，询家中近事。

初八日(11月23日) 晴，时复寒云往来天际。午间，南苑村人裴维周来，孙生干卿来。入署，司中无人，过山东司同梁星秋、孙振轩小谈。散值后拟出前门，天已近暝，遂往众来街访姜宝轩农部，渠近有丧女之戚，思一唁之，不遇。晤赵寿卿，话数语而归。接刘韵生东瀛来信，并早稻田大学堂留学生新译法政书一册。

初九日(11月24日) 晴。午前刘剑勋同司主政来访，谈移时去。幼石来信，索中秋节借款。终日未出门，缘夜中撰周制军寿文，鸡五唱始就枕，觉头晕目眩，静歇半晌。震儿自南苑回寓。灯下为窦甥云笙写复信。自改官制之谕旨颁后，朝士多有三月无君之惧，又建设新署，凡涉于行政司法者，皆以为终南捷径。营求关托，无所不至，报纸载有某侍御，昌言近日王大臣徇私受贿云云。

初十日(11月25日) 万寿。连日严寒逼人,兹辰竟日和暖。李华楼来。电灯初设,士女填咽,车马腾触,升平气象。连日觉腹中不适,恐感寒疾,终日未出门。至薄暮梁星秋来,约出城一游,勉随之往,至正阳桥下观牌楼电灯。正阳门大街南北各用红黄绸匹扎牌楼二,上设电灯,马路两旁约一箭许设电煤各灯,又树矮竿上挂铁丝纸灯,亦用五色纸糊之,并翦成"万寿无疆"四字,黏于左右,殊不雅观,且四字乃成句,万万不能拆用,一拆开则字面不太好看矣,正不知何处牧猪奴作此恶剧,独不虑为识者所诟、外人所笑乎?同至津南馆访敬轩,不遇。星秋约往斌陞楼,车绕煤市街至大栅栏口外,车不能行,男女老幼两旁拥挤,倾跌无数。候许久始出险,比至斌陞楼已九钟,饭毕回寓。

十一日(11月26日) 薄阴,午后晴。李露仙来。赴谳局。回寓,南苑裴蔚周偕九号村王振明来。代刘权之州牧凤镳为两广周玉山制军祝七旬寿文毕,即仿吴挚甫先生寿李文忠公五十、六十两文,□用四言诗并序,脱稿后,序文又删易两次,颇觉不恶。

十二日(11月27日) 晴暖。入署,由署赴谳局,上灯后归。出城至斌陞楼,田仁甫之约也。向例万寿正辰,各文武官均穿蟒袍补褂,先三日,后四日,故街衢灯綵今晚尚未撤。正阳门大街游人如织。偶在舆中,不觉有感,口占一绝:"正阳门外铁轨连,正阳桥下电灯圆,回头忽落伤心泪,庚子西华七月天。"昨撰周制军寿文,倩来臣抄出其稿,反覆阅之,又删易数处,始觉惬当。日后再看,尚不知如何?甚矣,文字之难也。京津路原在永定门设栈,自联军入始移近前门外。

十三日(11月28日) 晴,薄暮阴,大风至夜半。敬轩农部午间来,催索所撰寿文。晚拟访中鲁廷尉,因天浓阴,风起,不果行。

十四日(11月29日) 晴。杨丹崖孝廉来,渠新由籍来京,为截取引见事。李福卿来。赴谳局,归。灯下同丹崖闲话,至夜半后三钟始寝。予又迟至黎明始憩。是日领俸米五石四斗。予自通籍以来,糜太仓之米者十四年矣。昔年所领俸票,皆托人代售,约每石不过值银壹两，偶有卖五六钱者。自眷属抵京寓，以食指颇繁，自行赴仓领米，乃秽朽不可食，嗣遂仍托人领米，则居然可食矣。大抵此事非与仓花户有相识者，不能为力。自庚子乱后，仓务整顿，满汉官俸无论何仓，皆可食矣。去岁汪颒之持其戚家仲姓宁孺人行述一分，嘱予为撰墓铭，予未暇作也，而原节略因移居时置乱书堆中，遍寻不得，甚觉不适，近寻得之，尚拟构成速寄。六品官以下皆领老米，五品以上领白米。予自近年秋季始领粳白米。

十五日(11 月 30 日) 阴。王竹泉来。琉璃厂正文斋谭竺生来。薄暮，竹泉邀出城，至正阳楼吃烤羊肉，其法用铁篦约周围圆三尺许，下设铁火炉烧木炭极旺，羊肉切薄片，以著夹置篦上翻转，顷刻即熟矣。外酱油、香油、老酒、虾油调匀在旁，以肉略蘸，香嫩非常，洵都下特品也。今年购煤甚早，在九月初间，时秋阳尚燥，煤球易干，干煤无甚气味，且耐久而易烘。每岁冬令以购煤较晚，辄不易干，诸多不便。故今岁早储之，不意仍逐日烧湿煤，盖向日所滚煤球，未俟其干即堆起，闷于屋内也。

十六日(12 月 1 日) 阴，早有霁意，午后稍霁。丹崖来，李福卿来。薄暮梁星秋来，灯下董叶陶来。

十七日(12 月 2 日) 晴。迟玉坡来，刘幼乔来，丹崖别去，敬轩来。赴谳局，归寓已八钟，访汪星甫，不遇。本日为法部、大理院值日，大理院奏调办事司员亦于是日具奏。午后署内苦力一名来，持一名单。据云系所调人员，共四十一名，满员六名，馀则皆汉人也。闻有别部调来者，同人中王云门、汪星甫均在列，送单人口称报喜，以予在奏调之列也。此事在二十日前已有所闻，而昨晚梁星秋来，即知今日具奏之信，乃此人在门外大嚷，索喜钱，予以七千始去，亦可笑也。

十八日(12 月 3 日) 晴。青县林馨山来，偕其戚赵君来拜。渠将赴湖北需次。馨山交银十两，以印结费尚欠六十金也。入署，偕汪星甫出城，往沈大廷尉宅道谢，递名刺而归，随往刘仲鲁少廷尉宅，未遇。李露仙偕其表兄某求荐事。刘献廷表侄来。内兄李汲三来，为中鲁廷尉写一札，并将所撰周制军寿诗送往，属为定可否。

十九日(12月4日) 晴。早接梁星秋一信。王竹泉偕田云卿茂才来，云益钱号卢某来，李华楼来，丹崖来，宝轩来，林馨山来。上灯时出城赴斌陞楼，魏绍廷农部之约也。接中鲁廷尉覆札，并寿文原稿，内有酌易数字，颇承激赏，因内有引用戎夷等字，当去之，恐将来刻出为外人所见也。

二十日(12月5日) 晴。吴焕臣来，周绍言孝廉来，取印结一张，为州同请分发事。入署，赴谳局，上灯后始归。今早为敬轩作札，即将寿文稿封寄。闻吴焕臣云，月前在外城警厅与赵寿卿涉讼，厅官查究一案，昨又经说合人呈递和息，厅官仍是不准，意颇慌急。绍言赠香茗四瓶、五加皮酒四瓶。

廿一日(12月6日) 晴。贾星园来，梁星秋来。刘建勋来，未遇。刘幼乔来。薄暮出城，赴津南馆访敬轩农部，渠正□写寿屏，格稿以字数参差，恐未能合式，因又删去五字始符行款。在敬轩处晚餐。遇青县董月樵广文，略谈数语即别。予在庚子年夏间土匪乱初起时，曾上书当事，力陈其不可恃，须早日解散，嗣正阳门焚后，又上一书，力言不可与外人开衅，皆一二千言，均未见纳。比开战后，连陈时事约二千言，旧存稿本，以后凡书札、诗歌、联语，其与是事有关涉者，皆附于后，本将断烂倩坊友李福卿重订，送回矣。夜将半，内兄李汲三来榻前话许久，渠为其远族讼事而来，据云系山东沾化县境，因争海滨捕鱼设网之汪，涉讼半载，县官因两造均无切实凭据，断令两村公用，而李姓不服，故思上控云云。

廿二日(12月7日) 早阴，午晴，晚风起，至夜风大。入署，偕汪星甫赴大理院谒见两堂，是日法部所调各员均到。谒毕回法署。散值后又至谳局，晚出城至万庆楼，云益钱店之约也。座有宝轩、绍廷、敬轩、梅坡，九钟回寓。席间宝轩谈及前日邸抄，山西藩台吴匡被抚军恩艺堂揭参、解任查办事。予到迟，未闻其详。梅坡云，现陕西樊方伯增祥亦被陕甘制军升吉甫密参，已有电旨交陕抚查办。樊亦先行解任。樊以牧令洊升方面,向为故相荣文忠幕客,素以文学称,及升莅陕甘总督任,樊意颇轻之,故有此倾轧之举。梅坡又云,上月改官制之旨下,而鹿、徐、荣、铁四人同日退出军机。鹿乃自请解枢职者,荣、铁皆与庆邸不合,徐则连类而及者。噫,国事占危而当政巨公争权竞势,惟日不足,奈何!

廿三日(12月8日) 晴,微风。黎明始就枕,五儿已起上学,至午始醒。丹崖来,迟清荃来,客去天已暝,呼舆出宣武门,至福隆堂,为刘剑旬之约,客齐入座,已将八钟,酒数巡,兴辞,往惠丰堂,为杨待清之约,到即入座,食点心后,即赴斌陞楼,盖聂献廷礼部因其受业师俞公为子捐纳主事,取印结,代求让结费事。绍廷、小珊均在席,公议允为省费四百馀金,散后至永泰昌,少坐即归。已十一钟矣。连年一敝羊裘,不能御寒,近日制一新羊裘,出门时服之。汪星甫索予近作寿序,今日携原稿付之,座中有蒋星苻太史,乃吾乡负文望者,匆匆未及交谈,不审渠视之以为何如也。

廿四日(12月9日) 晴。入署,散值后赴西城太平街,为同年新放四川夔州府于梓生宗潼贺喜。随出宣武门,贺李橘农传元太史新放浙江粮道之喜,至松筠庵印结局,遇金筱珊同年,匆匆谈及畿辅学堂近日公事之谬舛,不可枚举,为之太息。天已暝,入城访宝轩农部,留晚餐,九钟时归寓。族任锡河由南海子来,乐陵刘太监在寓相候。王竹泉赠大扁杏仁二斤,白蜂蜜一罐,云系滦平姜少华所寄,向宝轩购得戒烟药酒方。在印结局闻管帐人刘兰山云,绍廷自五月接管至今,已将二万金矣。信乎财运之大亨也。又光禄寺衙门已裁并旧员,一概不能出结,直省共廿馀人,向来以此为生计者,不可复矣。

廿五日(12月10日) 晴。入署,散值赴谳局,归至斌陞楼,因嘱儿辈邀内兄汲三及其族人同来者,在该处吃饭。予到时已饭毕,独自小饮,尽两壶,偕汲三入城,丹崖在此相候,吴焕臣亦在焉。共丹崖夜话,至鸡鸣始寝。连日署内堂官面考各司实缺人员,闻系绍任廷侍郎主政,每人各一题,即照律例各门中摘取一二句,被考者往往不能成幅，盖门类条件太繁，不独素未披览者茫茫莫解，即日理刑名者亦难随举无滞，合署实缺人员，往往有终年不到署者，因此颇以为苦。本日轮考福建、浙江两司实缺者，予底缺系福建司，竟未与考。是日到署，本拟与考，适汪星甫先到，谈及此举，大不为然，并力阻予行，遂作罢论，闻两司与考者只六人，盖不到者居半也。

廿六日(12月11日) 晴。午间同司全晴坡主政来。幼乔来。李福卿来。灯下汲三族人来，求予为其关说讼事，予晓譬许久始去。幼乔送来暖帽票一纸，系从前为请旌节孝出印结事。

廿七日(12月12日) 晴，微阴，向晚浓阴。午后周绍言孝廉来，李福卿来。向晚拟出门，因天阴有雪意，不果行。灯下陈福舲来，夜话至四钟。予向有诗文稿一册，乃寓都后随意存草，间有在里时旧作，偶忆及之，亦存册中，无年月次第，盖十数年来人事劳劳，兼居忧六载，不惟无吟啸之兴，即寻常书问，亦不暇经意，直同没字碑矣。间有不得已之作，实不堪令外人见，唯今秋感述百六十韵，录登册中，尚为惬意之作，而纸楮殆将断烂，因倩坊友李福卿为衬纸重订，颇为通人所见，雅相称许。又庚子岁，曾上书当事四次，未见采纳，录存稿本，嗣有纪事诗十数首，又庚辛一二年中凡有关乱离之迹，即友朋书问哀挽联语，皆附其上，名之为《痛定思存》，近亦倩李福卿重订，因在渠寓所有见之者，至欲以重价购买，缘予册中未署名字，故不知为何许人，殊自笑也。

廿八日(12月13日) 晴暖。入署，散值，赴谳局，上灯后讯案毕，遂绕道往东城，访刘仲鲁廷尉，夜话至十钟，始回寓。饭后邀李汲三至内室闲话。中鲁谈及中国民俗浇薄，情伪万端，莫可究诘，将来国中遍设裁判，一切仿照西法，而刑讯已停，有裁判之责者，恐不免棘手也。盖欧西警察、侦探皆专门之学，而律师、陪审各员又选明通之士，故裁判不劳而自无冤民，中国乌得及此？

廿九日(12月14日) 早晴，午后薄阴，晚浓阴。午后一钟，星秋比部来，龚子和来。今日为治策三良比部娶子妇之喜，先渠在奉天帮印有同司之谊，拟欲往贺，因客散，天色已晚，不果行。薄暮出正阳门，至打磨厂回拜庆云解仁舫宗涛，不遇。遂往正阳楼王府街，长利炭厂之约也，在座皆同乡素识。前年由琉璃厂书估手中得一抄本书，题名为《变法经纬公例》，约计十馀万言，体制与南皮宫保《劝学篇》相似，而笔墨尤为雄辩，皆论近日变法要政，而思想与哲学家为近，缙阅数页，深喜之，因以一金购得，甫读终卷，为李华楼茂才借去，两载未还。昨始索回，连日阅之，其书殆非近年谈西学者所能道，盖儒者见道有得之候，谁谓秦无人哉？

三十日（12月15日） 晴。早间腹内不适，终日未出门。午后同乡王赞轩孝廉来，谈许久。闻盐山县保送乡官九人，赴天津自治研究会。

十一月

初一日（12月16日） 晴。杨丹崖来，精选来。入署，赴谳局。灯下献廷表侄来，李露仙偕韩云亭来。同献廷话及畿辅学堂事宜。

初二日（12月17日） 浓阴，薄暮微雪，夜半朔风大作。韩允亭来寓，夕时往太昇堂，吴焕臣之约也，座有徐班侯侍御、姜宝轩农部。饭后回寓，黄辅臣来此相候，谈至十钟始去。李汲三将于明日旋里，邀至内室闲话，三更后始别。内兄李汲三为人僿陋，性又颟顸，素不晓事，内人在时，于母家昆季中最厌薄之，自予眷属寓都门后，十馀年从未来此一省视，今春内子没矣，近忽来此，予则以为其痛妹念甥女而出门也，乃竟以他人讼事倩予托情，无论事之可否，即此一来，已可谓全无心肝者矣。早遣御人赴谳局，为汪忠可寄札，浼其代领上月津金，向午取来。韩云亭者，盐山十字户村人也，与李露仙为中表兄弟，向在家为吏房中佣书，露仙忽招之来代人赴吏部作誊录生，比到而捉刀者已上班矣，进退不可，浼予觅事，因招之来寓，暂司书记杂事。

初三日（12月18日） 晴，大风，至更馀始息。是日为朝审大差之期，罪犯共十九人。奉天司有一绞犯，折中声叙免勾，闻本年情实免勾者共五人，因风大天寒洌，未赴署。周绍言来借袍褂，缘分发初五引见也。予大毛袍褂均于端节赴质库，本日始赎回长褂。日夕至象来街访王赞轩世兄，谈许久，渠新由济南回，曾晤贾佩卿孝廉时在济南译书局，寄来向年为其尊甫八旬寿言征存一册，又刘苓泉信一函。出城，拟回拜俞晓圃太守，不果，遂往同丰堂，筱珊同年之约也。座客为瑞△△太守、于梓生太守同年，皆工部新蒙简放者也。席散后，众客已去，独予与王鹤田郎中，同主人论及近日印结事，盖巡警厅员近日因入局事颇有违言，旧在局者，以厅官无郎、员、主名目，皆不愿其添入朋分也。归寓甫八钟。儿辈尚未就睡，询其近日功课，始悉已增音乐一科，令其歌曲，亦颇知节奏。杨荣来，在榻下闲话许久。

初四日（12月19日） 晴。赴谳局。散值出城，至福隆堂，俞晓圃太守之约也。俞君为其令嗣捐光禄寺署正，已取印结交费矣，适值裁并，故加捐主事。俞君嘱其门生聂献廷礼部向同人央允照改捐章程，缴印结费，可省数百金也。回寓已十钟后，敬轩农部在寓久候，谈至一钟始别。予至谳局，适有一少年人，在豫审厅与汪忠可、孙集珊议及所有厅官应入印结局分公费事，此事先因吏部不收厅官之结，故各直省查结官均公议相抵制，并拟有章程，所有厅官五六品者，如必欲入局，须先缴公费若干，以若辈品流太杂也。久之，伊等又央巡警部堂官咨行吏部准一律收结，吏部尚未咨复，伊等已向各结局哓哓不休，今日此少年在厅大肆嫚骂，伊固不识予为何如人，然似此等乳臭之子遂登仕版，时事尚可问乎？

初五日（12月20日） 晴，朔风凛冽，地冻如拆。兰泉符由籍来，送枣、菜二种，谈许久。王竹泉来。灯下韩允亭来榻前闲话。吕来臣自津旋都，夜十钟时始到，赠金珀朝珠一串，并戒烟丸药一瓶。兰泉符之姑，沧州贞女也，许字季氏，未婚而季氏子亡，矢不更字，守志以终，曾蒙旌典，一时名流耆宿，所撰诗文甚伙，近日抄成数册，拟付剞劂。泉符携以示予，嘱为撰一序文。来臣自捐县丞，上兑后因款项未齐，赴津贷假，适值招考警务学员，遂报名投考，共考三场，前日榜发，取录，可喜之至。

初六日(12月21日) 晴，风。迟清荃来。赴谳局。本日又分一案，乃奉天一魏姓同知属京中买一侍妾，忽逃去，妾之母向魏宅索女甚急，因此涉讼。灯下阅季兰氏《贞烈流芳集》，所征诗文，约数百篇，内中可存者只寥寥数首耳。向曾为南皮葛子周明府选定，其恶劣不成章者尚未全乙出，将来仍应重加淘洗也。按集中有吴县潘文勤师、南皮张文达师两作，皆芬芳可诵，以外则吾邑刘南江学博、沧州刘裔声广文亦可传，盖二君皆昔年名宿也。而南江之尊甫颙天观察有传论两篇，则殊不佳。贞女未婚守志养姑，已经南皮刘缄三副宪专折奏请旌表如例，一时征诗甚伙，嗣服满后归宁母家，有以盛名难副之言微讽者，贞女大感悟，回季家仰药死，季氏又征诗文，以表彰之，故一事而先后不同也。

初七日(12月22日) 晴，大风彻夜。迟玉坡来。赴谳局，出城至福隆堂，同司戴君之约。回寓。灯下吕来臣、李露仙来共话，来臣已定于初九日乘火车赴津，入学堂。在福隆堂，同座有法部同时调大理院者，治君策三良员外谈及近日法部堂官遍考实缺司员，予未与考，堂宪意颇不悦，嗣治君亦未与试，堂宪又传其补考，殊可骇怪。

初八日(12月23日) 晴，仍大风。孙宛村来，周绍言来，刘幼乔来。灯下侄家彦来。闻邑中近日学堂屡有风波，前系师范学堂，嗣高等小学堂监督与县尊又致龃龉，而衅仍由师范学堂而起，大令段君太不晓事，似此激宕，学界安有进步哉？邑中旧有工艺局，由四乡绅耆出股千金，试织布毯，习艺者多系犯罪，已颇有成效所织亦坚緻，而办理不得其人，近亦本利俱空矣，可惜可恨！

初九日(12月24日) 晴，稍和，夜风起。赴谳局，归出城至福州馆，同事孙君集珊之约也。在座皆谳局诸君，主客共八人，黄占云、汪忠可二君拇战，饮甚豪，归寓已十钟。李露仙之弟荷樵在寓已将匝月，明日拟赴南苑吕文卿营中入伍。若电报不通，则报馆亦不足信。连日报纸载有江西萍乡土匪起事数千人，颇猖獗，官兵剿寇败绩云云。昨闻武昌信，言湖南浏阳、醴陵等处革命党会起事，调湖北新军往剿，甫交而溃散，标统阵亡，已失三城矣。今日闻孙集珊云，长沙省城已失陷，电报已断，各学堂讹言甚伙。据吴伯琴侍御云，江西乃饥民聚众，调兵二百往剿，业平之矣。湖南之事与江西无涉，或江西散匪投入革命军，亦未可知。然浏阳自谭、唐死后，革命党人积怨深矣，此事若确，洵国家之大患也。衮衮诸公，其将奈何？日昨孙宛村云，王六垣吏部之弟在武昌，寄乃兄家信云然，且谓官军凡学堂出身者，多与党会通。

初十日(12月25日) 晴。入署，适是日为本司诸君上堂与考。出城，至众源帽铺取银鼠帽一顶，水獭领一条，往津南馆回拜兰泉甫，不遇。访敬轩一谈，留晚餐。孙宛邨亦到，共话至九钟后。在敬轩寓中见上海《时报》载湖南革命军事颇详，大概谓官军云集，匪势已蹙，不至为患，都下传长沙失守之信，必系讹言。惟报纸但据湘、赣两省军报，恐尚有粉饰也。又于敬轩处见李慕丈湖州之信，函中极言浙省吏治之坏。张小帆中丞愎于自用，愈整顿，愈溃败，直无一事有条理，盖慕翁向与中丞有嫌，同官一省，猜隙尤深，在湖州或有过当之词，然封疆如此大吏，安望起色？回寓，泉甫适来相候，夜话至十二钟始别。泉甫求予选《贞节集》所征诗文，并索一序文。张华甫比部来访，不遇。

十一日(12月26日) 晴，日间微风，夜分风大。入署，赴谳局，回寓。刘太监来。震儿送李荷樵往南海子吕文卿游击营中投募，已准补备伍，薄暮归来。接刘韵生东洋信。

十二日(12月27日) 晴，大风。是日请客于斌陞楼，王赞兄、杨待清、张海臣、吴焕臣、迟清荃、龚子和、兰泉甫均到，唯周绍言因明日引见未至。席散后谈至十钟后始散，焕臣来寓夜话。李福卿来，为代买书箱数支，又予所存王刻《史记》，未尝售出，嘱其作樟木书箧一具，予旧存《国初十三行省分府图》六册，渠持去，闻近有购此书者。灯下接天津刘炳臣信，炳臣与献廷为族叔侄，近在津门捐局司帐，与吕来臣相识，信中谓来臣尚未入堂，而来臣于初九日赴津，不知何以未见，殊深疑闷。幼乔代人求书屏对。焕臣谈及与赵寿卿讼事，近日始寝息。宝轩农部又托焕臣向该店索费五十金，为赵寿卿下场，该店勉从之，殊为荒谬。

十三日(12月28日) 晴，风。赴谳局，散值已上灯，出城至万庆楼。王竹泉之约也。座有宁津县商人，一姓马，一姓赵，皆与吕来臣邻里相识。赵某刻有讼事，央为判其可否得直，予辞归，遂往金筱珊同年宅，谈许久，比回寓已交丑矣。南苑庄上来车，送白菜。六侄随来省视，夜话至三钟后。接风化店高松山信。昨日报纸载有南方乱事，并登鄂督札各属文书，大略谓密派中西访员，探得旧日两湖哥老会与革命党人所立之三合会联合一气，并有东西洋某某国接济军火，预立盟约，将图大举云云。今年新小说有《孽海花》一种，内有孙汶等革命会事，与此说相符，恐报中摭拾附会，以耸人听，然不可以为讹言而置之也。新购狼皮坐褥二件。数年前不过四五金，近皮货昂贵异常，价乃至十金有奇，物甚劣而值贵如此。

十四日(12月29日) 晴暖。薄暮出门，至松筠庵印结局与刘橘山谈片刻，遂至沙土园，访李福卿，不遇。往正文斋访谭竺生，适见其书架上有樊云门方伯诗文集八本，取以归。至斌陞楼独酌月下，回寓。樊云门增祥，同光间名士也，由庶常散馆得知县，有枳棘鸾凤之慨，一时如张香涛制军、黄漱兰侍郎皆与之游，作令时极有政声，在陕受知于荣文忠公，荣还朝入枢廷，又为幕客，故庚子后不数年而跻方面。此集乃作令时所刊，才华丰艳，腹笥亦便便可喜，然狂态流露，且恩怨太明，褒贬任意，故往往贪多斗庞，有累格韵。献廷来夜话，商及大理院招考录事，欲捐监投考，予亦怂恿之，然此事院长极力郑重，取数甚隘，恐不易获隽也。

十五日(12月30日) 晴，愈暖。李华楼来。梁星秋来，谈许久，薄暮同出城，至煤市街天津馆小酌，并约敬轩农部共饭，饭毕，星秋邀游大观楼，回寓已夜半。昨在正文斋，谭竺生由残书卷堆中检出

《荀子》二册示予，系元板也，惜缺中六卷，且首册印工颇佳，下一册则字迹多模糊矣。予携之归，今早饭后展阅一过，致入署未果。是亦挟策亡羊之诮也。为刘炳臣作复信。

十六日（12月31日） 晴，风，向夕愈大，更馀止。金筱珊同年来，持印结一纸，属为保送考录事。周绍言来，王竹泉来，李福卿来。入署，散值后往山西司访陈华圃小谈。赴谳局，上灯后出城，至福隆堂，敬轩之约也。谳局有黄范氏因丢失幼女，扭控桂王氏、桂森一案，自上月至今，黄姓供称系桂王氏之子侄，向其姑告说于某日同母王氏将黄家妞儿送至其胞叔桂森家内，以后不见及，传到桂森，坚称并无其事，桂王氏亦不承认，而中分厅送案时录有桂姓两小儿之供，与黄氏所控略同，予研讯两小儿，则均称不知，黄范氏据中厅原供执意指□桂姓拐卖，因将桂姓全家收押，七月间将桂王氏交保，九月间桂森交保，令其设法寻觅，昨日桂王氏访得棉花胡同白姓于八月间买得幼女一口，其年岁体格与黄姓所失之孩相符，随持当日原媒扭控，今日提讯此案。接盐山亲家李雨臣一函。晚回寓，接来臣天津一函，渠已入堂肄业矣。献廷来探听录事考期，予在署内闻已定于廿日在法律学堂考试，刻报名者百馀人。

十七日（1907年1月1日） 晴，微风。李福卿来，同出城，至其文昌馆寓所看所购书箱八支，遂往泰丰楼，贾星垣之约也。星秋亦在座，九钟时别归。吴焕臣、李华楼在寓先候，夜话至一钟，后华楼拟考录事，已取印结投考矣，借书二册。《经世文编》、《早稻田大学讲义》。阅邸抄，恭读上谕，共三百馀言，有整顿学堂、军律之旨，末乃严饬各部院，不准徇情滥保，所有新设丞参不得临时指定某人遽尔补授，须候旨简放，盖近日有人密参也。儿媳自月前患髅疮，愈后又感冒咳嗽，兼旬不能出门，今日午间来上房问安，知已霍然，方寸为之一豁。

十八日（1907年1月2日） 晴，微风，午后风大，夜止。早起，九钟赴西四牌楼访中鲁廷尉，不遇，因昨日为西历度岁新正元日，故今日各署堂官咸往贺年节。晤中鲁妻弟刘子瑞，谈片刻，带有考录事印结二纸，浼其转交，回寓，饭后入署。散值赴谳局，回寓七钟。筱珊来，不遇。在署有同司蒋君新由籍销假到署，谈及湖南近事，据云湖北先后派兵六十人，均不得力，并有全队携枪械逃去，投入彼党者，言之扼腕。早接杨丹崖孝廉暨窦云笙信。丹崖信中云，新接贾稚峰茂才鄂中之信，言彼处学界、军界皆大半附和革命之说者，又访获会党三名，均营伍官长，殊可虑也。

十九日(1907年1月3日) 晴，暖甚。吴焕臣、李福卿来。薄暮出城，赴福隆堂魏绍廷之约也。座唯卓声、筱珊两同年，献廷礼部，饮啖甚美。席散筱珊约往其寓宅小谈，与渠令嗣赞虞茂才晤面，并渠门生胡子秀茂才同话，十一钟回寓。筱珊谈及近晤王鹤田太守，新蒙简放广西庆远府，谢恩召见时温谕移时，并询及近日裁并工部事宜。阅邸抄，见柯凤荪侍讲同年条陈时事折两千馀言，可称朝阳鸣凤矣。筱珊云渠有姻家某新放四川知府，谢恩召见，此君素患虚弱，起跪颇艰。太后询其有腿疾否，此君答以庚子夏间拳乱时只身入署，途中突来一气枪，中股上，因此伤疾时发，太后知其诳也，遂曰“曩时汝尚入署也，汝差使可谓勤矣”，旋麾之下。噫，天威咫尺，乃敢行厥诈，此君未免丧心病狂矣。购上池馆戒烟丸一瓶。

二十日(1907年1月4日) 晴。早九钟赴法律学堂，缘本日考试大理院录事官派往监试，与考者共三百馀人，点名时已十一钟，论题法者，天下之仪。隽不疑引经断狱。隔五钟交卷，上灯时卷始收齐。由法律学堂，出城至津南试馆，敬轩邀食王瓜、香精各鲜品，馀亦家庖可品。座唯仲良侍御、泉甫学正、宛村孙君四五人，归已十钟。接高礼卿太守济南信。

廿一日(1907年1月5日) 晴。刘斐卿由盐来。赴法律馆阅试卷未毕，晚回寓，饭后刘斐卿至卧室闲话，四更始去。早为豫审厅汪宗可作札。昨试卷堂派监试诸人分阅，除犯规不完卷者，共三百人，每人分得廿九卷，内有旗卷一本、直隶卷二本甚佳，昨收卷时即传观共赏，适在予所分廿九人中，不禁为之一快。九月间坊友李福卿携来黄叔璥《近思录补》朱未刊本四册，乃黄先生晚年手定本，予览而爱之，渠索价十六金，遂收诸箧笥，今出示斐卿，斐卿故老书贩也，为之赏叹不置。由法律馆散后，遂往象来街访王赞兄一谈，宝轩适亦在家，闲话许久，至八钟始回寓。

廿二日(1月6日) 晴，午后阴。午前周绍言孝廉来，华楼亦至，黄辅臣来，均匆匆数语，即登车赴法律馆，阅试卷毕，上灯后回寓，适幼石、悔臣、焕臣三人在太昇堂相候，来札相邀，遂往焉。十钟始偕焕臣回寓。试卷中除三卷外几无可拟取之卷，勉力搜索，拟取五名，又备卷五名，馀则不成文理矣。胡芰孙濬同年亦同阅卷者，选得二卷，甚佳，均山东人，谭姓，唯内有讹字，未免可疑。付黄辅臣银四十两，偿中秋节借款也。

廿三日(1月7日) 晴暖。入署，赴谳局，晚回寓。午前筱珊同年来小谈即别。南苑庄上弟来，杨升来。大理院之考录事也，月前晤中鲁廷尉，闻将考取举贡生监作为院中七八九品录事官，予未闻及考期，意为必出示招考，乃忽于十七日李华楼投考回来，则云已截止报名，定于廿日开场矣。预考三百馀人，点名毕，有十数人上堂，恳求预考，两堂不准，告以"将来各署均闻考录事，尔等静候可也"。以事外间物议哗然，宣腾报纸，殊失计也。在谳局遇吴伯琴侍御，询及其江西同乡考录事者数人卷，经予阅过，皆未录取，盖写作均无可取也。伯琴诿属良殷，然卷已封送，碍难重定，只得含糊答之，意殊不快。

廿四日(1月8日) 晴，午后大风。午后，中鲁廷尉之夫人来面谈数语，李华楼来，接高礼卿太守信。出城为王鹤田水部贺喜，渠月初简放广西庆远府，不遇，顺路拜客数家，至梁慕皋昆弟宅，亦不遇。原大理院两堂之意，不过以向来学堂开考，人数太多，此次大理院用人甚少，所定额缺只三十人。若出示招考，则千数百人不止，隆冬盛寒，远路迢迢，徒劳资斧，未免向隅，故而各司员告知，嘱其转告外人，而人数已三百馀矣。然久居都下，尚有不得消息者，故皆臆度院署堂司引用私人，不肯早日宣示，仓卒定期。平心论之，似觉非体，无怪一时哗笑也。日前上谕,孔子庙祭升为大祀。近日湖北梁节庵廉访因议官制来都,奏请于曲阜县设立大学堂,招徕天下宿儒耆学,并请饬张之洞详定规制,已奉旨照准。夜半为礼卿作复书。

廿五日(1月9日) 晴,大风寒甚。午间刘斐卿来。入署,将讯庆英呈控宗室一案。赴谳局,讯二案,与孙集珊闲话片刻,遂回寓。刘太监来,马紫翰来,未遇,送银鱼一包。复刘丙臣信。湖北梁节庵廉访抵都后,鄂垣候补道高凌霨来一电信,寄天津、津南两试馆直年,嘱同乡朝士公请梁公。南皮宫保继来一电,亦为此事,故直年诸君具柬邀梁公于廿八日,在先哲祠公宴,近闻敬轩云梁公已辞谢矣。梁为鄂省学务总提调。梁公为南皮最倚任之人,学问渊雅,近年南皮所招津郡学生赴鄂者,皆梁公监督照料,故鄂专电及此。为中鲁同年作札,缘日前中鲁嘱为开取内外城豫审厅委员衔名也。并另笺为金赞虞、李华楼两君代求录取事。金君写作匀称,无甚出色,而人尚端谨晓事,华楼人亦谨饬,唯书法太劣,且口齿极钝,恐于公事不相宜也。

廿六日(1月10日) 晴。入署,散值后出城,至福隆堂,招同乡诸君晚餐,餐毕回寓,已十一钟。黄辅臣在此相候,话许久始去,渠为大理院任姓寺丞求留署,而此君业经咨送吏部矣。本日为予初度,同乡有知之者多馈物品,并亲来为予祝。予自己亥丁艰后,每遇是日,不禁哀慕交集,今年室人又亡,思偕老之愿已虚,永诀之情如昨,因嘱儿辈一切道谢,不出对客。敬轩为予胶续事,提及宝坻县王宅姻事。灯下接吕来臣天津信,并带送祝仪十元。送黄辅臣去后,持灯至客座,咸睡矣。见几上有报纸一张,上载某学社拟联求对,并有谢采,其出语云:"有脑岂堪闲放著。"予戏书其下对空格中云:"多情只恐没来由。"下署司书记者,韩云亭之号,明日当掷付报馆,试得采否,一笑。

廿七日(1月11日) 晴。李福卿来,携《荀子》明刻本一部,留阅下半部。出城回拜俞筱沅太守,遂至韩荔生郎中宅,留晚餐,回寓,夜已深矣。韩云亭持李路仙之父菊邨信一函来,为路仙拟捐县丞事。户部贵州司主稿王君殿臣育檪,宝坻县名家也,与韩荔生郎中、李敬轩主政为同司友,王君族中有两家老女待字者,从前曾嘱荔、镜两君议及姻事,予本无志续胶,遂作罢论。近来颇兴中馈之思,盖以群雏既无人照料,而柴米油盐无处不增浮费,良用闷懑,近与敬轩谈及,故再申王氏前议云。连日心绪懊恼,缘大理院之考录事,刘献廷、炳臣兄弟皆拟捐监投考,而报名业已截止,且予稔知此二人者,写作均不佳,万难望取,故不便强为怂恿,二人乃大失望。丙臣来信有怨词,而献廷乃竟多日足不登门,似此年少无知,安能成就事业?

廿八日(1月12日) 晴。午后筱珊来谈移时,泉甫、华楼来。赴谳局,晚出城至斌陞楼,王竹泉之约也。席后吴焕臣、幼乔来。自改官制之诏旨颁,各衙门司员鼎沸数月,至今未已,其大力者,则极意夤缘,纳贿乞怜,无所不至,总以躐进而垄断为目的;次者亦舍旧图新,惟恐不及。噫!朝廷方以励精图治为心,乃适成臣下市恩干泽之愿,世风如此,尚忍言哉。闻两湖制军张香涛宫保,有《驳改外官制》一议,电寄政府,约七千馀言,王卓声同年排印数十册,当向索取一分,以先睹为快,盖此老必有一番伟论也。泉甫来送阅《贞节流芳集》,求作序文,并选刻所征诗文,予因忙碌,未及握管,昨晚谈及国子丞徐无生坊先生,劝其送往一阅。

廿九日(1月13日) 晴暖。午后与李华楼小谈,遂赴谳局,散后出城,至宗显堂巡警厅同乡四君之约也。在座均在印结局查结帮局诸人。主人为祝读楼书元知事、汪宗可维城主事、白厚之堃、白仲谦堉两警官,归寓与幼乔闲话。同座有李敬斋坦郎中。王卓声焯员外,均吏部掌印也。本日在署,见宫门抄上谕云:自改官制以来,邮传部系新设衙门,屡招物议,所调司员皆由请托贿赂而来,实属大负委任,该部尚书、侍郎奏补丞参以下各官著分别去留,并传旨将堂官严加申饬。两宫明圣,洞烛当时情态,赫然震怒,诸大臣负国之罪,上通于天矣。巡警厅警官争印结事,各省沸腾,上次白仲谦在豫审厅肆口谩骂,适予在旁,渠固不识予为何许人,嗣予向聂献廷礼部道及,聂与白某为中表,甚以此事为歉,向白训斥,闻此君深致愧悔,今日之约又预央筱珊道意，以为负荆之地，言诚不可易哉！

十二月

初一日(1月14日) 晴，未正后日蚀。入署，领津贴贰拾金，薪水肆拾元。赴谳局。早间王竹泉来。灯下杨荣自南苑来，闲话移时，渠云通州境内有贫家，生子甫四月，状极伟大，重六十斤，人咸异之。午间津南馆值年诸君来札，云前拟公请梁节庵廉访，已辞谢。兹南皮香帅电寄廉访，敦请必到，因重订于初三日在畿辅先贤祠设宴，廉访并拟早到，得纵视祠中收藏历代古人名迹，约予往陪。是日城根电灯公司开市。早间送报人至，始恭读昨日谕邮传部严旨，为之悚然。盖阛阓阛市之间，已交颂圣明不置矣。

初二日(1月15日) 晴，三钟后阴。张希桢、李福卿来。福卿送王《史记》来，并作一樟木匣。出宣武门拜客，先至松筠菴拜梁廉访，往贾家胡同过杜乔生同年侍御，贺简放四川知府之喜，均不遇。至杭州馆访孙集珊，亦不遇。到济南馆敬轩寓，留晚饭，遇董月樵广文。士农工商四民各有业，而士独先于四民者，以所操之业尊而农工商者，皆待治于士者也，后世士风衰敝，其业往往不足以自达，而有夤缘攀附苟且之行以求快于一时，所谓文章气节扫地尽矣。彼农工商者，所操者诚不足与士并，然苟业之不工，固不能向他人乞怜，求啖饭处也，为士者其思之。偶有所触，信笔书此。今之为仕者，皆士之业成者也。不患无位，患所以立，今乃自为士之时，即挟一诡遇之见，则士之业从可知矣。士之业既可知，固无怪今之为仕者，苟可以利达，虽自处于苟贱不廉之地，亦毅然为之也。今天下无士矣，仕途安可问哉！

初三日(1月16日) 晴暖。灯下华楼、幼石来，夜分始散。午后二钟赴先哲祠，时中鲁廷尉、六垣吏部、高凌雯忘其字学部均到，四主人唯张华圃后至，客则史康侯侍御、冯公度司马、梁△△吏部，皆陆续至。时已交三钟后，梁节庵廉访始到，袁纪云法部随到，呼长班同祠役将历年购藏先哲名迹取出，同人咸得纵观，其尤为宝守者，则杨忠愍公参严分宜谏草及临行前寄二子家书也。谏草涂乙甚多，如《争坐位帖》而字形差小，皆蓝色界画，笔力劲健。家书则狱中秃笔，字亦潦草，然遣次从容，故尤可宝惜。题跋共一卷，约数十人，皆本朝先正巨公也。又史忠正公诗卷、孙文正公遗像、孙夏峰先生诗卷（皆纸墨如新），光彩焕发。其他如励文恪公父子书画，石文介公诗卷，初彭龄制军、翁覃溪学士墨迹，零缣便面，皆装潢灿烂，如入山阴道上，应接不暇。上灯后开宴，吴菊农学部后至，九钟后始席散各归。都门万柳堂为国初胜迹，屡见诸老诗文集，至乾嘉时已圮废不堪，树皆翦伐，唯存荒寺矣。有逸云布衣，当时以画名于公卿间，慨然兴重整之思，虽亭台无地而垂杨一带必复旧观，作一启文，遍求好事者，补种柳株，启成商之覃溪先生，先生涂改过半，逸云即以原稿为募，一时名流，皆手自署名，写明所种若干株，并志印章，皆当年不朽人物也。人韵事韵，此册可以传矣。此册名为《万柳堂诸树图》，前图后启，下列种树人姓名。

初四日（1月17日） 晴，阴。悔臣、焕臣来，刘建勋来，王竹泉来。入署，赴谳局。灯下出城，至同福居，天津馆邀敬轩、泉甫、筱珊共酌。早间王卓声送来两湖制军张香涛宫保《改官制驳议》，系卓声付学治馆印订者。为吕来臣复信。

初五日（1月18日） 早微阴，午晴，晚微阴。赴谳局，归至万庆楼，王竹泉之约也。饭毕至竹泉处小憩，回寓。

初六日（1月19日） 薄阴。董叶陶来，云门、星秋来。均未见。连日齿痛，今日特甚，终日未能出门，闷郁无聊。灯下力疾为同邑李松轩老茂才作书，颇得意，约五六百言矣。

初七日（1月20日） 阴。齿痛转甚，午后稍减。赴谳局。回寓，幼石来，移时去。灯下为庆云、刘明轩汝诚写复信，又为同邑刘菱泉表侄写信。刘明轩者，贾人子也。予辛丑回籍，渠执贽拜予为师，是年渠捐一县丞职衔，嗣又在五城练勇局保得实官候选。近年屡次来信，询及分发到省一节。惟渠人近荒唐，且文理不通，恐到省后仍归无用。近日又有书来，故复札劝止之。幼石向捐郎中，签分户部，又加捐分缺先花样，每月赴吏部投供候选，今年已居该班第一名，无论何衙门郎中咨选缺出即轮应得缺。近日改官制后，各衙门有停选之议，而法部适有咨选缺出，未知将来吏部如何位置也。

初八日(1月21日) 晴暖。午后刘斐卿来话许久，又同出宣武门，至琉璃厂翰文斋，访其铺掌韩子元，谈近日书肆价值。薄暮遂同至津南馆，邀敬轩往致美斋小饮，食银鱼。饭毕偕斐卿回寓，话至四鼓后始寝。自春间室人亡后，敬轩即谈及其同司主稿王君印育梁字殿臣，有一堂侄女，年卅馀未字，为予议姻，予时决意不为胶续之计，将来或购一姬人，为暖老计。岁月如流，炎凉倏易，盖八九月中无日不筹思柴米，兼之群雏无主，目睹神伤，虽子已娶妇，而年少不更事，断难位置咸宜。反覆低回，万不得已。适值家中亲族咸以此事为忧，亦有议姻者来，至是月始决计。日内敬轩又言及王宅姻事，王，宝坻著姓也，此女自幼失怙，家甚贫，而闻其资地明达，颇能操持家计，殿臣农部力为主婚，盖敬轩深代注意，往返咨询数次，极力求详，咸称不爽，惟身材中短耳。

初九日(1月22日) 阴，终日雨水，所谓大嫁也。入署，薄暮散值，至谳局，回寓已九钟。刘幼乔来，不遇。王竹泉灯下来，话移时始去。终日牙疼异甚，勉强出门。前直隶司掌印恩叔润已放杭嘉湖道，续东岩调直隶司，善稚樵调奉天掌印矣。星甫颇不喜之。自改法部后，即调考署中实缺候补各司员，无一能免者，予初次未到，至今日阖署已考讫矣，有未预考者九人，堂谕补行接见，比上堂则予与陈华圃主政均未列考，亦异数也。绍任庭侍郎为予己丑同年，本日上堂时，雁行列坐，各授纸笔，侍郎起立云，诸君中陈老爷系山西司主稿，逐日晤谈，可勿庸与考，照青同年亦天天入署办事者，二君先请回司可也，遂退出。

初十日(1月23日) 阴，雨水仍终日。本日在太昇堂请客，皆豫审厅同事诸君也。予五钟时往，吴伯勤钫侍御先至，正谈间，孙集珊大令亦到。奎鹤延至而在厅数人候至八钟始到，黄、许、成三君辞谢，惟汪金坡世杰员外、魏汉章主政倬来。回寓接高礼卿太守济南信，渠叠次来信，嘱予向中鲁廷尉求八行致东抚，予尚未及进言，上月下旬复渠一函，兹又来函，极言东省官场之劣状。盖礼卿在都时与予最为欢洽，其人品学均不下于人，且系循吏之子，每思继承先绪。故广西巡抚高紫峰崇基先生之令嗣也，紫峰先生起家县令，廉吏也。而性近倔强，不合时宜，遂至沈滞，无人为之推荐，殊可惜也。近时居官者，无媚骨、无急智则非有奥援捷径，必不能自见于世。前日在敬轩寓中，见李湖州一信，函中言业已引疾告退矣。盖湖州在都时因事与张筱帆龃龉，乃渠任四川藩司，李丈在雅州，比改放湖州，张又调浙江巡抚，狭路相逢，何造化小儿之巧也。以同乡同年而必欲挤之使去位，中丞之为人亦概可知矣。

十一日(1月24日) 稍霁，仍薄阴，夜半微雪。筱珊来，谈许久。王竹泉来，赠生豚一具。赴谳局，归寓已九钟。齿痛连日不愈，甚以为苦，购得洋药房一笑汁楂之，稍止，仍无大效。闻进士馆于近日考毕业，经钦派大臣阅卷，学部参丞以下各员在彼监试，孟辅臣同年参议亦到，因考员中有携带秘本者，孟君持去，又向某考员身旁搜索，众皆含怒。嗣孟君登讲台演说，诸君皆已登第释褐，与他处学堂不同，三年肄习，自应确有心得，何至怀挟夹袋，希图侥幸，殊非自爱者流。言及此，考员中有出号抗考诟厉者。孟云，考试毕业，国家大典，予系奉旨而来，非故与诸君为难也。众益汹汹，并斥其冒称奉旨，我辈不能向汝作下属，此处安有汝容足之所。一唱百和，继以骂詈。馆监督闻之，上前弹压，亦被众考员指名大诟，遂用电话请严范孙侍郎，侍郎至，已罢考矣。重令上堂补考，众不肯，侍郎云：“汝辈既不服约束，搅乱试事，我只得奏闻取旨。”众益怒，佥云：“大人请旨，我辈候旨可也。”一哄而散。严侍郎到署，请荣尚书至，尚书意在调停，立派右参议林君赴考所向众安慰，时起事之人意亦稍悔孟浪，遂藉此收场矣。

十二日(1月25日) 阴。刘太监来。薄暮出城,至永泰昌,遂往草市访刘仲良侍御,渠新调辽沈掌道,辽沈道乃近日议改官制后新增设者,带去诗文稿二册,渠索阅者也。邀同访敬轩,予先行,敬轩适他出,久候始归,仲良后至,谈至十二钟始回寓。日内本王竹泉邀吃饭,予辞焉,至仲良宅,渠尚未晚餐,予邀之至敬轩寓所索食,渠辞以饭后往,予遂先去,适值敬轩未归,其仆亦随之,家唯一厨夫,予篝灯独坐,腹觉馁,独出门至大街,拟觅一茶馆便饭,已闭门矣。不得已至粮食店南口内见有卖水角之铺,入内呼酒一壶,遂摆冷肴两碟,一煮鱼,一蒸肝,意颇喜之,比下著则皆腥涩不可食,勉强食水角十馀枚而返。谚云"饮啄皆前定",信然。回寓后,李路先偕韩允亭至卧室闲话,路先学堂已放假,将归,允亭拟同伴回籍,月前请允亭抄《荀子》六卷,已毕。

十三日(1月26日) 晴暖。李福卿来,持《淮南子》一部,系乾隆年间钱献之先生坫家物,先生照元正统本校正者,字体朴雅,皆蝇头细楷,图章亦精,或非伪作者。然索价甚昂,遂还之。有京西洪家坟刘姓者来见。刘系沧州人,在此多年。入署,审私造纸牌一案,又赴谳厅,遇孙集珊大令,倩其诊脉,因齿痛不愈也。渠云系阴亏肝火上冲所致,为立一方,乃滋阴降火之剂。大理院知会明日录事复试监场。敬轩又谈及王宅姻事,殿臣甚愿作合,极言此女极其持家,于女红烹饪皆有能名,性情亦和雅,且写算均不劣,敬轩转告予,予当面已允诺之矣。接来臣天津信,晚接筱珊、绍庭信。灯下出城,至肉市正阳楼,敬轩之约也。遇王殿臣农部,亦在彼请客,敬轩座中唯仲良侍御,三人小酌数杯,吃烤羊肉。仲良向来未尝此味,初次大嚼,甚称其美。

十四日(1月27日) 午前浓阴,有雪意。早起,赴法律学堂,是日覆试录事,共取一百三十八名,临点不到者四名,扣年貌不符者一名。论一篇。日入后卷已收齐,始回寓。灯下接王卓声吏部信一函。

李路先之弟来省视，闲话片刻。连日敬轩为予议宝坻王宅姻事，已有成说矣。昨晚与王殿臣晤谈，大有相亲之意。今早在考场遇沧州张兰江茂才，亦力愿自任冰人。兰江即在殿臣家教读，故云。不意归寓入室，见几上一函，拆视之，草草数语，上下无款称，直云"闻某君为兄作伐，弟深知底里，此事若成，君家麟凤，恐从此无噍类矣"。既出言如此之迫切，则万不可曲允矣。灯下作书致敬轩。早间为同乡警官白厚之堃作札，因昨日洪家坟刘姓事也。昨晚临睡时服药一帖，今早齿仍痛，下半日略觉轻减。

十五日(1月28日) 雪，晴霁。早饭，赴法律学堂阅覆试卷，分得十三本，皆佳卷也。批点既毕，天已薄暮，遂回寓。倚枕假寐片刻。进士馆罢考事，闻于次日经荣尚书亲到馆中，候至命题后，周历各号，向众考员曰，今日题为中国经史，诸君皆由此道进身，自必研究有素，决不至再有怀挟之弊，亦予所深信者，语毕，缓步而出，即将总门由外关闭，凡监试者均一概不准入内，众始帖然。而密抄细册，遂公然为陈列所矣。近年学堂之效果如是，进士馆其尤著者也。文明野蛮，新学界中口头禅也。此之为文明，为野蛮，有心人必有能断之者，然糜款大万而得若辈之人才，谁为为之，孰令致之，悲夫！

十六日(1月29日) 晴，风，向夕寒甚。午间，南苑族孙来。遣震儿赴南庄。敬轩来谈移时，华楼来，竹泉偕洪家坟刘庆和来。赴谳局，散值已八钟，归出城至永泰昌，偕竹泉至斌陞楼吃饭。南苑族孙连元病危，遣人来购附身衣物。渠少年时家计尚足糊口，因服贾特阅，遂不能支，只身来北，抵南苑，为人佣趁廿馀年矣，雇主皆种田之家，喜其心地朴实无他肠，且颇晓事，故一主十数年不易。自庚子后，予在苑中先后典者、租者及置买者，约计四百馀亩，付渠总理，亦怜其年老孤苦，不致长为人佣也。今已矣，渠真薄命，而予又无可付托矣。伤哉！予今岁新正六日夜梦忽折二齿，心讶不祥，至三月初遂有悼亡之戚，然梦中犹记所落二齿，乃一大一小，故终年心常惴惴，每有家信，辄肉战。残腊无多，又闻此耗，几于肝肠俱裂。盖南苑之产，实亡荆与连元族孙所艰苦蹀躞而经营者也，何死之速也。

十七日(1月30日) 晴，大风。昨晚齿痛复作，今早服药一帖。午后星秋来访谈许久。刘太监来。接来臣津信。随复之。灯下献廷来话至夜分，渠明日将回籍也。为张飏生孝廉、杨丹崖孝廉写信。犹忆儿时先严尝自悼生平无亲族之依倚，偶有得力者，非始合终离、转致参商，即死丧短折，更增怨抑，其殆命耶？予少壮时尚未甚介意，但闻星相家言子将来六亲不得力，予默默而已。比至今，至今屈指计之，殆果然矣。连元侄虽远族乞人，而近年颇资其劳，固予宗党中难得者而又死，得毋命之果不可强耶？尝闻先母云："自汝先大父逝世，汝父尚力学，因田业无人经理，遂迎汝外大父来代为部署，一时族中人百方觊觎，不得遂其计，甫年馀而汝外祖病殁于北庄，年甫五十馀耳。伤哉！"予记同治六年间，予母舅亦为予家治田业。先母鉴于前事不欲也，先严强之，亦一岁中而捻匪窜至，舅遇害于予宅内。

十八日(1月31日) 鸡鸣时微雪，旋霁，大风，寒甚。遣陈德赴南苑。午后为人书屏对条幅数纸，内有刘炳臣夏间寄来者。吕来臣寄来古文一部，上池馆药一瓶，由邮局送到。随赴渠一信。

十九日(2月1日) 晴，微风，极寒。是日封印。同司在福隆堂会饮，予从前曾在山东司主稿，故山东司邀予在三胜馆。刑部向来签分到署后，皆由各司之同乡相识者邀往，而具名纸呈堂点派，名为"拉司"，以后再入他司者，名为"跳司"，亦或由堂派某司主稿者。予榜下到署时，潘问楼方在奉天司主稿，故拉予往。阅两年问楼丁艰去官，适董赞臣在山东司帮主稿，又邀予到山东，嗣于乙未八月堂派该司主稿，至己亥正月丁忧，起服后仍在山东，时主稿者为赞臣，渠欲相让而予力辞，是年为壬寅，比秋间予又丁内艰，至前年腊月起服销假，去年二月蒙堂派在奉天司帮主稿，往往有主稿缺出，率被他人夺去，予亦淡然若忘也。凡开封印日公宴，曾在一司行走者皆具柬相招，故历年来，予虽不在山东，而该司印、稿必有此邀也。本日先至三胜馆，后至福隆堂。闻昨日法部正班已奏定官制矣。灯下回寓，陈德偕南苑送菜车来，始知连元故未死也，然病势沉重，恐难得再瘳也。路仙来榻前闲话。

二十日(2月2日) 晴。吴焕臣偕张海臣来。幼石来，借元青褂一件。薄暮出城，访魏绍庭，谈许久，留晚饭餐。分查结公费五十金，归已十一钟。刘太监来。夜半为东洋留学员刘韵生荫榕写信八九百言。夕时同乡傅周生锡珪来，渠因县中派办警务事，县官票传村首事等，渠自以身有佐杂职衔，不愿受票传，遂赴府控官，府批斥候查，渠不心服，又递一呈而来京，欲觅言官参奏，可谓妄人也。

廿一日(2月3日) 晴。连日严寒，是日稍和暖。暝后忽浓阴，降雪。李福卿来，刘太监来。赴谳局，灯下冒雪而归。李路先偕韩允亭明日回籍，来辞行，闲话许久。

廿二日(2月4日) 夜大雪，至午后始止，夕霁。向晚正文斋谭竺生携旧书数种来话许久，留其《两汉地理志》一册抄本，甚工。灯下抄寄刘韵生旧作《感事诗》廿馀首，又写一笺寄之。

廿三日(2月5日) 晴，寒甚，一冬和暖，交立春节始凛冽异常。震儿自南苑来，连元族孙病正渐愈，可喜。赴谳局，为马姓帐目事集讯至四小时，盖此案自七月间事，内中胶葛不清，且欠债人业经身故，而债主马姓遣抱之家人，异常刁横，连次开导，渐有转机，中国人之程度可想矣。遣人为刘中鲁宅送节礼。又为花儿市陈芙舲赠银四两。接丹崖信。

廿四日(2月6日) 晴，午间精选来，携五十金，乃春间为李湖州代撰寿序所寄润笔也。薄暮赴西城至刘中鲁廷尉宅夜话。留晚饭，适书贾李福卿到，中鲁留书数种，价未讲成，予代为撮合许久。饭后中鲁出其在长沙任内购得书画十馀幅属观，盖大半赝作也。回寓已十钟后矣。黄辅辰来相候。

廿五日(2月7日) 晴，稍暖。赴谳局，晚遣人往中鲁廷尉宅送明本《史部》一部。接魏绍庭农部一札。

廿六日(2月8日) 晴。李福卿来，夕时出城，至正文斋少坐，遂至大街云益钱店取银二百两，又往试馆访敬轩小谈，遇李栋臣，回寓九钟。

廿七日(2月9日)　晴，刘太监来，求书春联。晚间写春联毕，夜分呼儁儿训斥许久。

廿八日(2月10日)　早雨雪，午后霁。夜半又雪。赴谳局，开茶班各役赏钱。整理书室。①

三十日(2月12日)　晴。大风。午前西南风，颇暖。午后三钟转西北风，寒甚，至上灯时始稍息。夜半后风始静。午后出门，先至石老娘胡同中鲁廷尉宅内辞岁，未晤，随至羊肉胡同善稚樵佺宅谢步，渠新派奉天司掌印，前数日拜同司曾来投刺。遂出宣武门，至沈子惇大廷尉宅投刺，顺道至广惠寺视亡室之柩，儿辈往烧纸钱甫归，予经年未往省视，非恝然也，泉下有知，当亦谅我。周视毕，登车顺便至西砖胡同曾宅，曾，四川人，名鉴，字焕如。又至粉房琉璃街王宅，王，湖南人，名世琪，字炳卿，一为乙酉同年，一为己丑同年。曾，新简放法部右丞；王，同日简放法部右参议。投刺毕遂入城回寓，天已将暝，祭品已备，视儿辈登筵焚香行礼，灯下督仆人各处悬挂壁条幅对联，偾事粗毕，一灯兀坐，蓼义之痛，井臼之思，此情诚不堪为外人道也。夜半寒甚，祭先礼毕，呼儿辈，训斥数语，引杯连酾，不觉醺然矣。

---

①　此下原缺二十九日日记。

光绪三十三年(丁未,1907)[1]

一　月

初一日癸巳(1907 年 2 月 13 日)　晴,微风。夜间独酌微醉。挑灯不寐,益触身世之感,潸然泪下。因取旧书数种凌杂翻阅,略解忧闷,遂解衣就枕。自早年五龄入学,至今四十八岁矣,除夕未曾就枕,兹乃解衣安眠,无聊情况可知。持吴钦之乾隆间人《白华集》一册为睡媒,展转已至黎明,始睡去,醒来日已过午,忙起盥漱,自悔罪过。饭后观书,闻敬轩农部来,整衣履出见,随延入卧室略叙,天近暝矣,始别去。敬轩携其令郎同车,饬仆辈抱之下车,啖以苹果、金橘,盖甫五龄也。后院宜君来拜节。灯下取《柳河东集》读之,去冬曾拟读柳文一过,甫阅一二册,因事绪不宁置之,兹重取出,并检校朱墨,以终卷为期。盖予所藏乃韩柳合集,明蒋氏三径草堂刊本,亦明刻之较佳者。先得韩文,续得柳文,遂成完书。

初二日(2 月 14 日)　晴,和暖。孙生幹卿、穆生益亭来拜节,渠两人皆在八旗学堂就教习馆者。赴东城拜节,入东华门,归至西交民巷,沿路投名纸十数。晚饭后沧州唐家庄族侄玉庭来,渠历年在山西正太铁路工所为人司帐,土工既毕回里,其工伙掌乃天津张姓,自招此工后共三段六十里,家颇饶裕,赚钱不赀,而工人方价欠发甚多,并其所招伙友亦欠给月薪数百元不等,盖有意骗人者也。闻族侄某所

---

① 原题:光绪三十三年岁次丁未新正月建壬寅年前十二月廿三日立春。

述，知华人之不竞矣。读柳文和尚碑文二卷。

初三日(2月15日) 晴。是日因王竹泉借车，未出门。晚李荷桥来。读柳文，尽二卷。

初四日(2月16日) 晴。午间潘茂亭舍人来谈许久，赴东华门拜节，遂出地安门，至泰瞻岩宅拜节。瞻岩，予门生贵级山成孝廉之尊甫也，为名臣德定圃相国五世孙，英煦斋参政之曾孙也。四世三公，皆由翰苑起家，在内务府旗籍中尤为难得，今凌夷矣。瞻岩为内务府笔帖式，不合时宜，偃蹇失意，然绝重斯文，恪守先训，与予雅契，近数年不晤，故枉道访之，适入值未归，其夫人延予入略话片时，级山亦他出，渠于去腊就广西拣选知县，拟于二月内起程赴粤云。

初五日(2月17日) 晴，暖。刘幼乔来小谈。出门赴西城拜节，至荣协揆宅，到迟清荃家，不遇。

初六日(2月18日) 晴，晚大风。午后出门，至东城拜节，随至民政部谳局，遇孙集珊明府，适去岁予所讯马、任两姓帐目案，任系总管太监遣抱具呈，予唤至，阅其呈词，无甚紧要，仍掷还之，嘱其听传。震儿偕五儿赴南苑田庄。

初七日(2月19日) 晴，风。出宣武门拜节，薄暮回寓，陈福舲来，留夜话。福舲谈及去冬渠回里晤刘雨溥上舍，意欲为予提议续胶事，据雨溥云有山东滨州杜宅之女，年已三十馀矣，尚在待字，与雨溥之岳家亦系旧姻，曾嘱为作伐，福舲回京时托其向予商议，予意微动，缘近日都中提及数家，皆不当意，本拟仍在故乡求婚，滨州虽隔省分，而去盐邑不过百馀里，且予原籍即滨人，明永乐二年迁居来盐，向闻此州唐姓尚多，杜为滨州望族，即咸丰年间杜文正公受田之族也。同治戊辰捻匪扰畿辅，盐山受祸尤酷，邑令殉难甚惨，亦滨州人，名恩禄字慎庵，即文正近属子姓也。与福舲谈彻夜。

初八日(2月20日) 晴。至问楼宅拜节，问兄出谈许久，至南横街一带投名纸，至韩丽笙郎中宅小谈，将上灯矣。至津南馆，闻敬轩回里。是日阅报纸，知昨日刘仲良侍御已简放安徽徽州府矣，先是缺为王少农振声太守，王于去年二月到任，年前引疾，诏告出缺。

初九日（2月21日） 晴，甚寒。午间金筱珊同年来谈许久，筱珊先在工部，已主稿矣。裁并官制后，工部人员均归商部，嗣于去腊定议，所有工部实缺人员咸留农工商部当差，而候补者概行签分各衙门。除岁前筱珊已为民政部咨调，今日晤面始知之，不禁忭慰。刘太监来拜节。是日为姜宝轩农部初度，早间送祝仪四色，午后又至西城投名纸数处，将暮始到宝轩宅内，遇徐子光侍御，留晚饭，肴品颇丰。阅邸抄上谕，中鲁少廷尉为陪祀不到，被御史江春霖参奏，交部议处，向来典礼如陪祀、迎道、坐班等事，各衙门堂司均派，而御史专司查纠，凡到者皆在御史前投递职名，若不到则遣人役代为投递，大概到者寥寥，前数年曾有侍御参奏一次，凡不到者皆议罚俸，此次闻江侍御系新传到者，人甚能事，且极高奥，中鲁适当其厄耳。为刘雨溥写信，并为邑侯段理卿大令、居停主人瑞秀峰河道贺年节。

初十日（2月22日） 晴，微风。午后拟出门，已易服整冠，将登车矣，舆夫忽报骡有恙，须灌药，心甚不快，不得已易便服步出宣武门，至海北寺街龚子和宅内访刘幼乔一谈，不遇，怅然。顺路至琉璃厂火神庙，日已薄暮，各书画玉器摊均已收市矣。见一书摊有柳河东集，系旧刻，询其价则十八金，掷付之。归入正阳门，过西河沿，访王竹泉，话许久，雇洋车回寓。震、湝两儿由南苑回寓。连日齿又痛，服药一帖。

十一日（2月23日） 晴，午前后微阴。遣人至奎鹤延比部宅，索回画纨扇屏条四幅。去夏渠借观者也。出宣武门大街迤西各胡同投名纸数十张，薄暮至金筱珊同年宅晤谭片刻，至西河沿永泰昌，竹泉留晚餐，归已十钟矣。南苑庄上杨升来，杨荣亦来叩节，榻前絮语良久。连日夜读柳文，此本乃庚子年购得者，系韩柳合刻，为明人蒋子翘辑注本，内采有各家评语，每篇亦有自己评语，韩文予尚未涉猎，以先年另有读本也。柳文未见全集，故于此本逐一丹黄，阅其所采评语，多迂腐不切，往往强作解事，而蒋评尤为浅陋，寻声逐影，每见自相矛盾之处，可见古文一道，诚不易得知音。秦汉以来，代不数人，洵所谓作者难，识者亦不易也。惟刻工尚好，在明板中乃其精者。

十二日（2月24日） 晴，暖。早饭后王竹泉来话片刻即去，连日奔驰，思少憩，命舆遣儿妇偕梅儿出城，到厂淀游玩。日已夕矣，觉闷倦，步出城，至琉璃厂火神庙散步，各书摊尚未收起，昨所见之《柳河东集》尚在，又一询值，则云二十金矣。另摊有《唐诗类选》一部，系抄纪文达评语，索价四十金，殊为可笑。前年春间曾见纪评《类选》一部，系沧州于阿朴光褒明经所抄者，连圈点序文皆全，惟字迹潦草，盖阿朴与予曾相识，知其不善书也，然阿朴故沧州诗人，其抄录尚无讹舛，书估向予求售，非八金不可，遂还之。今所见之本，较于抄更劣，且无圈点，无序文，知予爱购旧抄本，故随口居奇也，其实纪评原不甚贵重，此本乃其中年之作，多不惬人意者，况作伪乎？字画摊甚多，如近人翁常熟师、潘文勤师，又李若农文田侍郎、谭叔育宗浚榜眼等屏、对，无一真者，糊壁尚嫌不雅，况费钞乎？盖兵燹而后，都中世家名族累世藏弆之物大半毁弃，故近年厂肆绝少可观者，唯恶滥笔墨、薰染赝作充满架壁，殊可叹也。归来已月上。

十三日（2月25日） 晴，微阴。昨晚阅柳文序记，不觉已黎明矣。起甚晏，饭后拟出门，适孙祥卿大令来谈许久始去，天已日夕，出城至梁星秋昆仲宅内，又访仲良太守，亦不遇，已上灯矣。回寓路经正阳门大街，两旁廛市灯火辉煌，游人如织，门内西城根悬电灯甚多，电灯公司门首尤为热闹。

十四日（2月26日） 晴，暖，冰冻融解。刘太监荐厨役来。出城回拜客数家，易服至火神庙，见有五色批韩诗，索五元未售。买得孙子授侍郎师对联，有上款“铁卿广文”，尚系真笔。侍郎督学畿辅时，曾蒙取一等第二名。流览各书摊，无甚佳本，只买近年仿宋刻《管子》一部，汲古阁本陆游《南唐书》一部。又买一元磁小碟，已残遇矣。顺路步至斌陞楼，梁星秋员外之约也。座唯王云门、孙振轩两比部，饭毕同至大栅栏看灯，二更后始散。

十五日(2月27日) 晴。大风。自夜四钟时风起,早间愈大,至晚九钟时少息。向在里居时,上元节祭神祀先,均于十四日晚备齐陈列几筵,至次日辰刻行礼一次,元宵灯下焚纸钱、放花炮,阖家行礼毕始撤馔,自到都后,一仍旧规,间有因祭品未具,迟至十五日早祭者,祭品皆用熟食,一如生人之礼,亡室于此事极为敬慎,自岁除之前即部署周妥,往往遇有窘乏之年,虽蔬肴粝食,亦必整洁为之。近日因厨役系新来者,未知其能调和得宜否,且予年况颇窘,不能多购鱼肉,适有旧存席票一张,嘱儿辈取来作祀先之用,今早该饭庄送到,予尚未起,比觉后急披衣出视,见神座前尚虚,唤询之则以冷菜列上,予怒不可遏,喝骂许久,饬若辈撤去,温热天已午后矣。噫,自内子之没,内外一切皆需亲自料简,稍有遗忘即误事不浅,甚至祭神祀先一年大事,豚犬四五,犹复昏矇若此,回忆前数年,内子卧病,每至佳节忌日,未尝不力疾出户,一一省视,转瞬经年,依稀如昨,而此事遂几废阁矣。伤哉!晚间李路先、韩允亭由里中来谒,询里中近事甚悉。

十六日(2月28日) 晴。是日都中各学堂开学,均行开学礼。午后李福卿来。进署,散值后拜客数家,回寓,晚遣儿辈出城看灯,命车令媳女同往。灯下访问楼太守,闲话许久。闻法部将于二月初一日将所有已结未结案件交大理院接办。问楼太守,吾乡之老刑名家也,谈及此,颇有名言可味者。三代以后,郡县之制行久矣,君民相隔,君固坐享其权力,民亦自保其身家,但各不相扰,便为太平世界,所以赖有君上者,惟讼狱耳。年前有职官奸拐幼尼一案,乃民政部奏交法部者,派山东司审讯,近闻此案先奸后拐,情节极为可恶,且本犯在警厅业自书亲供,女尼供亦相符,而各堂意欲开脱保全该犯功名,固由怜才而出此,然徇纵之咎,未免为识者所笑。该犯系湖南人,由内阁中书考取外务部,现补实缺主事,算学极精,颇为外部各大臣倚重,然宣淫寺观,窃赀拐逃,又携至都中,为老尼寻得踪迹,以致败露,其有文无行,不仅贻玷官箴也。

十七日(3月21日) 晴,晚九钟风起,夜半后稍息。入署,遇印君善芝樵郎中、刘厚之员外、崇秋圃主事、孙少芗郎中会议法部律学馆章程事，善为监督，刘为庶务员，崇为调查员，孙为教员。散值至山东司闲话许久，回寓接高礼卿太守济南信，灯下呼舆赴西城访中鲁廷尉，不遇，渠出门尚未归也。灯下阅《管子》数篇，乃新购自厂肆者，李福卿今午始送到，并《南唐书》二册，《南唐书》乃汲古阁本，刻印俱精，略为翻阅，讹字甚多。

十八日(3月2日) 晴。早起，出宣武门，回拜客数家，归寓餐毕拟赴东城，儿辈乞车上城西白云观看会，勉许之。媳女同车往。予在寓独坐，读柳文数卷。予自寓都门，未尝出游，盖前数年窘困万状，出无代步，奔驰于十丈黄尘中，尚须归谋两餐，故游兴遂息。嗣后曹署莅事，日疲簿书，愈无暇及此，迨已亥岁罹大故，庚子历浩劫，七八年中几无生人之乐，眼前好景，无愁人阅历，转助悲怆，况江山犹是，风景顿殊，岂能复随裘马少年消遣取乐耶！亡室性颇喜静，加以半生鞠育之劳，八口衣食之计，日饱忧患，遂于热闹世界中略不涉及，壬寅岁新正无事，为予怂恿，曾携儿辈游白云观一次，今日忆及，不觉惘然如昨。刘韵生自东洋寄到早稻田学堂讲义一册。闻韵生于去冬已捐过知县班矣。

十九日(3月3日) 晴，大风。是日开印，先至斌陞楼，山东司邀往，遇胡寿山同年，渠云南人，谈及盐山现任邑侯段理卿大令与渠同乡，素识稔其为人，多疑少断，谅哉！席未毕，随往福隆堂，客唯新任左丞定振平，到甫就座。振平为昔年西曹旧识，自渠放兖州太守，庚子后回都，升鸿胪卿，数年终未晤面，去腊简放法部左丞，盖从前在刑部满员中著声者也。原系甲班，故不免逞才露能之讥。近来闻其于新政相抵牾，然究属明白晓事者，较今日满员诚不可同日语矣。性极豪爽，谈锋最利，年已五十馀矣，风采尚如旧日也。拇战许久，席未终而去，曾焕如、王炳卿两同年续至，皆与振平同日被命者也。焕如为右丞，炳卿授右参议。史康侯侍御偕戈景韩同年亦至，皆奉天司所请之客也。让座，酒数巡，予趁主客拇战兴豪时不辞而出，将入城，至松筠庵印结局与刘菊山闲话片时。为魏绍庭写信一函，乞助书也。

二十日(3月4日) 晴。赴东城拜客数家，遂至谳局，薄暮回寓。阅北京报上载近日上元节，由火车客座获刺客二名，其一为英国人也。

廿一日(3月5日) 晴。早餐后儿辈已自学堂归家，闻各教员尚未到齐，故暂不能上课也。出城访幼乔，不遇，至秀文斋买白折洋纸数匣，又去年刘韵生由东洋寄赠洋织绒山水画一横幅，嘱秀文斋为装成琉璃框罩。至津南馆询敬轩，尚未回京，大街遇幼乔，立谈数语，遂往永泰昌访王竹泉，遇宝轩员外，田仁甫亦在，谈至日入时入城，回寓。灯下韩允亭至榻前闲话许久。杨荣由海子来。本日报纸登载日前所获刺客已由北洋交关道衙门研讯，一英国人、一中国人，自东洋来津，为革命举动，携有炸弹炸药，均经当时搜出，供认已有端倪矣。又邸抄连日简放道府三缺内有浙江湖州府，盖李慕丈于去冬请告，年前来信，奏文尚未批回，且湖属教堂学堂，均电致省宪乞留，故疑有转圜，同人关切者多指望复任，予即臆决其不可挽回也。盖以张筱帆中丞之忮刻，加之宿嫌，势不快其私意不止也。告休退归，尚非满意之作，不过略顾同乡同年外面耳，乌望其委曲解憾哉！

廿二日(3月6日) 晴，骤暖。多换绵夹衣者。午后赴谳局，归过张华圃宅，访之不遇。灯下询三儿畿辅学堂事，遂纵论近日中国士习，中国士风之不振，论者咸归咎于科举。圣明在上，毅然停之，盖以停科举而专力于学堂，始可渐图自强之基也。庸知今之学堂犹昔之科举也，何也？科举之所以弊者，人人皆存侥幸之心耳，暗中摸索，一日之长立致青紫，故往往经史皆束置高阁，只熟读烂墨艺数百篇，遂登上第者，并有胸无点墨，纯事抄袭，亦得入榜者，乡会试之集于京师者数千大万人，孰不希冀一得哉！幸而得矣，得之者不自知其为幸也，天下多一幸进之人，即少一实学之士，久之而趋实学者群笑其迂，亦从而变计矣。推之为农为工为商者，各怀一幸心，以立于世界中，安得不尽归于败坏耶？今之学堂，比比者亦犹是也。人人挟高车驷马之念而来,其所学可知矣,又人人唯早成速化是望,唯恐穷年累月之不得自奋于青年,其所学又可知矣。羊质虎皮,朽木雕椽,有识者往往爱之而不思反其本以祛其侥幸之心,前途将不可问,安云自强哉!又科举之学,其弊也在人之有幸心固已,然得失固有命存,得者自谓吾命中应得也,失者亦曰吾命中应不得也,间有绩学不遇,满腹牢骚,不过搔首问天已耳。今日之学亦人人有幸心,其得者不自为幸也,吾之学固可致大官、拥厚赀也,其失者不自为幸也,吾之学不劣于彼,而彼得而吾失,彼有奥援也,彼为贵族也,彼由请托贿赂而来也,相形其绌,怨望益深其愿,而弱者则甘居卑污苟贱而不辞,其强而黠者则呼朋引类、旁伺巧抵,更有不忍言者矣。刘献廷表侄由里中来,夜话许久。为中鲁廷尉作一书,为高礼卿太守事也。

廿三日(3 月 7 日) 晴。饭后方拟出门,闻丹崖孝廉来,同其令侄由里至此。刘太监来。赴西城内西华门北长街拜客,归已薄暮,吴焕臣来小谈。汪星甫灯下来谈许久,携奉天司奏稿廿馀件,嘱为定批实缓单。丹崖夜话许久。

廿四日(3 月 8 日) 晴。薄暮出城,至津南馆访敬轩,敬轩新由里门旋都也,不遇,候至九钟始归,适刘幼乔亦在座,谈至十一钟始回寓,接县令段君礼卿信一函。

廿五日(3 月 9 日) 微阴,晚浓阴,夜半微雨。是日为先严忌日,设祭,终日未出门。印结局账房刘菊山来,为局员公讣事,并议是日有出局人员应否分结费事。李福卿来。接兰集宝大令小采信。日前奉天司稿件应分实缓,开单注明。丹崖之侄礼庵将近年所作策论总课送阅,披览一过,颇有笔致,惜家贫未能力学,出外谋生,恐此事遂废矣。有论古数艺,为加评语还之。晚间沧州族侄玉田来省视。

廿六日(3 月 10 日) 阴,午前少霁,复阴。入署,将所阅实缓起数,交秋审处书吏,是日正班奏事,堂司多不进署。星甫亦未到,适签分一案乃控其侄婿为其侄女服毒自尽者,唤原告上堂讯数语,饬其明日来听集讯。散值至谳局,因外传人证未到,遂回寓。与丹崖闲话,吕来臣由津来，甚喜。灯下共晚餐，同丹崖入内室，卧榻谈许久。连日闻大理院与法部为交代事大起龃龉，董授金员外康与曾焕如右丞鉴至觌面诟厉，盖法部新放之左丞定振平成原由刑部出守兖州，内升少卿，其在刑部掌印时亦颇有能名，性最喜事，专以舌辩竞长，又与新政反对，故自到任后极意挑拨，致起争端，而董君又自许名士，近甫自东瀛考察法律回国，方欲矜能见好，不顾大体，盖皆逞一己之私见而忘协恭之大谊，扬之簪笏，识量不啻儿童。今日号称能事者，大抵如此，其奈之何哉！本日法部、大理院奏请展限一月，再行交代，盖原定在二月初一日，因迁署事争执不下，原拟大理院移用法部旧署，而法部移入工部之署，兹闻前议尽翻，旧署归两处中剖分用，将来必益多胶轕也。以王荆公之学识而新法贻祸，为千古诟病，明道先生谓新法之祸，乃吾辈激成之，洵非明道不能为是言也。盖荆公初志太锐，欧富诸旧臣，议于中外无人可与共事者，章、吕、曾、蔡所以得进也。使韩、范、文、吕诸贤深心体察、和衷匡济，荆公亦何至忿忮如此？人非大圣，未有不喜同志而恶异己者也。既恶其异，不顾其贤否也，既喜其用，亦不考其贤否也。遂至异之者，但攻其异，虽其事之是，而亦攻之也。同之者，但媚其同，虽其事之非，而亦媚之也。夫若异者出于攻之见，同者出于媚之途，而事之是非无定，人之贤否难凭，君子愈于小人者几希，小人之害君子也，乃更得其间矣。宋祚将衰，时势相乘，为章、吕、曾、蔡者不足责，为韩、范、文、吕者良足惜也。然而，章、吕、曾、蔡，韩、范、文、吕，其孰责之，而孰惜之，独为荆公者，其受责，固倍于章、吕、曾、蔡，其可惜，亦非韩、范、文、吕所得并也，世有欲大有为之君若臣，尚鉴之哉！接刘苓泉表侄一信。午前贾星垣来。薄暮敬轩来，不遇。早间接一邮局信，用洋信封，拆视则名片一纸，为林光华字西△，印有“恭贺年禧”四字，无他云云。系由福建厦门寄者，遍忆不得其人。

廿七日(3月11日) 阴，薄晴。印结局司帐刘菊山来，为聂玉书梦麟比部公赙事，聂于前岁丁艰，未起复。去冬又接丁内艰，而局章在局人员凡丁忧病故者，皆有公赙百金，惟未起服而又接丁者，从前局章未经分晰，惟有凡接丁者，若当时不在局声明，后管局易人则不准补领一条。近日宝轩力持不与之议，故刘菊山向予商订，予以当如数送赙为妥，嘱刘转告管局魏绍廷而去。赴长栖寺出吊高菉坡同年侍御之妻丧也。遇李仲卣在座，谈移时，魏绍廷亦到，重话聂君公赙事，渠亦以予议为是。刘少廷尉中鲁、戈比部景韩先后至，薄暮各归。予入城至宝轩宅，为王赞轩孝廉贺新选之喜，孝廉为宝业师，故来都必寓其家，谈至九钟始回寓。是日命儿辈邀来臣、禔庵、云亭至斌陞楼吃饭。午后李福卿来，送归、方评《史记》一部，以非初刻未售。

廿八日(3月12日) 阴。入署。散值后山东司星秋邀一谈，适孙振轩郎中是日在署，拉予同星秋、云门出城往斌陞楼小酌。饭毕已醺黑矣，回寓。灯下丹崖入内闲话许久。来臣于明早回津，夜将半来榻前辞行。畅谈时事，呼儿暖酒痛饮，饮微醺矣。天已黎明，渠偕丹崖同出城，丹崖因天津提学使将考直省各州县所咨送会试举人，故赶往报名投考也。向来读书人之不通世事者，人必目为书愚。遂疑书之果能愚人也，而读书人之所如不合者，亦自以书愚自号，遂疑己之愚实由于书也。噫！以学愈愚未有读书而反愚者，若有之，则虽名为读书，其实不得谓之学也，几见古今贤哲有不读书者？有不通世事者哉？

廿九日(3月13日) 晴，暖。夜微风。早送丹崖、来臣登车始就寝，已日上三竿矣。午后赴谳局，所传人证多未到，薄暮归。灯下潘问楼太守来，邀至内室共话，至夜分始别去。盖近日法部与大理院相持颇急，外间亦有所闻，故问兄探问此事原委。

二　月

初一日(3月14日) 晴，向夕风起，夜愈大。晡后出城，至津南馆访敬轩，因日前见过，未遇，留字而去也。并邀仲良太守至馆，敬轩治晚餐，仲良自简放徽州府后彼此未晤，闻其抑郁失意，盖仲良以建言受慈圣特知，政府颇指目之，御史截取班蒙简放者甚少，兹之授亦异数也。渠本不乐外官，锐以拾遗补阙为己任，而理烦治剧，或非所长，同人亦惜朝廷用违其才。畅谈至夜分始归。连日公私多拂意，愤懑无聊，故出门访友，幸晤对畅叙，略豁积闷。

初二日(3月15日) 晴，风寒甚。闻京西大雪。入署。闻萧耐庵熙员外昨日病故之耗，为之惋伤久之。渠由辛酉拔贡，朝考七品小京官用分刑部，后中辛卯乡榜，素不甚留心部务，进署日少，品学不低，今年牢骚殊甚，年未七旬，遽归道山。此间寓所唯一妾、一幼子、二幼女，景况落寞可怜。至谳局无事，取薪金回寓。接刘韵生东洋来信。灯下邀韩允亭至榻前话许久，献廷表侄入内话许久。予在谳局闻巡警总厅将考司书生之信，归向献廷告知并嘱其转告杨禔庵。为刘茂亭表侄献廷之胞兄写信，兼致窦云笙表甥，封面写云笙。

初三日(3月16日) 晴。向夕王云门、梁星秋偕至，话许久。薄暮邀同出城，至斌陞楼吃饭，饭毕各归。日间张华甫邀夜话，未克往。去冬刘权之凤镳州刺史昆仲为周玉山制军祝七旬寿，介敬轩农部求予撰序，并求敬轩书屏，予缮稿付去后，至今杳如黄鹤，绝无书问往来。近闻敬轩云，渠拟送予润笔之资数十金，殊可笑也。日内为之作书数百言，恢嘲淋漓，颇觉惬意。刘为山东福山县人，家巨富，兄弟咸负才器，其仲兄以捐纳知县过班道台，权之由孝廉捐知州，选直隶延庆州。前岁丁艰去官，仍在天津任某局差，与周制军次子缉之观察为同年，观察为天津道时，权之即在局提调，为观察信任，又其仲兄为周制军奏调两江差委，制军赴粤，又随以去，故于制军之寿，昆弟连衔制文为祝。予与权之相识久，然无深交，去冬之文自谓不减吴挚甫之寿李文忠，原以权之亦文人，且有能吏名，笔墨因缘交道斯寓，乃迄今数月竟淡漠置之，是将以卖文游士相待也。可恶孰甚，故作书骂之。灯下陈芙舲来，竟夕闲话，就枕已黎明，枕上又作答刘翊文同年彤儒州别驾书，翊文去年夏间由济南来书唁予断弦之戚并有赙赠，半载未暇作答，故亟思复之。

初四日(3月17日) 晴。夜分后大风起,至午后始渐息。日间遣儿妇出门,至各同乡宅回拜。灯下至华甫宅,遇王荫南茂才话许久,始归,杨禔庵入内闲话。

初五日(3月18日) 晴。午间王云门来,为其子侄报考司书生事浼予代致总厅。琉璃厂肆书估某来,携书十馀种。云益钱号卢某来。赴谳局,本日又签分一案,讯两造,系帐目事。上灯后始回寓,未饭东邻张华甫遣人来邀夜话,饭后走往,汪星甫适在座,谈及近日法部奏调人员事,去岁大理院初设,先调法部三十馀人,近又续调十数人,而法部因与大理院龃龉,又将先调人员奏留十数员,以致人情惶惑,不知所届,殊可叹也!散后已十二钟。为刘翊文同年作复书,约五百馀言。又为高礼卿太守作复札。

初六日(3月19日) 晴,暖。午前出城,至万庆楼,迟清荃之约也。席散入城,进署。散值后至山东司晤梁星秋、王云门,谈许久,各散。复出城至斌陞楼、田仁甫之约也。座有赞轩大令、问楼太守、谭乃赓主政廷飏。谭,济南人,法部新调大理院者。席散,众客咸去,问楼出一七律诗相示,天已薄暮,匆匆入城。灯下献廷入内小谈。夜读《管子》。

初七日(3月20日) 薄晴,午后浓阴。寄天津刘权之信,复济南省垣高礼卿、刘翊文信,均于今早发去。贾星垣来,终日未出门,至向入命车至西交民巷博济萘,内有一僧人作厢[①]牙补眼手艺,去岁侄家彦曾厢数牙,予前岁夏间左车牙脱落,拟厢一齿,去秋嘱其拣一坚好者厢之,因循至今始到彼厢讫,惟不甚妥帖,归后颇觉窒碍,又摇撼而下之。出前门,至琉璃厂文德斋,嘱其明日来寓,拟刻格板,缘去冬所刻者不合式也。又购近视眼镜一具,未带回,曛黑遂入城。昨晚小婢鸭儿因五儿因事责打之,向予告诉,予正作书,忙迫饬令去。今日唤五儿询其原委,盖五儿性急,鸭婢往往不服管束,内子在日,向不护

---

① 厢,用同“镶”。

纵，儿女每与仆役辈争闹，必训斥之，因此仆妪亦恃以骄横。自去年内政无主，新妇又少阅历，五儿固未免淘气而小婢亦太不知恩，乃至胆敢向家主榻前饶舌，并有告假之语，全忘故主恩义，殊为可恶，此亦家政不肃之一端也。午间接丹崖天津一信，并刘炳臣信，炳臣向在天津收赈捐局，新正将其裁退，尚在津门赋闲。晚餐后杨禔庵来内室，话许久，去后又延韩允亭至榻前，付与京银六两馀，以备春服，并检出五种笔记，令其时常翻阅，可增长知识。

初八日(3月21日) 阴。李福卿送归、方《史记》样本二册，文德斋李掌柜来，嘱其刻格纸板，渠将昨日所买眼镜带来，张仁甫来。贵及山孝廉来。赴谳局，本日新分窃盗一案，乃由美国将官函送者，一为东光人，一为三河人，并由身上起出当票十二张。讯瑞姓帐目并马姓帐目二案，上灯后始回寓。及三尚在寓相候，晚饭后邀入内室，畅谈至夜分。及三昔年曾执贽为弟子，予为其批课数载，去年广西省请拣正途出身州县人员，渠拣发在内，将于月杪出都，来就予访询外任事宜，并居官之道若何。予以所知告之。杨荣由南苑来，伊因家口无住处，托陈芙舲求予南苑庄上隙地盖屋，予赏伊腴田二亩，故来叩谢。午间刘菊山来，为王赞兄取结事。李福卿为冀州一茂才取考法政学堂印结一张。赠贵及三《实政录》一部。

初九日(3月22日) 薄晴，晚阴。张六吉履谦主政、王云门员外来。接高礼卿太守信。刘太监来。书估来，留《古文苑》一部，其《嘉隆两朝闻见纪》缺本几大半，本系明刻，纸已糟朽，重衬纸装订，去其目录而册尾及夹缝卷数悉脱烂，伪为全部售欺，盖厂估之作奸，使人不防也如此。贾星垣来，拟成做珍珠凤毛袍褂。刘幼乔来。孙祥卿大令来。长有侄由里中来。饬仆人将装成东洋织画横幅悬于卧室北壁。昨日云门邀往万福居，乃初六日面订者，适忘却，今日晤面责，竟无辞以对。

初十日(3月23日) 晴。入署。散值至山东司，偕云门往大理院，院中已散值矣。予赴东城谳局，为张六吉报考司书生事，适汪宗可他出未归，留字交茶房代交，归寓已上灯。里中家增侄携辛庄庄头之孙陈顺儿来。灯下潘顺来，为王姓帐目事求为照应。

十一日(3月24日) 澹晴。是日贵及三大令邀往渠宅中共话，二钟后出门，先至东单牌楼火神庙为徐悦陶太守贺喜，不遇。顺路至四牌楼十条胡同回拜韩云卿郎中，亦未遇，遂往英宅，及山尊甫泰瞻岩内府迎出，延入堂中，极道契阔，其夫人同其诸公子均见面，问讯家常，谈至薄暮即就卧榻矮几陈肴品，出陈绍酒，酌以巨杯，上灯后始餐毕，及山之次弟△△茂才去岁考取高等警察学堂，本日星期休息回家，询及近日功课，又话许久，始登车回寓，盖往返殆三十里矣。幼乔来，夜话至二钟。接法部知会，本司今日派审一命案。

十二日(3月25日) 晴。午后阴，薄暮微雨。日前闻云门云，大理院署堂派予在议事处兼文牍处，终未接院中知会，本日先到院署，适两堂偕司官数人往工部銮仪卫相宅，予同云门闲话许久，堂官回署，随同人上堂一次，微闻与法部风波未平，各有意见。时已向夕，遂赴谳局，局中诸君均未到，薄暮冒雨回寓。去岁法部与大理院堂宪均甚融洽，所有权限建置等事议定奏闻，并将法部旧署让大理院，而法部迁至工部，限三月后交代，自年前法部简放丞参，遂会议交代事宜，骤生龃龉，以致嫌隙，愈不可解。移署之议，既为画饼，近在江苏馆会议，专为民政部移交豫审厅事宜，而法部堂派新参数人前往，力持梗议，意在地方裁判及区裁判一切官制仍归法部管理，其无理取闹、横生波折，识者皆谓曲在法部云。年前大理院奏调法部人员，皆两署密议，并无违言，正月内又续调十八人，近日法部忽调回，大半意在构衅，而又调取他衙门新由进士馆毕业者两员，奏准在参议上行走，因此阖署人心惶惑，已有瓦解之势。同为国家倚任大臣，用人行政固如是乎？其取笑于外人也宜哉！

十三日(3月26日) 阴。午前霰雨交下，入夜分始霁。午后入署，与星甫谈许久，遂出城，至斌陞楼。是日作主人，魏绍廷先到，聂献廷辞谢，金筱珊民部、王鹤田太守继到，李敬斋吏部暨王六垣、李敬轩陆续均到，候王卓声吏部不至，遂各入座，饮将半卓声始至，未终席匆匆又去。九钟时客先后辞去。鹤田由工部京察简放广西庆远府，因惮远行，现已捐过道班矣。盖渠本富家翁也。新正曾借用永泰昌炭厂五十元，今日以俸银偿之。连日北京报纸论说中，议及法部、大理院之风波，语颇中肯，此事已通国皆知，而两署司官之好事者，方构拨不休，可叹也。

十四日(3 月 27 日) 早霁微风，午后又微阴，薄暮浓阴，夜分微雨。家幼石弟来取印结一张。入署遂赴谳局，薄暮归。灯下韩云亭来榻下小谈。

十五日(3 月 28 日) 晴，微风。族侄玉田来，取印结一张，报考民政部测绘学堂。是日刘建勋鸿图邀饮福隆堂，四钟后出城，至大栅栏，步行至宾宴楼，流览一周，至福隆堂，询主人未到，重到宾宴楼后门观零摊，见一大吉羊图章，刻手尚不甚劣，索价数千，置之而去，时已将暝，回福隆堂，宾主均到。上灯许久始入座，拇战甚豪，皆同司诸人也。席散回寓，已十二钟矣。该堂主人孙景璋邀明日观剧，并晚餐。

十六日(3 月 29 日) 薄阴，向晚浓阴。贵及山大令来，云益钱号来。入署，先至大理院晤文济苍霈主政，小谈，由院散值至法部，适提讯命案凶犯，跪炼四小时，偕印君善稚樵出城，至中和园观剧，后遂步至福隆堂，堂主人之约也。同座有皖省客二人，一姓林，一姓巴，星甫同六吉下象棋，候葛少松不至，依次入座，拇战共十人，豪饮飞觞，予几醉。客散已十钟。灯下家增侄由南苑回来，榻下闲话，询故乡庄田事宜。闻济苍云，本日谒法部张侍郎，为中下级裁判接收事，渐有和平处置之消息。济苍向官刑(法)[部]员外郎，予在山东司主稿时，渠为帮印，相交颇洽，予丁艰后，渠已调他司掌印，庚子联军扰都城后，设局审判地方词讼，渠在局充委员，有能名。廿九年因案被控查办，得降级处分，近调入大理院，与予别已八年矣。早接窦云笙茂才信，初三日为刘献廷表侄变产事，曾寄信与云笙暨献廷之兄茂廷，兹回信云事已解散，然若迟一日，即无及矣。

十七日(3月30日) 阴天。午间汪颂之昭昂运判由津门来访，渠将有保阳之行，因奉宪檄查京西南路各州县私煎硝池也。谈许久而去。刘仲良太守来，渠今日始谒见庆邸，归路过此见访，留话片时而别，天已向夕，亟命车赴谳局，适又分一丢失幼女一案，到案原被告皆妇人，无甚情节可讯，因将原告开导数语，令其画供完结，又讯两旧案，时已上灯，回寓。接高礼卿济南信，灯下与家增侄话庄田事，拟明日回里也。

十八日(3月31日) 晴。午间丹崖自津门返都，云举贡考职于初十日入场，十六日发榜。丹崖列在备取中，不得与送都试，惟凡蒙备取者，皆每名赠《法政荟编》一书。盐邑共取列正取三人：何冶园、王菊庄两孝廉，其一则贡生，未记其名姓，沧州兰鸿翥孝廉亦列正取，乃午亭孝廉之嗣孙也。向夕出城，赴津南馆，本日馆中公请徐悦陶、刘仲良两太守、王赞轩大令，予到时三客已先在，仲鲁廷尉亦到，同乡到者共八九人，中鲁先辞去，入座，予未陪宴，以今日早饭太晚，腹尚果然也。席散二客先兴辞，仲良留夜谭，甚畅。比回寓已十钟矣。昨日家增侄仍偕陈顺旋里，给以番银八元。

十九日(4月1日) 晴。午饭沧州兰镜江鸿翥孝廉来谈，至日夕始别。出宣武门拜客两处，未遇。至聚茂魁蜡铺回拜张静庵，谈移时，报关者将下钥矣，遂入城。静庵为蜡铺张仁甫之叔，昔年在东城开羊肉铺已两世矣，与南皮张文达相国有世交，静庵人极端朴，文达颇重之，以此与同乡朝士多往来，盐邑人尤款洽，予自来都后亦数过从。庚子之乱，拳匪烧毁灯市口教堂，渠铺尽被延烧，遂回宁津原籍，数年不通音问，其侄张仁甫年少荒唐，乡人咸薄之，以故罕有晋接，兹静庵即寄寓其铺内，长安旧雨，劫后重逢，故亟往答拜。回寓晚餐后，与丹崖小谈，灯下为广西余寿平诚格方伯作书，缘贵及山大令拣发广西，求予作函，托其关照。

二十日(4月2日) 晴。宁津王仲汉茂才树勋来，为岁贡吏部注册事，取结一张。此君于丁酉春间执贽于予，受业数月，人颇不洁，相识者咸嗤点焉。至大理院，上堂毕，往法部，闻部中将于廿七日奏补各缺。散值赴谳局，薄暮归。吴焕臣来，取印结二张，考测绘学堂者。晚餐毕，里中刘茂廷表侄偕其堂弟升庵茂才来。茂廷，献廷之胞兄，月初为献廷事，予为其作函责之，兹来诉及前事，深道谢忱。升庵于癸卯春来京，从予问业，即授三四两儿读，至秋试回籍，闻其近年在奉天海城教读，今特来省视。

廿一日(4月3日) 阴。向夕微雨淋漓彻夜，至子正二刻始止，约有三寸馀。至大理院，观吏役搬移什物往工部新署，遂往电灯公司，因昨日在署与汪星甫约同往观，星甫已到，入其司帐房，晤司帐人张润亭茗谈移时，又有二客至，亦来观者，同至机器房，先闻锅炉声响极大，其物之巨可知，然在地中，不能见也。随观其磨电机器，横约丈馀，长三丈馀，机轮运转如飞，不可逼视，时方六钟，电光已升，究未解其起灭所自，屋内极热，工人皆单衣，诸客皆汗出，出户暂就凉爽，而雨作矣。内隔一窗，初不闻淋浪之声，适星甫有他约，欲行，予亦登车回寓，拟他日再往。此举创自史康侯履晋侍御、蒋新甫式瑆太史、冯公度恕上舍，三人集股款三十万，二年馀始克观成，闻将来必可大获息利，北土人能作此举动者，亦为仅见矣。灯下呼茂廷表侄至内室话里中近事。

廿二日(4月4日) 晴霁。薄暮大风。午间印结局司帐人刘菊山来，询本月民政部奏补主事三员应否于本月分公费，予告以三人者，与他途新到局者不同，缘系从前原系京官，自前年冬间调民政部，去春即委署部主事，本月二月引见补缺，是早经到局，特未经奏补，故不肯遽索公费耳。兹既来局索分结分，即应入单照付，无可拟议。二钟时，入大理院新署，上堂谒见，一揖贺喜，又刊出《同官录》，均令自己填写籍贯出身及原衙门、原阶级，并院中奏调日期、到署日期，书毕，同星甫又回法部。是日梁星甫邀饮醉琼林，予先到，候许久主人同王云门、孙振轩始到，首客为方勉夫观察，又韩象五主政。席散各归。灯下丹崖来内室，闲话至二钟。

廿三日(4月5日) 晴。午后同邑人傅周生锡堂来，渠去冬在里充当本铺首事，县尊因办地方警察事，传其铺下各村首事入城谕话。渠系候选县丞职衔，意在县尊具柬邀请方得，乃与各村众董列名朱票，大为不平，遂赴府禀控，批驳，又续禀，府批饬县禀覆。闻新岁邑中诸学董欲为和息，渠不愿服礼，县中遂禀详督院，院批府提究，渠又赴道署、藩署具呈，并砌词捏名，藩署仍批令县尊查覆，然藩署出批时尚未知督院已饬府提也。渠接家信，始知县中已票传解府，故逃避至都，尚欲贿买参折以图泄忿。去腊曾来一次，予深劝阻之，竟拂袖而去，今日晤述近状，予实不乐闻，略应酬数语送出。族侄玉田来，携其一弟。出宣武门回拜史、韩两宅，均不遇，至秀文斋定格纸本。遂至前门回拜义顺店江鼐臣鼒先孝廉，谈移时，至万德店第一栈回拜张、李两人，又不遇。往津南馆访敬轩夜话，留晚餐，遇贾佩卿孝廉长子某。早间有宁津李君来拜，名靖之，未晤，留《游东日记》一册。南苑族侄妇某氏来，六十老媪，在里时曾佣予家，昔年因岁荒乞食来海子，其夫于数年前亡故，尚有二子，近日来省视，今午到予内室，告云儿妇当于三月诞育，喜甚，继以感伤。此事予总未知，盖由内政无人之故也。弥念亡荆，竟不获享抱孙之庆，悲夫！

廿四日(4月6日) 清明节。晴。午间家祭，礼毕遣儿辈赴广惠寺焚纸钱。贾星垣来。终日惘惘，如有所失，闲步东院，满地青葱，卉木均抽叶含葩，始觉时物之变，然“离离原上草，一岁一枯荣”，唐人句也，至于人则一瞑不视，永无返期，何也？薄暮梁王二君来见访，谐谑间作，意气稍舒，至上灯时两人邀出城，至斌陞楼，予作一小东，饭毕回寓，邑中唐汙村一族孙来，并携其一子来谋事，其子年十八矣，曾在家读书，已开笔矣。因贫不能入学堂，故贸贸然来此，与其父子闲话移时。丹崖来榻前闲话，并告以明日将移寓西华门其戚家。

廿五日(4月7日) 晴。贵及山来。沧州唐庄族侄来。入署，先至大理院上堂共议监狱事宜，拟先传考取所丁六十名入署当差，然皆系生手,茫然不知看守犯人为何事,殊难经理。沈大廷尉拟调取民政部巡捕十数名以守卫兼巡护之责,而巡警厅官不愿担此责任。予略发其端,谓警厅原有待质所、习艺所等处,巡警系初立,工巡局时所派充者,曾经练习,均尚可靠,若商之民政部堂官暨厅丞等,借用数人,由本署发给饷项,即令教习新到之所丁辈,两月分班再行调取,或可徐徐收效,沈公颇为首肯。散值重到法部少坐,遂往谳局,遇到汪宗可,将前事向其询商,并托其向厅参事荣君蜀章婉议可否,恐有阻滞也。天已暝,回寓。灯下杨待清来,予甫下车,晚餐毕邀入内室,话至三钟始去。接海丰坨里村李吉三信一函。吉三,予内兄也,为议姻事。

廿六日(4月8日) 晴。入署,散值赴谳局,新分一奸拐案,幸男女均到案,供明尚无甚参差,唯女供称其母纵容,并身已怀数月之孕云云。

廿七日(4月9日) 晴。薄阴微风。徐子光侍御邀饮太昇堂,陪徐悦陶、刘仲良两太守,座客甚多,内有韩伯衡观察曾两次来拜,均未晤,日前回拜亦未晤,今日始面谈,系自山东新来引见者,与朱仲洪观察、高礼卿太守、李少皋大令、家伯臣盐大使均不时会晤,并寄声道候,席散已薄暮。出城赴斌陞楼,宁津李芗泉大令之约也。座有宝轩、梅坡、六垣、蓉墀诸君。主人即日前来拜,赠东隅日记者也。座中谈东洋风土甚可听。回寓已十钟,又患牙疼,服药一帖。

廿八日(4月10日) 至大理院,见许季楼受衡、周麟叔绍昌,始知各差已由堂点派,派单张帖在议事之室,共分四处六庭,一详谳处,二当月处,三庶务处,四收发处,又收犯所。予派为刑事第二廷审判官,兼在详谳处行走,大众上堂道谢。散值,回法部少坐。梁星秋过司一谈,予又到山东司与云门略话,遂出城,至同金堂,魏绍廷之约也。座客甚多,席散后至福隆堂康履之之约也。席散予订诸君于卅日,仍在福隆堂小聚,回寓。为刘君平写信。

廿九日(4月11日) 阴,晚浓阴。由大理院至法部。散值出城，往万庆楼，赴云益钱铺之约。散后往福隆堂，孙振轩、梁星秋之约也。夜分始回寓。

三十日(4月12日)　阴。黎明时雨，终日浓阴，夜半后又雨。至大理院看各法庭安置卓橙[①]铺垫家具，每法庭点派录事二员、所丁两名。与文济苍攀谈许久，又邀行走一员，为浙江孙君名延畛字杏农，呈堂点派。重至法部，偕星甫、午楼出城，至福隆堂，予为主人，并邀全晴坡、刘建勋、康履之、孙景章，孙即该堂主人也。拇战移时，回寓已十二钟矣。是日大理院有四君在太昇堂公请新到署诸君，予同星甫、晴坡均辞谢。灯下邀升庵来闲话久之，以连日未得晤叙也。

三　月

初一日(4月13日)　夜来微雨，晓霁。早王竹泉来。敬轩来，携刘权之大令回信，并朱提百两。赴大理院，上堂毕，至第二法庭到任，接见录事徐、臧两君。昨日呈堂点派之行走孙君亦至，又至各厅道贺，传所丁二名应差。满正审官联泽生惠偕汪星甫散值，予独留接庶务处传单二纸，系订明录事与职员礼节，又庭丁应行事务，嘱录事两君抄底稿二分。沈正卿偕刘少卿到庭阅视，斯须而走。薄暮散值，仍至东城谳局，适无事，遂归。上月初予为刘权之写信，责其无礼，经久未得其覆信，兹寄来百金润笔外，函中狡辩，殊为可哂。

初二日(4月14日)　晴。午前里中刘戚偕盐城东关王献廷来，带东刘庄已故同学友人刘□□□夫人一信，为与其族人因赎住宅事轇轕，嘱予为调停两造。入大理署，是日已接收法部现审未定罪名人犯。本庭尚未分案。散值后至法部少坐，因张六吉主政有约也。出城赴同丰堂高菉坡同年之约，席散至福隆堂，同司诸君六人拇战甚豪，夜分始归。与刘茂廷表侄话里中近事，嘱其归时向窦云笙告知

---

① 即“桌凳”。

办理。

初三日(4月15日) 晴。入大理署,始知昨日本庭分刃伤期亲尊长一案,提讯犯供均认明,幸该犯系异姓承继者,不得以胞叔论罪名,出入甚重,应俟传到受伤人,再为定谳。录事徐君在旁写供,颇明晰。向来法部书吏只写两造供词,名为草供。现院中新定章程,凡提讯时连问官所讯者,亦均录出,号为问答。梁星秋到庭少坐。时已五钟,散值出城,至天成号购竹烟管一具,遂赴斌陞楼。是日请江鼐臣孝廉、李芗泉大令、张蓉墀学博、贵及山大令、杨待清太守、兰镜江孝廉,原请有王赞轩大令、王菊庄孝廉,日前皆已出都矣。席散回寓十钟。订于初六日在松筠庵为徐悦陶、刘仲良两太守饯行,并请陪客九人,知单已写齐矣。

初四日(4月16日) 晴,风。入署,提讯刃伤案,原告传到,质讯许久,缘家务起衅,同庭诸君互为开导,候受伤人平复到案,即可完结矣。本日堂派第三庭正审官,予至该厅到任,满员为文济苍,予昔年旧识也。庭中先分一案,系拐带,略讯数语,天已薄暮,命驾出城,赴津南馆,六垣、敬轩、荔生诸君公请仲良、仲鲁两君,席未散,仲鲁先去。是日又有杨待清惠丰堂之局,予已辞谢,与仲良、荔生谈至夜分,始入城。

初五日(4月17日) 晴。入署,谒沈公,道谢调正审官之谕。本庭前分拐带一案,讯犯供许久,仍不承认。本日又分图财害命一案,系内城豫审厅咨送者,正犯亦未供认,天已薄暮,散值。本日为亡荆忌日,回寓时儿辈已上祭,焚纸钱,倚枕少憩,适贵及山来,晤谈移时,渠已定于初十日启程赴广西,故来辞行,并求予致书广西方伯余寿平同年。医者穆先生来。午间王竹泉来。

初六日(4月18日) 晴,午后阴,夜风。早九钟往直隶先哲祠公祭,比到则同人咸集中庭,恭候上祭行礼,迟早恰好也。是日主祭者为定兴鹿大冢宰滋轩先生,徐菊人尚书、刘博泉侍郎、严范孙侍郎、刘中鲁少廷尉、孟绂臣、刘性莽两参议均在列。礼毕食胙,共八十馀人，予自通籍后，盖初次得与盛典云。食毕，鹿太宰邀同人留坐铁如意室会商津镇铁路争约事，盖此事自去岁屡开三省会议，至今尚无要领，近南皮制军屡次来电催询，而定兴公于全局交涉事宜不甚通晓，语多隔膜，虽热心，无益也。座中唯史康侯侍御、张伯纳京堂、孟玉双太守数君颇有中肯(棨)[綮]之语。天已二钟，予辞归。抵寓换袍入署，庭中适讯拐案犯供，急切不得脱身，直至薄暮始散值。急趋出城，至松筠莽，客已到齐矣。遍向众客极道歉忱，少顷入座，肴馔尚不恶，客尽赞美焉。席散已上灯，后予同敬轩偕往海北寺街刘幼乔家中闲话，归已十一钟。南苑庄上族孙连元来，渠去冬患疮症几危，愈后经两月始能复元。询春田事，闻麦苗颇佳，禾种亦均出齐。丹崖来，夜话许久。

初七日(4 月 19 日) 晴。简宅来索旧债。入署，六钟后散值出城，至琉璃厂荣宝斋购长方诗笺一匣，访金筱珊同年，遇于巷口，下车立谈，移时而别。至三胜馆王竹泉之约也。食毕即归寓。灯下为余寿平方伯诚格写信，为贵及山大令嘱也。半月前已就稿，因无恰当笺纸，遣人遍购不得，至今日始觅得，匆匆书讫，明早遣人送贵宅，并致及山一信。

初八日(4 月 20 日) 晴，向晚大风起，颇寒。入署，本日又签分刃伤人一案，自初二日至今日，共分五案矣。董绶金、王书衡来庭观谳狱事，移时始去。薄暮散值，拟出城不果，遂回寓。黄辅臣来夜话许久，杨荣由南苑来。本庭同官文济苍霈者，昔年由保案到部，在山东司帮印，予时为主稿，意颇洽，惟微嫌其好矜己长，继渠调湖广司掌印，遂与主稿王君不合，谳狱有能名而未免刻薄任意，前数年因案被控受贿，奏参降调，郁郁久之。今正月续调到院，意气发舒，逢人辙议论，滔滔不绝，予甚不以为可，乃忽有调第三庭之派，适与共事，旧雨重逢，良可欣慰。连日睹其举动并裁判各事，仍是昔日病痛，且好用刑责。本日讯拐案，有十六龄之女，牵连到案，竟两次掌责，予耳语止之，将来恐不免有龃龉之处也。早起，至东院闲步片时，紫丁香已盛开,桑叶青青,野花遍地矣。

初九日(4月21日) 晴。入署,文济苍已提犯杖责讯供矣。至详谳处与许季楼、周麟叔谈及各庭讯供是否仍用刑责,两君佥言不可,予嘱其至明日知会各庭,俾有所限制,庶不至残酷者放手无忌也,两君均诺之。散值出城,至沙土园回拜金小泉恩科舍人,不遇,又到文昌馆访李书贾,亦不遇。遂往醉琼林,葛绍松郎中之约也。同座皆奉天同司诸君,掌印善芝樵后至,嬲众客,拇战许久。席未散,予趁空出门登车回寓,时已十一钟矣。献廷来榻下小谈。接刘韵生由东洋寄来《法政讲义》一册。

初十日(4月22日) 晴。入署,呈递现审单,连讯三案,内有因痰迷自缢身死一案,尸亲姑媳均供无别情,遂叙供画讫,至天暝始散值回寓。午间刘学海来,适予已将升车矣。

十一日(4月23日) 晴,午后薄阴,夜半风起。入署,是日在庭公议,分两处讯案,以免稽压,散值后偕文济苍赴太昇堂,乃大理寺旧司官奏留在院者共八人作东道。九钟后席散回寓。刘永顺来闲话许久,韩云亭至卧室谈家事,至夜分。早十钟时诞生孙女,产母平安,不胜欣慰。灯下接葛少松比部一信。

十二日(4月24日) 晴,微风,是日换凉帽。入署,提讯刃伤一案,又民政部奏送抢劫盗犯一名,系去冬京北上月村苏都司家被抢案,内正犯经探访局在通州拿获者,搜出原赃多件,业在总厅供认不讳,送法部后又复翻异,今日提讯仍狡赖不认,予开导许久,未加刑责,即收入监内。本日又签分法部移交提督衙门,奏送抢劫盗犯一案,犯人四名。散值已六钟,出城至福隆堂刘建勋、吕纪昌之约也。主客共十一人,席散回寓,十二钟矣。

十三日(4月25日) 晴。入署,讯两案毕,天已五钟后,呼舆出城,先至津南馆回拜兰君,谈许久,适张兰江亦到,又丹崖亦至,话移时别去,赴湖广会馆,是日己丑团拜,演同庆部。予到时已暝,遇中鲁廷尉甫到,观剧至三钟后始回寓。闻兰君云,上月杪沧、盐一带大雨沾足，二麦可望丰登，为之一喜。

十四日(4月26日) 晴。午间刘学海致堂偕耿直卿来，黄辅臣来，匆匆数语即去。入署，上堂画稿二件，片文一件，予因连夜失眠，昨尤疲倦，未提案犯，五钟散值，梁星秋过本庭小谈，予回寓，暝时访问楼一谈，并求为新生小孙女看八字，话至十钟始归。晚餐后裴维周偕杨荣自南苑来。

十五日(4月27日) 晴。入署。提盗犯来洛九一案，此案系在通州拿获，由该犯身上搜出原赃多件，在外城总厅供认明白，奏送法部，未经审讯，即交大理院，因延宕日久，又旁无伙犯质证，遂尽翻前供，坚不承认，已屡次开导，今日始用杖责，仍复茹刑不吐，时已薄暮，遂收禁。散值回寓，李书估来，携书数种，嘱其购《刑案汇览》一部、《碑传集》一部。滕瑞轩孝廉来拜，系通州包衣旗人，由裴维周介绍而来者，榜名致祥，乃乙酉同年也。向予询及拣选分发事宜。丹崖来。上灯时出正阳门，至斌陞楼，孙振轩宗麟之约也。座皆同院法庭诸君，席散回寓，与丹崖夜话，出近作论说三文示予。

十六日(4月28日) 薄阴，风。午间幼乔偕其族孙刘宝庭来，此君乃去岁新取优贡，即前河南上蔡知县济臣之次子也。济臣为癸酉拔贡，朝考一等，以知县用。今晤其令嗣，英英露爽，望而知为旧家子弟，略谈片时，予将入署，即别去，甫上车，筱珊同年来，又话移时。散值已薄暮，灯下陈芙舲来夜话。

十七日(4月29日) 阴，黎明时雨达晓，将午始止，午后渐霁。入署，散值至太昇堂，同署诸君公请之局，上灯后回寓。夜作书寄窦云笙茂才。

十八日(4月30日) 晴，风，午后忽风起云合，移时始霁。入署，拷讯盗犯三人，至第四庭访梁星秋，定公请之局。回寓闻仆妪云儿妇近日饮食减少，时作烧，拟访医诊治。出城，至福隆堂张六吉之约也，皆奉天司旧寅好也。闻法部已揭晓矣，日前正班奏补各缺，其中得失不一，欣戚悬殊，盖缺望者多矣。李书估来，未遇，留《碑传集》

一部,《刑案汇览》一匣。

十九日(5月1日) 晴。早餐后呼媪辈,询悉儿妇昨晚服药一帖,今早汗出,闷热已减,能进饮食矣。女梅儿两臂起风湿疙瘩,时作疮痛。午后入署,办稿底一件,系镇国公全公府呈送已革护卫廷玺,恳求发遣。该犯三母亦呈送忤逆,恳请发遣,二罪从一科断,应照例发黑龙江,交陆军部递解。本庭又调第四廷一案。散值赴东城金鱼胡同那琴轩同年相国宅内拜寿,其胞叔铭将军安八旬正庆也。未入座即登车出城,至福隆堂,全晴坡主政之约也。座皆同院诸君,席间拇战甚豪,回寓已十一钟,吴焕臣来夜话。昨为窦云笙写信二函,又忆及一事,并致之。

二十日(5月2日) 晴。入署。散值后至第四庭访云门一谈,云门邀出城小饮,偕星秋、欧阳毅之颋同往,至大栅栏一游,遂赴致美斋共餐,餐毕入城。

二十一日(5月3日) 晴。午后薄阴。午间里中李雨臣亲家来,适予早餐,餐后握手,谈一小时,即命车入署。甫出门东行至兵部汙南口北行,骡忽惊逸狂奔,御人衔勒不及,又适有一十来岁小儿当其旁,御人恐小儿之被轧也,心手忙乱,而车已将其撞倒轧过矣,车触墙隅,骡不能前,向上腾跃二次,鞍辔悉落,而舆辐脱轮辕分矣。予在车中,方惶急间,上车已陷落地上颠翻,幸未伤损腰膂,惟顶心与额间近左掽[①]有微伤,出舆立道旁,始见御人面有血痕,尚能行步,任其回宅送信,又闻人丛中小儿啼声,询知为车轮所挤,尚无大碍。其母携之行步,予许为购药医治,盖予在舆中,均未知若何也。痴立移时,家人始到,嘱勿惊慌,安步至西交民巷口雇一洋车赴署,向诸僚友告知,方自知顶心皮微破浮肿,额间亦肿起青红包,觉微痛,日夕将散值,家人遣车往接,予仍换旧老骡。予拟回宅,又念当由城外购药,本日斌陞楼有邀饮者,遂出城至该处,遣人赴同仁堂买三黄宝蜡丸二丸,七

① 掽,同"碰"。

厘散二钱，用老酒冲服一丸，以散敷伤处。主人乃田仁甫也。服药后入座，草草饮黄酒数杯，而魏绍庭主政因公议印结局事，亦在该处相邀，予就往，则李敬斋、王卓声、王六垣三吏部、筱珊民部均候久矣。重入座饮啖，咸为予道惊。席散后所议事无甚要领，各散。予回寓，升莽诸君均入内室省视，雨臣亲家亦到，予与雨臣夜话至一钟后，让雨臣先寝，盖延入同榻也。予经马惊覆车之险凡三次矣，而此次为尤险，盖前者尚未伤人也。抵家后始详询御人，受伤在肩臂，面上乃为挤蹭伤，带来七厘散，令其用酒冲服，并敷伤处。

廿二日(5月4日) 阴，薄暮雨数点。入署，散值回寓，少憩，王云门遣人来约，赴斌陞楼，不得已冒雨往焉。座唯星秋、振轩、毅之，一更后归，共雨辰闲话，夜半后办全公府呈送包衣人发遣黑龙江之稿，就枕时天已清晓。

廿三日(5月5日) 晴。黄昏后忽浓阴，隐隐有雷声，始电雨数点。入署，散值出城，至津南馆回拜刘△△，与兰恒轩乔梓小谈，敬轩适在家，畅谈许久，暝时至福隆堂，李润生之约也。本日在署，闻地方裁判事宜，法部仍向政府争执须由部管理。日前闻院中官制业经政府画诺矣。忽庆邸索阅，又送军机处，交法部看详，事遂中变，将来恐不免重起风波也。沈大廷尉素称刑名老手，然既非理繁治剧之才，又乏开务成物之略，委蛇周章，逡巡瞻顾，任用又非其人，以故数月之久，终不得要领，而中鲁少廷尉虽有见到处，究因未谙部务，不肯放手，且推沈公为前辈，避后来居上之嫌，一任庸谬鄙夫伺隙抵间，国事将愈不可问。呜乎！开国承家，小人勿用，世变如此，人材如此，安得不为危栗乎？自大理院既立，沈公先调许季楼、周林叔两人为总办，又继之以董康新自东洋考查监狱回国，予逆知其不足集事也，及岁杪而法部设丞参，首选为定成先年由刑部放山东知府，后改京堂，又逆知其必从此多事也。然不意牴牾水火至于如此，法事将安属乎？倘由此不改，非大决裂、大破坏不可，安得一有识者统筹大局、改弦而更张之乎？为民请命，为国进贤，吁其艰哉！

廿四日(5月6日) 晴。昨闻有上谕,新授邮传部侍郎革职,今早见邸抄,始知为新授该部尚书岑云阶宫保,召对时面参者。入署,散值后出城,至斌魁店回拜同里杨子辅广文,谈许久,并见其长孙随侍到京者。子辅为壬午副榜,任河间府肃宁县训导,去年升授宣化府教授,此来为领凭赴任也。回寓,晚餐毕,吴焕臣来。在署闻岑云阶宫保入对时,参奏内外大员十数人,上颇动听。朱侍郎其一也。按内外臣工,不论官阶大小,凡被弹劾必交查办。兹则以"声名狼藉,操守平常"八字革职,洵异事也。

廿五日(5月7日) 晴。向晚薄阴。入署,散值至福兴居,是日公请同署寅僚,作主人者十位,上灯后客始到齐,席散至十钟回寓。杨丹崖来,刘炳臣自津门来,夜话至二钟后,始归寝。在署闻本日上谕,御史赵启霖特参新任黑龙江巡抚段芝贵结交亲贵要人,贿赂累累,派醇亲王、孙寿州相国查办。段君开巡抚缺矣。此事各报纸连日沸腾,竟登白简,惜哉!

廿六日(5月8日) 早阴,午霁,午后又阴,风起甚大。入署,散值后至福隆堂。是日请客九人,皆同乡戚友也。席散已十钟,回寓。与雨臣夜话许久。

廿七日(5月9日) 晴,大风,午后阴,风愈大,寒甚。入署,散值回寓,换绵衣,出宣武门,至福隆堂,是日为蒋惺甫太史名式瑆生日,同人公祝之局。座中共十一人:王鹤田太守毓芝,袁纪云郎中廷彦,李敬斋郎中坦,史康侯侍御履晋,恽薇孙学士毓鼎,汪星甫主政忠杰,冯公度别驾恕,张心田侍御世培,聂献廷郎中宝琛。史、汪、冯、张、蒋五人旧有生日雅集,予与薇孙同年及王、聂、李、张六人则续入者也。拇战甚豪,席散已十钟后矣。回寓,韩允亭、刘升莽先后来内室小谈。闻旧仆孙禄于今早病亡,即予侍僮小利儿之父也。自丙申春来寓给役,随携其子,彼时小利儿甫七岁,后其妻亦在寓佣工,来去不常,至辛巳春予方居忧,问楼宅内借去帮工,问楼放广西太守,伊随往年馀,回京即前岁之冬也。曾来谒予,即见其病态不支,缠绵至去冬方度岁时，尚来为予厨房帮工，灯节后辞去，前数日闻其病重，颇轸于怀，今死矣，犹念及其从前服役，为之凄然。接吕来臣信一件。

廿八日(5月10日) 晴，仍大风。午间敬轩偕刘景梅来，谈移时。入署，散值后回寓。本日金筱珊同年邀饮同丰堂，辞谢未往。灯下雨臣、炳臣共榻闲话。买砂药宝丹数种。

廿九日(5月11日) 晴，风。入署，递现审单未结九案。领津贴银五十两。散值回寓，换衣，随即出城，至福隆堂，绍五楼之约也。席间皆昔日奉天司同事诸君。席散已十二钟，回寓。杨荣来。

四 月

初一日(5月12日) 晴。入署，自廿一日被车碰伤头皮后，至今日始剃发。散值后赴东城豫审厅，缘早间忽接厅书记一禀，云正审官汪金坡请予有面议之件，比到则汪君未来，适有一债务案，两造均传到，无人讯办，予随唤入，讯诘移时，天已薄暮，遂回寓。灯下与雨臣闲话。

初二日(5月13日) 晴，大风。入署，散值后复往东城豫审厅，晤汪金坡、汪宗可两君，宗可代领上月薪水四十元。予自上月初二日到厅一次，已嘱倪书记云，以后大理院接办事忙，予必不克分身，当禀明汪提调，即言某已辞差矣。兹既复发薪水，未免无事受禄，殊觉不安，遂力辞焉。奈汪君不肯收回而金坡意则仍愿予留厅帮忙，展转筹踌，拟于午节前再承乏一月，以略解干俸之嘲云尔。归途腹饥，至同和馆邀孙祥卿大令到该馆共餐，餐毕回寓，已十二钟。殷星若笔政文焕来相候，予以疲乏殊甚，未得相晤，嘱儿辈款之。

初三日(5月14日) 晴，午后阴。入署，散值回寓，李福卿来送新刻影宋本《黄山谷集》一部。在署中，适同僚金巩伯绍城持有天足会捐册，捐银三两。灯下耿耀斌来谈移时。

初四日(5月15日) 晴，夕阴。入署，散值后赴东华门外甜水井回拜张咏霓太守，谈移时，始知其令弟△△大令亦来都，盖需次广东，随岑云阶制军幕而来也。随至北洋公所回拜岑云帅，不遇。顺路至驴市胡同孙祥卿大令家小谈，回寓。灯下丹崖来话至夜分。

初五日(5月16日) 晴，大风。入署，散值后至湖广馆，是日为乙酉科团拜，回寓已三钟后。

初六日(5月17日) 晴。入署。是日有宗人府会讯一案，偕王梅生、范明辅二君赴宗人府，归后出城至煤市街同福居，街东方拆修马路，车不能行，步至该馆，为第二庭金筱泉舍人恩科之约也。同座十人，予向不喜饮洋酒，涓滴未尝入口，因拇战群哄，约饮一瓶馀。归寓觉微醉，酣眠半夜，比儿辈唤醒已黎明矣。

初七日(5月18日) 晴，大风。入署，散值出城，至万福居谭乃庚主政廷飏之约也。谭为法部主政，今春调大理院，在刑科第二廷帮审官上行走。是日，座中许际楼、周林叔两提调均到，谈及近日部院为官制事又起冲突，各抱不平。盖上次正班之前数日，大理院所订官制已送至军机处，经各王大臣画诺矣。忽庆邸索还覆阅，径交法部，法部各堂大愠，谓院订官制未曾与部会商，仍争监督之权，遂独上封奏，以大理院由五品推事以上之官，将来补署须由部会奏，而自高等裁判以上皆由部设置，拟有章程十二条，已奉旨依议。是大理院不得为独立衙门，以权则牵掣，以事则窒碍，而所谓更张者，非徒无益，反致贻害，较之从前不过多耗国用耳。噫，中国变法之代多矣。今尽付之若而人者，是固曾布、吕惠卿所不屑，而适与无事自扰之语相合也，惜哉！夕时宣武门外教场头条胡同广西会馆遭回禄之变，焚屋数十椽。上灯后席散回寓，韩允亭来内小谈。

初八日(5月19日) 晴。旧例因是日为浴佛之辰，不理刑名，故未入署。院中胡勉襄、李菊庄诸君共十三人公请阖署于云山别墅，肴馔极丰腆，散后天未暝，赴松筠蓊同乡公局之约，以商订印结局近日对付民政部各警官事，因警官自去冬力争结费，至今尚未定议也。回寓十钟。在松筠蓊遇直隶馆长班，询悉四五两儿连日未入学堂，予归后问之震儿，果然若辈已睡矣。拟呼起责之，韩允亭来为说情始解，予彻夜未眠，晓日已三竿矣。四五尚未觉，予唤醒，责以藤条。

初九日(5月20日) 阴，向晚浓阴。接贾子槐信。入署，散值回寓。上灯时有院中庭丁陈魁来回公事。雨臣亲家偕允亭来小谈。丹崖来。夜将半，吕来臣由津至。

初十日(5月21日) 晴。入署，散值回寓。与来臣谈至天晚。

十一日(5月22日) 晴，风，天久不雨，九衢尘涨。是日为小孙女弥月，午间姜宝轩农部夫人来视新妇，并携赠带铃数事，予延入堂中，道及彼此家庭近事，为之欷歔。嘱新妇陪侍，遂入署。散值后出城，至福隆堂，缘魏绍庭农部为印结公费，特请张石桥、赵敬臣、卢刚甫三枢员面商，客到齐将入座，予辞归入城，至张华甫宅内道贺。是日为华甫新生侄孙百日之喜，座惟幼石、苏维轩、王△△三君，饮啖既毕，呼戏法术演搬运杂剧，赏以番银一元而归。宅中唤有盲者数辈唱弹词，已散去。

十二日(5月23日) 晴，风。入署，闻沈大廷尉调法部右侍郎，而张劭予侍郎调大理院正卿，为之愕然。盖政府又为此调停之见也。夫大理院既专司裁判，岂可以书生学究不知名法之人厕其间乎？真令人无从索解矣。各庭人情惶惑，散值甚早。予至第二庭同星甫谈移时，始回寓。灯下延升庵至榻前闲话。

十三日(5月24日) 晴，风。入署，散值后出城至沈侍郎宅贺喜，又回拜高蓂坡同年侍御，晤商公请孙世兄昆仲，归顺道至上斜街沈紫封太守宅道贺，遂往福隆堂，为吕纪昌、张六吉、刘建勋、绍五楼结同谱，特邀予同汪星甫、善芝樵三人为主盟。芝樵、星甫嬲众人，呼雏伶侑酒，饮至夜半，芝樵大醉，袒裼卧院中檐下，情态可想。予先呼舆而归。南苑九号村王姓来求事。允亭共话移时。早间解子超裕庆大令来拜，未见。内城总厅送知会来，为予前保送考书记事。

十四日(5月25日) 晴。入署，散值出城，至新大廷尉张公宅贺喜。往津南馆访刘景梅小谈，敬轩适在家，邀共晚餐，餐毕回寓。

南苑王某来。吴焕臣来夜话。

十五日(5月26日) 晴,大风彻夜。午间幼石来,近闻其调民政部稽查处兼差。入署,散值回寓。灯下雨臣亲家晤商新妇归宁之计。

十六日(5月27日) 阴,午间微雨,忽大风,向夕霁。是日院中始改早值,又新任张大廷尉于辰刻上任,各官均上堂谒见。自三月初一日办事,沈、刘两公议以向来堂官入署及散值,均由大门至大堂,皂役等喝道,无关体制,可免去。且署内所用丁役皆由考取而来者,概读书识字,尤当养其人格。故凡伺候奔走之不涉于公事者,悉裁易之。今早张公入署,未闻呵导声,颇骇讶,迨拜印谒庙至散值,谕庶务处传知仍照旧制,又丁役向穿军服,张公亦不满意,将来恐有更变也。在署早餐毕回寓,少憩。四钟后出城,至先哲祠为己丑科同年雅集,此为第一局,主人乃恽薇孙学士、刘△△太史、绍任廷少司寇、钱新甫检讨,到者约廿馀人,薄暮始散,回寓。

十七日(5月28日) 阴,早微雨,夕霁,甚寒。入署,散值回寓,途中遇赵伯勤,邀至寓中,畅谈许久。赵君善医学,亦先调入大理院者,派在第三庭行走,与予甚洽。金筱珊同年来。薄暮出城,至福隆堂李敬斋吏部之约也。敬斋于本年应轮到为查结官,须下月初一日接手,故先期邀众同乡之相识者,为吏部须同乡官列名公保也。遇汪星甫亦在该堂会饮,星甫先为其相识一银号说项,拟求敬斋将印结局公费存该号,敬斋自己亦有一银号,故同人所荐者一概未允,而星甫必欲强之。本日在福隆堂相遇,向敬斋仍申前说,敬斋执意不肯,以致面赪颈赤。予在旁略解之,始罢。

十八日(5月29日) 晴。是日署内正班。入署,散值出城,至长巷头条震发合银号借银百两,汪星甫之介绍也,与其铺掌△秉一小谈,星甫亦在彼相候,取银后辞归,至德源店回拜庆云解自超大令,晤谈良久,姜海楼亦在座,回寓换衣,出宣武门,至湖广馆,李敬轩之约也。仲鲁廷尉先到,观剧数出,已上灯矣。遂回寓,明日雨臣亲家将携震儿旋里，饬杨荣遂往。裴维周自南苑来，晤谈移时。为雨臣题颜平原书《宋文贞公碑帖》之签，并缀跋语一页。

十九日(5月30日) 晴。早起，将入署，晤雨臣亲家，匆匆数语而别。散值归，倚枕假寐，比醒时已日将落，李福卿来。接刘雨溥信一函。

二十日(5月31日) 晴，薄暮浓阴，夜半风起。入署，散值回寓，少假寐，出城至陶然亭为院中公请之局，薄暮始归。灯下丹崖来，话至夜分。

廿一日(6月1日) 晴，风。入署，是日有会府一案，拟予往。饭后予在庭寂候，忽民政部咨一片文，内称所传巡警患病，不能到案，遂立刻行宗人府一白片文，改期再行会讯。又近由度支部现审处咨交地亩案，共六十起，分各庭承审，本庭共分十起，检齐卷宗收讫，时已二钟馀矣。呼舆回寓，方拟少憩，闻李华楼明经由里中来谒，出谈移时，日已夕矣。遂出城，至福隆堂，震发合银号铺掌王秉彝之约也。座有一吉林人杨新斋，外此同乡熟人也。回寓已十二钟，华楼复至，邀入内室，谈许久，盖渠拟报捐中书，倩予为之定议。

廿二日(6月2日) 晴，风，午后阴。接吴焕臣信，又葛少松郎中信。入署，自予莅任第三庭，庭中同僚共九人，二帮审金、冯两君，三录供编案刘、范、王三君，外有二行走，则闵、赵二君。唯冯君系法部旧人，馀皆他衙门所调者。然冯君系由孝廉捐纳到署，在部近十年，每日来庭从未见其着手公事，亦不知其明暗何如。金君人极聪敏，又西洋卒业生也，唯不习法学，且已经奏留商部矣，渠之来特流览之助耳。闵君亦孝廉，年少美才，亦兼外城巡警厅差使，不能兼顾。赵君喜用功，志锐而才敏，然在署兼医官，又兼外城医院工夫，万难久靠。刘、范、王三君，皆大理寺旧僚奏留者，中唯刘君肯用心，趋事亦果，闻其先已报捐知府，年内外即想分发出京。范君，人极谨饬，而向习俄文卒业，兼某部翻译官差使。王君年甚少，文义不甚深造，到署往往略坐辄去。此三庭办事诸僚友之大较也。予同济苍文君连次筹商，殊乏良策，逐日手口殆不胜其苦，而方寸悬悬，常懼大戾之在身。昨与星秋话及民事第一庭帮审上行走聂君梦麟，昔在法部山东司帮正主稿，近年丁艰回里，今春奏调到院，与第一庭正审官李君意有不适，予浼星秋代邀帮忙，聂君甚乐，近日予同济苍商妥回堂点派，此后或可少分笔牍之劳矣。回寓过星甫宅，浼其代办奏片一件，留刺而归。少假寐，斌陞楼来人请予速往，栉发毕，出城，则聂君玉书偕云门、星秋三人也。饭毕入城，王居庄孝廉伦正由奉天来，为考职也。来寓视予，闻之喜甚。延入，谈许久，出新撰《孟子传略》一册留阅。

廿三日(6月3日) 晴。入署，聂玉书是日到任。散值回寓，少憩，赴后门外会贤堂饭庄，中鲁廷尉之约也。客则张咏霓、子京两世兄，馀皆同门。席散已天暝，诸客辞去，予同主人纳凉少坐，上灯后归。会贤堂为昔年庆和堂故址，即直隶先哲祠公产也。经南皮制军购地建屋，先有楼房数十楹，在十刹海之南，每至夏月，楼下荷塘柳陌，一望绿缛可爱，故租此地者生意甚盛，庚子夏拳匪之变后，门外市廛，悉为灰烬。上年南皮制军到京，捐金重建，有阎姓厨人，租赁此宅，仍开饭庄，予此次始到，未暇流览，似较从前位置有雅俗之别。院内卉木极伙，方开宴时，楼下有善口技者，能学禽兽各种声籁，令其呈技娱客，殊可供一粲也。回寓，灯下办现审稿一件，乃因夫出外，擅自改嫁。

廿四日(6月4日) 晴，大风。入署，散值回寓。适丹崖至，陪谈移时，倦甚，假寐一小时。呼舆出门，至报子街同和堂饭庄，乃镇国公全春舫之约也，全与法部郎中葛少松相识，上月全府中有已革护卫某，酗酒不法，屡次滋闹，其母训斥不服，曾经两三次呈送忤逆，此次又入府搅闹，被家主呈请发遣，由民政部咨送到院，予商之济苍，按例惩办，交陆军部发遣黑龙江，已起解矣。方事□院时，全公曾浼少松向予历陈该犯怙恶情形，比办结后，该府中深以办理迅速为快，向少松屡道谢忱，予答以例应如是，非我辈希指加重也。少松言及全公人极谨厚，无贵游习气，现在贵胄学堂肄业，极欲一晤，前数日少松来函,约于今日在同和堂晤叙,予到时主人未在,候许久始来,谈移时,果恂恂儒者也。众客陆续至,座共七人,上灯后始归。

廿五日(6月5日) 晴,早风起,午后止。入署,散值回寓。冯采臣寿祺来闲话移时,日内无应酬,就枕酣睡,自四钟至六钟,适客至始醒。敬轩来,谈次王居庄来,谈至薄暮始别。早间在署,上堂画稿,适本庭有一民妇,因夫他出数年,改嫁他人一案,拟杖九十,罚金,呈画时张大廷尉阅过,不知应签何字,踌躇良久,乃署一行字,众皆匿笑。向来画稿,凡军流以下罪名,不须归汇奏者,稿面署"照议"二字,张公向在法部半年,所画现审稿件多矣,何尚如此愦愦耶? 灯下韩允亭同献庭榻下小谈,并嘱允亭明早赴东城南新仓领俸米。予在都十九年,通籍后除丁艰二次,盖实资食俸十五年,向领六品俸,乃老米。自去岁秋季始领五品俸,白米。每值领米之时,辄念往日先母在京,食老米而甘之,非性喜食之也,以为天家所赐一粒,君恩尤重,怜不肖之薄有禄入也,今则叨玉粳之赐,而慈容不及见矣。若亡荆则亦拳拳于是者,竟不能延也。八月之寒暑,得一举著也。怆怀悲涕,为之罢餐。

廿六日(6月6日) 晴,午后大风。入署,散值回寓,理发毕,适刘炳臣来小话,天已五钟,出城至先哲祠,是日同陈砚堂主政、孟绂臣参议、高菉坡侍御公请张咏霓、子京昆仲并邀钱世兄锦孙、蒋星甫同门,均辞未到。子京亦因事不果来,惟中鲁廷尉早到,敬轩主政后至。席散已八钟,先未入座时,主客六人共拍一照,敬轩后至,不与焉。将归,偕敬轩游土地庙花厂,暝色已上,始入城。去岁夏间西城有春阿氏谋杀亲夫一案,由提督衙门咨送刑部,刑部派审,历十馀员未能究出实情,该氏跪炼熬审数月,供认杀夫属实,而起衅造意及下手情形均无确供,是以未能定谳。自设大理院,有专司裁判之限,法部遂不复推求。迨移交到院,因公庭未立,又复延搁月馀,方案犯初到时,堂派顾少墀、文济苍二人,闻近又添派二人。昨午提讯三小时,今早闻济苍云,春阿氏初仍招认,承审官因情节可疑,用言开导,该氏全翻前供，谓其夫有庶母因奸被子窥破，设谋将其害死，并陷该氏于极刑云云。按该氏在提督衙门供认，故不敢别起风波，承审各官迁延推卸，无术平反，将来院庭必另起炉灶，别具一番思想也。

廿七日(6月7日) 晴。入署，散值回寓，已三钟后。热甚，饮茶一盂，倚枕酣眠，至日夕始觉。盖经旬累月中偶得此半日闲也。

廿八日(6月8日) 晴，午后大风。入署，是日正班，顾少墀、萧莲西来庭小谈。散值已三钟。回寓少憩。贾星垣来，少坐，时已将六钟，出城至兵马司中街李宅回拜，遂往广和居，聂玉书之约也。已入座，酒数巡矣。忽陈与人、秦杏△来，强拉予同周麟叔两人往江苏馆，盖是日陈、秦两君偕金筱泉作主人，在江苏馆设席，予已辞谢矣，而两君闻予在广和居也，亲自来邀，两处均在北半截胡同，相距不过数十武耳。到后唯少墀在焉，又柬招蒋树人来，共拇战久之，予遂兴辞，因同乡李敬斋郎中为印结局事在天福堂相候也。比到则已杯盘狼藉矣，大众略作周旋，即告别，入城。昨幼石写一名条，打听其人是否与合肥侯相本家，遣人至间壁新吾同年宅查询，果非是。此人名李经文，又改名经通，自称系文忠公侄孙，候补道，又称系候补知县，大概乃无赖子，招摇撞骗者流也。现在西华门张海臣寄住。

廿九日(6月9日) 晴，大风，终日不息。入署，散值回寓，少假寐，客至，系同乡傅季玉汝连比部，去岁丁艰，近托情于那相国，拟在民政部谋一差，相国遂派入豫审厅内城，渠以路远惮劳欲在外城，浼予设法。予与此君素昧生平，介高、菉坡同年侍御来寓面商，予劝其暂行到厅当差，再候机会，渠仍不愿，予告以如果身力不及，只好告假开差，否则显有避就，碍难启齿，渠怏怏而去。李春轩来，渠于上年随李慕丈到湖州，慕丈告休后送其家眷回北，始抵京寓其弟敬轩处。话许久，同车出城，至致美斋，并邀敬轩、景梅同座，夜分始散。

三十日(6月10日) 阴，辰刻浓雨，午后又微雨，夜半又雨。入署，是日加班，奏事堂官均未到署，早餐毕，诸僚友各归，予假息片时，四钟赴北城十刹海会贤堂，张咏霓、子京昆仲之约也。座皆同门，他客唯夏同敷太史、李敬轩户部敬轩昔年曾馆于肖莽师宅，又拍一照，席散已日暮，遂别。

五 月

初一日(6月11日) 阴，早间微雨，傍午始息。入署，是日有会宗人府一案，餐后归寓，少憩，宗人来请会讯，由寓往焉。比到则班役带人证尚未至也，会审员松君出谈，始知系毓凌控霸地亩一案，非予所会讯之案也，然此案亦系第三庭新接收度支部移交之案，本日已片行宗人府，再行定期矣，而院文尚未送到，故松君以为予为会讯此案往也。适该宗室并庄头均已传到，因唤至略讯情节而散，至予往讯之案，则宗室富煜与民妇及巡警互殴之案，同讯者为联君。富煜竟未到，仍饬丁役将董张氏带回，定于初四日再讯，遂回寓，上灯后在厅房与刘升庵、韩允亭闲话许久。灯下为里人刘雨溥写回信，雨溥为予作伐，议续弦事，女家乃海丰杨宅明太宰名巍之后裔也，近雨溥来信云，杨宅已允诺矣，惟视予意如何。展转经旬，日前敬轩闻之，极力怂恿，至今晚始作书复之。

初二日(6月12日) 阴，午后霁。入署，讯通州武生曹植桐案，即昨日会府之毓凌控伯[1]地事也。案旧在通州互控已数年，官经历任，终未能断结，文牍累几尺许，予略一流览，尚未暇细检也。唤曹某略讯大概，令其取保候质。散值后在署少假寐，四钟许赴十刹海会贤堂，本日同门六人公饯咏霓、子京昆仲出都，重拍一合照而别，薄暮回寓。杨升由南苑庄上来，闻节后将收麦矣。

初三日(6月13日) 晴。入署，散值归。同邑何治园孝廉来，渠由去岁在保阳警务学堂，近始卒业，春间举贡考职，至天津，经提学使甄别，列入正取。兹来赴礼部试也。数年阔别，握手未及道契阔，

① 伯，通"霸"。

谈及时事，扼腕相对，话至五钟辞去。贾星垣来，丹崖来，谈移时，伏枕睡去，至薄暮李福卿来，上灯时呼舆出城，至正阳门大街云益钱店借百金，为了节帐之用。铺掌梁某慨然诺之，遂入城。灯下丹崖偕刘炳臣来内室闲话。刘永顺来。

初四日(6月14日) 晴，大风终日。入署，散值归，假寐移时。金筱珊同年来，谈移时，去后适高蔈坡同年遣人送上月在先哲祠公请张咏霓太守同人拍照一张。本日有会宗人府案件，七钟始来信，由寓前往。阅宗室某画供即归。遣人到云益号取银，并多借廿金。延韩允亭入内一谈。

初五日(6月15日) 阴，午后微雨数点。早间出城，至张大廷尉、沈侍郎宅贺节，投刺。顺路至松筠莽访聂玉叔一谈，回寓，餐后假寐移时。灯下黄辅臣来。

初六日(6月16日) 晴，午后浓阴，西北方雷声殷殷，雨数点，向晚风起，忽霁。入署，方升车时，聂玉叔来谈片刻而去，早餐后至第四庭谈移时，回寓已三钟后矣。小孙女连日不适，唤仆媪抱出看视。拟出城拜客，因将雨未果行。灯下呼王升来，询及畿南一带雨泽，渠武桥县人，甫由里来，诉其途中所遇事。舟行过青县，有一舟自通州南下者，其人丁姓，即王升同里人，向为京宦寄家信兼挟银物，如所称标客者，年将七旬，家颇以此致赡足，故官商多信赖其用，近又为人寄信数百件，并囊千馀金，雇舟至德州界，舟抵青县之南，名四合庄，方日暮时，舟行未泊，忽有盗十数人揽截，放枪威胁，登舟肆抢，丁某持杖抵御，被盗枪伤身死，王升行抵该处，正县官相验时也。聂玉书主政向在法部，丁忧去官，去冬起复，未销假而丁内艰，今春营谋奏调到院当差。渠由籍来时，已设庭开判，接收案件，所有民刑各庭正审、帮审均派定有人矣，渠向与民一庭正审官李菊莊传治为法部旧同司好友，意望帮审差使。比菊莊回堂点派，但署帮审行走，因大失望，月前予闻云门、星秋谈及渠事，亦似为其扼腕。适刑事三庭公务烦难，苦无熟手，欲邀一旧人，星、云两君力为聂君道地，予遂回堂指派帮审，乃甫十馀日而民一庭出一帮审缺，李菊莊又以言餂之，渠径返民一庭。噫，此君何如是之轻于去就耶！

初七日(6月17日) 晴，风。入署，闻署中已拟定补署各缺，明日将具奏矣。阖署人员累月悬望，心旌摇摇，至是欣戚各半。予自到署以来，即派有详谳处差使，然终未至详谳处一涉足，盖奏调各员无可位置，皆派往详谳处。而提调许、周两君凡公事商议，每不愿僚友闻知，其工于夤缘者，惟承望提调意旨以为见好之地，每日只点卯画到，聚谈耳语而已，各庭正审、帮审本无暇及此，而予尤为痛心疾首者也。自去秋改制以来，中外想望措施，今颓败至此，入其中者，犹日夕营营唯差缺之是求，不得则攒眉缺望，而忘己身之短长优劣，甚至不知律例为作何用者，殊不解朝廷设官立制，顾聚此群伧于其中，将何为者也。僚友有向予道贺者，以在详谳处窥见堂交奏底有补缺名单，予名在焉，盖各庭正审皆补推事正五品也，予一笑置之。晚访李新吾太史，不遇。

初八日(6月18日) 晴。入署，散值回寓。薄暮往福隆堂，是日为生日会中张心田侍御之诞辰也。席散已半夜，会中唯聂献廷郎中未至，渠已由考职入场提调也。

初九日(6月19日) 晴，午后敬轩、景梅先后来，谈移时始去。入署，各庭处所已奉有补署确信，齐集上堂道谢，并互相道贺。散值后回寓，假寐片时，遂呼舆出城，至戴、沈、张三公宅投刺道谢，入城往西四牌楼中鲁廷尉宅，不遇，留刺而归。早间，北城秦博川来访，晤谈移时，因家有地亩公事也。

初十日(6月20日) 晴，大风。入署，散值甚迟，抵寓已四钟矣。倦甚，拟略憩即出门。比入睡乡，醒后已日夕矣。灯下李新吾太史来谈移时，吕来臣由津门至。陈芙舲来。

十一日(6月21日) 晴，向晚浓阴，雨声大作，仍不雨。南苑族孙连元来。入署，散值少憩，出城至江苏会馆，是日为己丑同年月团雅集，暮阴有雨意，未及流连，匆匆各去。灯下刘景梅明经来。早间泰瞻岩来，仍以前事相嘱也。夜半后出户，拟至厅房，行至院中，仰视天宇，踏卧犬之足，被其咬伤，腿朏膥，皮破青肿。

十二日(6月22日) 晴，大风扬尘播沙，薄暮益甚，阴云密布，旋经吹散。入署，散值后少假寐，出城至松筠菴，为三省同人会议津镇铁路废约事，寄电袁、张两制军。南皮制军于昨日进协办大学士。

十三日(6月23日) 晴，风。昨夜为犬咬伤，随敷药散扎缚之，行步颇不良，今日解缚，破处已扣痂矣，肿尚未消。入署，散值回寓。薄暮出城，至津南馆访刘景梅，缘昨日晤恽薇孙于松筠菴，予已为景梅作介绍，执贽称弟子，薇孙慨诺，故往告之。敬轩留晚餐，畅谈至夜分始归。遇幼乔于座。来臣至榻下闲话，为书纨扇两柄，题画一柄，比就枕已日出矣。

十四日(6月24日) 晴，大风。入署，散值后少假寐，出城往恽宅作吊，恽孟乐同年太史毓嘉之世兄也，名宝元，甫二十九岁，陆军部主事，颇有称于官下。英年遽凋，殊为可惜。其夫人与之同庚，三日随仰药以殉，男效才良，女慕贞洁，世家名族，深致钦佩。闻孟乐同年是日亦有不爽，故未临丧次，只与薇孙学士一晤，盖讣文于本日始见，门丁钝谬，可恨，故未及送帐联作悼，歉甚。归过杭州会馆，访孙撷珊通守小谈，天已侵晚，遂赴惠丰堂，杨待清之约也。座皆西人，都门票庄之铺掌也，俗呼为老板。

十五日(6月25日) 晴，风。入署，散值回寓，大睡，至日夕始觉。出城，仍往惠丰堂，乃宝轩农部代青县兰泉大令邀客，座皆印结局查结诸君，闻系此君由实缺县丞加捐县令，上年曾单取免保结，近已选实缺，当补交各费，因托宝轩向诸人关说，拟再交百金无事，众已允诺。自日前为犬伤后，连日觉神气颓放，疲软异常，且时动肝火，在署浼赵伯勤主簿一胗视，为立一方，适忘取药，未得服食。

十六日(6月26日) 晴。入署，回寓假寐，至日夕忽腹泻一次，颇觉委顿。卓声同年送岑云阶制军奏请立宪阶级一折，闻交各部院会议，大小臣僚例得上书也。

十七日(6月27日) 晴,午后阴。入署,浼赵伯勤胗视,为换前方,归寓取药,歇觉至夕时。闻冶园来,出晤,询入场事宜,时予未晚餐,延冶园入内,渠已饭矣。餐毕畅谈,至黎明始就寝。致李敬斋吏部一信。

十八日(6月28日) 晴,午后阴,雷声大作,雨片时即霁。薄暮有自南苑庄来者,云永定门外大雨如注,经两小时许。是日为值日正班之期,未入署,以体未爽适故也。夕时至敬斋宅,盖敬斋寓松树胡同,与予宅前后巷相距甚近也。谈移时,因近日家事颇拮据,拟向其通挪百金,敬斋已面允矣。随过问楼宅,适南皮齐赞臣广文在座,谈许久,回寓,家侄孙学斌由津门来,渠由盐山高等小学堂于正月考取天津中学堂,现放暑假,故来省视也。李路先灯下来小谈,夜半后办奏稿一件。

十九日(6月29日) 阴,早晴。入署,本庭新由堂派在录供编案上行走徐君到庭,遍谒各僚友,予与小谈,询知此君系直隶候补巡检,数年前曾任盐山羊儿庄巡检,继任典史,皆署缺也。去岁考取录事,因其曾任典史也,遂派为所官。近又奉派此差,闻渠曾条陈本院事宜,上之法部左堂绍公,故有此派。署内办事初定星期休息一日。散值回寓。贾星垣来。薄暮敬斋来谈许久,送银票百两,昨日允借之款也。

二十日(6月30日) 薄阴。是日星期休息,未入署。午间全晴坡沛丰来院中,当月官也。赵伯勤来,适院中庭丁送宗人府片文一件,阅毕,饬令带回交当月处。午后四钟携五儿及梅姐出城,至大栅栏游览,到宾宴楼买扇三柄,命车送之归,予拟赴福隆堂,因时尚早,信步至庆乐园观剧两出,比至福隆堂,客已将到齐,盖予同汪星甫伙请法部奉天司旧僚友也。文济苍已在座,席散已十一钟。回寓,晚间嘱儿妇偕梅姐观电影戏,亦甫到家也。日内刘升庵茂才回里。

廿一日(7月1日) 晴,连日凉爽,闻京城外西南一带雨颇沾足。早间续某来。入署,散值回寓,夜半颇感风露,体觉不适,早餐不能举著，归后饮热茶一瓯，似有汗意，大睡至日夕始醒。刘幼乔偕景梅明经来，景梅出城，幼乔留夜话。

廿二日(7月2日) 晴。入署，午刻散值，出城至天福堂，江鼐庵孝廉之约也。饭后往中和园观剧，薄暮散后往津南馆，遇李筱帆大令，渠自鄂省来此，迎其夫人赴鄂也。敬轩留晚餐，遇丹崖孝廉，归已十二钟。韩允亭入内闲话。侄孙荟侍坐闲话，将黎明始去。本日在署，适昨日签分一窃盗案，嘱帮审冯君提讯，比该犯上堂，则一弱冠书生也。供系巡警学堂卒业生，考取陆军部录事，尚未传到即犯案，又供所窃事主系同乡素识，是日又往向借贷衣物当钱花用。适其人不在，遂将其屋内厢只搬出，内有银廿馀两，番银廿馀元，银票数十两，衣物多件。该犯将衣服当钱，所有银两均未取用，即被事主呈控，拘传到案，在巡警厅押带数日，因无人承保，由厅送院。闻该犯之舅，系山右翰林，现在都供职者，予睇视之，人身文弱，楚楚可怜，当因年少荒唐，债负累逼所致，略讯一过，为之慨叹者累日。此案若以寻常窃犯计赃科罪，当坐流罪，而此人遂终身不能湔洗矣。拟设法原之，未卜可如愿否也。

廿三日(7月3日) 晴，大风终日。入署，散值回寓。自五钟后酣眠至七钟后始觉。晚为李敬斋吏部作札，为孙祥卿起服事，仆人归，始闻敬斋之侄病殁，前半月即闻其病瘵甚危，今果亡矣。署中前数日分一职官互控之案，一系陆军府主事林子鳌，一系商部主事鲍祖恩，而牵涉中证，一为宗室佑启，一为鲍之堂弟某。本日两造均到案，各执一词，已回堂派审矣。

廿四日(7月4日) 晴。入署，散值后至第四庭，邀梁星秋同行，适渠本日未到署，与王云门谈许久，遂出城，至中和园看戏。贾星垣先在彼久候，是日色目甚佳，薄暮同往泰丰居吃饭，饭毕入城。日间同乡张泽溥来，不遇，送礼物四种，因上月为代请旌节孝事也。

廿五日(7月5日) 晴，午后阴。是日署中领饭银一月。入署，体甚不适，盖昨日观剧时略受暑气所致。散值回寓，酣睡至薄暮始觉。

廿六日(7月6日) 阴,薄暮雨移时,约两寸馀。入署,散值甚晚,已交五钟矣。三儿连日患热,服药二剂,未愈,延汪星甫胗视开方。

廿七日(7月7日) 晴,星期休息。午间署中来知会明日本庭具奏朱洛九待质一案,应派员听旨,随请行走官刘锦江、文湘前往,为之作札,交庭丁带回。三儿服药后稍清爽。闻允亭云,四儿日前逃往南苑庄上,昨日王升去接至马桥镇,伊又他往,不知去向。王升归途亦未遇见,想又逃往他处矣。可恨!灯下刘献廷表侄来告,明日将回里,与侄孙学斌同行。

廿八日(7月8日) 晴,是日署内正班。入署,五钟始散值回寓。贾星垣来,杨丹崖、刘炳臣来。薄暮出城,至福隆堂,绍五楼员外之约也,座有张癯仙钧衡主政,癯仙,肃宁安平人,其尊人曾为方面贵官,渠以孝廉援例为主事,现在法部补某司实缺,颇讲求法律之学。予向在问楼太守家遇之,信乎浊世佳公子也。又于报纸中见其古诗歌,才华亦丰赡,尝欲纳交而未得暇,座上晤对,心为之慰。本日报馆中传单一纸,载云安徽中丞恩铭在阅武场被刺,刺客为巡警局会办徐某,候补道员也。于谒参时用手枪连击胸腹部三伤,立死。徐某当被擒获,又伤捕人数名,讯供时自承为革命党人,收孙汶之命而来者,刻已由南京制军端午桥一面电奏,即一面将该犯市曹正法矣。近日粤东西土匪起事,甫就敉平,而江西、浙江又复不靖,乱者四起,而党会乘隙下手,时事其危哉!

廿九日(7月9日) 晴,五钟后西北浓云密布,雷声殷殷,雨数点而风起,夕霁矣。入署,散值少憩。常用宾太守觐宸来谈,片刻而去。出城赴陶然亭,公请赵次山制军,周少朴提学之局,系己丑同年也。比到则主客已散,冒雨遄返,至南横街而雨止,顺路回拜常用宾宅,不遇。早间四儿回家,闻伊在南苑庄上,乘一驴来售,于驴市得价十九元,自制新衣履一分,尚未敢见予一面也。接庆云后庄科村现伍宗侄一信。现伍号凤亭,县学生员。

六月

初一日(7月10日) 晴。入署,散值已四钟后,回寓,吴焕臣、刘恒轩来话许久,刘丙臣来,求为伊寄信张兰圃侍御,时侍御由徐菊帅奏调赴东。丙臣亦欲往奉天谋事,故有此乞,予连日案牍纷忙,无暇作此,嘱渠转求敬轩代缮一稿,予为具款可也。为孙祥卿写信。

初二日(7月11日) 晴,午后阴。为兰灼林广文写复信。入署,散值回寓。薄暮孙祥卿来话,片刻即去。灯下冶园来,作彻夜谈。

初三日(7月12日) 晴,午后阴。入署,散值回寓。夕时访东邻吴法部不遇。灯下阅刘丙臣所拟致张兰圃信稿,闻系兰镜江所代,不甚惬意,重作一函。

初四日(7月13日) 阴,夕时有雷声,雨数点。入署,散值已五钟矣。本日又签分私销诱拐二案,前由法部移交之图财害命,任大庄儿连日熬审,于今早始招认,画草供。月前有陆军部主事林子鳌与商部主事鲍祖恩互控一案,堂派详谳处周、许两君会同本庭承审,本日鲍来至详谳处,略讯即去。比林至而周、许已散值,因延至本庭,力为开导而去。盖两人互控,皆为钱债事。林控云,去岁托鲍代购昭信股票,捐实官交鲍现银四百二十两,并押印结折据,至今股票尚未到手,情同诈骗。而鲍则云,一概不知,惟林某曾借其堂弟鲍祖荫公司内银五百两,以印结折作押,并非自己与之交涉。微闻此事两人别有首尾,的系不可告人之隐,且彼此俱罪之赃,而各匿实情不吐,且林某又牵出一无赖作证,宗室子也,其非安分之人可想矣。本庭新办一奏稿,乃法部移交强盗杀人之案,伙犯三名,内一名监毙,一拟斩枭,一拟斩决。前日稿呈堂后,交详谳处覆核,昨由详谳处缴回,颇有增改。本日详阅之,内所添入出语情节,矛盾甚多,不知何人手笔?灯下又逐处加签,俟到署后再商。

初五日(7月14日) 晴,是日休息。吴焕臣来信一函,刘丙臣来，取致奉天信。薄暮出城，先至大街云益钱号，话片刻，遂往斌陞楼，王云门、欧阳毅之之约也。座皆同署。予略作即兴辞，赴福隆堂，熙质甫文之约也。座皆旧同司友人。汪星甫与张六吉拇战甚豪，席散回寓。韩允亭来内室，话许久。

初六日(7月15日)　晴，午后薄阴，炎暑逼人。入署，散值出城，至永泰昌炭厂，停车少憩，至浴塘沐罢，信步拟访筱珊同年，比到门，见素帛在门，讶甚。适遇直隶馆长班，询之始知为筱珊子妇病殁。今日接三也。予因便服，不便入内，遂回炭厂，略流连即回寓。本日将散值时，本庭茶房与录事因打水迟慢，忽起冲突，三录事到庭向文济苍诉说，当即将茶房斥退，予亦以为然。夕时予尚未归。茶房周某来宅央求转圜，予饬仆辈告以不可而去。是日庭中有宗人府会讯互控地亩一案，金巩伯、冯采丞往焉。闻此案宗人府承审员颇存公道，亦难得事也。

初七日(7月16日)　阴，午后雨，旋止。至薄暮后又雨至夜。入署讯诱拐、私销两案，均有供认。至二庭见汪星甫，谈许久。回寓，途中冒雨。

初八日(7月17日)　早晴，午后雨移时。入署，散值回寓，甫二钟，雷声大作，骤雨至三钟后，杂有冰雹如豆大。灯下同韩允亭闲话至夜分。早起，忽作泻，午间又泻二次，体甚疲倦。

初九日(7月18日)　晴。入署，四钟始散值，出城，赴筱珊同年宅，唁其子妇之丧，谈片刻，遇白厚之于座，辞出，遂往湖广馆，是日为己丑同年月团雅集，主人四位，予到时先设一席，已依次就坐矣，陆续又到六人，绍任庭侍郎在焉。入座后，谈甚畅，席甫散而仲鲁廷尉偕伯纳京堂又至，刘惺莽参议亦到，先饮之客渐引去，予亦呼舆而归，顺路至板章胡同访金巩伯，不遇，往津南馆访兰寿臣小谈，适晤同乡刘锡章明经，乃新考职取中者也。向未谋面，今始见之，少年佳士也。敬轩邀至厅房，与李筱帆、刘景梅畅叙，至十一钟始散。今早又接吴焕臣一信，遂答之。

初十日(7月19日) 晴。入署,散值归,又患腹泄,四钟后汪星甫来,论院署近事,相与太息久之,星甫去后,睡至薄暮。

十一日(7月20日) 入伏。雨。自早九钟至夜半后未止。入署,是日金巩伯邀饮,在彰义门外南河泡子莲花池。散值后回寓换衣,冒雨往。座皆同署,畅饮拇战,席散,雨犹未止,归寓甫七钟也。微醉,酣眠两小时许。

十二日(7月21日) 雨,午间大雨如注,夜霁,日出。入署,两堂官均未到,自十钟时至四钟,忙迫无茗烟之顷,几于五官并用,每日如此,可谓极官场之苦矣。连日腹泄,颇形疲乏,昨夜又失眠,故回寓后倦极。自客岁至今,报纸中屡言革命党人事。上月安徽有恩中丞被杀一案,连日报中几于不胜载矣。在署阅《顺天时报》,内有一则云,江、皖各处有匿名揭帖,谓南皮协揆从前剿戮革命党人最多,现下六七月间必行暗杀之事。闻近日协揆署中防备极严,又报载鄂省近获私运军火之犯,讯为孙汶之侄,业已正法。又《京报》载,皖中拿获刺客徐锡麟,讯供时慷慨激昂,自承为革命党首领,而非孙汶之党,自言与孙汶宗旨不同,渠乃专以排满为事。同事者三人,获其二,其一逸去,本意将皖抚刺杀后即纠党羽,据军械所起事,顺流直下金陵,杀端制军。文武官场,当无能抵敌者,事之不成,然亦足不朽千古矣。渠临死时取纸笔,书写供词云,与巡警学堂无干,皖省只有伊三数人,大半就获格毙,伊身自任分磔,落得快活,千万不必株连,致有冤滥。噫!奇人奇事,世变将何所底哉!同日报纸中载,俄国一女刺客将某官用枪弹炸去头髗[①]而从容逸去,几于红线一流矣。

十四日(7月23日) 晴,夜间月色大佳。入署,连日各案叙供共有二十馀人,供词皆亲自操觚,不胜其苦。本日由看守所报称监犯裴庆通病毙矣。此系辛丑春间联军踞京之时,四乡土匪遍处抢杀,该犯听从,聚众抢劫并谋杀差役四命,事主二命,经步军统领衙门拿获,

---

① 髗,同"颅"。

伙犯三名，其一名张充子，未经认供，病毙。该犯与伙犯张结叭均已供认不讳，业经办齐奏稿，因系万寿月内，停奏死刑，故尚稽显戮。该犯自知罪大恶极，在所不饮食旬馀矣，竟全首领，自遭天诛，幸哉！前十日已令豹儿写信，催东震回都，至今尚未到，今早又嘱韩允亭写信急催之。今早黎明始就枕睡去，忽梦身在里中观剧，又在胡宅见先亡父母有如生时，予侍食母前闲话，见先母颜色似戚，又入门时见院落屋宇多非旧观，予向墙隅更溺，皆非吉兆，大约失财呕气，所不免也。醒后伤感不胜，遂不成寐，故嘱允亭火急催东震、杨荣之归云。

十五日(7月24日) 晴，溽暑，薄暮西北浓云起，远远有雷声，上灯后东北有电光移时，旋霁。入署，月前所分丽华公司习艺学生萧盛荣行窃一案，予因其系四川人，远来京师，年甫弱冠，且系旧家子，其舅谢某，现官翰林，向在巡警学堂被革者，其少年无知，嫖赌浪费，当在所不免，以致向刘某告借，不遇，辄将其箱只搬出当钱，经刘某报知巡警，被获缧系者三月馀矣。先在巡警厅押收，意颇怜之，庭中帮审冯、全两君并编案之闵君，佥欲之出脱，屡向予商酌。然三君固皆外行，不甚谙律例，以为只可曲法也。岂知其情节固有可原者，盖萧与刘某素识，先有通融，且是日同往者，并有三人，其非起意偷窃可知，且该处在煤市桥纸巷，正当通衢，又值白昼，找刘不遇，心猿急迫，门外尚有二人相候，临时无奈，遂将刘之箱只运出，并雇一车，令车夫入内抬出焉，有预计行窃而如此疏略乎？迨运出之后，拉往公司，倩公司内闲住之吴某吴为西人，亦商贾家代为质钱，次日即为刘某查知，报段拘拿，连箱内所馀物件及当价银，悉行由萧某所寓之店起出，刘某所失只三二十金耳。予拟科以不应重律，拟杖八十。较之本律窃盗计赃科断，仅免十杖耳。计赃三十两，杖九十，而此人尚可保全，予以自新之路，非故纵也。不意文济苍甚不谓然，予以其未经思量，或疑罪名出名悬殊，不便曲宥，乃言失主系张少予正卿之同乡，且素有交情，此事张公已先知原委云云。噫！何其谬也。此案即张公本宅之事，吾辈亦可据理原情而争之，宁有预为迎合计哉？本日嘱金巩伯持予所拟稿底，转向详谳处许季楼商酌办理，遂散。李筱帆大令在太昇堂请客，予于十二钟往，客已将齐，须臾中鲁廷尉亦到，遂入座。席散已二钟，客尽去，唯予同敬轩及主人在彼闲话，至四钟后高泽畬太守忽至，盖先已辞矣，因拜客顺路，至该馆门首询知主人未去，故入内略一周旋而去。予回寓。吴焕臣来，不遇。向晚孙祥卿大令来，仍为起服事，取来印结一纸，部费卅金，遣人送至李敬斋吏部斋，托渠办理。

十六日(7月25日)　晴。定更后北方云起，旋霁。入署，侍卫文华自刎身死、其妻同时抹项旋即毕命一案，讯其子女邻右及不同居两堂兄，均坚供并无别故，唯因家计贫苦难度，又坐洋车摔伤右臂，恐成残废，夫妇均有烟瘾，不能戒断，遂自己寻死云云。文华系觉罗，例应由宗人府过院会讯，本日传各家属画供，宗人府派员来庭，阅供画毕，登车而去。第四庭星秋推事邀予过话，予往焉，遂同云门、毅之散值至寓畅谭，日暮星秋又约出城，至斌陞楼小酌。回寓十一钟，族侄雨田来闲话许久。刘景梅来，少顷即去。

十七日(7月26日)　晴。昼间薄阴。入夜浓阴，有雷声，微雨。入署，四钟始回寓，倦极，伏枕睡，至夕时始觉。接天津王生廷钤一函，王系去岁在都考巡警学堂取录者，渠报考时由徐子光侍御介绍，曾出印结一张，后入堂须出结官亲到识认，渠来谒具柬愿称弟子，辞不获，观其人年少英秀，必可造就，近接其信，云刻在津经凌观察派入裁判所当差，拟学堂告假，故来信达予知也。灯下允亭来，内室谈许久，震儿来信，谓已由里起程。

十八日(7月27日)　大雨。自九钟至三钟微雨，至六钟后大雨彻夜。入署，夜间办荣奇关佟氏诬告右翼威逼人命一案咨稿，约千馀言，至署又写一清底，交录事缮清矣。是日同署李君兰舫方邀往其寓所吃大餐，偕济苍、巩伯、采丞同行，渠租宅在东城南偏，即旧贡院之前房，系仿洋式建造，屋内木器均西式，陈设雅洁，闻其赁价则每月七十元房只十馀间，唯院宇极宽厂，前后约有数亩，树木极多客共九人，唯许玑楼、董△△不至。餐毕已将八钟，冒雨回寓。李君，广东人，其令堂为美国人，渠生于新加坡，在美二十馀年，由法政大学卒业，其夫人亦娶自美国者，见其壁间小照，故知之。

十九日(7月28日) 雨。自昨五钟彻夜，至今日十二钟始止。晚霁。上灯后复阴，夜半微雨。星期，午后汪星甫来谈移时，庆云县刘表弟来，向晚携五儿登城台，西山霁色自西南至东北环都城，远近皆山，层峦叠嶂，高低可数，京西北诸山尤近在咫尺，暮烟浓霭，掩映晴虹落照间，殊为爽豁。雨连日夜，山泉坌涌，城外河水平濠，宣武门外桥下奔流有声，凭堞听之良久，暝色迷离，始步归。刘表弟来内室话移时。

二十日(7月29日) 早霁复阴。午后浓阴。夜晴霁，月色大佳。入署，原莅事各庭均已入水，移至豫审厅所即凡派审案之坐落。倩金巩伯为镌昌化石图章三方。散值出城，至津南馆访李筱帆，渠方与王六垣、张蓉墀诸人打麻雀牌，赌兴方豪，未得叙话。至刘景梅寓室，遇刘焕卿、谢越勋两君，畅谈时事，晚仍在敬轩处共餐，上灯后始归。连日小孙女患泄，今晚儿始云已渐愈，为之释然。

廿一日(7月30日) 晴。晚阴旋晴。入署，为度支部前移交觉罗妇董鄂氏控族人袭侯锡光争产事，至宗人府会商毕，遂回寓。易便衣出城，至畿辅先贤祠，即同人生日会之局也。是日为史康侯侍御初度，予同李敬斋吏部先到，话许久，星甫、鹤田、康侯、际云、公度先后至，而承办主人为张心田侍御，久不至，向晚众共登楼闲话眺望，已将暝矣。聂献廷至，众始下楼入座，心田始到。席散，天忽浓阴，各散薇孙以有要事未到，来札深道歉忱。闻敬斋云，近日吏部颇不靖，缘学治馆去冬所设，专教分发州县之文理不及格者，王卓声为考功司掌印，兼馆中为提调，其章程则教习三月考验，如不及格再留学三月，考验合格，方准到省，有留九月者。于学员之去留，近滋物议，且有各金店金店即捐号，向来与书吏夤缘为奸，近则勾结司员矣。代学员纳贿之说，堂谕戒斥甚厉，且言自裁吏化私为公，加给司员津贴，原以除弊改良，乃闻各司员中往往以酒食征逐为娱，兼聚赌冶游，殊甚骇诧。以后如仍蹈故辙，定行覆参。噫，中国之不振，悉由官邪，言夷行跖，逐处皆是，岂独一吏部哉！

廿二日(7月31日) 晴。入署。散值后在寓少憩，出城，李敬斋吏部在福隆堂请客，为民政部警官四人分印结费事。此事自去年即屡次冲突，各省皆然，嗣以吏部收结与否为断，而直隶于去冬曾允其四人入局，业分公费数次，至今年二月吏部忽有未收伊等印结之说，遂勒住不与，伊等自前次查结官魏绍庭户部任内即哓哓辨争，迨五月敬斋接办后又函札分驰，大要以从前既已许分，今兹何忽中变为言，词气之间，刚柔互用，故敬斋邀大众议决此事。据卓声、六垣两吏部云，伊等在吏部具呈二次，均批暂缓置议，既部中不肯收结，碍难分与结费，亦只好以缓商答之。席散回寓，韩允亭来内闲话。在福隆堂闻六垣云，日内有自津解来官犯一名，闻系革命党人，有云即系已撤差之邮传部左丞施肇基者；又闻敬斋、卓声云，东三省事近日大坏，盖自治尚无甚动静，而交涉事体凡矿路、森林、渔业、盐务皆被日本干涉，权利已付与他人，刻下行政非日本人商允不可，东人大失望。报纸中已于旬日前登载是说，今证以舆论，得毋果然？信如是，天下事去矣，然犹冀其不确也。又《顺天报》中载奉天铁岭县境有农人耕作，地中现出石板，揭起则黄金累累，不敢隐而报官，据称有三十馀万块，上有“大明李总兵”字迹，刻已禀知总督矣。明李总兵当是李成梁家之物，盖李为辽东人，常显功名于万历间，其后子孙旌节相望，最著者为李如松、如柏兄弟。本朝定鼎，其家投诚后官提镇者尚不绝，当是其先世窖藏物也。

廿三日(8月1日) 晴。入署。散值回寓。早间有同里人吴题青茂才塈来送高丽参一匣，晤谈始知其自奉天来此，盖暑假旋里在都门经过也。渠在奉天省城为蒙学教习，询以奉省学务，则云前数年有钱观察鑅者，向随赵次山尚书到奉，派学务处总办，各州县均有学堂之设，风气始开，比张筱(山)[浦]学使鹤龄抵任后一切仍循旧制，并无日起有功之象，盖此君学问淹贯，著作满家曾著有《变法经纬公例论》一书，约数十万言，而不能实行，且深居简出，无考查试验之方，以故至今尚无甚进步，从前王菊庄孝廉自奉天来，谈亦如此，可见文人名士之多无裨实用也。晚间沧州唐家庄族侄宝贤偕其戚张某来，为宅基讼事，在州因两造互殴，曾过堂被掌责五十，伊遂负气而来，央宝贤为之介，究其事在州未尝断结，予向不管乡里争讼关说事，以其远来，力加以开导，似尚未晓悟也。

廿四日(8月2日) 雨。自早至四钟后始止。入署。是日庭中稍暇，饭后同冯采丞、闵少斋、刘锦江、赵伯勤诸人谭署中裁判事宜，又萧胜荣行窃刘瑞麟一案，予因其情节与行窃不同，酌照不应重律罚金。本日提出交保，追取罚款，并反覆训斥开导，令其悔过自新，似亦领悟知感。晚间宝贤来内室闲话，嘱其向伊戚开导回里。今年海牙和平会，凡琉球各国之自立者，皆得遣使与议。高丽已归日本保护，其主受制不甘，暗遣二使臣前往赴会，求英美为之评议，庶可复独立国之权。而各国皆不认可，并不准与会。此事喧传海外，日本之在高丽莅事者名为统监，即伊藤侯也，大加责言，国主谢罪不解，政府诸大臣逼令其主避位，使太子监国，国主无奈勉从，而日本统监则云伊国主自愿禅位，乃汝国内政，与外交无涉，不得以此搪支，因重立约章十馀条，以后高丽真成日本附属矣。连日各报纸腾播不已，《北京报》、《京日报》、《顺天时报》皆有论说，以警中国政府，其语甚能激发，而《京报》中三著论尤为沉痛切至，未审当轴者知所变计否？近日时局，稍有知识者皆能言之，稍有性情者，皆知危之。草茅下士、江湖游客，犹发瞻乌之慨，而兴恤纬之思。岂政府而见不及此、虑不出此者，况于外人之讪笑、报纸之激射？又革命党人之剚刃相向，纵极庸懦，亦当悚然于兵之加颈，而日月迁延，但见其泄泄如故者，皆由学术本无习气太深，身家之念重而君国之情转淡也。武乡、景略之才原不世出，间有明练习事者，又被利欲牵掣，茫然于公私之昉、邪正之分，安能望救时宰相乎？昔朱文公上孝宗书，开口便以诚正为言，至今人犹病其迂腐，而醉心于陈同甫，岂知人苟无学，虽治一方且不可，况天下乎？内无闲邪存诚之力而欲成拨乱反治之功，是责盲者以察秋毫、瘵者以举千钧也。此伊古圣贤生当乱世，而愈有学术不明之惧也。

廿五日(8月3日) 雨。午后雩。入署办奏稿二件，一系裴庆通等强盗杀人放火一案，裴庆通已画供，张秃子未画供，均先后在所病毙，只张呵叭一犯系照强盗律斩决，缘此案已于五月内办稿，因在设坛祈雨期内未奏。本月值万寿，例不奏死罪，人犯裴庆通在所病故，稿须另拟也。一系窃贼计赃逾贯，拟绞候。寓主销赃知情，减一等，拟流。散值回寓，殷星若来话许久，灯下族侄宝贤来辞行，接里中刘雨傅信，海丰县杨宅姻事已通婚书无？《顺天报》、《京报》载有新疆巡抚联春舫中丞遇刺，刺客系一知县，据云受伤颇重系刃伤尚未废命。革命排满风潮四起，人心惶惧，如何如何？月内报纸并载有奉天徐制军于接见僚属时送客后，地下遗有炸药一包，河南张中丞因求雨入庙行香，香炉内预藏有炸药数斤，幸未炸爆，又闻江浙间有私运军火之案，皆藏于棺柩中，诈称搬灵，不便搜检，刻由两江制军密电各口，凡载有灵柩者，须取具同乡官切实保结，方准放行。杯蛇风鹤，何日是了？徒贻外人笑柄，他日史册传纪中多添衰朝故事耳。皖省徐锡麟之案，当时将其家在嘉兴府属，拿获收禁属并伊家所开生意连田产一并抄入，伊所设之大通女学堂，亦行文浙省查封。女教习秋瑾者，访称的系逆党。学堂内搜出洋枪二枝，据报系在秋瑾中衣落出，当将秋瑾正法，学生辈当时有被枪毙者，有押入监狱者，南北报纸多称其冤，且极斥嘉兴太守办理之张皇，常备军挟嫌栽赃，贪功乐祸之情状，秋瑾之受辱，学生之受诬，喧嗓久矣。今日政府某邸建议不可株连，且国朝法制无夷族及孥之酷，宜速行宽解，已由政府寄谕该省一概开释，固由贤王晓事，而两宫如天之德，洵非三代下之世主所可并论矣。昨日《京报》中论说闻有本馆主笔人责已说数则，极可佩。如云诚不足以动物，欺由疑而得毁。识不足以知几，则由屯而得困。又迹有显晦，则明者难周，其察事涉疑似则公者难用其断也。按京报馆主笔为汪康年，字穰卿，浙江名士，某科进士，工部主事。传闻此报系瞿大军机所立者，故瞿被参有暗通报馆之说，即指此也。自瞿败后，各报馆以风影之词为揣测迎合之技，致匝月冲突不休，近稍宁帖矣。月内北洋宫保上封事条陈政见，外间喧传有为瞿下石之语，追咎其从前引用魏午(桥)[庄]光焘、聂缉规为疆吏及在都与曾广铨、汪康年往来，足为营私之戒云云，未知确否？故汪君颇自忧危，此责己说之由作也。魏、聂、曾皆湖南人，皆名贤循吏子孙，其官阶亦视赵侍郎、段中丞徐制军、王提督也，何如，依资平进，非近日骤贵者可比，且瞿已归矣，忽揭其短，非君子之道也。朱淇、汪康年为都门报界中两大作家，议论极中肯，极和平，间有警动可喜处，亦唤醒世人不少，乃因瞿、段两案各挟意见，两贤相厄，殊非计也。

廿六日(8月4日) 晴。午后阴，向晚雷电交作，雨数点，夜霁。星期休息。午后丹崖孝廉来话，至日暮，留晚餐。

廿七日(8月5日) 晴。早凉。近午大热，至夜热度更甚。本日庆云刘表弟与沧州两人回里。入署。散值出城，至津南馆同敬轩、景梅小谈，张兰江录事亦到，话许久，李筱帆、龙景梅寓室来，予邀同三君往煤市街致美斋酒楼小饮，饭毕步归。敬轩途中买清茗少许回馆烹冰水共尝，因纵论时事。六垣铨部适归，言本日闻民政部中人报告近日晋抚恩艺堂中丞被刺，前数日报纸谓新疆联中丞被刺，昨又更正系误传，至山西事则似非谣言，盖省城距京甚近，电报顷刻可至，惟万寿月内例不入告，且所闻具有原委，此人乃警务学员，拟上警察条陈求首县介绍带见，中丞延入座即将条陈手折呈上，中丞方展视间，此人抽袖中匕首直前刺中要害，按刃而肠出，此人随自刎于旁，呼曰徐锡麟之事我不为不屑为也。盖鄙徐之供出同党并身受仇人剖磔以快当事者之心，未免有辱。果如此，天下事不可为矣，何也？屈指中外，诸重臣无一能弭祸之人，又无一不惧祸之人，事机益迫，情势益睽，崩解之象恐在眉睫，衮衮当路，脑满肠肥，原不足惜。两宫孤立，谁与分忧，此疏逖小臣不禁仰天窃叹而愤涕不能自已也。惟祝此耗讹传，或得早图补救，然即事之所无，实理之必有，不知于死中求生者当若何作计也。回寓十二钟，允亭来话许久，为昨夜予驱逐懒童小砺事，为之求情，盖昨晚予就灯看书，至夜半尚未具食，出户视之，则小砺偕厨役已入睡乡，直忘却矣，因立刻赶出。

廿八日(8月6日) 晴。入署。是日为皇上万寿正期，堂司各官多不入署，予因有奏稿二件，须于下月初三日具奏，故到署嘱录事早日缮清呈堂。庭中唯冯采臣、闵少斋两人，徐紫东续至，共饭毕，散值回寓。沧州风化店高峰亭来，高为深州人，早年在沧贸易，致小阜，即在本镇继妥，已入沧籍矣。辛丑岁秋予由里旋都，偕眷属赴沧买舟，路过风化镇，宿邨舍，高以有生意在盐城，素与予族人及侄辈稔熟，闻予至，力邀予过其居，并令其家人接内子儿辈宿其宅，意颇隆重。去年尝为赎入官田产事，烦侄少庭来商于予，予以事系度支部所定，浼人代查，覆云案已百年，卷宗毁失，无从检阅，即命少庭侄于回家时告之，乃今年闻度支部将现审案卷交大理院，疑院中可以重诉也，贸贸然来，予询其来意，乃知其为他人所悮，未便遽行直告，含糊答之，款留暂住数日。早将入署，小砺之妈来，代子求情，因其懵不知礼，斥之去。

廿九日(8月7日) 阴，午后微雨至夕。入署。前由法部移交民政部咨送段王氏控任大庄儿将伊子段石头谋害一案，研讯数月，任大庄始行供认谋杀实情，此去年四月下旬事也。段石头系十四岁童，平日赶脚驴为生，任大庄雇其驴，乘骑往称京西万寿山，行至蓝甸厂左近，天色向晚，四外无人，即下骑将段石头按倒搯伤，咽喉气绝，尸身弃掷路旁苇塘水内，逃逸后将驴卖银五两，直至六月间始经尸堂叔在西四牌楼认明此驴，送官究问，已辗转易四姓矣。在内城豫审厅株累多人，至九月间始由西华门内拃获该犯，送部交院提讯数次，坚不承招，嗣又传集各人证，众口环质，兼以熬审，乃一一吐实，随讯究致死地方，由院票饬该讯守备带同该犯前往指明，并传地主马姓来案，今日由地主供明去年十一月间芟苇时，见冰上尸骨一具，方拟报官，有该讯捕头李德嘱令掩埋息事，兹因事发，不得已而吐实云。

三十日(8月8日) 晴。入署。散值回寓，敬轩先到相候，话移时，吴焕臣来同商，峰亭共话许久，日已夕矣。入内少憩，震儿由里中来，予假寐片时，天已暝，上灯后，李筱帆偕贾佩卿孝廉来，延入卧室，抵掌畅叙，至夜分两人别去。佩卿孝廉，邑中绩学之士，吾盐自道咸年间至今甲乙科不绝，内外仕宦亦十余人，然皆以攻帖括得第，质以经史，几如广陵散矣。佩卿崛起，自少岁即不屑较时伍，攻苦食淡，学足济其才，嗣至保阳肄业莲池，时桐城吴挚甫方以文鸣海内，掌教畿辅，佩卿执贽称弟子，桐城大爱之，有衣钵之授，自是学益昌，文随以工，近十年来有志者醉心欧化，虽吾乡士子固陋如昔，佩卿独排异论，启诱后进，苦口热心，不顾非议。河北学者翕然推服，予早年因与论诗不合，疏过久之，迨予官都门，往往于友人坐上见佩卿著作，惊喜过望，愧弗如远甚。常恐其仍执故见而鄙我也，适崔兰西进士亟道其贤，甘为两家驿骑，比年情款益周，予不知佩卿之于予何如，而不肖之身，颓废穷老之中，屈指掌内所见闻，固非驰骛虚声大言欺世者能是其仿佛也。至桑梓之好、文字之契，又浅之乎知佩卿矣。

七月

初一日(8月9日)　立秋。晴。上灯后十钟大雷电骤雨片刻即止。入署散值后出城拜客，至魏星五郎中宅谈移时，至津南馆访佩青话旧，适有他客在座，未得倾谈。见几上有渠文稿一册，流览一过。是日敬轩邀同馆诸君偕往福隆堂吃饭，饭毕仍回试馆，话许久，雨作，遂呼舆亟归。在馆遇到刘孟楼秀才，渠在湖北赵楚江太守任所就馆，此自里中来此就火车也。接高理卿太守一函。

初二日(8月10日)　晴。入署。是日为任大庄案当赴京西石佛寺相验尸骨，文济苍、金巩伯两君往焉。散值时星秋约予至四庭一谈，云门、毅之尚未散，约定明日出城观剧，回寓连日失眠，倦甚，酣睡至两小时许。张兰江偕姜吉卿少庵昆仲来话，移时别去已上灯矣。阅《定武学记》。

初三日(8月11日) 晴。热甚，终日挥汗。星期。入署。星期本可休息，早九钟忽接署中知会堂官今日到署亲提人犯。凡死罪人犯定议后例提出犯人至大堂听供，谓之亲供。本庭有奏案二起，于本日亲提，遂衣冠往焉。提犯时强盗张呵叭一犯，于下堂后口作呓语，张正卿谕令覆审。欧阳毅之、梁星秋邀至斌陞楼吃饭，饭毕观剧，至庆东园听崔云芝演《血手印》一出，崔某乃秦腔名旦脚，在京得名几十年矣，人皆以"云芝草"呼之，又有假云芝草二人，亦旦脚出名者，故又以崔云芝别之，俱未尝见也。晚至众宝堂，常用宾太守之约也，匆匆未终席。回斌陞楼，诸人甫入座也。是日优贡朝考入场，予原拟为刘景梅接场，因城外二局，未暇往，嘱韩云亭携仆陈德同去，至夜半始归寓。

初四日(8月12日) 晴午后四钟阴，雷声忽作，风大起，至夜始霁。入署，四钟始回寓。灯下刘永顺来。在署闵少参孝廉示予信稿一纸，乃去岁上刘中鲁京卿书也，力陈宪政事宜，论极和平，文笔亦典雅切至，非叫啾摭拾者可比，自是读书人见地吐嘱。

初五日(8月13日) 雨。早间微雨，午后大雨二小时许，即止。入署，回寓酣睡，日内直省京官在先哲祠会议京东急赈事，予拟散值后前往，竟为雨阻不果。日前大雨连日，永定河漫口数处，又山水暴发，京东一带州县田庐多被淹没，居民有莳祈之虑，故筹捐急赈。刘景梅来信。朝考已发榜，取列一等第六十八名。李路先由盐来信寄豹儿，言其家中刻被人讦控征收灶粮溢额事，央予为致书邑令求缓颊云云。灯下嘱韩允亭为写回信，询明原委再议。本日上谕大理院正卿著英瑞补授英瑞字凤冈，由刑部郎中京察简放口北道，洊升湖南布政使者也，张正卿转吏部右侍郎英未到任，暂行兼署。

初六日(8月14日) 晴。入署。散值已四钟，回寓少憩，拟出城拜客，阍人持名刺来称要拜会，乃新分大理院黄姓名振声，予因素昧平生，不过新分部者，照例拜同署寅僚耳。适欲为人作书，嘱阍者辞焉。旋返告云客必求一见，如午睡未觉或事忙均可相候，予闻之急令延请，盥沐易衣，趋出，则二十馀岁年少也。询出身则癸卯科举人，考职一等，以部属用者，籍贯则河南商城县人，大惊喜。予乙酉科房师为商城黄梅岑彝年先生，戊子年病殁京寓。家眷回南后十馀年中不得消息，居尝感知流涕，以为此生不知何日于师门少尽绵薄，不意此君即先生之子也。甫二十八岁，亭亭玉立，吐属温雅，吾师为不没矣。张兰江来，少顷即别。孙祥卿大令来，为起复领部照事，谈至上灯始去。风化店高峰亭来已数日，其所事皆架空构虚之想，令人无从着手，趁夜暇，恺切晓示，仍是明暗相间。噫！乡曲无知，一至此哉？吾不禁为地方自治之前途惜也。

初七日(8月15日) 晴。热甚，晚阴，夜半后大雨。入署。前数日孙振轩邀订是日早饭，饭后观剧，散值偕星秋同往斌陞楼。予因自昨晚体觉不适，未举杯著略吃白米一小碗。饭毕同云门至永泰昌少坐，勉强随往广德楼观戏数出，回至永泰昌，遇宝轩适在，彼亦观剧甫回者，因同入城。晚餐仍未如常。治园孝廉来，携鲜荔枝数百枚见赠，夜话至三钟后始就寝，予服药一帖。早间在署，赵伯勤所胗方也。

初八日(8月16日) 霁。

初九日(8月17日) 阴。

初十日(8月18日) 晴，午后阴。是日韩允亭回盐，偕高峰亭同行，族孙申儿来。

十一日(8月19日) 晴。始觉有秋意。连日不适，原系感冒风邪，兼喉齿俱痛，甚形委顿，服药三四帖，皆赵伯勤方，近两日腿酸腹滞，恐触发旧日肝疾，幸而早愈，但鼻塞声重耳。午后云门、星秋来谈，日夕始别去。李路先自盐来，始悉其家被控事原委，盖邑中自治局员八人，连名为筹经费事禀中言户盐房舞弊。自二十九年民粮仍复四千八百之数，而将此八百文者归入府中学堂经费，灶粮虽亦复旧数，而向来专归房书征解，县官从不过问，每年约一千七八百金。溢收之数每年约计千竿，以五年计之，可得五千钱。请追出此款，作自治局经费，县官因该房书方赴天津运司衙门解本年钱粮，暂未传案，诸人遂又具催禀，语近要胁，种种不经，殊可笑也。呜乎！直隶号为首开风气，他省且将仿效，此等识见亦居然自治局员矣。无怪各大吏之哓哓于民人程度之不足也。

十二日(8月20日) 晴。闻人云，月内有彗星，自北方出，每夜半后交丑时始见。早拟入署，因连日卧疾未梳沐，且本日系署内正班，迁延不果行。接广西藩台余寿平同年回函，盖春间贵生及山成拣发广西，临行时予尝以一书相嘱也。昨日复阅佩卿所著《定武学记》，盖前次晤谈时见示者也，初观之，但惊其不主故常，一洗故陋，而文笔之雄辨，又足以达其所见，叹为当世文豪、吾乡杰士而已。兹覆览一周，则罅漏固在所不免，而取径之歧、立言之谬，有令人百思而不得其解者。贤智之过固如此哉！闻佩卿前数年张筱飒中丞在山右曾招往办理全省学务，见佩卿此书时此本甫印出，变色挢舌，佩卿知不能行其志也，拂衣归里。予向未见此本，意谓中丞固守旧者流，然招之来，麾之去，殊失待士之道，佩卿见几而作，不俟终日，洵吾党之铮铮者，数年渴望，一夕深思，始信佩卿之所如不合，非命也。苟操此术以往，其变色挢舌者，岂第南皮中丞哉？予拟得暇当为逐条书后，以匡纠其失，而引伸其旨趣之正者以寄之，附于友朋忠告之义，未卜能如所愿否也。

十三日(8月21日) 晴。接沧州兰炒林广文信。入署。散值回寓。五钟后出城，至津南馆为刘景和贺喜，并回拜张子豫樟，敬轩留晚餐，餐毕子豫始归，在院乘凉，同下谈许久，刘幼乔亦在座，同车入城。子豫，南皮碧葭塘村人，于张阁督为从堂侄，其尊人张筱浦子津先生为邑名宿，书法极工，其令兄兰樵向在都门方略馆供事，癸未年间予来都，寓直隶新馆，与兰樵比屋而居，有香火之契，次年予又馆阁督家，授今江苏太守黄楼读，与兰樵往来尤密，时子豫年甫及冠，又子厚孝廉均与予稔熟，嗣子厚又受业于予，予馆在双庙村，相去六里，而近月必过从。今兰樵之殁已十馀年，子豫供事议叙典史，任江苏元和县实缺，丁内艰归，近闻其起复过班矣。多年旧雨，追思往事，为之惘然。

十四日(8月22日) 晴。连日极热。接沧州唐家庄宝贤信。

入署。散值后出城，往张正卿宅贺喜，投刺，又至新放天津府黄子舆太守昌年同年家贺喜，未晤，遂往南横街恽孟乐太史毓嘉宅贺喜。渠令弟嫁女，于薇孙学士为嫡堂兄弟。晤薇孙，匆匆数语，至其厅房少憩，孟乐出谈移时，道及其近年家庭凋丧诸伤心事，感慨久之。渠前年冬月嫁女，即于此日遭回禄，寓斋尽焚尽。渠今年新丧一子一媳又亡一孙，辞出至金巩伯家，不遇，顺路到津南馆访李筱帆，不遇，与敬轩话许久，日夕始归。上月闻皖府被刺事，骇怅累日，近病中偶拈数句，附记："淮南礼勇士，敬业起扬州。天有生才悔，人无念乱忧，血溅五步内，事了一心头，他日春秋法，应书盗贼流。"事定后皖中又将其父逮系，验讯无状，闻徐被擒正法，剖其心祭死者，又脔割共食之。刺客姓徐，即皖中候补道，素蒙中丞优礼，充巡警学堂会办。

十五日(8月23日) 晴。十钟后浓阴，微雨，午后霁。入署，回寓后终日未出门，晚刻张兰江偕姜吉卿来。

十六日(8月24日) 晴。向晚薄阴。入署。散值出城，至观音寺华英药房补齿一枚。遂至试馆，遇佩卿适来，座有枣强县步芷村其诰同年，并定州王紫珊。两君现均在贵胄学堂当教员，日暮，佩卿偕两人入城。杨文甫孝廉又至，系考职新分部者。十年前曾在李慕丈宅授读，即相识，近又来拜，未晤，渠因访李筱帆，到馆不期而遇，殊惬渴怀。敬轩留同晚饭，饭毕话至十一钟始归。李华楼明经由津门来，夜话许久。渠已考取天津法政学堂。

十七日(8月25日) 晴。星期。拟向晚往试馆访佩卿一谈，因张兰江偕姜吉卿来，遂不果。姜君为静海独流镇人，早年为诸生，曾执贽于中鲁廷尉之门，中鲁任辰州太守时携以往，司笔墨，去年考取大理院录事，人极端谨，学问亦通白，年逾四十犹书生面目也。近日其家中因债务与人涉讼，闻彼造本一市井无赖子，善交结官场，颇以招摇得私蓄，姜君向有钱店生意，赔累歇业，存有此人千金，因不能遽偿，以房产作抵事，经调察已年馀矣，彼造忽又翻异装点，情节具控，闻与新任县令有故，欲藉此立声威，必摧折之而后快。姜君之弟在里传质两次，皆不得直，来京就其兄商计策，遂介兰江访予，为筹进止云。

十八日(8月26日) 晴天。秋阳甚烈。入署。散值出城，至云益钱店少憩，饮茶数巨椀，假寐片时，遂赴福隆堂。是日予为主人，邀馆中诸同乡毕集，外客唯杨文甫未到，冶园孝廉已于昨日归里，座中张子豫大令系新到者，此外则六垣、敬轩、佩卿、焕卿、小飘、景梅，可谓集桑梓之选矣。席散九钟，入城回寓。闻《京报》馆闭市，未知何故，亦可骇也。前日邸抄上谕有开缺云贵总督丁振铎交部严加议处之旨，盖新督抵任后，查该省边防、吏治并一切新政无一不腐败敷衍，据实奏陈，故有此严谴也。丁由翰林御史外放者，依资平进，遂任兼圻，在滇最久，以边远为藏拙之地，中朝政府淡然若忘，几以化外置之，去年丁调浙闽，浙闽人力拒之，而云南全体留学东瀛者复指斥不遗馀力，故此公自觉无地可容，奏请开缺归里，已拥厚赀为富家翁矣。骤闻此耗，不知其为愧为惧也。丁，河南人，自服官外省，至今家资已数百巨万，良田美宅，甲于通省，闻其在滇时，每两月必汇银一次，票商日走其门，一门子侄，皆豪横，乡里侧目焉。夫滇省之瘠苦，官场中无不知者，大吏如此，属僚可知。官方如此，民气又可知。夫滇省之在国家也，历康雍两朝，百战而后得之，百年而后定之，今强邻榻侧危若累卵，而付之一守财虏，大梦生者且将十稔，谁秉国成，不自为政。其应严议者独一丁振铎也乎哉？

十九日(8月27日) 雨。自黎明时微雨，旋止。午间又雨，至上灯时始止。入署，散值回寓。

二十日(8月28日) 晴。午后薄阴，晚霁。入署。散值出城，至永泰昌少坐，步至大栅栏，经广德楼，门首闻丝竹声，入内，适演《黄天荡》一出，勾留入座，观至薄暮，复步至津南馆访佩青，不遇，闻其偕敬轩、筱帆诸人在福兴居相候，遂往焉。馆中诸君知予出城。座共十人，饭毕会馆，六垣、幼石、子豫同沧州吕聘侯大令作麻雀之戏，予同佩青闲话，至十二钟始归。

廿一日(8月29日)　晴。入署。散值后为毓公府管事员与昌黎县庄头吴秉彝父子其子名桐，举人，分发山西知县互控事，会宗人府集讯。两造唯吴某及证人方某。毓公府遣家丁到案，府员均未来案。盖此案乃府员挑拨其家主，睸庄头殷实，藉端勒索骚扰，去冬曾索银五千二百两，到手仍不满意，自春三月又赴昌黎县，住吴某家，百般凌逼，故吴某来京呈控，惟宗人府会讯之案，承审官未有不袒护宗室者，况于公邸？庄户主仆名分所关，安能伸彼冤抑乎？幸此案承审员尚晓事，开导吴某，许为向毓公分理，将来必将府员掣回，不令其再行滋扰云云。果尔则尚不至倾家荡产也。讯毕已近五钟，赴东城回拜绍五楼，谈许久，又至宁波馆回拜欧平叔同年，渠适患目疾，延入谈移时始归。

廿二日(8月30日)　晴。入署。散值回寓。少憩，出城。往沈侍郎宅贺寿，遇赵伯勤、金巩伯昆仲，坐少顷辞出，往光州馆访黄宪之，不遇。遂至中州南馆回拜史小周推事绪任。史为丙戌科进士，在刑部十年，告归不出，近以家事不顺，重作出山之计，适大理院新设，奏调北来，派在详谳处总核。闻此君品学不苟，数与接晤，当是老成谨厚者流也。薄暮回寓。本日正班奏事，有现审案立决犯三名，一系刑四庭强盗，由斩决照新章改绞决者，一系民二庭京城强盗，斩决加枭，照新章但斩决不加枭者。向来刑部奏折，凡拟定斩绞立决之犯即由部拟旨随折同上，候旨下行刑，即发下所拟之旨如斩犯则旨云某某著即处斩，绞犯则旨云某某著即处绞，用单页白折楷书，俗呼为述旨片也。自大理院与法部分拟权限，凡裁判定拟罪名皆大理院专行，法部不得干预，然死罪者，无论立决、监候，皆部院会衔具奏，故供稿先送法部复核，而后定期具奏，立决者仍归法部，监刑、监候者亦交法部监禁。此次立决三名，一切监梆、监斩、护囚兵、刽子手皆由部预备归制勘司专管，而斩决二犯，院中所缮之述旨片误写为"即行处绞"，民二庭听旨官由园回署即将旨意送交法部，部中准备如犯人头插之招子，写斩犯一名某人皆为斩犯，提犯时始觉其误，遂向院员询问原由，时民二庭两正审官皆在城外酒楼会食向来凡有立决差使，承审官、听旨官以及监梆、监刑各员均会食一次，骤闻此耗尚未举著，立回署内，而各堂官向例正班日不到署，详谳处总核诸君有未入署者，有已散值者，法部又星火急催，手足无措，治莱三良，二庭正审跑至刘少卿宅适刘堂未回宅，候至三钟后、蔡莘生桐昌跑至张正卿宅请示办法，议定仍照原奏所拟罪名行刑，直至六钟后始斩讫行刑时已点火把照亮。街巷谍言皆相传为刑非正犯，并有云旨已赦免者，予在史小周寓内谈及此事，尚未知确耗，惟散值时闻有斩绞之误不知其原因为何，小周云渠昨在署曾见许机楼手写此底，为"即行处绞"四字，遂付录事誊真，审如此则误在详谳处矣，非录事笔误也。又向在刑部时，凡现审奏案承审司须定稿呈堂画齐，即交清档房缮折，缮毕先由档房堂主事阅看，继交本司阅看，有误则加签改正，再送秋审处阅看，无误始呈堂阅定，最要者为述旨片，虽寥寥数字，必原稿与奏折一一对清，方装折匣。近院署新章，无论何项奏折，皆由详谳处缮写，本庭并不豫闻，只奏上之日派一听旨官耳。此亦详谳处诸君揽权自是之一端。从前刑部听旨，凡立决重案，大半印稿就往，否则必约一例案娴习留心公事，逐日到署之人，以其于此案原委定拟均不隔膜也。院署新设各庭除正审官外，大半由夤缘而来，或调自外衙门者，或调自京外官者，即法部旧人亦非平素勤事者流，一概茫如故，致此笑柄。若听旨官系谙练公事者，方回署之时即可向正审官商酌办法，一字之误，尽可另写改正后再交法部，外人无知者，乃此君不知底里，甫到即将旨片送交法部，自为无事矣，岂知所关甚重乎？噫，似此者不过刑曹中浮面公事，于大局无关，犹如醉如痴，可惧哉！可惧哉！

廿三日（8月31日） 晴。入署。散值回寓。云门过寓，谈许久，夕时出城，至福隆堂为冯公度恕初度公祝之局渠本八月初二，因下月同会诸君生日太多，故提前办理。惟王鹤田因病未到，新入局为刘励真舍人坦同年，坐中偶涉及中朝近事，公度乘醉大骂，同人比之灌夫，然究是背地骂人，不得与灌夫并比也。本日张、刘两堂均早到署，本庭有和诱同逃、闻控将人送回本家一案，和诱知情，拟军例比照，闻拿投首减一等满徒。张公意嫌所拟之轻，交详谳处覆核，向来张公于画稿时惟署“照议”二字，案情从未细阅，且有不知为何事者，今日忽反覆阅看，大约因昨日之误为亡羊补牢之计，殊可异也。在署闻昨事已由张堂由电话向法部绍堂说明，消弥无事矣。晚在福隆堂晤袁际云郎中，云法部各堂除沈侍郎不置可否外，戴、绍均甚认真，已商同大理院于明日加班入奏，自请议处。盖法部与院署早成水火，至今未化。诇隙抵间，久图一逞，况授之以口实乎？且恐言官纠举也。

廿四日(9月1日) 晴。夜半微雨。星期。未入署。孙生干卿来，幼乔来。向夕出城，至云益钱铺借银百两，归偿五月内所借震发合之款。赴福隆堂刘焕卿大令之约，中鲁廷尉先到，谈及廿二日院署误写事已备折检举，于明早赴园呈递。席散又闲话移时始入城，邑中唐汙村族堂孙五儿来，渠自京西田村来，由此回籍，给番银壹元。

廿五日(9月2日) 晴。入署。散值回寓。向晚李路先来。

廿六日(9月3日) 晴。入署。是日两堂到署，亲提本庭诱拐幼孩人犯恒寿。散值出城拜客，由前门至东城清化寺街西，至骡马市大街，均不遇，回至津南馆，遇孙宛村，由里中来，话许久而夕，幼乔亦到，约两人同往斌陞楼吃饭，饭毕回寓。

廿七日(9月4日) 晴。入署。散值出城，赴张子豫大令观剧之约，往三庆园，时孙宛村、陈丹甫先到，薄暮同往醉琼林饭店，食毕入城，黄辅臣来此相候，谈至十一钟始去。灯下办奏稿一件，系任大庄儿图财害命案，拟斩决。

廿八日(9月5日) 晴。入署。散值回寓。静憩半日。晚间丹崖来，夜半办稿一件，系上月中元节西直门外预备站道之护军兄弟二人，因细故与开果摊之人口角争殴，当有路工总局巡警，拦劝不服，反将巡警揪扭，致军衣军帽均被踏坏撕破，由局送讯，解至步军衙门，送院审供相符，照违制例，拟满杖，均革去护军差使。该护军兄弟名崇森、崇禄，到案时见崇森身有烟瘾，虽当壮年，直如病夫，崇禄亦渺小丈夫，然面带凶诈，既应道差有弹压之责，乃恃符任意系觉罗不听劝阻，且有意与巡警为难，似此部伍之腐败，形容之蛮横，而月饷数金，乃国家所称禁旅王师者，亦不平之甚矣。

廿九日(9月6日) 晴。入署。散值云门、星秋约同来小谈，夕时出城，三人至斌陞楼大嚼而别。殷星岩来，黄辅臣来。

三十日(9月7日) 晴。终日薄阴。入署，闻堂定奏署推事、典簿、主簿各缺，共推事六人，典、主各一人，盖五月间奏署各缺共三十馀人，尚悬推事八缺未补，此次又拟补六缺为胡芰孙濬、孙振轩宗麟、冯采臣寿祺、涂苞九翀凤、欧阳毅之耿、林异凡炳章，已具考语画稿，会衔法部，中鲁廷尉至署将林君衔名撤下，不知何意？林君故在刑二庭，汪星甫浼予向中鲁为之转圜，予漫应之，继治策三良，民二庭正审又找予为之关说，予同策三偕往二庭，则星甫已与联泽生上堂代求，被中鲁面阻退下矣。时顾少墀绍钧，刑一庭正审亦在二庭闲话，方代林君扼腕，见予至则又嘱予独自向中鲁求情，而星甫、策三在旁交口怂恿，林君复向予连揖，予大窘，汗出如沈，不得已始正言告诸君云，此乃极要公事，安有以私情干者？且用舍进退，堂官自有权衡，成竹在胸，岂能以数语挽回者，不第无此政体，亦徒费唇舌，自取侮辱，诸君谅之，于是议始罢。噫！近来专讲速化，凡厕身新署者，皆以升补为捷径，稍有不遂，则怨抑形于词色，而职业之能否胜任，固无论也。予通籍以来，从未尝向人营谒，即调大理院后与中鲁不时晤叙，未曾涉及公事一语，中鲁尚知我亦不以私情相酬答，数月中，如详谳处总核，人皆视为美差亦其可保推丞也，予则无一念及之，此阖署所知者若在他人，则数月以来，中鲁宅中即予一人，亦当令户限穿矣。宁能为他人而丧厥守哉？志之可为三叹。考职所用主事分大理院者已咨回吏部以大理院无正六品缺也，吏部仍行送回，昨由堂点派分庭学习刑科每庭二人，黄宪之已派在二庭，予本日向张廷尉面陈与黄君系世谊，求改派三庭，张公欣然依允，立下堂谕对调矣。薄暮出城，至聚宝堂李嗣香学士之约也。座首为段总镇有恒日陞，即已开缺黑龙江巡抚段芝贵之太翁也。前数年曾在沧州驻扎即统领乐字营梅东益之旧军也，一见人极真率，尚有老将风标，谈及时政，如学堂、征军各举动，极为太息，可见非随时俯仰者。席散入城。吴焕臣、李路先来。

八　月

初一日(9月8日)　晴。星期。本拟休息，因有觉罗案件，本日宗人府员来庭会讯，故仍入署。入署。领上月津贴五十金，自大理院奏请常年用款，政治馆议给八万两，由度支部拨给，而度支部至今勒措不发，据云须请款之各该衙门领款文书汇齐方可准拨，盖此款系指明度支部二十万金不知是何项下分给各衙门如礼、法、理藩、都察、翰林、内阁等署作为堂司各官津贴之用，然旧衙门皆有从前的款，独大理院新立之署去年开办，尝请领两万金，业已涓滴无馀，而度支部尚如此靳吝，以故上月津贴迟至今日，闻尚系张、刘两廷尉商同挪借之项或是银行按日出息外间谣传乃度支部将款存于银行，银行贪图利息多存一月则银行多得一月之息，不肯遽发，部中遂藉口公事未齐，碍难单提，审如是则无怪中国诸事之难于整饬也。大抵无论何处何人，皆存自私自利之见，而置大局于不顾，若法部、大理院之至今不和，即此类也。大凡古今来明理有识见有学问之人，其谋私也亦有公益，反是者即其心乎为公而私意已不可胜诛，究之害公而无益于私，良臣民贼之分，由此可推而知矣。回寓遣人为震发合银行送去银壹百△四两四分。连日左面浮肿，惟无甚痛痒，而心殊烦闷，粗婢小鸭儿染患时疫已五六日，今早雇车送之回家。夜间服药一剂，即向来治齿痛方。因其系滋阴降火之剂，故服之。

初二日(9月9日)　晴。值日。本庭有具奏觉罗文启、文华服毒自戕各身死一案，冯君采臣听旨。入署。散值回寓。出宣武门，赴文济苍福隆堂之约。拇战屡负，饮几醉。席散至津南馆，流连夜半始归。黄辅臣、裴维周来相候。

初三日(9月10日) 晴。向晚浓阴,夜半时雷电忽作雨,顷刻便止。入署,昨日具奏续补推事、典簿、主簿各员,已依议行矣。今日补缺诸君至各庭拜客,黄宪之由二庭调至三庭,今日到署。予至各庭,为新补诸君道贺,散值回寓。自七月初二日有化除满汉畛域之诏,并令内外臣工各抒所见,将切实办法妥议其奏,查近日政府及各疆臣均有封事矣。阅北京报中载有熊观察希龄条陈,呈都察院代奏者,极有见地,文亦条畅周至,折中所云四难,均洞中肯綮,而所陈办法三条,亦殊迂远难行,究系文人之见也。

初四日(9月11日) 晴。午后薄阴,薄暮浓阴,夜间雷声。入署。散值后赴东城回拜陆申夫廉访及其弟天池观察两同年,不遇,回宅。灯下丹崖来。

初五日(9月12日) 阴。入署。汪星甫邀往二庭,探询日前林君事。详谳处因核任大庄图财谋命奏稿,邀往面商开检尸身一节是否尸亲求免蒸检,遂取当日尸亲及仵作所具之结示之,始释然。赵伯勤浼予为任、吴两君代递衔条。以新简高等裁判厅丞为奎鹤岩,与予系旧相识也。五儿连日作热,不思饮食,邀伯勤胗视立方。黄宪之显声来谈移时,渠自二庭与翁君对调至三庭,人极聪明,惜年少有嗜好,恐不耐劳。灯下至象来街宝轩宅,以其二令兄书农昨日在寓病故,因往唁之,话移时,归寓吃晚饭。

初六日(9月13日) 晴。入署,散值回寓。换衣,赴后门内三眼井,为奎鹤岩绵贺喜,渠新得高等裁判厅丞也。遂出城至嵩阳别业应己丑月团之招,是日并公请陆申夫廉访与其弟天池观察,席散已薄暮,入城。灯下陈芙舲、王丙南来。

初七日(9月14日) 阴,晚雨。入署。是日各庭补推事、典簿、主簿者均齐集在典簿厅大堂演礼,以定于初十日验放也。回寓歇睡,移时向晚,出城至兼云堂,杨待清之招也。席散已九钟,冒雨入城。是日在署与文济苍谈及八旗京饷各事宜,缘近日有化满汉畛域之旨,内外条陈不一，有议及裁京饷之说，予深以此说为非，惟向来只知八旗钱粮，而于其详悉规则未尽通晓，因济苍尊甫系佐领世职，且近升汉军副都统，亦满族旧家，故详询一切。

初八日(9月15日) 阴。自一钟时微雨，至早八钟雨渐大，向午止，晚二钟又雨，至夜半始止。星期。是日为恽薇孙学士初度，同人在福兴居设筵公祝，六钟后冒雨往，夜半始入城。

初九日(9月16日) 霁。午后浓阴，晚霁。入署，由典簿厅知照各庭奏补人员定于明日卯刻赴内阁验放。散值回寓，旋出城。是日为林迴凡邀往醉琼林吃饭，宾主共七人，拇战甚豪，席散已十钟。接贵及山大令广西信。早为五儿开一药方，嘱其饮下，回寓已出汗矣。

初十日(9月17日) 晴。夜间浓阴，至晓开霁。早五钟起，盥漱毕，登车入署。偕同庭诸君启行，由西长安门入天安门，至内阁候验放，时验放王大臣尚未派下，至九钟始陆续到阁，恭邸、荣协揆、张都护、王阁学，是日验放者共六署，事毕已十钟后，仍出天安门回寓。早餐后少憩，至四钟后出城往烂面胡同湖南馆，为冯公度之太君拜寿，先未闻有乐部，到后见冠裳跄济，女客甚伙，始知有戏，遇康侯、心田两侍御，星甫亦在坐，听戏二出，薄暮入城。灯下办咨稿一件，系私销大钱案。予自通籍后，至去年引见，凡六次朝考后分部，三年奏留，补主事缺，员外郎两次拟陪，员外郎拟正，共六次皆在西苑，从未在大内，亦未在颐和园前年补缺，去年员外拟正皆值圣驾旋京亦异事也。自六月间皖省变作，有人条陈引见宜慎重，自此遂有引见官均派王大臣验放之旨，本日在内阁候至十钟验放大臣始到，齐徘徊檐下，殊觉委顿，盖不胜今昔之感云。

十一日(9月18日) 晴。是日忌辰。入署。偕同庭文、赵二君拜谢两堂，金君后至，各庭新补缺者互为道贺，有日本律师高木△郎来院游历各处，先至本庭索旧稿阅看，通译者为汪君子直。散值后回寓，拟赴各堂宅内投刺道谢，因本日系国忌，不穿补褂，又连日颇不胜劳，因歇卧至天暝始觉。

十二日(9月19日) 是日改晚值,午刻进署。八钟时出城往法部戴、沈两堂、大理院张堂宅投刺道谢,并至李符曾家道贺渠新授高等裁判厅丞,符曾为先师文正公长子。入城至西四牌楼北中鲁廷尉宅道谢,不遇,投刺而归。顺道至文济苍家道贺,遂回寓,时甫十钟,早餐后略憩,即入署,闻本日正班简放院推丞之信,刑科为许玑楼受衡,民科为周林叔绍昌,两人均于去岁始补主事缺,可见乘时藉势之利也。同济苍为许、周两君道喜,在详谳处谈移时,散值赴东城绍侍郎宅投刺,归至治策三良家道贺,出正阳门至津南馆为王六垣吏部贺喜渠新补缺,赣宁馆在西隔壁,为许玑楼留一贺片,刘景梅邀予偕张子豫、孙宛村、幼乔诸人至致美斋吃饭,饭毕回馆,六垣、敬轩、筱帆始归,谈至夜分入城。南苑庄族侄来,询及田禾收成不佳,为之焦闷。

十三日(9月20日) 晴。入署。散值后至大宗府回拜,范明辅绪良,出城至清华寺医局回拜赵伯勤主簿,未遇,又回拜王梅生、刘锦江,均不遇。至条帚胡同访金筱珊同年,谈许久,上灯后始回寓。吴焕臣来,五儿病尚未愈,求其胗视,为立一方,接庆云刘生明轩信。

十四日(9月21日) 晴。午后忽浓阴,薄暮雨数点。入署,无事。开放节赏。散值至吹帚胡同看杭氏宅,宅对皇城路南,东西三所,共三十馀间,惜太朽敝,非大加整理不可,流览一周,询其租值,则索三十馀金,盖近年都下寓屋之贵如此,较十年前已增加三倍矣,奈何奈何!出城到大栅栏观音寺一游,购零星物件数事,回西河沿路,经廊房胡同珠宝市,市面又有更易者,盖京城各处日益奢纵,数日不见便尔改观如此,至浴堂洗澡。到永泰昌呼舆,遇王竹泉,渠新自里中来,匆匆数语即入城。早间有送礼者峻辞却之,予方入署,比归寓则闻其人屡向儿辈央恳,不得已而收入,幸皆鲜果茗点等件值钱无多,盖此人王姓,夏间曾在外厅被押,以其素以粪厂为业,外厂驱伊等移出永定门外,乃迁延不肯,故拘絷之以警众,伊曾央裴维周来求为托情开释,当时予亦峻拒之去,而适与厅员晤谈及之,代乞缓颊,彼释出后亦不知消息也。午前五儿服药一剂,比予晚归则大见轻减,汗出故也。

十五日(9月22日) 薄阴。晚晴。月色清明。终日未出门,上灯后设祭行礼毕,抱小孙女戏弄以释闷怀。五儿渐愈,起行至榻前,述说前至万生园所看动物各状甚悉。独酌尽一壶,饭后为里人刘雨溥写信,并写家信一函,办诈欺取财咨稿一件。张兰圃侍御瑞荫,先张文达师相之公子也,由荫生郎中考授御史,学问渊雅,品亦端静不苟。去年曾条陈时政,上万言策,今春徐菊人尚书简放东三省总督,奏调赴盛京,充文案处总办,予与侍御自未通籍时即相识,近年在都不时聚晤,同乡朝士中雅重其为人,春夏之交适大理院初接办裁判事宜,草创一切,昼夜无暇,心手交瘁。兰圃出都时竟未得一祖饯,心常歉仄。数日中适有所触,成七律二首,即拟寄之以补赠行之作,缘兰圃亦喜谈诗者。予诗笔向来孱弱,不能作壮语,独此诗嚣张跋扈,近前明空同之派,或命题不同,故措词亦偶异乎?连日风雨恼人,百感交集,偶成长律,附录于此:"倦客逢秋感易长,况余半百阅炎凉;西风落日悲陈迹,夜雨残更梦悼亡。不分老来文字隔,等闲日为簿书茫;也知哀乐须陶写,短鬓频添几点霜。"

十六日(9月23日) 晴。风。入署。午前文济苍遣人来言,昨患腹泄未愈,不能来署。予将署内公事料理毕,急驾出城,至嵩阳别业,陆申夫廉访、天池观察昆季招己丑同年咸命共拍一照,有三数君到迟,未及合座。是日并邀李符曾世兄入会,中鲁廷尉到甚晚,时已薄暮,主人将去矣。予归至津南馆,适六垣吏部宴集馆中同乡诸君以补中秋,拉予入座,饮毕张子豫大醉睡卧,敬轩亦颓然玉山矣。予同马瑞符、孙宛邨、景梅、六垣话,至夜半始归。接济南高礼卿太守信,随手挑灯复之,约千馀言。

十七日(9月24日) 晴。入署。午间姜吉卿偕张兰江来,散值后同金巩伯推事出城,邀至渠寓所观所临山水名迹,并观所刻图章,均几能品,可谓雅人深致。晤其令弟,亦佳士翩翩者。薄暮同赴兼云堂,新分到署者,程万里起鹏,黄宪之显声两君,相约本庭诸君共十人,济苍因病未到。回寓,姜、张二君来话许久,乘月而去。连日报纸云,广东钦州府防城县失守,被匪占据。府城告急,县令全家遇害十九人,惟报纸互异者,有谓勇营溃变者,有谓土匪勾结革命党人者,盖两粤久已不靖,粤西大乱数年,近虽宁帖而伏莽尚多,粤东则夏间已匪破一县,幸扑灭尚早。此次传闻匪党甚多且悍,且枪械精利,恐成燎原之势。

十八日(9月25日) 早微雨,晚又微雨,午后晴霁。入署至四庭访星秋闲话,渠适有丧爱姬之戚,出其所作挽对属阅,盖溢于情者。范荣九恩赐邀饮,散值后予出宣武门,至南横街一带拜客,归已薄暮,至斌陞楼,食毕回寓,座中皆四庭录事诸君也。连日又患齿痛,服药一帖。

十九日(9月26日) 晴。入署。散值回寓。近日贺松云俞堂派在三庭帮审。灯下重阅熊希龄所上化除满汉界限折,近日条陈此事者多矣,皆无足采,仅有文笔晓畅、援引繁博、指陈痛切者,然空言无益于实行,有何裨益乎?熊折差强人意,惟筹八旗生计一事,究多窒碍,盖其胸中见地尚狭,未免滞于目论也。夫因革命排满之说起而开化除满汉之议,所议者仍不出排满之范围,而不能解排满之宗旨,徒算计此数十百万苦旗民耳。试思排满者岂为窳败之佐领马甲哉!

二十日(9月27日) 晴。午后阴,向晚骤雨移时。是日换戴暖帽。入署。散值冒雨回寓。刘幼乔来夜话。

廿一日(9月28日) 晴。早间西风大作,天始戒寒。入署。早十钟。是日本庭张呵叭、任大庄儿两案均堂讯。凡定拟死罪人犯,向来三法司会讯其制,则于刑部定案后行文都察院、大理寺两衙门,定期会讯,至日则副宪、少卿各一人至部,部中各堂均到,延入白云亭坐定,呈上各犯供词,按名提犯,跪听书吏在旁朗诵该犯原供毕,即持下,另易一犯,犯皆无言,方带犯时用两青衣皂夹持之,盖银铛在身,不便行走也。若立决之囚,皆于具奏之前一日会讯,俗名谓"会大法"。所谓"会大法"者,以先有"会小法"也。凡部中罪犯由本司拟定讯明画供后,即行文都、理衙门,定期会讯。先是本道御史及大理寺丞过部中，在本司阅犯供，提犯上堂，书吏诵供毕，仍令该犯手画并印记毕，带下收监。若犯人有翻异，则俟两员散去后，重行提讯，必令输服无词，始再为行文，定期另会。大约会小法时犯人间有狡供者，至会大法则不复翻异矣。自去年改官制后，大理院为裁判最高衙门，且系独立，而三法司向来核议会审之制悉废矣。故凡死罪犯只于各庭画供后，即定案拟罪，俟将具奏时，堂官提犯至诵供如旧式，名为亲提，即奏中所称"臣等亲提研鞫"也。在署共金巩伯吃饭，一钟散值回宅，易衣赴广惠寺出吊，为宝轩令兄姜书农之丧，即留为陪客，吃素面。向晚送烧楼库后各散。是日间壁东邻吴子杰主政法部生子弥月请客，予往贺，谈移时，渠邀六钟至宗显堂，适予在广惠寺，散后先赴福兴居金巩伯之约，席间饮醉，不得已辞谢。亡室之柩亦停广惠寺中，今日在寺步入别院，启扃审视良久，曷禁感悼。晚间陈芙舲来。

廿二日(9月29日) 晴。星期。终日未出门，亦无客至。

廿三日(9月30日) 晴。入署。本庭范明辅绪良大理寺旧员，去年奏留者、程万里鹏考职一等，新到署者均经法部咨调在地方裁判上行走，两君皆不欲往，予同文君回堂留署矣。刘锦江文湘亦大理寺奏留者捐升知府，已于本月候验放，日内由典簿厅呈请离署。散值回寓。

廿四日(10月1日) 阴，向夕雨。本日为朝审之期，因本庭无入朝审之犯，故未往。未入署。午间贾星园估客来，马子翰来。是日刘景梅大令在松筠庵请客，予出宣武门，拟先赴兵马司前街为同署熊畅九贺花烛之喜，其尊甫经仲侍讲己丑同年也。冒雨至大街，雨甚，恐景梅主人久候，遂折回往松筠庵，时客惟张子豫大令、敬轩农部、中鲁廷尉，少顷恽薇孙学士亦至，马瑞符后至，入席畅论近事，中鲁先辞归。众客至席散，天已暝矣。予入城回寓。黄辅臣来。接邑中刘鹤庵荫华信即东洋留学员韵生之兄也。

廿五日(10月2日) 晴。入署。散值出前门，至冰窖胡同崇兴德估衣局访贾星元，不遇。遂往松筠庵赴李敬斋之约。先入座者已有七八人，予拟续入，主人不肯候，许久只筱珊民部至，又邀入印结局司帐二君同坐，盖敬斋因局事商议民政部巡警厅中所派署六品警官，自去岁即要求入局，查结官以若等虽系六品而吏部不收其印结，故不能概分公费也，然若等哓哓已久，各省章程亦不一律，故至今尚未解决。席散回寓。自早间忽觉腹中不适，至晚作泻三次。刘永顺来。为庆云刘明轩鹤庵写复信。

廿六日(10月3日) 晴。入署。至五钟后候两堂不至而散。本日因署中上次补缺验放共三十人，所有当日本署带领押班诸君，并典簿厅预备奏折排单及演礼各事宜，均邀订在醉琼林饭店酬谢，比至该处，主客皆陆续而至，唯刑一庭、二庭及民二庭未到。上灯后顾少墀到，始闻中鲁于六钟后入署，各庭已散去大半，详谳处、典簿厅亦悉散值矣。主客共三席，予未俟终席即辞归。以葛少松郎中家为其尊甫庆寿，邀往看戏。午间已遣人送礼，拟回宅换衣而往，适敬轩、宛村、景梅来，遂解衣出外厅共话，令暗人持名纸往辞焉。三君畅谈许久，景梅出其尊甫济臣明府《见怀》二律，旧雨情深，再三展诵，顿触今昔之感。客去后，殷生星若亦在此相候，陪话移时，丹崖于午后已来，星若去后邀丹崖至内榻共话，夜半后始出就寝。接吕来臣津门信，并带有《新小说》一册。

廿七日(10月4日) 晴。夜分微风。入署。是日发津帖饭银，各庭正审津贴增至八十金，饭银各庭增至四十金，以是月为始。六钟后始散值。至东安门外小甜水井鄞县馆回拜张子京寿镐太守，谈移时回寓。刘永顺来。

廿八日(10月5日) 薄阴。夜定，西风大作。入署。至日入始散值回寓，阅邸抄，见有职官士民联名百馀人，请设民立议院，上都察院代奏之折，洒洒千馀言。贾星垣午间来，为予借百金，持至付券而去。灯下重阅刘济臣老友《见怀》之作，不觉有触，走笔成二律，即步原韵，用槟榔笺纸录出，后附跋语，比书就，天已黎明矣。遣人送津南馆交景梅手收。

廿九日(10月6日) 晴。早间风止。星期。予同文济苍、金巩伯、赵伯勤四人公请本庭诸君，在江苏馆设宴，三钟时予拟出门，适杨禔庵来话，许久始去，遂呼舆出，先至尚会辰其亨同年廉访宅，出宣武门回拜客，共八家。比至江苏馆则席已散，客将去，呼厨役草草具食，而徐紫东又至，两人方对餐，主客六人已相约先作看花之游矣。予与客餐毕，匆匆登车入城，本拟访景梅一谭，因徐紫东约同车，乃不果往。回寓后又重改二诗数句，并叠二律为景梅赠行。

九　月

初一日(10月7日)　晴。微风。震儿自南苑庄上回宅。入署。散值已天暝，出城至津南馆访刘景梅，即持所改诗笺，将前作易回。适闻其明日即出都，六垣吏部设宴饯之，入座畅饮，同座者有庆云崔鹤泉大令，青县陈广文敬存亦在座，食毕又流连共话，至十钟后始归。归后忽忆署中本日有咨行顺天府、札保定府文二件，均有遗漏，因在署时此件交冯采臣君标注，渠乃未及细校，即付庭丁送出，予正在庭忙碌间，未暇询及，夜半追思及之，殊觉不安，亦只好俟明日索回添改，然已为失错矣。冯君在法部将十年，调院已半载，于日行公事尚不可靠如此，近来人材可知矣。

初二日(10月8日)　晴。入署。询庭丁昨日咨札，未发行，重启封另行添写，始送顺天府，将上灯始回寓。东邻吴子奇焕英法部来，夜话移时，夜半后因作书，至四钟觉腹馁，酌酒一壶，无下酒物，适座间有苹果，含之。

初三日(10月9日)　晴。向晚薄阴。是日正班，本庭奏结恒寿一案，嘱冯采臣赴园听旨，予未入署。午后赴江苏会馆己丑科同年月团拜之局，予同高莱坡润生侍御、陈砚堂金台农部、毛笙陔慈望水部今改制度支部四人作主人也。上灯后客皆散去，惟陆天池厅丞甫到，入座饮三杯，未及举箸，适另局有来催请者，匆匆辞去。申夫廉访前次邀诸同年在嵩阳别业曾拍一照，今日廉访来分送，每人一张。回寓八钟。

初四日(10月10日) 阴,午间细雨至夕。入署。与许玑楼推丞商定新决盗犯张呵叭奏稿。第四庭云门邀予小谈,时已将暝,遂同散值回寓。至西江米巷衢间,遇敬轩于道左,立谈移时,系因李幼铁大令托渠代买《新订律例》一书,敬轩访及,予告以法律馆所定新律甫奏上,尚未颁布,未有刻本也。

初五日(10月11日) 晴。早至西四牌楼丰盛胡同荣宅贺喜,遂入署。散值出城,至湖广馆。是日乃孟辅辰右丞同年公请张子京世兄太守、陆申夫廉访,候至七钟,申夫始到,席散回寓。本日刘锦江邀同庭寅僚在宗显堂会宴,因湖广馆请客,未到,辞焉。李梅坡外部本日娶子妇,昨日遣人送帐分去矣,以不能亲往,嘱儿媳携女儿往焉。自七月初二日读"化除满汉畛域"之谕旨,方寸怦怦,如有所不释者。两月中报纸载有两江制军端午桥方之折,以裁撤甲京饷、迁民垦边为两大端。折中追咎从前立法之未善,并博引欧美诸国之区分种族之利害,末乃以裁饷、移民皆须筹款,而请派中外旗人凡有实官者扣其俸廉以为捐助。又熊希龄观察由都察院代奏之折,文笔极佳,用意亦极惨淡经营,而中多郁辖之处,则亦深知此事之难,而又不得不办,终不外裁饷、移民二说,然此二者不过关于满人自己利害,于化除畛域何与?故言之不得窾要。其精神注定见得到之处,又不敢昌言之,亦云艰矣。自八月廿日又读裁撤各省驻防之諭,知事且日亟,筹思十馀日,拟一折稿,灯下始录出,全篇约三千馀言,未卜可邀代奏否也。

初六日(10月12日) 阴。夜雨至十二钟。入署。散值已上灯矣。本日上谕大理院正卿,已派定镇平左丞成升署,以新正卿英公昨已派充法律大臣也。昨简派三人,首沈子惇侍郎,次为前湖南巡抚俞公,其三则英凤冈方伯也。灯下韩允亭由里中来,偕李路先一堂弟某同到。予将入署时,贾星垣送一蟒衣二件,未看妥,持去。刘太监来。高凤亭又至。闻允亭云盐邑秋间时疫甚多,皆吐泻抽搐,移时而殒,县属村庄死者无数。

初七日(10月13日) 晴。星期。是日本庭冯、闵、范、王诸君在醉琼林设席,公请同庭先补缺诸人,予以疾辞焉。连日因写折稿,夜间失眠,今日举体疲困,且觉寒栗,拥被酣睡至晚,仍烦躁,晚餐未下著,遂展衾睡卧,至后半夜大泄。

初八日(10月14日) 晴。仍泄不止,委顿殊甚。南苑庄上连元族孙来。

初九日(10月15日) 阴。早微雨,至晚连绵,至夜半稍愈。泄止。

初十日(10月16日) 晴。两日腹泻,沾染床褥。今早始觉腹内无苦,渐思饮食。食鸡子数枚,啖粥一盂,然举体软退,静卧终日。上灯时,披衣起步,食汤饼一盂,嘱韩云亭代缮折底。接刘仲良太守徽州信。

十一日(10月17日) 晴。入署。已于初八日告假矣。闻署中庭丁来云,有新分奏案,遂力疾入值。王云门来,张子豫来话片时即去。至署,散值已上灯矣。因车为震儿乘往南苑,雇车入署,归时与冯采丞同车。抵寓晚餐后,敬轩来话,至夜深丹崖来。日内虽病已痊愈,然上焦终觉馀热未退,夜间不能沉睡,已三宿矣。在署倩赵伯勤诊脉,为立一方,将就枕时服下。

十二日(10月18日) 晴。终日薄阴。入署。散值已天暝。日内因尚未理发,故便衣往,未上堂销假。午间张子豫来,为托代借银事,昨晚云亭已将折底誊出,今日又校一过,约四千馀言,大旨谓满汉原可不分畛域,畛域在官而不在民,在权而不在利,在意见不在种族,化除之策在心地不在形质,在学术不在习尚。彼排满逆说,亦非概八旗之人而仇视之,因其信口之名词,而数十百万之身家生命随之一掷,不特不足靖乱,且为乱者所笑,自残同类,为逆党快心且万不可,况无济乎?而专驳裁饷、屯田之策,盖此策建议者多本之,以端午桥制军折为最详明、最恳切,然纸上谈兵,不顾实行如何,向来名士多犯此病,端尤为甚者。裁饷以节国用,屯田以筹生计,名非不美,意亦良善。惟不审名实,较利害而出之,祸有不可胜言者,折中独畅言之,而化除之效归之于学,学术正则畛域自无,即乱贼亦无所施其煽鼓矣。连年变法,各衙门每有传谕,各司员星递说帖,亦有自作条陈求代奏者,予向不关怀,一由心绪烦杂,无暇思及,一以人微言轻,不足动当事之听,徒劳词费,而又不愿以口舌逐众人、博时誉,故噤声不发。满汉一事,自奉上谕后,日夜怦怦,若有鲠在喉,兼之报纸叠登诸人条议,愈觉有间可乘,比裁驻防之诏下,知事已急矣。又昕夕不得安稳,构思终日,徒罔罔,如重负在身,每晚值散后多城外宴集,回寓必夜分,即偶不出寓中,亦往往有人闲话,非十二钟后不能清静,而筹家事、答友书均于此时待理,上月杪又与刘景梅乔梓酬和诗篇,题赠笺札,故不得运思命意,唯每日将意中欲言者笔记数则于旁,或有关八旗掌故者亦录出之,积久已得数千言,直至月初二日,始屏弃他务,一意澄心,将逐日所录者连缀之,而干立支分,滔滔不竭,居然成篇矣。然涂乙不辨,随用另册录一清底,以便书人照缮,阅两夜始毕。虽两夜,然自一二点钟后始把笔,故直至黎明乃罢。至初六夜又覆阅之,删改什一,较初作时觉心更烦苦也。连三日通夕不寐,早间就枕,胸间摇摇,若无所主,在枕上啖梨一枚,始稍安帖,不逾二时又披衣起矣,故遂有初七日之病。

十三日(10月19日) 阴。午前微雨。正班。入署。散值已暝,又出宣武门,至直隶印结局,为张子豫借款事向刘菊山匆匆数语,遂入城。灯下裴维周来。

十四日(10月20日) 阴。终日雨,至夜半始止。星期。早拟出门拜客,为雨所阻,昨晚三儿由学堂回家,询其堂中事宜并程课,大约以洋文、算学为重。灯下改咨稿二件,内有造假足银每两攙铜铅七八钱人犯,又叙供招一纸系强奸已成。阅法律馆所印去岁考查日本裁判监狱制度报告书,书系法部郎中董授经康同年所编订渠于去年曾派往日本考查法律,而沈子惇侍郎据以入告者也。书有王书衡仪通推事序文,甚古雅苍遒,予深爱之,为近来文字所仅见,非有师授者不能也。授经先在法部主稿，其时予方居忧，未尝共事，平日均罕交游，故虽同年而仅止识面而已，然素稔其嗜书好古，盖文学士也，自赴日本后，同派往者，以授经所得为多而可据。大理院设立，沈侍郎电促其归。今春因与法部会议交代事宜并一切权限，致语言龃龉，部中所派议员遂构之于戴尚书及张、绍两侍郎，怒之甚。因此，两署遂成水火，事愈不可解，授经乃为众矢之的。不特部中人恨之，即院署亦嫌其生事肇衅，致起种种不合，闻绍侍郎有将登白简之说，绍亦己丑同年，幸沈侍郎同中鲁廷尉护持之甚力。沈为授经知己，而中鲁则以年谊。然至今大理院补署各缺均已奏定，与授经同事者，且擢授推丞矣，而授经卒不得一官缺院署补署各缺已两次奏闻，绶经之所以不与者，以绍侍郎怒之也。盖院中升补人员，皆须法部会衔具奏，法部实兼操黜陟之权故也。忧危抑郁，其情况殆非人所堪，同人道及，亦有谓其语言粗率、事由自取者，理或然与？王君序中谀其"遇厄而学昌"，固属友朋慰藉之词，而授经亦可自喜矣。

十五日(10 月 21 日) 阴。入署。予自初八日请假，自定大廷尉成升任后尚未堂谒，今日传谕阖署人员分班接见，予随班销假。昔年在刑部主稿时，已距今将十年，其时定公方掌奉天司印兼秋审处提调，与予亦稔熟，廷谒时深道旧谊，退后先散值，即赴其宅内道贺投刺，渠在西四牌楼之西北隅宫门口地方，道途泥泞殊甚，回车拟往城隍庙街王觉生同年侍郎家贺喜，奈天已曛黑，路又迂远，遂急超出宣武门，至福隆堂，张六吉比部之约也。汪星甫亦在座，终席拇战，殊败人意。星甫喜饮，量亦平平，惟素以拇战自诩，每同人宴会有渠在座，必嬲闹不休。古人"酒以合欢"，宾筵之什，致戒号呶，况朋辈雅集，谈心道故，讲艺论古，藉杯酌以流连，事之常也。即或纵谈促坐，射覆藉钩，亦足怡情畅怀，偶遇生客，无多衷曲之言，或胸有磊块，藉消不平，对引豁拳，无伤雅道。若必角胜负，逞手口喧嚣，竟坐啜醨无节，非谑而虐，合席若狂，是在市井驵狯之子犹为可厌，况士大夫之列乎？星甫人颇聪明，夙以才力自负，惟满腹器矜，一得自恋，不知世界之大尚有胜我之人，而浅躁轻易，爱争小排场，其短处甚多。昔人云，学问变化气质，综而论之，是不学无术也。接高礼卿信中道及东省近事，谓新升直督杨莲府士骧同年，在东时专讲权贵人情，各局所投效者，多至八百员，开支薪水每年至一百四五十万金。近随入北洋者，二百馀员，临行时提取各局存款四十馀万金，以备入觐之用，去任后署抚盘查藩库，尚存三百馀万金，可见此公筹款之效，而二东杼柚之空[①]，亦概可想矣。

十六日(10月22日) 晴。黎明时微雨，须臾风起天晴，骤寒。入署。暝时散值出城，至宗显堂饭庄。是日为汪星甫初度，袁际云比部邀生日会，同人为之公祝。到后少刻即入座，星甫匆匆举杯，同人甫集，渠即离席辞去，询其缘由，则惠丰堂其族侄宗可维城警官亦为之祝初度者，然此局已由际云前四日约定，乃舍众知好之欢会，而就其竹林当日之面订，未免轻重倒置，且神情仓猝，一似决不为违者，去后大众咸为之不怿，而史康侯侍御尤非议之。其人之任意举动，毫无规则，亦可想见矣。午前刘菊山来，为张子豫借款事。

十七日(10月23日) 晴。入署。昨晚丹崖来此闲话，去后夜将半，忽喉间作痛，连脖颈转侧亦不适，一时无措，忆及尚有所购制盐一小包，原治牙疼之药，内有大黄等清热之药，因取开水冲服一瓯，而卧时已四钟矣。就枕不寐，黎明稍觉痊可，始沉沉睡去，故起甚迟。披衣时已午正，张子豫、刘菊山君来相候，渠借款已成，子豫出借券一纸，并部发到省文凭，交刘转给债号作押，两人同出城。散值回寓，云亭来夜话许久。午前王竹泉来。

十八日(10月24日) 晴。午后薄云晻霭。入署后毓公府庄头吴秉彝控府员一案会宗人府。薄暮出城，至津南馆遇董月庵广文在王六垣处，至宛村室中小谈，遂赴福兴居之约，乃恽薇孙学士为袁际

---

① 《诗·小雅·大东》："小东大东，杼柚其空。"后以"杼柚其空"谓生产废弛，贫无所有。

云比部补祝初度也，是局惟张心田侍御未到。会中刘砺贞观察坦为乙酉同年刘荫轩培之胞弟，赠其所撰《东游日记》一册。席散回寓，唐庄族侄来，系在军令司绘图处，玉田侄之胞兄也。闻玉田自七月患病，寄信使来看视，近日稍觉痊可，先时症颇危险痰嗽盗汗，医家云可治，现服丸药，惟尚未能动履。此儿读书无多，而性颇聪慧，且少年谨饬，有志气，故到处皆有人缘，现时每月得薪水九金，予甚喜之，知其病状，殊深悬系。李路先来，高峰亭来，仍为夏间所办赎入官地产事，予先时极力劝阻之，回家后复来，在此住数日，适予患腹泻，未能与谈。渠遂移寓城外，今日来候予，重申前说，余辞焉。以一面之交忠告善道之而不听，只好任其糊涂麻沸而已。

十九日(10月25日) 晴。入署。因刘堂到署已天近暝，比散值更柝已下矣。日内接刘雨溥、李雨臣两函，雨傅信中云海丰杨宅订吉期在十月廿七日，予于中秋后寄雨傅信，拟回籍就婚，烦雨傅通知杨宅，故来信云杨宅已允适馆之议。近日予计又中变，只好再致函雨傅，求其仍向杨宅婉说，由里送亲。灯下招云亭来榻前商酌一切。办咨稿二件。

二十日(10月26日) 晴。贾星垣来商购灰鼠褂料一件。入署。是日在松筠庵同敬轩偕请张子京太守、张子豫大令并邀恽薇孙学士、孟辅臣右丞、袁际云比部、陈延堂农部、刘中鲁少卿、王六垣吏部作陪。张子豫赴奉天不到；中鲁因政治馆出报，于本日请客作主人，亦辞焉；又邀高莱坡给谏与陈君，均未到。予拟《化满汉畛限折》稿，出示薇孙同年，渠大为激赏，始闻敬轩近日奉奏派出京，查土药产地销场及税则，约本省人查本省，如无该省人员，亦须临近省分共派十员，薪费月约二三百金。八钟后回寓，儿妇至榻前请安，随向其商酌下月办喜事事宜及应用物料。六女儿前患疟疾，久不愈，嗣又患头疼、腹闷各症，坚不服药，以致日久。数日来始大愈，将复元矣。李路先昆仲来，儁儿即三豹自学堂来。本日王竹泉带赵生鑫字品三，乐陵人，现在宛平学堂司事来，执挚为弟子，行礼后即辞出。

廿一日(10月27日) 晴。星期。早王竹泉订约在斌陞楼吃饭,予十二钟往焉。为赵生作主人,座有其乐陵同乡田仁甫、刘寿轩,食毕回永泰昌闲话,遇仁甫之四子名树藩者在译学馆肄业。晚间署中两推丞许、周两君在福州馆请各庭正审、帮审及详谳处总分核、典簿厅都典簿、看守所长诸人,予辞谢,缘昨在松筠庵换便衣,觉微受凉,回寓后夜深,吃果梨一枚,今日身体不快,故早回车入城。裴维周来夜话许久。近日阅《明诗综》始毕,此为第三次矣。

廿二日(10月28日) 晴。入署。上堂谒公事毕,因拟递条陈事询定大廷尉,应否本衙门代递,抑由都察院代递,定公云本署可以代奏,先索观原稿。回寓,灯下敬轩来,话许久,去后延云亭入,与商下月喜事应办各件。为刘雨傅写信。

廿三日(10月29日) 晴。是日本署正班,奏任大庄图财害命、张呵叭持枪抢劫二案处绞,人犯邀冯采臣听旨,王梅生监绑,金巩伯监刑,赵伯勤同往。采臣由园十一钟回署,即赴法部送旨。至十二钟行刑毕,订同往斌陞楼吃午餐,并请刘锦江入座。锦江业已离署,因系旧寅僚,故特邀之。饭毕已四钟,晚在太升堂,系孟绂臣右丞、中鲁少卿两同年公请张子京世兄,邀各同门作陪。予先到,时主人未至,觉微醺,倚枕假寐,比上灯后,众客陆续均至,绂臣亦到,遂入座。酒将三巡,中鲁始到,席间又为射覆之戏,就中惟康侯、星甫、公度三君为优胜。回寓九钟,在斌陞楼与闵少斋订觅书手写代奏条陈。南庄工人杨升来。

廿四日(10月30日) 晴。入署。拟散值赴东华门拜客,比天色已暝,遂回寓。丹崖来。

廿五日(10月31日) 晴。晚阴,夜微雨。入署。晚至太升堂,高菉坡、陈延堂、蒋星甫三君公请张子京太守,席未散出城,至致美斋,董月庵之约也。裴维周来。

廿六日(11月1日) 霁,晚阴。入署。散值回寓,昨阅《政治官报》,载有礼部《奏覆举人陈焯请订礼法以立宪政折》,并将原奏刊印。

按陈君元奏甚佳，寥寥二三百言，而高情远识，溢于纸墨间。部覆已准如所请，而语意陈陈，无甚发明，不及元奏远矣。因钞出元奏入笔记中。仆人陈德之父来，昔年予在辛庄时伊家尚种地充庄头，伊时尚十馀岁。

廿七日(11月2日)　晴。微风。入署。散值已日入矣。驱车至小甜水井鄞县馆，为张子京送行，谈移时始归。豹儿归，询其学堂课程。玉田族侄之兄来，询其弟病状，答称已渐愈，能饮食矣，惟旅囊罄尽，拟向予借用钱文，许以明后日当遣人送到。渠带来药方一捲，约数十纸，谛视良久，予虽不知医，然已知症颇危险，幸未失血变为痨症耳。裴维周来。灯下改咨稿一件。予每日就枕时必看书数页或数册，以时之早晚、身之劳逸为断，已卅馀年矣。无论如何忙迫困倦，必如此者，以忙迫则心浮躁，展卷则宁帖，困倦则心滞闷，展卷则宽豁，以至怒愤忧郁，皆可藉此以排遣，虽常失眠不卹也。连日阅新丛书中《广阳杂记》为刘继庄著，康熙间人，共四册八卷，其人盖非常之士，当国初四海混一之后，犹有禾黍故宫之怨，往往流露于笔墨间，若今日革命党人见之，当引为同调矣。若册内盛称郑成功为三代下第一英豪，唐桂为真命天子，犹可云故主之思，至吴逆之叛、王辅臣之叛，其纪事中皆有惜其不成之意，是则过矣。此书流传甚少，人无知之者，然其他议论，则决非空谈性命者，如近之算术格致、一切西法及政策学术，无不有先见之哲，殆于梨洲、亭林、而农外独树一帜者。

廿八日(11月3日)　晴。星期。寓中闷坐终日，灯下阅香山《长庆集》。张生松如名叶茂来。呼震儿来，令其明日省玉田族侄，兼遗洋银六元。与五儿闲话，据云月初南庄连元族孙来，告数日前伊在庄上柜房午睡，梦亡室乘车至庄，唤伊问话，色若不豫，伊请下车进内，不肯，寥寥数语而别，临行时又云，吾衣裳已敝，当为我制新衣，伊答以制衣何不在宅中制耶？则云吾无暇回家，匆匆车已远去而醒。伊来日予方患腹泄，故未言及儿辈，遂向冥衣铺定寒衣，拟于十月朔日焚之灵前盖十月朔日为亡人焚寒衣，遍处有之，而都下此俗尤盛去岁儿辈曾道及之，予不甚信此等事，故未允耗费，今岁因连元之梦而行之，未先告予知也。南庄种地为亡室生前所最注意之事,癸未冬间所置之二顷田亦其怂恿而成者。年来窘迫,寓中时无一钱,惟节衣缩食、典钗置钏,以供农器、籽种之用,每南庄人至,必殷殷唤入,询彼处情形,病中犹不去怀。今年收成歉薄,或亡者有知,关切及此耶!今夕始闻之小儿,为凄然者久之。去年室人没以三月初五日,连元于初八日始知之,初九日来寓,哭毕向予告云,初七日夜半,伊睡梦中忽闻院中人马喧阗,闻工人呼曰,宅内太太来矣,伊亟起出视,方披衣间听,有太太声音,询工人等汝辈所种麦田何处耶?及出户,则车声历碌,如风驰云卷,向南而去,伊怅然木立久之,闻马嘶声而觉。噫,其果然也耶!

廿九日(11月4日) 阴。入署。呈递所拟化满汉折底,因定大廷尉索阅也。昨分一案,系职官拐骗银两,犯名王白元,山西举人,今年考职二等,以盐大使用。在京寓三晋会馆,适有西人张姓者,其友为之汇京内日升昌票号银六百馀两,而信则寄至会馆,王某见信拆视,遂持信向票号取银,冒张姓之名。日升昌与张姓亦不识面,见信函相符,随将银交王某取去,迨王某出京而张始来至,该号查询,方知为人骗去,因同张姓到三晋馆,访悉有王某寓馆内,先时甚贫困,后忽挥霍,颇令人生疑,该号偕张姓追往解州,将王姓扭获,至京送民政部,转送到院。阅民政部来咨暨王某二奏词,读书人至此不禁浩叹。予持咨文连禀词呈堂商办,定公意尚活动,此犯或有一线生机也。回寓,吴焕臣来渠于八月内丁外艰。裴维周来。陈芙舲来,予已定期下月续室,一切应需物件并棚、轿等事,均无人部署,故特邀陈福舲,嘱其代筹诸务,殊无赖也。

三十日(11月5日) 晴。晚阴。入署。散值回寓,贾星垣来,嘱为制新人衣服。

十　月

初一日(11月6日)　晴。午后风,至三钟后风大起,向夕愈大,狂飙飞沙,彻夜不息,东邻门前槐树已数围矣,为风所拔。入署。是日入(直)[值]人甚少,王白元骗银一案,将日升昌侯某传到,讯详原委,渠恳求息事,可保全王某功名,予允为设法回堂矣。领津贴饭银四十金,只发其半。回寓,早遣儿辈至广惠寺烧纸钱,向晚儿媳携女儿往焚寒衣。归寓,儿辈已上祭行礼毕,感欷久之。灯下允亭闲话许久,裴维周来。

初二日(11月7日)　晴。向晨风始少息,寒甚。院中水皆结冰。闻正堂英公瑞已病故,渠到京请安即请假,终未到任。入署。上灯后始散值。陈福舲来,韩云亭定于明日回里,给发川费洋贰拾元。

初三日(11月8日)　晴。正班。灯下办咨稿二件。入署。回寓,丹崖来。陆申夫同年送别敬拾贰金。与陈福舲商办喜事应用物件并筹各项事宜,此事予原拟回里就婚,杨宅乃牵率不果行,在都成婚,诸事均所不解,且囊底空空,殊费周章,而内外大小部署,皆须亲自忖度,尤难为怀,不得已约陈福舲来商略一切,稍分日力,亦非满意之文章也。

初四日(11月9日)　晴。入署。东城长利炭厂请客,于十点钟出城,至冰窖胡同崇兴德估衣局,话移时,遂往正阳楼,时敬轩、六垣已先到,贾佩卿孝廉新由济南到京,亦在座。少顷宝轩到席,闲谈及乡人王赞轩大令抵广东后,奏署澄迈县事,于八月间赴任,昨报纸批折目录中乃有粤督奏派黄某署澄迈县一片,均为愕异,盖赞君到任未及三月,何以此缺又请调署,则现任者必有事故可知非撤则故,不然万不能出缺,八秩书生,航海求官,置之蛮烟瘴雨之乡,受惊涛骇浪之险,趋跄大府之前,既不能俯仰如意,出入夷獠相对,更苦于听断劳神,为撤为故,实意中事也。一生老学究,不知莅官行政为何事,宦兴忽发,作此举动，倘委骨南荒，将来首邱之正，良非易易，殊令人为之忧危也。席散进署，日入时散值。出城，至中和戏园亦长利约定者，尚未终剧，遂入座。宝轩诸君亦未散，适值名脚谭某即俗呼叫天，演《空城计》一出，自失街亭起，马谡甫一上场，台上已燃电灯矣。谭某为近卅年梨园占最优之格者，予观其登场，亦不胜偻指，惟终未见其演此出，今日因在正阳楼探确，故薄暮复往，盖美则美矣，然其擅胜处在抑扬曲折、音节吞吐间，至精神体气，较昔年之程长庚者究逊一筹。长庚得名最早，予犹及见之，在同治、光绪年间，来京乡试时，已久没矣。终场各散。敬轩邀同行，辞。入城回寓。灯下李路先来。

初五日(11月10日) 晴。星期。刘太监来，持如意馆画屏数幅，求为题字并索前所求对联。未出门。南庄送粮豆来，连元同来省视，晚访问楼太守闲话，晤其三世兄云生驾部，始知于月前归里，尚未旋也。茂庭陪话许久，回宅已九钟馀矣。办奏稿一件，叙供一纸。

初六日(11月11日) 晴。入署。为毓公府庄头与府员涉讼事会宗人府，所派承审员某适忘其名字剌剌不休，语多谬妄，因其不解公事，姑漫应之而散。至驴市胡同回拜孙祥卿大令，谈许久，归寓已九钟矣。陈福舲来。

初七日(11月12日) 晴。入署。散值后至聚宝堂饭庄。是日为李敬斋吏部初度，同人张心田侍御、恽薇孙学士、刘砺真观察，均未至。回寓，陈福舲相候。办奏稿一件。

初八日(11月13日) 薄阴。入署。散值，至津南馆访敬轩不遇，与六垣、宛村小谈即归。沿路肩摩毂击，游人阗咽，以万寿圣节在迩也。回寓，书贾卢文轩来，伊乃厂肆中旧人，颇能识宋明板本，庚子乱后伊在都闲居，有同乡友为予道其人，予延之来，嘱其代买旧书。缘当日兵燹流离，古册秘本往往于肩挑背负中遇之，寻常板印几于街头滥贱，伊觅得数种尚不恶，惜予囊底空空，不克如愿，至今思之，犹惋欷竟日。然予之鉴别亦于是年长进，盖得力于伊者，不可忘也。伊于廿八年回家深州人，久无闻问，见之甚为痛快。

初九日(11月14日) 阴。夜九钟后微雨，夜半后霁。入署。散值后回寓。午间赵品三来小谈，刘菊山来。晟儿归，询学堂课程。日内始赎取各件皮衣。阅北京报纸，中载近日苏杭甬铁路之风潮，廷寄两省大吏并政府外部寄两省督抚将军之电、两省公司总协理、副理各绅与公司股东之回电备具，且载此事原系浙人汪大燮伯棠前使英国，今为外部侍郎所经手，有贪贿媚外等情，目下英人执意不肯退让，且责我失信，政府外部极力调停，改为借款之举，江浙公司仍不认可，咸归咎于汪侍郎，致有焚宅发冢之谣传，兼拟铸铁像于路左，仿岳祠前秦桧跪像。并有吴士鉴、章梫、许△△三人。汪亦竭力求退，将来不知如何了局也。

初十日(11月15日) 晴。万寿节。是日例不理刑名，故未入署。贾星垣来，嘱为拆改皮衣数件。薄暮出城，拟访敬轩、佩卿一谈，至正阳门外桥边，车马拥挤，候许久始至大街，乃步步阻滞，至大栅栏口又改淀东口，进粮食店街，颇畅行，比至南口，则洋车布满，几无插足地，下车步至试馆，诸人皆不在，遂出至灯市街。拟往同福居或致美斋两处一吃饭，竟均有人满之患，不得已到致美楼新开市而菜殊不佳拣一座独酌，草草食毕，回馆惟佩卿归来，畅论移时，宛村继至，闲话许久，时夜将半，敬轩始归，略话数语而别。佩卿出示予《己庚日记》一册，携归。

十一日(11月16日) 阴。寒甚。始换羊皮袍，薄暮有雪意。接贵及山大令信二函，皆九月内所寄也。入署。散值赴太升堂，已上灯矣。今早遣人至馆邀敬轩、佩卿、丹甫、宛村、六垣诸人小酌，并在署内邀范荣九，比予至该堂，则客已先到，唯敬轩尚未至，荣九因自作主人，吃点心而去。敬轩到，入座，肴品尚不甚劣，食毕客皆辞归。佩卿偕予回寓，话至夜半后，予忽忆《戊戌咏史》七律六首，检出示佩青，渠亦索纸笔录《庚子夏感事作》，亦七律六首，互观之不觉累欷，时已鸡三唱矣。暖酒共饮数杯，惟少下酒物，觅厨下不得，咸菜也无，可笑也。幸有馒头三枚，围炉共炙，佩青啖而甘之，天已曙矣。留佩青不得，冒晓风而去。予展衾始睡，钟打八点。

十二日(11月17日) 晴。早夜风起，至夕尚飒飒也。星期。终日未出门。贾星垣来为成作皮袄。予素不能书，近复无暇操管，知好间有索书者，辄延不报命，心常歉然。昨嘱仆辈磨墨相候，今日午后，努力一挥至上灯时。饭后又书数纸，凡写屏幅四、条幅五、对联四、斗方二，颇觉惫矣。夜半后酌定奏稿一件，又起奏稿一底。接陆申甫苏州信。

十三日(11月18日) 晴。入署。散值回寓，午间郑石坪秉钧大令来，谈许久，渠将赴奉天投效，央予为写信。灯下卢文轩来，带《杜诗》一部，系元代刻印黄鹤集千家注本也。自庚子年即见过，欲买得而力不给，去年岁暮时正文斋谭书估又向予索售，予已定价，许今春付给，因囊中羞涩，至今未往厂市一游，不意书主忽来，竟慨然相付，终归我有，殊一快心事也。夜深又写屏联，至二钟始罢。陈福舲来。为奉天提法使吴伯勤写信，郑君所嘱。

十四日(11月19日) 晴。入署。散值出城，午间敬轩来，倩予为沈铁庵代取印结。沈系光禄寺裁缺改外，分发同知，并邀予晚赴致美楼吃饭，暝时至印结局，向刘菊山说妥，即往致美楼，座有姚桂舫巡检、于润五大令、沈铁庵司马，馀皆熟人也。张子豫今日来寓，未晤，在彼处始相见，询知前月代借百金，已偿清矣。席散回寓，夜半后叙定三案供招十馀纸。

十五日(11月20日) 晴。入署。散值后出城，至永泰昌，遇高景恢孝廉庆云县人、刘锡九盐山人在座，话少刻，邀王竹泉上街，至润华楼金店看定首饰，又玉器铺购朝珠未妥，随往大栅栏众增厚估衣店，买狼衣褥一件。拟邀竹泉同往酒楼小饮，渠辞去，予独至天津馆同福居小酌，饭毕回寓。杨升自南庄来。办咨稿一件。

十六日(11月21日) 阴。定更后微雪，夜深大雪。正班。午前刘寿轩来。入署。散值后出城，至致美楼，赴佩卿之约，时已上灯，因主人未到，出门散步，至瑞蚨祥买被褥面及洋布等件。回至该馆，敬轩、六垣、宛村、丹符俱到，主人仍未至，候移时，众饥甚，遂呼酒肴大啖，杯盘狼藉矣，佩卿始来。比席散则六出[①]飞舞，亟呼舆归。黄辅臣来商借银事，以将回赎南庄典出之百亩田也。廿九年事。辅臣冒雪出城，留之不住。

十七日(11月22日) 雪。自夜半，至夕始止。午间和顺轿房来订喜轿事。入署。本日为典簿厅主簿王紫仪金浸之尊甫劭农太守七旬正寿，本庭连衔为送祝礼寿帐，并同往道贺。劭农甲戌进士先官工部，由京察放徽州知府，到任一载即告归，今春抵里。有四子，长者已中孝廉，官商部郎中。予同济苍、采臣、巩伯往焉，时已四钟馀。至前门东户部街，将至皇城隅，石路上泥深没踝，予车独在后，忽脱幅，幸有路人见之，亟呼住舆，舆夫始下视知之，赶卸辕骡，令随仆陈德扶辕牵骡，舆夫跑至西江米巷车铺，唤人为易辐，时已暝矣。事定后思之，此殆有天幸，盖行人唤住之时，若轮一周便脱矣，轮脱而车覆，出于不意，较之马惊车逸尤为猝发，车中人未有不受伤者，而跨辕之人，两腿必为辕所压，辕折不足惜，仆人之腿折矣，况在石路中间，泥潦无际，主仆三人且尽在泥中，即马亦不可问，是尚堪设想乎？真奇险奇幸也。车既完固，驾骡复行至东四牌楼三条胡同馀园王宅在此办事，昏黑不辨路径，车马填挤，摄衣入门，拜祝毕即见济苍、采臣方入席，招予同坐，方演剧，草草食毕，看戏目颇不恶，遂留连至九钟后，与济苍同辞出，回寓，夜餐毕，呼儿妇来商廿七日事宜，以今日接韩允亭来信也。同时接里中李菊邨、高绍堂信。

十八日(11月23日) 晴。入署。散值往福隆堂，韩象武永成之约也。同座皆从前刑部山东司旧僚，终席不禁增今昔之感。回寓，陈福舲在座久候，予连日为定喜轿事尚无消息，适文济苍谈及，为荐一铺号，昨午冒大雪来，请验轿围等件，其铺掌亲负包裹候许久，予面订之矣。今日福舲又申前说，予辞焉。渠大不欢，因出杯酌款，语至黎

---

① 花分瓣叫出，雪花六角，因以为雪的别名。

明始就枕，颟顸之人，固如是也。

十九日(11月24日) 晴。午后大风起，暮寒甚。星期。今日署中同寅约往贤良寺，为已故正堂英凤冈瑞出吊，订明一钟时。早九钟后忽唐庄族侄来，告其弟玉田名龙庆病没，骇愕久之。自上月闻其病耗，即虑及之，缘系痨症也。嗣其兄来告，已渐愈，能饮食矣，方喜有转机，今兹之耗，实出意外。其家尚有祖父母，贫老无聊，将来恃此儿以糊口，去腊新娶妇，青嫠无子，奈何奈何？贤而夭折，不仅有宗姓之感也。早餐后意忽忽不乐，阍人报南皮张子厚榛孝廉至，出晤谈许久，盖师弟已十年不见矣。渠辞去，贾估客来，话制衣事，贤良寺之约遂不赴。薄暮至印结局访刘某，不遇，遂往潘家河沿访韩荔生郎中，亦不遇渠往宝坻放赈未回。至试馆，拟同敬轩往致美斋消寒，值长利炭厂刘子明为敬钱行，因同往正阳楼吃烤羊肉，大嚼甚快，今年第一次也。饭罢回寓。是日糊屋壁。

二十日(11月25日) 晴。午间敬轩来辞行，以奉派查土药税告奏派十人分赴各行省，敬轩派往直隶及东三省于廿四日先往天津也。话移时，刘菊山来。入署。散值出城，至天和玉饭庄沈铁庵之约也。回寓接韩允亭信，言海丰杨宅于廿一日到盐，住雨溥宅，次日由盐启程，约廿四日至津，乘火车来京，即此可见乡下人办事之无识矣。午后刘菊山来。

廿一日(11月26日) 晴。午后大风，向夕寒甚。入署，散值至金筱珊同年宅贺喜其世兄赞灵茂才续弦。回寓，适李梅坡同年夫人来，商及喜期应备事宜，始知梅坡已于十七日随伦贝子赴日本起程，话移时出门，至太昇堂，刘中鲁少卿为敬轩饯行，邀予为陪，饭罢回寓。陈福舲来，李福卿来，未晤。送其石印《古宦述异记外》。

廿二日(11月27日) 晴。更馀风起。午后庭录事朱子承天休来，本庭录事三员朱、刘、丁，丁为五月间由民二庭调者，朱、刘皆初开办时所调，已于七月间补缺，丁尚未也。朱与刘近日有违言，势成水火，廿日递现审单，竟因两人互诿致未预备，由此始知两人不合。原委系因朱、刘分住一房，互争枕凳而起，盖朱年长而近滑，书法不甚工敏，刘书法颇工而速，缮写案牍，刘多偏劳，又年少气盛，遂涉矜张，积久益不相下，特借琐事为生衅之端耳。闻日前朱闻刘在屋中有申申之语，遂不交一言，昨散值时朱向予同济苍诉说刘不是处，予略为开解，后向济苍商拟，与他庭对调，济苍然之。今日朱来拜会，恐予有意督过之，极陈枉曲被欺状，予当下正言晓示，并譬说许久而去。进署后典簿厅徐、黄二君来，议换调事，意甚为难，予遂嘱二君暂可不必更换，稍迟查看情形再议可也。二君去，予请四庭张录事兰江来，嘱其再邀同班数人，为朱、刘调和，勿再起是非，前事只可置之，否则两人均有不是，大于前途有碍云云。兰江首肯而去。散值出城，至润华楼购首饰，又至聚增厚估衣店买狼皮褥一件，随往聚宝堂饭庄赴六垣之约，席散回寓，贾杏元来相候。

廿三日（11月28日） 晴。早间敬轩同董悦庵各送洋元为贺礼，却财不恭，踌躇良久而受之，敬轩借刘励贞《东行日记》一册。入署。是日本拟请假，午间张子豫大令来辞行，卢书估亦至，话至日夕始去。忽忆本庭有一局骗之案，尚未定稿，雇车而往是日儿媳出门。张兰江来本庭，复称朱、刘已和解矣。上灯后出城，至福隆堂，李敬斋之约也。为印结局公议事，缘新调入院之白厚之塑屡次索入局分结故也。

廿四日（11月29日） 晴。未入署。本拟请假，因明日礼部铸印已就，各庭请领，行拜印礼，故不便预为规避。午间黄辅臣、刘橘山来。午后出城，至云益钱铺，归至万德楼，与辅臣匆匆数语，到永泰昌，遂雇洋车赴琉璃厂，买磁器数件、笔数枝而归。至桃子胡同澡堂浴毕，邀王竹泉斌陞楼吃饭，饭毕回寓。午后姜宝轩农部夫人来，询及吉期应行照料各事。

廿五日（11月30日） 晴。午刻入署。时请印员尚未出署，候至四钟始颁，到典簿厅，各庭领讫，合庭行九顿首礼，上堂禀明，各庭互相道贺，并典簿厅、看守所周旋一过，遂赴太昇堂，合庭会食。

席散闻仆人云新亲已到，亟驾回寓，在舆中不禁感触，泪落如绠，到宅内见侄家彦同允亭偕来新亲，官客惟刘雨溥到，数年阔别，为之一快，吕莱臣亦到，共雨溥夜话许久，谈及故乡近事。买洋卓椅三件。

廿六日(12月1日) 晴。星期。喜期在明日，喜棚、喜轿均到齐。晚间韩鹤轩、马子翰、黄辅臣均来帮忙，夜间督僮役部署新房，天将黎明始就枕。噫，今宵情况，回忆三十三年前，犹如昨也。

廿七日(12月2日) 晴。暖煦无风。吉时定于申刻。早起，未著衣冠，汪星甫来，少坐即去。予此次办喜事，本拟告假回籍，就婚海丰，后以事多拂逆、资斧乏困不果行，比定期改议，同人咸以备柬请客为宜，予因署事烦劳，无暇作计，遂潜自办理，恐外人知之也。今日客到者犹四五十人，署中除中鲁少卿外，刑二庭、四庭、民二庭暨本庭均到。早起，先著冠服，命舆携五儿、女儿出城，至广惠寺亡室柩前告奠，焚香纸，回寓，餐毕已过午矣。二钟后发轿，申刻入门，行交拜礼，口占四语为一截句。

廿八日(12月3日) 晴。午后会新亲，邀潘问兄陪客，晚间回拜，并邀岳母杨夫人明日过寓。灯下为来臣写对联，款签印章。适坐间有宿纸二幅，写近作《悼亡》十三绝并昨午口占四语以赠之。

廿九日(12月4日) 晴。午前迎杨夫人过寓，下午倦甚，大睡。至上灯后始觉。重谒岳母，话及姻党各家，多予旧识，为之一快。

十一月

初一日(12月5日) 晴，午后风起。昨晚共新人话及家事，并谈及先世杨梦山太宰轶事，缅一可听，比就枕已鸡三唱。今早起甚迟，餐毕出门，至城外各处道谢，上灯始归。

初二日(12月6日) 早起，岳母杨夫人命舆往南苑探亲其胞侄杨凤章在军营充书记，家眷亦在彼寓居，日前曾来省视。携五儿、梅妞同往，早餐后予意有所触，不觉心为之酸感，强步出门，至大栅栏闲游，在庆乐茶园门首闻丝竹声，遂入观剧，所演戏目颇合意，脚色亦不恶。有《烈女传》、《忠义侠》两出，皆予素所爱听者。直至上灯始散。信步至致美斋独酌，随意食饭少许，雇人力车回寓。灯下署中来知会一纸，乃定署正堂，已于本日奉旨实授也。

初三日(12月7日) 晴，薄阴。早餐后梁星秋来，贾杏元来。庆云县耿长卿寿泉孝廉来，刘雨溥来，杨宅少农九叔岳来，予同杨、刘二戚出城，至庆乐园观剧，晚至斌陞楼吃饭，饭毕偕雨溥回寓。出城时过全晴坡检事，邀明晚福隆堂会酌。

初四日(12月8日) 阴，夜霁，黎明风起。午前南苑营官王仪庭来，未晤。卢文轩来，佩卿来，话至暝后始去。予遂出城赴福隆堂之约，席散回寓，共杨夫人闲话许久。

初五日(12月9日) 晴，大风。午间盐山谢越勋明经偕宋俊卿来，话数语，予别去。入署销假。卢文轩送《惜抱轩集》一部，付《杜集》价四十五金。

初六日(12月10日) 晴。午前南苑杨凤章来。入署。本日亲提盗犯郭秃子、诱拐子女人犯王二即八十，二案均无翻异。刑四、民一两庭，犯有翻供者。又签分提督衙门，奏交盗犯十三名。梁星秋来庭，嘱为钟姓一同知取免保印结事。散值回寓，刘雨溥来，定于明日同杨夫人旋里，邀至内室谈许久，绍庭侄亦回里，检点带回衣物，并寄赠边务庄李宅亲家衣饰各件，忙碌至四钟始寝。

初七日(12月11日) 入署。散值后出城，至福隆堂，熙维周检查桢、聂玉书主政梦麟之约也。客约卅馀人，入座后略饮数杯，即兴辞。至致美斋，缘同乡谢越勋明经邀予一谈，故匆匆而往，时六垣吏部已食毕，佩卿继至，偕六垣辞去。予独于主人饮啖，回寓已十钟矣。早送杨夫人出城，午间乐陵史松如兆栋来，内表兄也。

初八日(12月12日) 晴。入署。散值回寓。连日儿媳受感冒颇重,延同乡韩鹤年来诊脉立方。兰泉甫明经来夜话,南苑族孙连元来。

初九日(12月13日) 午后大风。是日法部决囚,易旧日菜市口,移至蓝旗炮厂。入署,午间梁星秋、贾杏元来,星秋为购妾事,嘱族孙连元为其物色乡间小家女郎。是日本拟赴西城拜客,比至署,闻文济苍尊甫初度,同人约备祝仪同往拜寿,因留饮,拇战甚豪,席散已更馀,回寓。早间史松如送一品锅菜。接李敬斋信。

初十日(12月14日) 晴,午后微风。入署。早起赴西城定宅、刘宅并各处谢客,回寓吃饭。散值出城,至云益钱店,少刻遂往崇兴德贾杏元处。杏元邀至阳春居小酌,九钟回寓。

十一日(12月15日) 晴。星期。午后刘恕轩来索予所书对联三幅,吴焕臣来。是日为己丑同年月团之期。主人为王觉生侍郎、恽薇孙学士、刘菊农太史、中鲁廷尉四人,予四钟始往,客已散去大半,惟熊经仲太史、张伯纳京卿、李荇曾厅丞、欧平叔主政同座,上灯后席散,主客均辞去,惟予与伯纳、薇孙谈及近日营口市面事。缘九月间营口有银号倒闭,倾骗各商家数百万,户部分行之在营口者亦失去五十万金,伯纳上月前往安置市面,甫回。目前薇孙曾有一折论及之,故伯纳告以近日情形及商酌办法如何。盖薇孙月内月内迁新宅,乃渠以五千金置买者,名鲍家街宅,甚宏敞,故此次团拜即在本宅,并用家庖,甚精致。予在其座上见有刘葆真同年太史可毅,壬辰会元传略,阅之不胜感怆,为之泪下。曩为京师大学堂教员,庚子拳乱作,太史忧愤无已,言不见用,因送眷口南下,至通州置舟,猝遇匪党,遂被戕害,不得尸骸下落。苏人太史江苏人公呈请卹,蒙恩予祭,其嫡堂弟树屏太史为之传,语极详挚沉痛,惜主人只此一册,未便携回此册系刊印送人之本,不禁怅然。回寓,适卢文轩在客座相候,携来元印本《书经》、明印本《六一居士集》各一本。

十二日(12月16日) 晴,连日甚寒。入署。散值雇人力车出城,至云益号取银百两,遂至崇兴德衣局交付,入城回寓。是日内子往南苑王仪庭营官其凤宅会亲，王为新妇中表叔侄，日前杨夫人曾往省视，渠接待甚优洽，并有杨宅两内兄亦在营就事，随有眷口，故王意甚殷，亲来一次，与予未晤，力邀内子过宅，今早携幼女往焉。昨晚嘱震儿亦随往及仆妪辈，务必当日回寓，兼告内子矣。候至更馀不至，又予未令五儿往，乃至晚回寓，始知其窃随之去，怒甚。夜分时韩云亭入内话许久，谈至月前遣渠回盐办迎亲喜事，与绍庭侄龃龉，不禁浩叹。

十三日(12月17日) 晴。入署。六钟尚未散值，走至民二庭访治策三小谈，论及署中近日事宜，为之慨然。出城至致美斋，赴杨待清之约。回寓十钟，殷星若笔政来相候，谈及一小时始去。

十四日(12月19日) 晴。入署。月前本庭签分增厚与全升因丢失磁瓶争讼一案，予请假后济苍严鞫全升，并传讯人证数名，颇动掌责，并将全升臀责，全升已供认骗瓶盗卖矣。昨日全升之妻忽在都察院呈控，幸京畿道崇君收呈后，即告之济苍，济苍今早至定堂宅内回明，比定公入署，即将此案与刑四庭对调。散值拜客，至问楼宅内闲话，九钟回寓。

十五日(12月19日) 阴，入夜大风。是日验放院中补缺者九人。入署，为宗室溥宅逃妾事赴宗人府会讯，即令溥宅抱告[1]，德源画供。全案人证均在院，已先期画供讫。此案原无庸会府，缘济苍叠次与宗人府承审员颇有冲突，故藉生枝节，予婉为譬解始罢。回寓已暝时。

---

① 抱告，原告可委托亲属或家人代理出庭。

附录

虞淵集

馮恕題

赵键 整理

百年遺稿天雷在
抱向空山掩淚泉
錄遺山句
談瀛室題

序

余前读芸叟诗二册，惜其生平佳作散佚已多，所存仅此，亟劝付梓。讵芸叟来言，更删若干首，惟有关历史者，嘱为序之。余闻而愕然，既而思之，芸叟意不在诗，乃真风雅之遗也。盖古者，诗与史本相辅而行。孔子未删订之编不可睹矣，今所存唐虞三代之书非史耶。帝廷喜起，《洪范》敷言，皆诗也；而《五子之歌》，直以诗占史之全篇。殷周之书，多专录文诰，略加序言，其纪事远不逮风雅颂之详。苟无诗以补其阙，则史脱漏多矣。诗有经世之功，所以名为经也。春秋时，辅轩已废；降及后世，威尊网密，而讽劝之风息，观省之志荒，于是词人骚客不得不托于幽深诞幻以自存。后此，迁流所极，世俗乃好为绮靡，其中超逸之品亦多留连光景，或且遁入空玄，与政俗升降无复相关，于是诗与史背驰日远。李唐诗教振兴，作手辈出，义宗风雅，而少陵始有诗史之目。虽史传訾其高而不切，亦指其篇中画策之语而言，至其纪事之实与褒贬之公，盖无间然也。今芸叟纪事诸篇，详核谨严，不轻作抑扬语，而是非自见，尤与诗法相合，无怪其欲尽删风月之词，而专寄精神于此也。芸叟身世，在诗家中与栗里、王屋、遗山为伦，而遗山志在金史，尤为近似。余意此篇一出，今之史馆必有赖焉。故乐成之。丁巳中秋后十日王小航叙于水西草堂[①]。

---

① 王小航(1859—1933)，名照，字藜青，号小航，又号水东，直隶宁河人。光绪二十年(1894)进士，点庶吉士，光绪二十一年应散馆试，授礼部主事。

题词

故交生死未渝盟，曾识穷途阮步兵。千载遗山传信史，几人月社度余生。编分甲子陶元亮，哭入中宵蔡子英。盥诵那禁挥泪雨，动人悱恻雅骚情。

从来燕赵足悲歌，况复生辰感雉罗。拄腹诗书供潦倒，满腔忠义剩吟哦。黄钟大吕元音壮，玉珮琼琚宝气多。青眼望中吾亦老，过从幸迩硕人薖。

题《虞渊九首》

悲凉感愤出以和平悱恻，无噍杀之音，无粗豪之习，知得于诗教者深矣。麦秀黍离，千古同慨。山谷诗："安知忠臣痛至骨，世上但赏琼琚词。"吾于是诗云然。

醴泉宋伯鲁[1]

① 宋伯鲁(1853—1931)，字子纯，一字芝栋，号芝友，一号竹心，又号芝田，陕西醴泉人。光绪十二年(1886)进士，官山东监察御史，参与维新变法。入民国任新疆通志馆馆长。

自叙

《虞渊集》者，感清亡而作也。自来亡国者，必曰桀、纣、幽、厉，以其残暴足以致亡也。然既亡之后，如殷少师、周大夫，麦秀黍离之什，忧伤抑郁，溢于言表。岂非眷怀故国，中心恻怛，有不能自已者乎。况清之亡也，主无失德，臣非不道，徒以三十年间，国统再绝，女主倦勤，公族荒嬉，外有强邻，内多伏莽，一夫夜呼，九土崩裂，首尾百日，大命以倾。此遗民故老所最骇诧而悲涕者也。逊位诏下，都门复遭叛兵之变，众心汹惧，如失所恃。予旧忝朝籍，就所闻见，成长律九首，即以"虞渊"名篇，以抒孑遗之痛，皆纪实也。民国骤建，六载弗靖。海内嚣然，丧其乐生之心。其间波委云诡，虽亦从来兴亡之际所习见，亦有足以因事而起兴者，又得绝句十六首，五律六首；又自悲身世，得《都门杂兴》五律十首。今年五月复辟变起，而清朝之局终矣，又系以三绝句。统名为《虞渊集》云。

清之亡，非亡于辛亥也，自庚子而已亡矣。虽皇舆复返，延期十年，而邻国皆以亡国相藐侮，国中志士亦日以亡国相诮厉。呜呼，吾中国已非吾固有之中国矣。然庚子祸变之速，则戊戌之政变激成之，亦戊戌之政变酿成之，其为清室存亡之大关键乎。而戊戌政变，则实原于中东之役。盖中国数十年来，内政多阙，交邻无术，睨其旁者久已轻我。如赎伊犁，争越南，皆前事之较著者也。至此，乃创钜痛深，如梦方觉，故变法自强之说兴焉。庚子以后，昌言新政，然上以名求，下不以实应。涂腐衣朽，甚且捐国帑民膏以便其身图，庠序阛阓竞习欧俗，殽然无别，务为奢靡。其颠越放佚，至于不可思议，此尤堪深痛者也。予在野时，每阅邸抄，证以当时传闻，辄有纪事之作。至戊戌、庚子，身所亲历，纪述较详，间以新乐府五章，皆亡国之征导也。故并缀辑，以次于《虞渊集》，别为下编云。

渤海芸叟

虞渊集上

盐山唐芸海著

虞渊九首壬子二月

虞渊西望吊斜晖，回首人间万事非。扆座心伤公旦舄，新亭泪满太真衣。山头冻雀寻生乐，城上栖乌恼夜飞。风景不殊朝市换，相逢只是旧人稀。

官家初竭大盈储，日日甘泉盼捷书。只道一人迟罪己，岂知万姓早仇予。殇魂踯躅游新市，誓草传宣下玉除。河朔健儿齐北望，临江空羡武昌鱼。去岁八月十九日，武昌军变，朝廷仓卒调发，隆裕太后出内帑以济急需，摄政王代言颁罪己诏书，而各省已次第宣告独立。十月初五日，摄政王颁布君主立宪十九信条，宣誓太庙。时北军已复汉镇，进攻武昌垂克，而停战之议起。

殿陛明良尚昨朝，忍将旧恨溯金辽。衣冠尽室归江左，荧惑当天逼斗杓。蹀血钟山犹苦战，奋椎沧海儿相要。讲筵元老衣衫湿，独听寒鸡事早朝。方武汉军事相持月余，京朝士大夫莫有固志，多尽室南下，且持种族说者甚伙。革军攻南京，张统制勋力扼雨花台苦战，援军不至，遂退守江北。南中多遣死士入都谋刺，曾狙击今大总统袁于东安门外。陆凤石相国、陈陶庵侍郎尚逐日入毓庆宫教授。

圣德神功汗简磨，子孙荒宴等闲过。废兴转瞬无前古，存殁关心奈若何。天子免官汤沐少，诸君誉贼主臣多。春风吹长新薇蕨，谁续西山义士歌。十二月十五日，宣布共和国体，清廷逊位，距武昌起事仅百余日。从来易姓革除，无如此之速者。逊位诏乃隆裕太后懿旨。皇室经费定为岁四百万元。自革军起，各省会匪土寇乘机四起，焚掠抢杀。停战时，皆目为义军，无敢议剿者。

四纪朝廷慨缀旒，五云台殿迥含愁。往时西狩回天驭，昨夜东风入小楼。每忆先皇轻万乘，讹言王母事传筹。景阳哀怨苍梧恨，说著桥陵总泪流。德宗时，两宫失欢，以致戊戌之变。当时朝野讹言有谓孝钦幽德宗于瀛台，将进鸩者。庚子，两宫西狩，临发，孝钦后立召珍贵妃，赐死于宫井。时崇陵未竣工，德宗梓宫尚停梁格庄。

南内歌钟倍黯然，百官从此罢朝天。西山有鸟名精卫，蜀道何人化杜鹃。家祭岂知王氏腊，诗编长忆晋时年。玉河杨柳青如旧，不共春旗一色鲜。

葱茏佳气五陵夸，宝玦青珊十叶华。好客田文鸡狗散，多情虢国绮罗遮。新妆儿女羞胡服，西邸钱刀没塞沙。金碧销沈十六宅，他生无处觅王家。自宣统以来，内外执柄者皆天潢近亲，卖官鬻爵，举国若狂，以至于乱。都城戒严，贵族妇女有习汉人装束者。亲邸贵胄，尽辈私藏，避至天津、青岛、上海各租界。

夏屋殷墟貉一邱，黍离今又赋成周。残兵狼籍横都市，穷士猖狂泣楚囚。人意萧条非绝物，春光惨澹不如秋。感时恨别知何限，花鸟伤心共白头。壬子正月十二夜，驻京第三镇哗变，抢掠焚烧延及津保。事定后，多搜获正法，陈尸衢市。二、三月间，巨商大贾尚未复业，正阳门外向晚几无行人。

话到昆明劫后灰，天时人事正交催。无愁金粉销王气，有限山河惜霸才。敢信诗书遂墙壁，但令孔蹠总尘埃。昔贤可作吾堪傲，亲见天翻地覆来。

留别法曹诸友即用贺根云推事感事元韵

残春婪尾酒痕微，杜宇声声劝道归。禹鼎已随秦火烬，羲轮不返鲁阳挥。华清宫畔人初散，王谢堂前燕别飞。却望西山山色好，浓青满郭静朝晖。

癸丑咏史

后世复生扬子云，长杨羽猎著鸿文。如何不发玄经秘，覆瓿篇篇只剧秦。

苍天已死立黄天，成就瓜分帝业偏。谬种流传学舜禹，生民憔悴已千年。

火迫何人是酂候，偶然充隐也风流。三秦图籍谁收拾，惹起商山四皓愁。

阮子曾登广武墟，途穷一恸便回车。老来但恋官厨酒，不记前朝劝进书。

由来江左盛文章，徐庾俘囚各擅场。至竟淫哇解亡国，故家凋尽剩伧荒。

骏骨千金始自隗，金台遗迹早成灰。过江名士多于鲫，阳鲚何因入钓来。

汉代刘安号最贤，丹成白日上青天。淮南多少凡鸡犬，舐鼎归来注列仙。

百战方成复汉功，一时攀附尽豪雄。凭君休笑辽东豕，画上云台便不同。

甲寅后咏史

几人称帝几称王，割据纷纷尽汉疆。谁向征西题墓碣，夕阳铜雀话清漳。

中原扰攘见几先，白璧黄金未忍捐。百口从容浮海去，伤心不是管宁船。

揭竿闾左遂秦亡，共听狐鸣大泽乡。试问未央高会日，几人曾见夥颐王。

南阳公子少豪华，开府勋名奕叶夸。所欠君亲惟一死，他年青史属谁家。

瘴海崎岖患难身，归来文笔尚如神。梨洲门下多才俊，尽与昆山作后尘。

一挑便许托轻躯，岂有文君忆故夫。司马家儿何处所，横陈帐里语模糊。

残骸狼籍殉东风，竖子争夸不世雄。落日愁闻新鬼哭，如今不在战场中。

西风客散信陵门，屠博何曾解报恩。醇酒妇人堪过日，料无刎颈送王孙。

丙辰续咏史

公路名家胄，阿瞒一世雄。何人媚老革，竖子误而翁。正论催阎象，同朝忌孔融。韩彭收拾毕。草草话元功。

趣定南宫赏，同输北面心。文惟工阮籍，檄竟布陈琳。茅蕝成通典，山龙贡织金。华胥春梦短，象纬夜沈沈。

兰京思进刃，巢刺欲称戈。箕豆相煎急，周庐告密多。近嫌防肘腋，远引失矰罗。莫信当途谶，且听敕勒歌。

叱咤尊秦帝，山林启楚疆。明年山鬼语，寄客武关伤。唾手兴三户，雄心殉六王。须臾陵谷变，白日下荒荒。

得失隍寻鹿，元黄野战龙。早时移江祚，何处认尧封。昔用随何策，今酬蒯彻庸。喁喁虚望治，膏血尽边农。

凄绝铜台嘱，春深别二乔。分香生计拙，奏伎死魂销。未定昭容位，先惊膂面条。秦宫何限恨，毕命董娇娆。

乙卯都门杂感十首

壮岁耽图史，衰年厌绮罗。无官轻束缚，有志悔蹉跎。燕市谁晞发，秦川尚枕戈。书生信枯槁，三复采薇歌。

未能追古哲，不敢傲时人。衰疾惭通隐，羁栖学任真。镜中吟态苦，衣上酒痕新。去住都非计，闲愁怕损神。

南郭方隐几，君平正下帘。新从培药本，细字认书签。散慢妻孥怪，疏狂故旧嫌。料无白衣使，生惜后陶潜。

偶被招邀去，亲知笑我顽。停杯数人物，洗眼看江山。往事宜缄口，新闻足破颜。畏人问出处，曾记点朝班。

结构丹青壮，勋名带砺夸。朝参宣室席，暮按后庭花。寇盗何曾息，饥寒到处嗟。传闻遍南纪，万户委泥沙。

清晓骊山路，君王不复行。门题游客券，宅忆侍臣名。台殿云霞感，湖天想像情。宫监头欲白，肠断说华清。

不觉光阴换，经春又及秋。薰风雏燕喜，凉雨晚蝉愁。物理皆如此，人生当自谋。荣枯千载事，吾道岂蜉蝣。

旧业荒芜尽，中年仕宦疏。任饥儿女色，懒复友朋书。落叶愁难扫，名山愿已虚。故乡春梦里，父老讫菑畲。

天地此儒冠，馀生托一箪。交疏讥讪少，家远转迁难。偕隐终无侣，盟心殊未寒。平生薄庾信，开府在长安。

一代论风雅，渔洋神韵标。明湖赋秋柳，遗恨在南朝。辞汉铜仙泣，朝周玉马骄。前贤如可作，何但客魂销。

和恽澄斋学士同年丁巳元旦朝正志感七律元韵

簪笔曾经侍九天，龙墀虎卫故依然。岂知北阙鹓鸾侣，更结西台竹石缘。元会尚存周礼乐，史家应续汉谈迁。平生萧瑟江南赋，肠断兰成射策年。

丁巳五月十三日早起即事口号

俄闻中禁肃弓刀，掩卷衰翁首自搔。唐女不知他日恨，家家钗钏换香醪。

五月二十四日薄暮即事有感

千官回首望觚棱，啮指无心说中兴。惟愿年年寒食节，一盂麦饭洒诸陵。

复汉难期孺子婴，英雄举事误书生。王琳头血姜维胆，也博千秋万古名。

自清政失纲，外侮交集，我国号称伟人志士者，每持种族之见，借口于政治不良，争言改革。国体骤更，中外人士引领拭目，咸以为反商之政，与民休息。而六载以还，上下习为寇攘，残虐秽杂，至不可言。四民失业，乃远倍于昔年，异军苍头特起，昌言复辟，虽暗于时势，不旬日事败。而以数千之众，当七万之军。寰宇震惊，日星易色。其名固甚正，其志犹可悲也。事定之后，飞书腾告，目为逆贼，比之卓温。甚或迎合当路，迁怒冲人，遽请取消约法优待条件。噫，共和人士，所见乃止此乎？吾因以知国难之靡有届，而太平之不可复见也。昔武王克殷，天下归心，不数年而有武庚之变，元相东征三年，破斧缺斯,仅乃平之,而微子受上公之封,作宾王家,何其厚也。至于《大诰》之篇,追溯先业,深自抑畏,而小腆弗康,止言鄙我周邦,其不知天命,仅于言外得之,初无诟厉之词与威棱不可犯之气。古之应天顺人,以征诛得天下者犹如此,其诚恳而周至也。以视天下于孤寡之手,而暴戾恣睢,残民以逞者,何如哉!

附新秋偕袁君寄耘过王小航湖宅留饮题赠

小航亦与于戊戌党祸,亡命江海数年,归国自诣诏狱,长系经年。后赦出,隐居不交世事,近卜筑于净业湖侧。

故人家在净业湖,日日临湖照白发。新蒲细柳哀江头,独立吞声咽薇蕨。沧桑陵谷几多年,此湖依旧清且涟。有时自把西台钓,子陵眷属皆神仙。与君廿载不相见,登堂握手各看面。艰难一面良可珍,忍泪匆匆寓凄恋。其时春水尚未生,荇藻参差湖上横。别来已过长夏节,雷雨澒洞鲛鳄争。千里王土浸高浪,九衢稍息缁尘涨。胜侣重寻湖上翁,果然高兴青云上。主人拈笔敌秋阳,客至不暇呼茶汤。携客出门看湖水,瓜皮艇子水中央。菱丝荷叶送香气,紫蓼黄芦助秋味。回首西山涌暮霞,伤心故国流清渭。故国伤心独有君,泥君把酒述前闻。衣沾徐市祠边雨,屐蹋春申浦上云。逋客归来头已白,十年未定罗含宅。觅得桃源非避秦,清泠相对洗魂魄。我今幸作周遗黎,托命长镵颜色低。安得五湖三亩宅,共君卜筑瀼东西。

虞渊集下编

庚辰感事四首

铸错何堪更六州，花门撤戍纵群酋。百年遗恨防边策，八叶深恩养士秋。故老已同先见灼，尸臣不忘谏书留。劳师糜饷诚非计，太息和戎议未休。道光年，林文忠公则徐戍新疆后，曾与客谈边事，言异日为中国患者必在俄罗斯。

皇华天使下征途，阀阅声名冠帝都。持节虚惭典属国，望风遥拜大单于。上方剑已朱云请，入粤金空陆贾输。家世幸蒙九重念，三年缧绁赦司徒。崇侍郎厚为全权大臣使俄，议交伊犁事，丧权辱国，逮问系狱，后赦出。

君王肯听计捐燕，率土人知戴一天。岂有汾阳能却虏，空教充国远屯田。阙前痛哭书生策，海上风云大将船。正是中华全盛日，不须孤注效澶渊。

军书昨夜下楼兰，金币俄传输契丹。宵旰尚劳西顾虑，幺么终戴圣恩宽。但闻禁苑思颇牧，不道中朝有范韩。毕竟升平忧患在，诸公何以济艰难。

乙酉咏史

早识深源败，犹迟马谡诛。泥沙军饷弃，斧钺主恩孤。诏狱收疆吏，封章恕腐儒。六州如铸错，应悔读阴符。此指马江之败也，唐、徐两中丞均以逗挠失机逮问。

书生终误国，战守正纷纷。扑艦沈妖火，靴刀漫阵云。王罴原善守，墨翟尚能军。麟阁图形久，馀威靖海氛。刘省三爵帅坚守基隆。

横海旧登坛，伏波老据鞍。令公天上落，荒服掌中看。马革丹心壮，旄头白日寒。大名诸葛在，遗恨海云漫。左季高侯相督师福州。

军书下百粤，中旨罢三公。不料陈涛挫，终收淝水功。防秋诸将撤，送喜万方同。径却黄支贡，勿为蛮触攻。我粤军克复凉山，法人议和。

乙未纪事

前朝宰相误和戎，近代瀛寰事岂同。只道远藩归卵翼，俄传一战失艨艟。面欺独有斩樊哙，耳学方知输沈公。海水群飞枯万骨，扶桑东望泣孤忠。此役误于政府无识，一意主战。闻李爵相在日本为细人所伤，几死。

戊戌纪事八十韵

皇帝廿四年，戊戌秋八月。其旬有三日，国乃有大罚。我时官西曹，滥膺折狱职。日抱城旦书，上取司寇谳。是日天向午，旅进缀班列。济济白云亭，冠盖正窸窣。突来高车客，并肩趋上谒。密语人不闻，掉头即揖别。众僚先屏退，行迟独居末。似传中旨至，满堂气惨栗。处分要异常，举动何仓卒。私心妄惴惴，口语互藉藉。或言事虑囚，或言行伏阙。事在三日前，圣主下天绋。归政东朝廷，新进官悉夺。东海大鳗鱼，早惊金钩脱。深宫含盛怒，钩党穷诛灭。罪甚八司马，一一付缧绁。众论方快心，有识甘卷舌。外间喧噪声，禁旅杂街卒。传呼丞相来，肩舆两飘忽。入门坐堂皇，须张面凛铁。趣召主者至，速缚六人出。敕旨星火催，决不待时毕。狱吏走且僵，伍伯整巾袜。须臾各就缚，衣冠尚绛縩。峨峨四新参，入朝三旬劣。辄思大厦扶，竟触天柱折。其一职监察，抗疏气郁勃。同官侧目久，飞语相诋讦。更有粤布衣，未膺簪与绂。壮志不一伸，连坐太突兀。我时迫近前，木立若朽质。故人乃面之，颜忸心忉怛。六人中，予与林、谭、康皆不相识，杨叔乔锐则乙酉同年，杨殷存深秀则己丑同年兼同门，刘培村光第则刑部同官也。传诏官人来，天宪口为述。尔等悉逆党，左右皆曰杀。跪听宣读毕，臣当伏斧锧。林君最年少，含笑口微呋。谭子气未降，馀怒冲冠发。二杨默无言，俯仰但蹙额。刘子本讷人，忽发大声诘。何时定爰书，何人为告密。朝无来俊臣，安得反是实。抗辩语未终，群隶竞牵捽。但闻官人言，汝去不得活。相将赴西市，生死此决绝。扬扬如平常，目送肠内热。步骑夹道拥，阛阓车填咽。丞相亲莅刑，事与往昔别。并有覆巢惧，妻孥不敢诀。引领就白刃，夏侯色可匹。携手入黄泉，夕阳照碧血。今日身横尸，前朝语造膝。幸赖乔公贤，为收无家骨。吏人讫事返，流涕向我说。役卒呈数纸，云是狱中笔。杨、谭入狱后，均有诗。我时但悯默，反覆难终阅。人生遂到此，顷刻化异物。仰见天上月，照人倍萧瑟。徒步归寓庐，入门忘饥渴。家人怪我状，疑是感夙疾。约撮告之知，相对亦气噎。夜半魂梦惊，不觉自嗟咄。国事方艰虞，时政有愆失。徒闻縻好爵，谁肯念王室。养士二百年，辛苦数才杰。贡自九州来，帝曰惟予弼。求治或太急，论事或过烈。庶几鼓朝气，一洗宇宙噎。贾生昔痛哭，绛灌颇不悦。出为长沙傅，谪宦犹称屈。况我祖宗朝，钦哉惟刑恤。未闻禁近臣，中道遭黥刖。不待奏当成，一朝饱屠割。举朝孰营救，到处肆媒孽。罪状在疑似，性命快谗嫉。逝者傥有知，叫阍天听彻。人世无是非，恨难万古雪。我作纪事言，覙缕话畴昔。匪以悼其私，实为愤所切。

戊戌岁暮感事

天下滔滔溺与饥，禹功稷泽久澌微。皇皇摄相经三月，草草求贤遍九围。朋党祸深天不悔，苍黔运尽佛难祈。升平据乱须臾事，青史他年孰是非。

不信君王倒太阿，只身难返鲁阳戈。伾文忽下英雄泪，臧绾岂容黄老诃。天子微闻颁手敕，小臣此去泛沧波。可怜廷尉山头望，寥阔高翔避罻罗。

陛戟期门殿下趋，当断不断市中呼。三公微服投怀鸟，百口关心出手卢。长信蕲年矫玉玺，未央武帐坐珠襦。庙堂遗恨萧墙祸，告密何人总近诬。八月初六日，孝钦后御殿袖出称疾诏旨，逼令德宗手书宣示归政之意。

不任汉事自知之，曾是黄袍十岁儿。误信卿能足了此，不知我命在何时。丹书片纸收常侍，紫禁连朝进御师。重见汤孙恭默日，诸臣枉进武丁诗。归政后，近御太监杖毙甚多。太医院每日胗视圣躬，并诏各部院每早派员领脉案公阅。

中书省户备非常，三日金吾缇骑忙。未见长刀遮槊秉，先闻西市戮膺滂。阛扉历历觚棱梦，夜色沈沈贯索光。卵覆巢倾等夭枉，几人浴血诉高皇。

市朝未革宠荣来，槐柳盈门和士开。辇下群儿自相贵，帘前大政又亲裁。东京钩党重兴狱，武库谈兵枉费才。他日宣仁傥绍述，寄言洛蜀莫心灰。事定后，凡与康党有连者，皆削籍羁管。

庚子暮秋感事

放眼乾坤惨剧场，变生青犊劫红羊。九州历历繁华梦，三辅匆匆瘈噬狂。氓隶不知成败事，公卿高论夏夷防。传闻宰相青蒲奏，人欲天从颂我皇。

嘻嘻出出九门惊，百产菁华一炬轻。朝右上公持国论，宫中太母顺民情。共言力战酬朱邸，何意神机付郭京。青草歌成千里谶，王孙龙准可怜生。五月二十日，拳匪焚毁大栅栏药房，延烧数里，火及正阳门内。

端邸入值军机，召董福祥统领甘军入京，攻围使馆。

日调中原买斗钱，觚棱高处动烽烟。华元未料荆围急，聂壹翻为汉过先。小队褶装容粉黛，上方兵解羡神仙。棘门灞上同儿戏，枉赋元戎六月篇。五月二十四日，端邸命人戕德国公使于总署门外。拳匪聚集之处，皆称某团，亦有妇女自为团者。凡有死者，皆云升仙。

上昊沈沈醉不醒，九阍号诉梦中听。天街夕践龙逢血，禁苑朝参蒋帝灵。岂有神言降莘野，似闻杯酒劝长星。中宵盼断平安火，一曲淋浪阁道铃。袁京卿、许侍郎、徐立两尚书、联学士均以谏阻忤执政，先后伏法。大内亦设坛敬礼。七月二十一日，联军入城，两宫冒雨出狩。

狐鼠蛇虺哄便休，沙虫猿鹤等俳优。辞楼下殿亲王第，弃甲投戈上将筹。东市无人收碧血，西风几日入边愁。横磨十万今安在，太息宗臣老泪流。李文忠公九月到京议和，过正阳门，在肩舆内大恸。

家居撞坏恨纤儿，六十年中再见之。四海共传哀痛诏，九朝奄忽太平基。衣冠寥落丹心少，风月凄清白骨悲。最是伤心西狩日，朱门大屋卓降旗。道光庚子，海疆之役，时穆彰阿当国，宗室奕山、奕经先后统兵粤东、江浙，相继沦陷，遂为城下之盟。联军入城，各宅门首多挂白旗，写“顺民”二字。

杂忆存七首

潭潭两相府，家资一朝尽。虏掠日几何，莫向赤眉问。徐、孙两相公宅皆被焚掠。

到处皆屠伯，无人恤国殇。独怜袁粲死，肝胆照君王。谓袁爽秋京卿。

南阙关西将，东郊济北兵。王师今败绩，此举本无名。各省勤王兵大溃于河西务。

绕树乌啼急，迎门犬吠哀。传闻蘧伯玉，新自近关来。都城陷后，不闻鸦声者月余。洋兵每入衢巷，犬辄群吠，击毙及饿毙者无数。逃避诸僚，至九月渐次言旋。

虚议王恢罪，终宽佹胥诛。只应缄口辈，传首谢单于。此祸实以刚毅为罪魁，馀皆附和耳。刚时为大学士军机大臣，随扈道死，而英侍郎年、赵尚书舒翘皆于西安伏法。

白骨经冬裂，青磷入夜飞。如何东市血，又湿汉臣衣。启尚书秀、徐尚书承煜于辛丑正月戮于京师菜市口。

古有焦炼师，轻举逾万里。见李白诗。魔女竟效颦，红妆照海水。当时有少年妇女，装束诡异，名红灯照，自谓能飞举过海。后被联军侦获其一，囚载回国。

二哀诗二君皆有识之士，庚子均被拳祸惨死。

兰午亭明府维均

沧州吾邻郡，自古多奇士。周旋文字交，知我惟兰子。早岁歌鸣鹿，壮年偶出仕。未膺赤绂荣，忽集青蝇矢。一官奚足恋，弃之犹敝屣。归来发藏书，今古究终始。下觑章句儒，前后等糠秕。一身甘支离，众口任訾毁。我时困青衿，相遇长安市。冠盖日纷纭，惟君独伟视。从此弟畜我，论长十年齿。会合常苦悭，两度过君里。君复京洛游，我初弹冠喜。对床话风雨，解囊济庚癸。导我语周详，爱君文丽绮。君忽掉头笑，书生见尚尔。丈夫宏建树，岂在钻故纸。陈编酣糟粕，随人效诺唯。以此取世资，咄嗟尔母婢。东西日侵略，当引为国耻。衮衮诸公卿，了不知彼己。隐忧伏萧墙，闰位乱蛙紫。嫠恤岂徒然，兴亡有责耳。邻舍闻咋舌，窃骂君狂诡。昧昧我思之，针砭彻心髓。勾留逾半载，睽违倏一纪。中间一邂逅，匝月整行李。有如饥得食，颇似鼎染指。誉我学精进，窥君貌衰委。君养丘园高，我痛垩庐倚。朝端争水火，君言斯验矣。三辅暴徒起，爬梳不可止。红巾塞里巷，朝人暮犬豕。官吏莫谁何，父老肃拜跪。君曰乃盗耳，蕴祸在内宄。忌者走相告，凶党抽刃俟。俄顷悉坌集，大索不移晷。崛强就执缚。欢啵醢之已。枯胔暴原野,家人幸料理。不日渠魁诛,沥血为君祀。我困围城中,翠华已西驶。消息故乡来,流涕但抚髀。不得哭寝门,喉梗若结痞。乳臭实召祸,贤哲独遭否。昔约君卜邻,今为君作诔。昔别客魂消,今伤臣质死。造物能穷人,先夺其所恃。欲碎伯牙琴,且隐南郭几。天池有时翻,泉台何日起? 安得寄此词,置君幽宫里。

王湘岑参戎燮

王公宁河彦,家世推麟凤。曾祖谥刚节,殉国太山重。君少负逸才,力学不好弄。追琢成文章,将为清庙供。家贫守世禄,国恩支薄俸。辛苦事櫜鞬,黾勉易章缝。上承老母欢,下教叔与仲。各举进士第,先后玉堂贡。惟君补右职,羽林困羁鞚。时有张勤果,许君为国栋。劝君脱兜牟,论荐储大用。君恋洁白养,甘阻六翮羾。执戟扬子云,思比相如讽。朝出介马驰,暮归摊书诵。我昔客京华,颇好事吟弄。定交杵臼间,羡君识鉴洞。说诗解我颐,论文释我疭。一别忽六年,天为补缺空。君备干城选,我献皋陶颂。重结金石契,忧乐誓与共。造访停吟鞭,招邀破蜡瓮。暖扑东华尘,寒蹋天街冻。快论争轩渠,得句互磨砻。往往拍案起,绝叫惊仆从。君胸罗五洲,强弱分郑宋。谭兵鄙马武,著论先江统。东邻氛正恶,庙堂事倥偬。我适登君堂,独居心有恫。太息事至此,国是尚昏雺。一战将不国,祸变由斯种。我闻疑信参,君言果亿中。岂料庚子夏,畿辅暴徒哄。咄咄密勿臣,乃为市井哄。杀掠遍阛阓,横流如决壅。君守朝阳门,匹马力制控。鸱叫昼日昏,麇聚凶徒众。乱刃随交下,须臾毕酷痛。白骨荡灰尘,碧血滴乳湩。次日我闻知,痴立若呓梦。犹忆十日前,过我食角粽。哭君不成声,赙君不能琩。妻孥仓皇避,凛凛覆巢恐。书史付一炬,遗稿莫甄综。钞存我亦失,慵放亟自讼。我时三上书,不得采菲葑。京华随之覆,猰貐谁使纵。公卿不解事,安能责愚蠢。良人身尽歼,恩恤徒颁赣。我长君两年,后死其犹瞢。匪仅抒私悼,兼为千古恸。

反杨白花曲

杨白花，高飞度江水。度江不用楫，又逐桃花起。桃花历乱如红雨，坠溷飘茵有谁主。自怜不及杨白花，飞来复飞去，犹得在王家。

杨白花后曲

杨白花，宛转弄春色。不知春已老，惆怅铜驼陌。杨花轻薄太自喜，舞上高台白玉阯。女郎连臂歌声起，宁祝杨白花，风吹度江水。不愿杨白花，萍飘如荡子。杨白花可奈何，杨白花奈若何？

新乐府存五首。

中学堂戒偭越也。

中学堂，盛才良。学堂之制由上古，夏校殷序周曰庠。近代书院遍天下，而今悉易为学堂。昨有亡是叟，颇为语其详。叟言昔我游黉序，妄希青紫观国光。庚子以后科举废，啖饭无所心彷徨。学堂适觅文字师，我幸竽滥随翱翔。绀衣少年尽都讲，抗颜北面神激昂。旁行斜上指画壁，六书不省何偏旁。棘喉卷出语难晓，惜哉不生公冶长。生平未习九章算，安知勾股与开方。足迹未曾出闾里，安知环球九万通梯航。又况声光电化启茫昧，硫酸碳养慎周防。座中丝竹共陶写，风琴宛转引圆吭。书生手无缚鸡力，忽矜超距奋拍张。我厕其间苦局促，犹陈古昔称先王。学子大半目笑存，铃声起处咸披猖。闭门退省日懊丧，追思师友多沦亡。若非误受章句缚，焉知今不角竞名利场。又闻诸少年，相聚谈慨慷。求学万里逾瀛沧，顶趾相接来穷荒。白衣取第如探囊，工执艺事贡玉堂。策名且及海舶商，高者佐理迈虞唐。下才犹足乘一障，相与薄汤武祖炎黄。孔墨孟荀同秕糠，以夷变夏无故常。青青衿佩纵挑达，他年玉质而金相。我如骤入五都市，目夺神眩舌本僵。腐儒钳市罪固当，坑焚且恐遭秦皇。叟言至此毛发淅，是宜沃以温馨汤。为言君早守帖括，胞与宏愿何由偿。古学湮废几千岁，天或一线生微茫。彼此相形屡见拙，仁人志士争颉颃。三代法令本忠厚，纤悉皆为民表坊。相马岂必皆骕骦，储木岂必皆栋梁。伊吕管葛不世出，高才犹必勤就将。国家养士百万亿，得一已足称自强。其馀渐摩有常识，足慰蓄艾三年望。更进一言告之叟，兴亡之责匹夫有。学官非以利禄诱，朝廷恩义不可负。但令诸生学成行，归来入门勿先名其母。

万生园惩嬉游也。

万生园，游人繁。四座且无喧，静听游客言。为我细说园中事，一一曲折有新意。朝来缓步出城闉，六街士女相携至。停车下马先购券，一券铜币十枚值。入门粉墨看标题，动物园中颇整齐。白石路旁牛饱卧，绿杨阴里马骄嘶。牛马皮骨迥殊众，万里来从西域贡。蹲狮怒虎守监奴，栅鹿林猿支月俸。此时反舌已无声，天半忽闻百鸟鸣。雕阑护翡翠，碧水浴鸡鹕。架上调鹦舌，檐前梳鹤翎。不是城南飞放泊，何须更觅海东青。五光十色纷骇瞩，濯龙台畔水如玉。谁从山海辨图经，奇诡由来征水族。潜跃不与飞走同，同在周文灵囿中。泼刺锦鳞迎丽日，参差碧藻动和风。和风丽日增游兴，细路深林穿石磴。高阁回廊当面来，长溪唤渡隔花应。东望凤城隅，西眺昆明湖。绝无宣索出中使，岂以能言进啬夫。尽道朝廷念蔀屋，苑田悉予试耕牧。东作方兴蚕月忙，桑柔秀夺江南绿。万绿层层竹树围，奇葩异卉斗芳菲。落花舞絮应惆怅，不见当年帝子归。当年帝子豪华日，舞榭歌台费雕饰。只馀铜狄泣王孙，犹卧空心老树侧。都人犹称为三贝子花园。遗踪今作奉诚园，舶来果种遍篱樊。崇甍广厦添新构，凤辇龙楼识至尊。至尊曾此翠华驻，不比长杨射雉兔。夏甸常廑至母怀，豳诗尚进从臣注。一自八音遏密辰，离宫深锁月明春。杜陵野老时垂涕，韦曲豪家日斗新。新声一曲歌尘起，马如游龙车如水。列骑传呼猿鹤惊，千金挥斥烟花喜。点缀升平乐事多，同游喧寂各殊科。笠蓑见惯思农圃，麋鹿心闲感薜萝。我闻客言独领略，贤者要与民偕乐。前年百万出藏金，此日群生各有托。君不见，尚书追美夏先后，草木鸟兽鱼鳖皆咸若。

电车悲贤士之失职也。

高盖低檐如颓屋，金漆前头瞪双目。纯以水火为机轴，四轮碾处声秃速。轸轼輢较无所附，不数考工三十辐。纵横周衢如电掣，人家圉马夜深哭。马不能言我知之，千里不甘枥下羁。驰驱昔遇王良御，磬控曾夸太叔骑。眼中突兀忽见此，金鞭断折马应死。当年死骨售千金，今日凡材哄一市。噫嘻马兮勿悲嘶，且甘刍秣息霜蹄。乘机速化无端倪，虽有任重致远之力，不得与之齐。世间俊物皆如此，岂独一物当排挤。由来时会有顺逆，下材原不比龙脊。玉鞍珠勒金络头，一朝辱受蛮儿策。不然饥卧在穷荒，犹胜盐车上太行。昨日司机捉将官里去，游轮血污委路旁。

电灯念贫民之无告而奢费日增也。

突烟坌起如潮涌，直上千尺半天耸。金铁水火相戛磨，怒转晴雷屋瓦动。长安城阙正夕阳，都人闻见乍惊悚。须臾日落九衢暗，电光一掣不旋踵。琉璃世界尽通明，明察秋毫辨飞蠓。到此始信古人拙，钻木敲石取火种。但可远观忌近玩，慎莫近前性命恐。钟鸣漏尽户酣寝，灭烛休灯手慢拢。中禁通宵事供奉，能逼彩蟾羞老蚌。豪家漫夸灯九微，王侯第宅都衿宠。商胡列肆购新表，酒饭歌台树高栱。夜游从此不秉烛，错认月出众星捧。繁华历历今几年，回首西华七月天。烽火照城真不夜，正阳桥下血盈川。即今爝火方争焰，谁解燃膏适自煎。君心已化光明烛，应照逃亡小家屋。

番草笠伤物产之艰而漏卮莫塞也。

国家往日弃台湾，南交土物购致艰。彼方向产细番草，织以为簟颇美观。后来仿制泰西帽，市井初见犹哗噪。青年髡首最为宜，洁鞫遂能适众好。一簟向值四番饼，笠也较之工尤省。岂知工省价不廉，笠值超过裘一领。东瀛擅利雅居奇，更以赝物相抵欺。纸条撚出细若缕，涂泽不辨妍与媸。九夏相逢尽遮眉，雨淋日炙帽沿垂。一朝捐弃同秋扇，无复明年白接䍦。闻说千金市一笠，当是我国最高秩。市廛见惯突厥儿，闺门不记东都姞。莫怪强邻拥巨装，效颦犹足惑诸郎。书生枉自称三古，烈士终应奋八荒。高冠革履者谁子？依然日蹙国百里。

庚戌十月颁布谕旨定以宣统五年实行立宪都中各校在大清门外开提灯会志庆是夜狂风骤起，灯笼尽灭。

北斗横空朔气攒，管弦灯火五云端。初闻黄阁颁明诏，急为苍生策久安。宛马如龙驰九陌，羽书尽日走三韩。时辽东方有交涉。小臣自制伤心泪，当作承平故事看。

拟古诗焦仲卿妻此事得之友人笔记，因广其意为此，窃效乐天之歌陈鸿《长恨传》也。

江南有雌雏，生小春申里。家非程卓赀，丰阜亦可恃。七龄即丧母，阿父掌珠似。九龄从塾师，成书便数纸。十二诵《毛诗》，颇会群怨旨。十五学刀尺，能裁合欢绮。东邻来问名，西邻复遣冰。阿父自沈吟，日夕方寸萦。东邻农家子，西邻为老兵。纵茁兰玉芽，奚足配舜英。婉词谢媒妁，吾女尚髫龄。女偶门前立，瞥见诸女郎。吴绫白如雪，禿袖时世妆。发缠金翡翠，耳缀双明珰。携手入酒肆，三五相颉颃。到家问阿父，此是何女郎。阿父大鼓掌：此是女学生。中国恐灭种，学步东西洋。西洋重女权，教育先家庭。沪上为先导，我曾捐金倡。女时仰视父，低头若领悟。回头问阿父：女亦能穿针，女亦能咏絮。三句韵。何遽不若彼，胡为但扃锢。父闻大欢喜：吾女真婵娟。汝但无患苦，岂令他人先。明日阿父去，脩脯进粲者。东市油壁车，西市桃花马。绣幰与雕鞍，专以供娇姹。日抱教科书，乘车如风驰。富女颜如花，娇佚无威仪。贫女工刺绣，嗫嚅拙言词。不及此女慧，天赋文明资。风琴兼蹋踘，工书复工诗。三年学业成，优等文凭持。回家呈阿父，阿父大欢喜。吾女非常女，明达胜儿子。徘徊向复壁，展转出金匙。一一启箱箧，异香胜麝脐。锦袄绣罗襦，青鼠紫貂皮。每衣必有副，件件手封题。箧中乃簪珥，翠羽珊瑚枝。明珠三百粒，粒粒如玻璃。价值千黄金，皆为汝母遗。汝已年逾笄，汝能礼自持。今悉为汝有，庶免地下悲。女尚有长兄，女尚有稚妹。兄亦不得窥，妹亦不敢言。闲时寻女伴，偕游张氏园。园中有贵妇，日日来吃茶。是日瞥见女，问是谁家娥。上前携女手，极口称朝霞。汝虽未相识，两姓原通家。携女出张园，去听舞台歌。台上一发声，喝采千人哗。回头见贵妇，投以鲜枇杷。须臾一阕毕，楼上来狂且，直趋贵妇前，垂手如参衙。贵妇笑且嗔，来迟我当挞。此子甘服罪，蒲伏如艾豭。贵妇蹴之起，晚约不许差。女脸羞红潮，不敢回秋波。拜辞贵妇去，匆匆遂登车。默念两人事，春意方萌芽。女子既怀春，岂无吉士诱。长夜眠不稳，早起如中酒。饭罢复出游，唤婢为梳头。头上施香沐，裙下理双钩。桃花靧我面，胭脂膏我唇。着我蜀锦襦，配以金缕裙。簪以碧霞饰，袖以夜光珍。约缣与迫袜，事事皆精新。侍婢问何之，听曲仍前度。车声辘辘中，恍惚若有遇。谁家少年郎，随车同行驻。口含雪茄香，目戴金丝护。粲粲似西人，亭亭如玉树。下车步未移，低睐略一顾。明日游张园，又遇此宁馨。突前道姓字，软语同寒温。面首更胜昨，家世诗礼门。再会更何地，无得辜殷勤。丁宁戒侍婢，勿令家人闻。家人既不知,鳒鲽常相随。见人称兄妹,旁人岂得疑。珮環表中心,山海誓不移。既坚山海誓,当谋婚嫁期。少年忽沈吟:此事大不易。我有堂上母,不告恐愤恚。家虽拥高赀,不得求取恣。不能营金屋,但虑中道弃。女闻言微哂:君妄称男子。不闻西哲言,人生贵自立。文明重自由,结婚导先轨。吾家也有父,吾家也有兄。吾母今见背,遗我金满籯。畴昔父唤我,授我以金匙。双双启箱箧,衣饰充牣之。锦袄绣罗襦,青鼠紫貂皮。每衣皆有副,件件手封题。箧中乃簪珥,翠羽珊瑚枝。明珠三百粒,粒粒如玻璃。价值千黄金,悉为我所私。兄亦不敢窥,妹亦不敢言。聘钱不须借,代君供晨昏。少年大欢喜,一一如所教。女归始告父,父怒不可撄。女忽反唇稽,探怀出手枪。婚姻当自由,结婚当文明。何预阿父事,父目但急瞪。拂衣归绣闼,料理天五更。草草登车去,长为逆旅人。少年租华屋,青庐焕列陈。咄嗟雇僮婢,三日迎过门。沪上久沸扬,旬日传苏垣。老母闻始末,气结不能吞。买舟来沪上,速觅逆子来。罚使长跪地,旅客惊且猜。吾为汝娶妇,纳采甫月余。速遣奔女去,勿为门户灾。少年但啜泣:母命不敢违。当今遣彼去,明当随母归。辞母归见女,一步肠九回。仰首看屋梁,涕泗如绠縻。女早知消息,谓君勿凄凄。囊约两万金,火急赴北京,纳赀捐道台。三句韵。驷马返故里,得见秦罗敷,老母当解颐。三句韵。少年起拍案,妙策真我师。朝登招商船,暮抵津沽岸。途中邻舱生,衣装颇灿烂。笑言既款洽,并结入都伴。下船方登陆,吴音何人辨。四顾夜色苍,行李遂被骗。呼天天不闻,告官官不办。随身剩包里,百元仅及半。同舍多指目,强作燕台行。燕台无亲识,旅食费且昂。支撑甫匝月,黾勉质衣装。衣装既典尽,何以充饥肠。空床只一被,寒夜覆鸳鸯。北风又肆虐,单夹岂能当。两日不得食,肤裂成冻疮。同生豪侈家,谁料死异乡。鸠媒再三劝,无奈入平康。平康信自由,时恤少年郎。少年幸饱暖,遘疾忽卧床。来有故乡客,槖笔试明光。戚友多贵仕,狐裘正黄黄。酒楼召歌妓,翩然女来翔。见客颜骤变,似是相识郎。入座询姓字,忍泪增惭惶。耳语向客约：今晚幸临存，独身至妾房。三句韵。客已恍然悟，托言体不适，匆匆别欢场。三句韵。还复入女室，女涕如雨滂。某郎君中表，往日同胶庠。昔我初过门，君尚赋催妆。经年不想见，犹记君面庞。约略述前事，前事不可说，何以处吾郎。三句韵。郎病匝月余，药品妾亲尝。医云不可活，四体成羸尪。客言大慷慨，明旦视弟病，后事姑缓商。三句韵。旦日访寓舍，女已先在旁。少年气如丝，张目见表兄，掩面若闭藏。三句韵。不得出一语，残息但未僵。女向客长跪，郎命在顷刻，斯人竟至斯。三句韵。其咎实在妾，妾罪不可赎，黄泉要相随。三句韵。祝君锦衣旋，视此棺累累。郎家即有母，妾家亦有父。告之两老人，幸赦儿女罪，合葬华山畿。三句韵。生为共命鸟，死结连理枝。报君九泉下，衔结无终期。叩头出鲜血，求君允诺词。客言大慷慨，必不负所托。天日皆闻知，少年目已瞑。敛含女亲治，注视桐棺闭，更无泪可挥。三句韵。预吞阿芙蓉，斯须同所归。他日虎邱过，谈者犹欷歔。此是文明种，失足白骨悲。此是自由花，坠溷竟长萎。不见北邙上，孽风日日吹。

武昌起事月余称兵独立者已十数行省潘问楼观察有感事七律见示即次其韵附。辛亥冬日作。

三楚烟尘一月余，大农近已竭储胥。前贤逆料当如此，后患谁堪恤藐诸。在昔圣神凛驭马，于今兆庶慨殃鱼。燕昭枉市千金骨，峻坂何人策蹇驴。

倒叠前韵

月夜曾骑贾岛驴，秋风长忆季鹰鱼。先生久矣无公是，过客今犹吊望诸。四面愁云环北极，几人春梦入华胥。更阑起坐看孤剑，俯仰神州恨有馀。

岁暮回里小住数日作

前年故里来，迷离眺乡树。父老色欣欣，情话阅朝暮。今年来故里，皥鲹冰雪涂。入门装甫御，问讯杂喧呼。中有长年者，略能言近史。草野沸扬久，强臣挟天子。天子方冲龄，列圣垂深恩。养士二百载，徇国何无人。公卿壁上观，将帅战不力。时平但朘民，事急且从贼。子官犹未达，五十白尽头。致身既已晚，宜早决去留。默思丈人言，甚荷丈人厚。他日黄冠归，陪从免颜忸。

旋都至沧州闻逊位诏下登火车至马广遇湖北还师赴津途中颇言攻克武汉战事

振旅新从江汉回，勇如虓虎怒如雷。周宣不是无方召，何日重逢卷土来。

附旧作二首

书所见

舌辨悬河气涌山，侵晨屈膝报当关。休嫌世味如纱薄，客到京华便厚颜。陆务观诗："世味年来薄似纱，谁令骑马客京华。"

乾清门听旨遇雨归途有作

七校严行列，三天定指麾。密封宣诏急，微雨罢朝迟。广陌尘初起，诸藩事可知。门前有旌节，太息锐头儿。

编虞渊集成系以四绝句

往日悲欢固不同，世间马耳笑东风。遗民自采西山蕨，又见平陵松柏桐。

乾坤定有奇男子，妾妇翻称大丈夫。七国雌雄开战史，始知周代即黄虞。

三代文章拉杂烧，牛毛法令急征徭。重霾一闭中天日，草草兴亡廿四朝。

天意茫茫劫运更，肯令群竖尽成名。世人枉羡中山酒，一醉安能见太平。

乡世侄李树声炳青甫辑录

男家儁家湝侄孙咸庆校字

唐烜和《虞渊集》

一

唐烜，字昭卿，一字照青，又仲旭，晚号渤海芸叟，河北盐山人。清光绪十五年(1889)二甲九十四名进士。官刑部主事，调大理院推事。工诗，善书，间作山水画。有《虞渊集》传世。(据《明清进士录》，中华书局 2006 年版)

唐烜生活在清末民初之际的北京，亲历了中国历史上最后一个封建王朝的衰败、灭亡，亦亲历了中国半封建、半殖民的民国之初。他的个人传记尚无人撰写，他的历史资料流传亦很少。但他生活的那个时代是世人皆知的中国最动荡的年代。中日甲午战争后，中国以战败方与日本签订了《马关条约》，这是自鸦片战争后，中国经历多次战败的痛苦，被迫签订的多个丧权辱国的不平等条约之一。《马关条约》给中华民族带来了沉重的灾难。当时朝野有识之士痛感若不讲新学、重洋务，中国将亡国灭种。光绪皇帝更不甘心大清的江山葬送在自己手中，他是有清以来最能接受新事务的皇帝，在这风雨飘摇大厦将倾之际，他看到湖南推行新政的主要措施“董吏治、辟利源、变士习、开民智、敕军权、公官权”，兴奋不已。自光绪二十四年(1898)四月二十三日始光绪帝“诏定国是”，实行变法。他重用变法维新人物康有为、梁启超等，下发 180 多道谕旨，大刀阔斧的变法举措，实令维新派感奋不已。顽固守旧派则怨声载道。变法维新触怒了慈禧太后及后党，光绪二十四年八月初六，戊戌政变发生，光绪被幽禁于瀛台，慈禧第三次临朝听政，并下诏缉拿变法维新人物。康、梁逃亡海外，谭嗣同等六君子被诛杀于菜市口，一场轰轰烈烈的“百日维新”以失败而告终。而作为光绪皇帝所领导的这场戊戌变法运动，在灾难深重的中国近代史上留下了悲壮而深沉的历史印记。

唐烜经历了戊戌变法运动，亲眼目睹了变法维新的失败和六君子被诛杀的全过程。作为一个职位较低的朝廷官员，他对变法维新还没有足够的思想认识。由于思想保守，致使他不赞赏这种过激的运动。然而，他亦对朝廷因光绪皇帝，未通过任何审讯，即诛杀谭嗣同等六人，亦深为不解。对六君子死难，极表同情。依唐烜所言，“六人中，予与林、谭、康皆不相识，杨叔乔锐则乙酉同年，杨殷存深秀则己丑同年兼同门，刘培村光第则刑部同官也”（《虞渊集》下编《戊戌纪事八十韵》），看到他们“相将赴西市，生死何决绝”（引诗同上），他不禁“目送肠内热”（引诗同上）。那种黯淡之心情跃然纸上。他是刑部官员，最耿耿于怀的则是未经审判就行刑，以至于罪状不明，就取人命。世人又何尝不知，这场运动真正的领导人乃为光绪皇帝。

二

《虞渊集》是唐烜留传下来的一部诗集（现存国家图书馆），共分上下两编，共存诗九十首。今借唐烜日记《留庵日钞》出版之际，附录书后以供晚清史研究者参考。

唐烜在清末民初的诗学地位并不很高，名气亦无法与“同光体”的代表人物陈散原、沈增植、陈衍、郑孝胥相提并论，无论从诗的创作数量、个人的社会地位和学识修养，前所列之人都是国学硕儒，其影响力自不必多言。然而从史学角度来看，唐烜的《虞渊集》确有很重要的史学参考价值。特别是九十年代，清史研究学者孔祥吉在北京近代史研究所发现了唐烜的日记《留庵日钞》，内中有对戊戌变法的详细记录和他的亲身经历感受，参以他的《戊戌纪事八十韵》诗，令人眼前一亮，一部活生生的戊戌六君子的生前死后景象便映入眼帘。他的日记证实了一段历史疑案，回答了某些学者质疑梁启超所著《谭嗣同传》中引用的“谭嗣同狱中诗”的真伪问题。梁启超在《谭嗣同传》中引用谭嗣同狱中绝笔：“望门投止思张俭，忍死须臾待杜根。我自横刀向天笑，去留肝胆两昆仑。”在唐烜日记《留庵日钞》中有这样一段记载：“二十五，晴。入署。……在署闻同司朱君云：谭逆嗣同被逮后，诗云：望门投宿邻张俭，忍死须臾待树根。吾自横刀仰天笑，去留肝胆两昆仑。”其记录的谭嗣同狱中诗除少数错字外，与梁启超《谭嗣同传》中引用诗基本一致。且根据《留庵日钞》可知，谭诗确实是写于狱中墙壁上的，所以往来狱卒才有传抄机会。唐烜本人的记录也是从他人口中得知的。

唐烜的诗，多以咏史纪事为主线，艺术地再现了某一事件的生动场面，深入刻画了诗中人物的表情举止及内心世界，令人咏后不能忘怀。他的《戊戌纪事八十韵》诗尤为精彩，令人拍案叫绝。今尝试言之：

皇帝廿四年，戊戌秋八月。
其旬有三日，国乃有大罚。

此句写的是光绪二十四年八月十三日事。

传呼丞相来，肩舆两飘忽。
入门坐堂皇，须张面凛铁。
趣召主者至，速缚六人出。

此句写丞相刚子良突然来到刑部，面沉似铁，宣诏提出谭嗣同等六犯人。

尔等悉逆党，左右皆曰杀。
跪听宣读毕，臣当伏斧锧。
林君最年少，含笑口微吷。
谭子气未降，馀怒冲冠发。
二杨默无言，俯仰但蹙额。
刘子本讷人，忽发大声诘。
何时定爰书，何人为告密。

诗中描写到刚子良宣判谭等六人为逆党处以斩刑时，每人的不同表情，生动传神，年少的林旭含笑喃喃自语；盛怒的谭嗣同目瞪冲发；杨锐、杨深秀二人默然无语，紧皱眉头；平时少言寡语的刘光第突然发问。

抗辩语未终，群隶竞牵捽。

当刘光第的问话尚未说完，站立两旁的兵士便将他推搡到一边。

相将赴西市，生死此决绝。
扬扬如平常，目送肠内热。

作者眼看着他们被押赴刑场，不由心头一热。这些人中有他的同年、同事，就这样从此生死而别，谁不动容呢？

引领就白刃，夏侯色可匹。
携手入黄泉，夕阳照碧血。
今日身横尸，前朝语造膝。
幸赖乔公贤，为收无尸骨。

六君子在这日黄昏时分被杀于菜市口，有好心的提牢乔茂萱为六人收了尸骨。这里说明一点，以往有传戊戌六君子被斩后，由大刀王五为其收尸云云，此为小说家言。实乃提牢乔公茂萱为六人收尸，他与杨锐、刘光第为四川老乡，谊属至交，郭则沄《十朝诗乘》有解释"……丞相谓刚子良，乔公谓茂萱提牢也。"许姬传《七十年见闻录》亦对此有解释。

仰见天上月，照人倍萧瑟。
徒步归寓庐，入门忘饥渴。

目睹六君子死亡的唐烜心情何等黯淡，这一幕时时萦绕在头脑中，多少感叹，多少疑惑，用一"入门忘饥渴"形容得多么的贴切。作为朝廷刑部官员，对同僚、同窗的死，不能用言语表达什么情感，诗句极为中性，但已隐约表露了作者的同情之心。

求治或太急，论事或过烈。
庶几鼓朝气，一洗宇宙噎。

作者不禁在想，他们也许求治太急了，论事过于激烈，以招致慈禧太后及后党的不满。维新也好，变法也罢，理应循序渐进，欲速则不达。

贾生昔痛哭，绛灌颇不悦。
出为长沙傅，谪宦犹称屈。

作者笔锋一转，借言史以喻今，隐含对维新变法者的同情。

三

唐烜的诗集《虞渊集》不仅有极高的艺术价值，更有不可取代的晚清史料的参考价值。唐烜在《虞渊集》序中写到：“清之亡，非亡于辛亥也，自庚子而已亡矣。虽皇舆复返，延期十年，而邻国皆以亡国相藐侮，国中志士亦日以亡国相诮厉。呜呼，吾中国已非吾固有之中国矣。然庚子祸变之速，则戊戌之政变激成之，亦戊戌之政变酿成之，其为清室存亡之大关键乎。”不难看出唐烜不仅是晚清一位较富同情心的低下层官员，更是一位颇有远见卓识的爱国之士。分析清朝之灭亡，无比透彻。所以，他“此篇一出，今之史馆必有赖焉”（王小航《虞渊集序》）。

《虞渊集》流传不广，世间少见其原本，而集中诸多诗篇为近现代大家所辑录。民国初年，隐退津门的原总统徐世昌（卜五）编纂《晚晴簃诗汇》选用了《虞渊集》若干首诗，并有极中肯的评语：“诗话：照青续学能诗，不自表襮，浮沉郎署，晚遭世变，编集时尽删少作，所存多苍凉激楚之音，其戊戌纪事一首得自亲见，故摹写逼真。”（徐世昌著《晚晴簃诗汇》一百七十七卷，民国退耕堂刊本）晚清进士，曾任北洋政府秘书长的郭则沄（啸麓）所编的《十朝诗乘》亦收录唐烜诗中的《戊戌纪事八十韵》并云：“唐照青推事烜，光绪时官刑部，目睹戊戌政变，痛六君子之骈僇，作纪事诗云云。二杨皆照青同年，裴村同官久尤契，故其诗激而发。”现代著名学者钱仲联教授编《清诗纪事》亦收录了此诗。清末民初汉语拼音学家、光绪戊戌变法时任吏部主事的王照（小航）在为《虞渊集》作序中写道：“余前读芸叟诗二册，惜其生平佳作散佚已多，所存仅此，亟劝付梓。讵芸叟来言，更删若干首，惟有关历史者，嘱为序之。余闻而愕然，既而思之，芸叟意不在诗，乃真风雅之遗也。……芸叟纪事诸篇，详核谨严，不轻作抑扬语，而是非自见，尤与诗法相合，无怪其欲尽删风月之词，而专寄精神于此也。”王照兄弟与唐烜是关系颇为密切的朋友，唐烜《留庵日钞》中，记叙他们之间交往的笔墨尤多，这里不做缀述，特别是在百日维新中，唐烜与王氏兄弟颇有往还，百日维新失败后，王照作为维新派被朝廷通缉而逃亡日本。

我们阅读唐烜诗集，不仅领略到唐烜诗的艺术生命之魅力，更能从中读到清末民初一段鲜活的历史。读懂和读透一段历史，比读懂一首诗更有意义。

四

唐烜生平事迹史料不多，仅《明清进士录》中有简要介绍，其所依据亦不得而知；徐世昌所编纂《晚晴簃诗汇》、郭则沄所编《十朝诗乘》，均无更多记录。故只能从他留下的诗篇来窥测其人生轨迹和内心世界，但这很片面，不足以为评判和评价一个人的尺度。今天，我将《虞渊集》点校并附在日记之后，奉献给广大读者和晚清史学研究专家，仅想通过我个人的努力，为研究者们提供可以参考的有价值的历史资料。《虞渊集》不是名家大作，唐烜的名气在清末民初亦不响亮，但他作为那个时代的见证人和亲历人，把历史用文字的形式（没有更多的夸张）真实地记录下来，这一点贡献是得到过他同时代的诸多名人肯定的（前面已陈述）。然而由于他本人在晚清的声望与名气很小（仅是一名五品京官）之故，他的诗集也就默默无闻地沉睡在中国国家图书馆文献部里近百年。我由于偶然的机会接触到这部诗集的复印件，又从网络上搜寻到有关唐烜的资料（尽管很少），使我萌生了点校的念头，恰好我又发现唐烜日记《留庵日钞》存于北京中国社会科学院近代史研究所，并将它复制，转托《文学遗产》编辑部副主编张剑先生将其列入《中国近现代稀见史料丛刊》。值《留庵日钞》并《虞渊集》付梓之际，略缀数语，权作后记。

赵键于津门寓中